第五册

漢靈帝光和四年辛酉　起
魏邵陵厲公正始六年乙丑止

資治通鑑

卷五十八
至七十四

中華書局

資治通鑑卷第五十八

翰林學士兼侍讀學士朝散大夫右諫議大夫知制誥判尚書都省兼提舉萬壽觀公事上護軍河内郡開國侯食邑一千三百戶賜紫金魚袋臣　司馬光　奉敕編集
後　學　天　台　胡三省　音　註

漢紀五十起重光作噩(辛酉),盡強圉單閼(丁卯),凡七年。

孝靈皇帝中

光和四年(辛酉、一八一)

1春,正月,初置騄驥廄丞,領受郡國調馬。賢曰:騄驥,善馬也。調,謂徵發也。調,徒釣翻;下同。豪右辜榷,前書音義曰:辜,障也。榷,專也。謂障餘人買賣而自取其利。榷,古岳翻。馬一匹至二百萬。

2夏,四月,庚子,赦天下。

3交趾烏滸蠻久爲亂,烏滸蠻反事始上卷光和元年。滸,呼古翻。牧守不能禁。交趾人梁龍等復反,攻破郡縣。復,扶又翻。詔拜蘭陵令會稽朱儁爲交趾刺史,蘭陵縣,屬東海郡。會,古外翻。擊斬梁龍,降者數萬人,降,戶江翻。旬月盡定;以功封都亭侯,徵爲諫議大夫。

4 六月，庚辰，雨雹如雞子。雨，于具翻。

5 秋，九月，庚寅朔，日有食之。

6 太尉劉寬免；衛尉許馘爲太尉。馘，於六翻。考異曰：袁紀：「十月，許郁坐辟召錯繆，免。楊賜爲太尉。」今從范書。

7 閏月，辛酉，北宮東掖庭永巷署災。

8 司徒楊賜罷；冬，十月，太常陳耽爲司徒。考異曰：袁紀：「三年閏月，楊賜久病罷。十月，陳耽爲司徒。」蓋誤置閏於去年。按長曆，此年閏十月，以袁紀考之，閏九月爲是，恐長曆差一月。今從范書帝紀。

9 鮮卑寇幽、并二州。檀石槐死，子和連代立。和連才力不及父而貪淫，後出攻北地，北地人射殺之。射，而亦翻。其子騫曼尚幼，兄子魁頭立。後騫曼長大，長，知兩翻。與魁頭爭國，衆遂離散。魁頭死，弟步度根立。

10 是歲，帝作列肆於後宮，使諸采女販賣，更相盜竊爭鬭；更，工衡翻。帝著商賈服，著，陟略翻；下同。賈，音古。從之飲宴爲樂。樂，音洛。又於西園弄狗，著進賢冠，帶綬。賢曰：三禮圖曰：進賢冠，文官服之，前高七寸，後高三寸，長八寸。續漢志曰：靈帝寵用便嬖子弟，轉相汲引，賣關内侯，直五百萬。強者貪如豺狼，弱者略不類物，眞狗而冠也。綬，音受。又駕四驢，帝躬自操轡，驅馳周旋；續漢志曰：驢者，乃服重致遠，上下山谷，野人之所用耳，何有帝王君子而驂駕之乎！天意若曰，國且大亂，賢愚倒植，凡執政者皆如驢也。操，千高翻。京師轉相倣效，驢價遂與馬齊。

帝好爲私稸，好，呼倒翻。稸，與蓄同。收天下之珍貨，每郡國貢獻，先輸中署，名爲「導行費」。賢曰：中署，内署也。導，引也。貢獻外別有所入，以爲所獻希之導引也。中常侍呂強上疏諫曰：「天下之財，莫不生之陰陽，賢曰：萬物稟陰陽而生。歸之陛下，豈有公私！而今中尚方斂諸郡之寶，中御府積天下之繒，中尚方、中御府，皆屬少府，天子私藏也。繒，慈陵翻。西園引司農之藏，中廄聚太僕之馬，中廄，卽騄驥廄。而所輸之府，輒有導行之財，調廣民困，費多獻少，調，徒弔翻。少，詩沼翻。姦吏因其利，百姓受其敝。又，阿媚之臣，好獻其私，好，呼到翻。容諂姑息，自此而進。舊典：選舉委任三府，尚書受奏御而已；三府選其人而舉之；尚書受其奏以進御。受試任用，責以成功，功無可察，然後付之尚書舉劾，請下廷尉覆按虛實，行其罪罰；劾，戶槪翻，又戶得翻。下，遐稼翻。於是三公每有所選，參議掾屬，咨其行狀，度其器能；掾，俞絹翻。行，下孟翻。度，徒洛翻。然猶有曠職廢官，荒穢不治。治，直之翻。今但任尚書，或有詔用，詔用者，不由三公、尚書，徑以詔書用之也。如是，三公得免選舉之負，尚書亦復不坐，責賞無歸，豈肯空自勞苦乎！」書奏，不省。復，扶又翻。省，悉井翻。

11 何皇后性強忌，後宮王美人生皇子協，后酖殺美人。帝大怒，欲廢后；諸中官固請，得止。

12大長秋華容侯曹節卒；華容縣，屬南郡。中常侍趙忠代領大長秋。

五年（壬戌、一八二）

1春，正月，辛未，赦天下。

2詔公卿以謠言舉刺史、二千石爲民蠹害者。太尉許馘、司空張濟承望內官，受取貨賂，馘，許六翻。其宦者子弟、賓客，雖貪汙穢濁，皆不敢問，而虛糾邊遠小郡清修有惠化者二十六人，吏民詣闕陳訴。司徒陳耽上言：「公卿所舉，率黨其私，所謂放鴟梟而囚鸞鳳。」考異曰：劉陶傳：「光和五年，以謠言舉二千石。耽與議郎曹操上言。」按耽已爲司徒，不應與議郎同上言。王沈魏書曰：「是歲以災異博問得失，太祖因此上書切諫」，不云與耽同上言也。今但云陳耽。帝以讓馘、濟，由是諸坐謠言徵者，悉拜議郎。

3二月，大疫。

4三月，司徒陳耽免。

5夏，四月，旱。

6以太常袁隗爲司徒。

7五月，庚申，永樂宮署災。樂，音洛。

8秋，七月，有星孛于太微。孛，蒲內翻。

9 板楯蠻寇亂巴郡，連年討之，不能克。帝欲大發兵，以問益州計吏漢中程包，對曰：「板楯七姓，板楯七姓，羅、朴、督、鄂、度、夕、龔，皆渠帥也。楯，食尹翻。自秦世立功，復其租賦。復，方目翻。其人勇猛善戰。昔永初中，羌入漢川，郡縣破壞，得板楯救之，羌死敗殆盡，事見四十九卷安帝元初元年，註亦見是年。羌人號爲神兵，傳語種輩，勿復南行。語，牛倨翻。種，章勇翻。復，扶又翻；下同。至建和二年，羌復大入，實賴板楯連摧破之。前車騎將軍馮緄南征武陵，亦倚板楯以成其功。近益州郡亂，太守李顒亦以板楯討而平之。緄，古本翻，又音昆。顒，魚容翻。忠功如此，本無惡心。長吏鄉亭更賦至重，長，知兩翻。更，工衡翻。僕役箠楚，過於奴虜，箠，止橤翻。亦有嫁妻賣子，或乃至自剄割，雖陳冤州郡，而牧守不爲通理，爲，于僞翻。闕庭悠遠，不能自聞，含怨呼天，無所叩愬，故邑落相聚以【章：甲十一行本「以」下有「致」字；乙十一行本同；退齋校同。】叛戾，非有謀主僭號以圖不軌。今但選明能牧守，守，式又翻。自然安集，不煩征伐也！」帝從其言，選用太守曹謙，宣詔赦之，卽時皆降。降，戶江翻。

10 八月，起四百尺觀於阿亭道。觀，古玩翻。

11 冬，十月，太尉許馘罷；以太常楊賜爲太尉。

12 帝校獵上林苑，歷函谷關，遂狩于廣成苑。十二月，還，幸太學。

13 桓典爲侍御史，宦官畏之。典常乘驄馬，京師爲之語曰：「行行且止，避驄馬御史！」

驄馬，青白雜色。典，焉之孫也。順帝永建初，焉爲太傅。焉，榮之孫也。

六年（癸亥、一八三）

1 春，三月，辛未，赦天下。

2 夏，大旱。

3 爵號皇后母爲舞陽君。

4 秋，金城河水溢出二十餘里。

5 五原山岸崩。考異曰：本紀云：「大有年。」按今夏大旱，縱使秋成，亦不得爲大有年。今不取。

6 初，鉅鹿張角奉事黄、老，以妖術教授，號「太平道」。呪符水以療病，妖，於驕翻。呪，職救翻。令病者跪拜首過，首，式救翻。今道家所施符水，祖張道陵，蓋同此術也。或時病愈，衆共神而信之。角分遣弟子周行四方，轉相誑誘，誑，居況翻。誘，音酉。十餘年間，徒衆數十萬，自青、徐、幽、冀、荆、揚、兗、豫八州之人，莫不畢應。或棄賣財產，流移奔赴，塡塞道路，塞，悉則翻。未至病死者亦以萬數。郡縣不解其意，解，戶買翻。反言角以善道教化，爲民所歸。

太尉楊賜時爲司徒，賜爲司徒，熹平五年也。上書言：「角誑曜百姓，遭赦不悔，稍益滋蔓。蔓，音萬。今若下州郡捕討，恐更騷擾，速成其患。宜切敕刺史、二千石，簡別流民，下，遐稼翻。別，彼列翻。各護歸本郡，以孤弱其黨，然後誅其渠帥，可不勞而定。」會賜去位，事遂留中。

賢曰：謂所論事留在禁中，未施用之。余據賜以熹平六年免。帥，所類翻。司徒掾劉陶復上疏申賜前議，掾，俞絹翻。復，扶又翻。言：「角等陰謀益甚，四方私言，云角等竊入京師，覘視朝政。覘，丑廉翻。朝，直遙翻。鳥聲獸心，私共鳴呼；州郡忌諱，不欲聞之，但更相告語，更，工衡翻。莫肯公文。宜下明詔，重募角等，賞以國土，有敢回避，與之同罪。」帝殊不爲意，方詔陶次第春秋條例。陶明春秋，爲之訓詁，故詔之次第條例。

角遂置三十六方；方，猶將軍也，大方萬餘人，小方六七千，考異曰：袁紀作「坊」，今從范書。各立渠帥；帥，所類翻。訛言「蒼天已死，黃天當立，歲在甲子，天下大吉。」以白土書京城寺門寺門，在京城諸官寺舍之門。及州郡官府，皆作「甲子」字。大方馬元義等先收荆、揚數萬人，期會發於鄴。元義數往來京師，數，所角翻。以中常侍封諝、徐奉等爲內應，諝，私呂翻。約以三月五日內外俱起。

中平元年（甲子、一八四）是年十二月改元。

1 春，角弟子濟南唐周上書告之。濟，子禮翻。考異曰：袁紀云「濟陰人唐客」，今從范書。於是收馬元義，車裂於雒陽。考異曰：袁紀曰：「五月乙卯，馬元義等於京都謀反，伏誅。」今從范書。詔三公、司隸按驗宮省直衛及百姓有事角道者，誅殺千餘人；下冀州逐捕角等。下，遐稼翻。角等知事已露，晨夜馳敕諸方，一時俱起，皆著黃巾以爲標幟，著，陟略翻。幟，尺志翻，又音誌。故時人謂之「黄巾賊」。二月，角自稱天公將軍，角弟寶稱地公將軍，寶弟梁稱人公將軍，考異曰：司馬彪九州春秋云：「角弟梁，梁弟寶」，袁紀云「角弟良、寶」，今從范書。所在燔燒官府，劫略聚邑，聚，才喻翻。州郡失據，長吏多逃亡；長，知兩翻。旬月之間，天下響應，京師震動。安平、甘陵人各執其王應賊。

三月，戊申，以河南尹何進爲大將軍，封慎侯，慎縣，屬汝南郡。率左右羽林、五營營士屯都亭，修理器械，以鎮京師；置函谷、太谷、廣成、伊闕、轘轅、旋門、孟津、小平津八關都尉。函谷關，在河南穀城縣。賢曰：太谷，在雒陽東。廣成，在河南新城縣。京相璠曰：伊闕，在雒陽西南五十里。轘轅關，在緱氏縣東南。水經註曰：旋門坂，在成皋縣西南十里。孟津，在河內河陽縣南。小平津，在河南平縣北。賢曰：在今鞏縣西北。杜佑曰：洛州新安縣東北有漢八關城。

帝召羣臣會議。北地太守皇甫嵩以爲宜解黨禁，益出中藏錢、西園廄馬以班軍士。中藏府令，屬少府，宦者爲之。中藏錢，漢所謂禁錢也。西園廄馬，卽騄驥廄馬。藏，徂浪翻。嵩，規之兄子也。上問計於中常侍呂強，對曰：「黨錮久積，人情怨憤，若不赦宥，輕與張角合謀，爲變滋大，悔之無救。今請先誅左右貪濁者，大赦黨人，料簡刺史、二千石能否，料，音聊，量也，度也。則盜無不平矣。」帝懼而從之。壬子，赦天下黨人，還諸徙者；謂黨人妻子徙邊者也。唯張角不赦。發天下精兵，遣北中郎將盧植討張角，漢有三署中郎將，五官及左、右署。又有使匈奴中郎將。北中郎將則創置於此時，蓋以討河北黃巾也。左中郎將皇甫嵩、右中郎將朱儁討潁川黃巾。

是時中常侍趙忠、張讓、夏惲、郭勝、段珪、宋典等皆封侯貴寵，夏，戶雅翻。惲，於粉翻。上常言：「張常侍是我公，趙常侍是我母。」由是宦官無所憚畏，並起第宅，擬則宮室。上嘗欲登永安候臺，據續漢志：永安宮在北宮東北，宮中有候臺。洛陽宮殿名曰：永安宮，周回六百九十八丈，故基在洛陽故城中。宦官恐望見其居處，乃使中大人尚但諫曰：賢曰：尚，姓；但，名。姓譜：師尚父之後。後漢有尚士、尚子平。「天子不當登高，登高則百姓虛散。」上自是不敢復升臺榭。觀靈帝以尚但之言不敢復升臺榭，誠恐百姓虛散也，謂無愛民之心可乎！使其以信尚但者信諸君子之言，則漢之爲漢，未可知也。賢曰：春秋潛潭巴曰：天子毋高臺榭，高臺榭則下叛之。蓋因此以誑帝也。復，扶又翻；下同。及封諝、徐奉事發，上詰責諸常侍曰：詰，去吉翻。「汝曹常言黨人欲爲不軌，皆令禁錮，或有伏誅者。今黨人更爲國用，汝曹反與張角通，爲可斬未？」皆叩頭曰：「此王甫、侯覽所爲也！」於是諸常侍人人求退，各自徵還宗親、子弟在州郡者。

趙忠、夏惲等遂共譖呂強，云與黨人共議朝廷，數讀霍光傳。言其欲謀廢立也。數，所角翻。強兄弟所在並皆貪穢。帝使中黃門持兵召強。強聞帝召，怒曰：「吾死，亂起矣！丈夫欲盡忠國家，豈能對獄吏乎！」遂自殺。忠、惲復譖曰：「強見召，未知所問而就外自屏，賢曰：自屏，謂自殺也。屏，必郢翻。有姦明審。」遂收捕其宗親，沒入財產。

侍中河内向栩上便宜，譏刺左右。栩，況羽翻。上，時掌翻；下同。張讓誣栩與張角同心，欲爲内應，收送黄門北寺獄，殺之。郎中中山張鈞上書曰：「竊惟張角所以能興兵作亂，萬民所以樂附之者，樂，音洛。其源皆由十常侍多放父兄、子弟、婚親、賓客典據州郡，辜榷財利，榷，古岳翻。侵掠百姓，百姓之冤，無所告訴，故謀議不軌，聚爲盜賊。宜斬十常侍，縣頭南郊，以謝百姓，據宦者傳，是時張讓、趙忠、夏惲、郭勝、孫璋、畢嵐、栗嵩、段珪、高望、張恭、韓悝、宋典十二人，皆爲中常侍。言十常侍，舉大數也。縣，讀曰懸。考異曰：范書宦者傳上列常侍十二人名，而下云十常侍。未詳。遣使者布告天下，可不須師旅而大寇自消。」帝以鈞章示諸常侍，皆免冠徒跣頓首，乞自致雒陽詔獄，並出家財以助軍費。有詔，皆冠履視事如故。帝怒鈞曰：「此眞狂子也！十常侍固當有一人善者不！」不，俯九翻。御史承旨，遂誣奏鈞學黄巾道，收掠，死獄中。掠，音亮。

2 庚子，南陽黄巾張曼成攻殺太守褚貢。

3 帝問太尉楊賜以黄巾事，賜所對切直，帝不悅。夏，四月，賜坐寇賊免。以太僕弘農鄧盛爲太尉。已而帝閱錄故事，得賜與劉陶所上張角奏，乃封賜爲臨晉侯，臨晉縣，屬馮翊。賢曰：故城在今同州朝邑縣西南。上，時掌翻。陶爲中陵鄉侯。

4 司空張濟罷；以大司農張溫爲司空。

5 皇甫嵩、朱儁合將四萬餘人將，即亮翻。共討潁川，【張：「川」下脫「黄巾」二字。】嵩、儁各統一軍。儁與賊波才戰，敗；嵩進保長社。長社縣，屬潁川郡。賢曰：今許州縣，故城在長葛縣西。

6 汝南黃巾敗太守趙謙於邵陵。邵陵縣，屬汝南郡。賢曰：故城在今豫州郾陵縣東。敗，補邁翻。廣陽黃巾殺幽州刺史郭勳及太守劉衛。

7 波才圍皇甫嵩於長社。嵩兵少，少，詩沼翻。軍中皆恐。賊依草結營，會大風，嵩約敕軍士皆束苣乘城，賢曰：苣，音巨。說文云：束葦燒之。使銳士間出圍外，縱火大呼，間，古莧翻。呼，火故翻。城上舉燎應之，嵩從城中鼓譟而出，奔擊賊陳，陳，讀曰陣。賊驚，亂走。會騎都尉沛國曹操將兵適至，五月，嵩、操與朱儁合軍，更與賊戰，大破之，斬首數萬級。封嵩都鄉侯。

操父嵩，爲中常侍曹騰養子，不能審其生出本末，或云夏侯氏子也。吳人作曹瞞傳及郭頒世語，並云嵩，夏侯氏之子，夏侯惇之叔父，操於惇爲從父兄弟。操少機警，有權數，而任俠放蕩，不治行業；少，詩照翻。行，下孟翻；下同。世人未之奇也，唯太尉橋玄及南陽何顒異焉。顒，魚容翻。玄謂操曰：「天下將亂，非命世之才，不能濟也。能安之者，其在君乎！」顒見操，歎曰：「漢家將亡，安天下者，必此人也。」玄謂操曰：「君未有名，可交許子將。」子將者，訓之從子劭也，許劭，字子將。許訓爲公，見上卷熹平三年、四年。從，才用翻。好人倫，多所賞識，與從兄靖俱有高名，好共覈論鄉黨人物，每月輒更其品題，故汝南俗有月旦評焉。後置州郡中正本於此。好，呼到翻。更，工衡翻。嘗爲郡功曹，府中聞之，莫不改操飾行。曹操往造劭而問之造，七到翻。曰：

「我何如人？」劭鄙其爲人，不答。操乃劫之，劭曰：「子，治世之能臣，亂世之姦雄。」言其才絕世也。天下治則盡其能爲世用，天下亂則逞其智爲時雄。操大喜而去。曹操事始此。

朱儁之擊黃巾也，其護軍司馬北地傅燮上疏曰：護軍司馬，官爲司馬，而使監護一軍。「臣聞天下之禍不由於外，皆興於內。是故虞舜先除四凶，然後用十六相，尚書：舜流共工于幽州，放驩兜于崇山，竄三苗于三危，殛鯀于羽山，四罪而天下咸服。左傳曰：高陽氏有才子八人，蒼舒、隤敳、檮戭、大臨、尨降、庭堅、仲容、叔達，謂之八元。高辛氏有才子八人，伯奮、仲堪、叔獻、季仲、伯虎、仲熊、叔豹、季貍，謂之八愷。舜臣堯，流四凶族，舉十六相。明惡人不去，則善人無由進也。今張角起於趙、魏，黃巾亂於六州，此皆釁發蕭牆而禍延四海者也。臣受戎任，奉辭伐罪，始到潁川，戰無不尅；黃巾雖盛，不足爲廟堂憂也。臣之所懼，在於治水不自其源，末流彌增其廣耳。治，直之翻。陛下仁德寬容，多所不忍，故閹豎弄權，忠臣不進。誠使張角梟夷，黃巾變服，謂其黨歸順，去其黃巾而復服時人之服也。梟，堅堯翻。梟夷，謂梟斬而誅夷之。臣之所憂，甫益深耳。何者？夫邪正之人不宜共國，亦猶冰炭不可同器。彼知正人之功顯而危亡之兆見，皆將巧辭飾說，共長虛僞。見，賢遍翻。長，知兩翻。夫孝子疑於屨至，即曾母投杼，事見三卷周赧王七年。市虎成於三夫，韓子：龐共與魏太子質於邯鄲。共謂魏王曰：「今一人言市有虎，王信乎？」王曰：「否。」「二人言，信乎？」王曰：「否。」「三人言，信乎？」王曰：「寡人信矣。」共曰：「夫市無虎明矣，然三人言誠市有虎。今邯鄲去魏遠於市，謗臣者過三人，願王熟察之！」若不詳察眞僞，忠臣將復有杜郵之戮矣！白起事見五卷周赧王五十八年。復，扶又翻。郵，音尤。陛下宜思虞舜四罪之舉，速行讒佞之誅，則善人思進，姦凶自息。」趙忠見其疏而惡之。惡，烏路翻。變擊黃巾，功多當封，忠譖訴之；帝識變言，賢曰：識，記也，音志。得不加罪，竟亦不封。

8 張曼成屯宛下百餘日；宛，於元翻。六月，南陽太守秦頡擊曼成，斬之。

9 交趾土多珍貨，前後刺史多無清行，行，下孟翻。財計盈給，輒求遷代，故吏民怨叛，執刺史及合浦太守來達，自稱柱天將軍。三府選京令東郡賈琮爲交趾刺史。京縣，屬河南尹。琮，祖宗翻。琮到部，訊其反狀，咸言「賦斂過重，斂，力贍翻。百姓莫不空單。京師遙遠，告冤無所，民不聊生，故聚爲盜賊。」琮卽移書告示，各使安其資業，招撫荒散，蠲復傜役，蠲，吉玄翻。復，音方目翻，除也。誅斬渠帥爲大害者，帥，所類翻。簡選良吏試守諸縣，歲間蕩定，百姓以安。巷路爲之歌曰：「賈父來晚，使我先反；今見清平，吏不敢飯！」言吏不敢過民家而飯也。飯，扶晚翻。

10 皇甫嵩、朱儁乘勝進討汝南、陳國黃巾，追波才於陽翟，擊彭脫於西華，姓譜：波，姓也。其先事王莽爲波水將軍，子孫以爲氏。陽翟縣，屬潁川郡。西華縣，屬汝南郡。賢曰：西華故城，在今陳州項城縣西；又曰，在今溵水縣西北。並破之，餘賊降散，降，戶江翻。三郡悉平。嵩乃上言其狀，以功歸儁，於是進封儁西鄉侯，遷鎮賊中郎將。此因欲鎮安黃巾餘賊而置官。詔嵩討東郡，儁討南陽。

北中郎將盧植連戰破張角，斬獲萬餘人，角等走保廣宗。廣宗縣，屬鉅鹿郡。賢曰：今貝州宗城縣。植築圍鑿塹，造作雲梯，垂當拔之。垂，幾也。塹，七豔翻。帝遣小黃門左豐視軍，或勸植以賂送豐，植不肯。豐還，言於帝曰：「廣宗賊易破耳，易，以豉翻。盧中郎固壘息軍，以待天誅。」帝怒，檻車徵植，減死一等；遣東中郎將隴西董卓代之。盧植先爲北中郎將，卓爲東中郎將。四中郎將始於此。

11 巴郡張脩以妖術爲人療病，爲，于僞翻。其法略與張角同，令病家出五斗米，號「五斗米師」。秋，七月，脩聚衆反，寇郡縣；時人謂之「米賊」。考異曰：范書靈帝紀有此張脩。陳壽魏志張魯傳有「劉焉司馬張脩」，劉艾典略有「漢中張脩」，裴松之以爲「張脩」應是「張衡」，非典略之失，則傳寫之誤。案魯傳云：「祖父陵，父衡，皆爲五斗米道。衡死，魯復行之。」劉焉司馬張脩與魯同擊漢中，魯襲殺脩，非其父也。今此據范書。

12 八月，皇甫嵩與黃巾戰於蒼亭，蒼亭，在東郡范縣界。獲其帥卜巳。帥，所類翻。董卓攻張角無功，抵罪。乙巳，詔嵩討角。

13 九月，安平王續坐不道，誅，安帝延光元年，改樂成國曰安平，以孝王得紹封。續，得子也。國除。

初，續爲黃巾所虜，國人贖之得還，朝廷議復其國。議郎李燮曰：「續守藩不稱，稱，尺證翻。損辱聖朝，不宜復國。」朝廷不從。燮坐謗毁宗室，輸作左校；校，戶教翻。未滿歲，王坐誅，乃復拜議郎。京師爲之語曰：「父不肯立帝，謂李固不肯立質、桓二帝也。子不肯立王。」

14 冬，十月，皇甫嵩與張角弟梁戰於廣宗，梁衆精勇，嵩不能尅；明日，乃閉營休士以觀其變，知賊意稍懈，懈，居隘翻。乃潛夜勒兵，雞鳴，馳赴其陳，陳，讀曰陣。戰至晡時，大破之，斬梁，獲首三萬級，赴河死者五萬許人。角先已病死，剖棺戮屍，傳首京師。十一月，嵩復攻角弟寶於下曲陽，斬之，下曲陽縣，屬鉅鹿郡；以常山有上曲陽，故此稱下。復，扶又翻。斬獲十餘萬人。卽拜嵩爲左車騎將軍，領冀州牧，封槐里侯。嵩能溫卹士卒，每軍行頓止，須營幔修立，然後就舍，軍士皆食，爾乃嘗飯，爾，如此也。故所嚮有功。

15 北地先零羌及枹罕、河關羣盜反，河關、枹罕二縣，皆屬隴西郡。零，音憐。枹，音膚。共立湟中義從胡北宮伯玉、李文侯爲將軍，北宮，以所居爲氏。左傳有衞大夫北宮文子。孟子有北宮黝。從，才用翻。殺護羌校尉泠徵。賢曰：泠，姓也，周有泠州鳩，音零。金城人邊章、韓遂素著名西州，羣盜誘而劫之，使專任軍政，誘，音酉。任，音壬。殺金城太守陳懿，攻燒州郡。

初，武威太守倚恃權貴，恣行貪暴，武威太守，史失其姓名。涼州從事武都蘇正和案致其罪。刺史梁鵠懼，欲殺正和以免其負，訪於漢陽長史敦煌蓋勳。續漢志：郡太守置丞一人；郡當邊戍者，丞爲長史。敦，徒門翻。蓋，徒盍翻。勳素與正和有仇，或勸勳因此報之，勳曰：「謀事殺良，非忠也；乘人之危，非仁也。」乃諫鵠曰：「夫紲食鷹隼，欲其鷙也。賢曰：紲，繫也。廣雅曰：鷙，執也。取其能服執衆鳥。隼，聳尹翻。食，讀曰飤。鷙而亨之，亨，讀作烹。將何用哉！」鵠乃止。正和詣勳求謝，勳不見，曰：「吾爲梁使君謀，不爲蘇正和也。」爲，于僞翻。怨之如初。後刺史左昌盜軍穀數萬，勳諫之。昌怒，使勳與從事辛曾、孔常別屯阿陽以拒賊，阿陽縣，屬漢陽郡。欲因軍事罪之；而勳數有戰功。數，所角翻。及北宮伯玉之攻金城也，勳勸昌救之，昌不從。陳懿既死，邊章等進圍昌於冀，昌召勳等自救，辛曾等疑不肯赴，勳怒曰：「昔莊賈後期，穰苴奮劍。齊景公時，燕、晉侵齊，景公以司馬穰苴爲將，禦之，令寵臣莊賈監軍。穰苴與期旦日會。賈素驕貴，夕時乃至。穰苴召軍正問曰：「軍法，期而後者云何？」對曰：「當斬。」遂斬賈以徇于三軍。今之從事豈重於古之監軍乎！」監，古銜翻。曾等懼而從之。勳至冀，誚讓章等以背叛之罪；誚，才笑翻。背，蒲妹翻。皆曰：「左使君若早從君言，以兵臨我，庶可自改；今罪已重，不得降也。」乃解圍去。

叛羌圍校尉夏育於畜官，前書尹翁歸傳有論罪輸掌畜官。音義曰：右扶風，畜牧所在，有苑師之屬，故曰畜官。畜，音許救翻。勳與州郡合兵救育，至狐槃，晉時，秦苻生葬姚弋仲於狐槃。載記曰：在天水冀縣。爲羌所敗。勳餘衆不及百人，身被三創，敗，補邁翻。被，皮義翻。創，初良翻。堅坐不動，指木表曰：「尸我於此！」句就種羌滇吾以兵扞衆曰：賢曰：句就，羌別種。句，音古侯翻。種，章勇翻。滇，音顛。「蓋長史賢人，汝曹殺之者爲負天。」勳仰罵曰：「死反虜！汝何知，促來殺我！」衆相視而驚。滇吾下馬與勳，勳不肯上，上，時掌翻。遂爲羌所執。羌服其義勇，不敢加害，送還漢陽。後刺史楊雍表勳領漢陽太守。

16張曼成餘黨更以趙弘爲帥，衆復盛，帥，所類翻；下同。復，扶又翻；下同。至十餘萬，據宛城。朱儁與荆州刺史徐璆等合兵圍之，宛，於元翻。璆，渠尤翻。自六月至八月不拔；有司奏徵儁。司空張溫上疏曰：「昔秦用白起，燕任樂毅，皆曠年歷載，乃能尅敵。史記：白起事秦昭王爲大良造，攻魏，破之。後五年，攻趙，拔光狼城。後七年，攻楚，拔鄢、鄧五城。明年，拔郢，燒夷陵，遂東至竟陵。樂毅事燕昭王，爲上將軍，伐齊，入臨菑，徇齊五歲，下七十餘城。儁討潁川已有功效，引師南指，方略已設；臨軍易將，將，卽亮翻。兵家所忌，宜假日月，責其成功。」帝乃止。儁擊弘，斬之。

賊帥韓忠復據宛拒儁，儁鳴鼓攻其西南，賊悉衆赴之；儁自將精卒掩其東北，乘城而入。忠乃退保小城，惶懼乞降；將，卽亮翻；降，戶江翻；並下同。諸將皆欲聽之，儁曰：「兵固有形同而勢異者。昔秦、項之際，民無定主，故賞附以勸來耳。今海内一統，唯黄巾造逆。納降無以勸善，討之足以懲惡。今若受之，更開逆意，賊利則進戰，鈍則乞降，縱敵長寇，長，知兩翻。非良計也！」因急攻，連戰不尅。儁登土山望之，顧謂司馬張超曰：「吾知之矣。賊今外圍周固，内營逼急，乞降不受，欲出不得，所以死戰也。萬人一心，猶不可當，況十萬乎！不如徹圍，并兵入城，忠見圍解，勢必自出，自出則意散，破【章：甲十一行本「破」上有「易」字；乙十一行本同；孔本同；張校同。】之道也。」既而解圍，忠果出戰，儁因擊，大破之，斬首萬餘級。

南陽太守秦頡殺忠，餘衆復奉孫夏爲帥，還屯宛。儁急攻之，司馬孫堅率衆先登；癸巳，拔宛城。孫夏走，儁追至西鄂精山，西鄂縣，屬南陽郡。賢曰：故城在今鄧州向城縣南；精山在其南。復破之，斬萬餘級。於是黃巾破散，其餘州郡所誅，一郡數千人。

17 十二月，己巳，赦天下，改元。

18 豫州刺史太原王允破黃巾，得張讓賓客書，與黃巾交通，上之。上，時掌翻。上責怒讓；讓叩頭陳謝，竟亦不能罪也。讓由是以事中允，中，竹仲翻，中傷也。遂傳下獄，賢曰：傳，逮也。傳，株戀翻。下，遐稼翻。會赦，還爲刺史；旬日間，復以他罪被捕。被，皮義翻。楊賜不欲使更楚辱，賢曰：更，經也。楚，苦痛。更，工衡翻。遣客謝之曰：「君以張讓之事，故一月再徵，凶慝難量，量，音良。幸爲深計！」賢曰：深計，謂令自死。諸從事好氣決者，好，呼到翻。共流涕奉藥而進之。允厲聲曰：「吾爲人臣，獲罪於君，當伏大辟以謝天下，辟，毗亦翻。豈有乳藥求死乎！」前書王嘉傳：何謂咀藥而死。乳，當作咀。投杯而起，出就檻車。既至，【章：甲十一行本「至」下有「廷尉」二字；乙十一行本同；孔本同；張校同；退齋校同。】大將軍進與楊賜、袁隗共上疏請之，得減死論。

考異曰：允傳云「太尉袁隗、司徒楊賜」。按隗、賜時皆不爲此官，恐誤。

二年（乙丑、一八五）

1春，正月，大疫。

2二月，己酉，南宮雲臺災。庚戌，樂城門災。據續漢志：蓋樂成殿門也。「城」，當作「成」。五行志作「樂城門」。劉昭曰：南宮中門也。

中常侍張讓、趙忠說帝斂天下田，畮十錢，說，輸芮翻。斂，力贍翻。畮，古畝字。以脩宮室，鑄銅人。樂安太守陸康上疏諫曰：「昔魯宣稅畮而蝝災自生，公羊傳曰：初稅畝者何？履畝而稅也。何休註云：宣公無恩信於人，人不肯盡力於公田，起履踐案行其畝，穀好者稅取之。蝝，螽子也。傳曰：冬，蝝生。此其言蝝生何？上變古易常也。註云：上，公上。謂宣公變易公田舊制而稅畝也。蝝，余專翻。哀公增賦而孔子非之，左傳：季孫欲以田賦，使冉有訪諸仲尼，仲尼私於冉有曰：子季孫若欲行而法，則周公之典在；若欲苟而行，又何訪焉！豈有聚奪民物以營無用之銅人，捐捨聖戒，自蹈亡王之法哉！」內倖譖康援引亡國以譬聖明，援，于元翻。大不敬，檻車徵詣廷尉。侍御史劉岱表陳解釋，得免歸田里。康，續之孫也。陸續，事見四十五卷明帝永平十四年。

又詔發州郡材木文石，部送京師。黃門常侍輒令譴呵不中者，因強折賤買，僅得本賈十分之一，中，竹仲翻。賈，讀曰價。因復貨之，宦官【張：「宦官」作「中者」。】復不爲卽受，材木遂至腐積，宮室連年不成。刺史、太守復增私調，復，扶又翻。調，徒弔翻。百姓呼嗟。又令西園騶分道督趣，騶，側尤翻。趣，讀曰促。恐動州郡，多受賕賂。刺史、二千石及茂才、孝廉遷除，皆責助軍、脩宮錢，大郡至二三千萬，餘各有差。當之官者，皆先至西園諧價，然後得去；賢曰：諧，謂平定其價也。其守清者乞不之官，皆迫遣之。時鉅鹿太守河內司馬直新除，以有清名，減責三百萬。直被詔，悵然曰：「爲民父母而反割剝百姓以稱時求，被，皮義翻。稱，尺證翻。吾不忍也。」辭疾；不聽。行至孟津，上書極陳當世之失，卽吞藥自殺。書奏，帝爲暫絕脩宮錢。爲，于僞翻。

3 以朱儁爲右車騎將軍。

4 自張角之亂，所在盜賊並起，博陵張牛角、常山褚飛燕及黃龍、左校、于氐根、張白騎、劉石、左髭文八、【張：「文」作「丈」。】平漢大計、司隸緣城、雷公、浮雲、白雀、楊鳳、于毒、五鹿、李大目、白繞、眭固、苦蝤之徒，不可勝數，朱儁傳曰：輕便者言飛燕。于氐根，賢註曰：左傳曰：于思于思。杜預云：于思，多須之貌。騎白馬者爲張白騎。大聲者稱雷公。大眼者爲大目。「左髭文八」作「左髭丈八」。校，戶教翻。騎，奇寄翻。眭，息隨翻。蝤，才由翻。勝，音升。大者二三萬，小者六七千人。張牛角、褚飛燕合軍攻癭陶，癭，於郢翻。牛角中流矢，中，竹仲翻。且死，令其衆奉飛燕爲帥，帥，所類翻。改姓張。飛燕名燕，輕勇趫捷，故軍中號曰「飛燕」。趫，丘妖翻。山谷寇賊多附之，部衆寖廣，殆至百萬，號黑山賊，杜佑曰：衛州衛縣，漢朝歌縣也。紂都朝歌，在今縣西。縣西北有黑山。河北諸郡縣並被其害，被，皮義翻。朝廷不能討。燕乃遣使至京師，奏書乞降；降，戶江翻。遂拜燕平難中郎將，難，乃旦翻。使領河北諸山谷事，歲得舉孝廉、計吏。

5 司徒袁隗免。隗，五罪翻。三月，以廷尉崔烈爲司徒。烈，寔之從兄也。崔寔作政論。從，才用翻。

是時，三公往往因常侍、阿保入錢西園而得之，賢曰：阿保，謂傅母也。余謂阿母，保母也。段熲、張溫等雖有功勤名譽，熲，古迥翻。然皆先輸貨財，乃登公位。烈因傅母入錢五百萬，故得爲司徒。及拜日，天子臨軒，百僚畢會，帝顧謂親幸者曰：「悔不少靳，可至千萬！」賢曰：靳，固之也，居焮翻。程夫人於傍應曰：「崔公，冀州名士，豈肯買官！賴我得是，反不知姝邪！」賢曰：姝，美也。言反不知斯事之美也。姝，春朱翻。烈由是聲譽頓衰。

6 北宮伯玉等寇三輔，詔左車騎將軍皇甫嵩鎮長安以討之。

時涼州兵亂不止，徵發天下役賦無已，崔烈以爲宜棄涼州。詔會公卿百官議之，議郎傅燮厲言曰：「斬司徒，天下乃安！」尚書奏燮廷辱大臣。帝以問燮，對曰：「樊噲以冒頓悖逆，憤激思奮，未失人臣之節，季布猶曰『噲可斬也』。事見十二卷惠帝三年。今涼州天下要衝，國家藩衞。高祖初興，使酈商別定隴右；高祖以將軍酈商爲隴西都尉，別定北地郡。世宗拓境，列置四郡，武帝元狩二年，匈奴渾邪王降。太初元年，置酒泉、張掖郡。四年，以休屠王地爲武威郡。後元年，分酒泉郡置敦煌郡。議者以爲斷匈奴右臂。斷，丁管翻。今牧御失和，使一州叛逆；烈爲宰相，不念爲國思所以弭之之策，爲，于僞翻。乃欲割棄一方萬里之土，臣竊惑之！若使左衽之虜得居此地，說文曰：衽，衣衿。夷狄之人左衽。士勁甲堅，因以爲亂，此天下之至慮，社稷之深憂也。若烈不知，是極蔽也；知而故言，是不忠也。」帝善而從之。

7 夏，四月，庚戌，大雨雹。雨，于具翻。

8 五月，太尉鄧盛罷；以太僕河南張延爲太尉。

9 六月，以討張角功，封中常侍張讓等十二人爲列侯。

10 秋，七月，三輔螟。說文曰：螟，蟲食穀葉者。

11 皇甫嵩之討張角也，過鄴，見中常侍趙忠舍宅踰制，奏沒入之。又中常侍張讓私求錢五千萬，嵩不與。二人由是奏嵩連戰無功，所費者多，徵嵩還，收左車騎將軍印綬，削戶六千。綬，音受。八月，以司空張溫爲車騎將軍，執金吾袁滂爲副，以討北宮伯玉；拜中郎將董卓爲破虜將軍，與盪寇將軍周慎並統於溫。

12 九月，以特進楊賜爲司空。冬，十月，庚寅，臨晉文烈侯楊賜薨。以光祿大夫許相爲司空。相，訓之子也。建寧二年，許訓爲司徒。

13 諫議大夫劉陶上言：「天下前遇張角之亂，後遭邊章之寇，今西羌逆類已攻河東，恐遂轉盛，豕突上京。河東東南至雒陽五百里耳。民有百走退死之心，而無一前鬭生之計，西寇浸前，車騎孤危，車騎，謂張溫也。假令失利，其敗不救。臣自知言數見厭，數，所角翻。而言不自裁者，以爲國安則臣蒙其慶，國危則臣亦先亡也。謹復陳當今要急八事。」復，扶又翻。大較言天下大亂，皆由宦官。宦官共讒陶曰：「前張角事發，詔書示以威恩，自此以來，各各改悔。今者四方安靜，而陶疾害聖政，專言妖孽。妖，於驕翻。孽，魚列翻。州郡不上，上，時掌翻。陶何緣知？疑陶與賊通情。」於是收陶下黄門北寺獄，掠按日急。下，遐稼翻。掠，音亮。陶謂使者曰：「臣恨不與伊、呂同疇，而以三仁爲輩。孔子曰：殷有三仁焉：微子去之，箕子爲之奴，比干諫而死。今上殺忠謇之臣，下有憔悴之民，悴，秦醉翻。亦在不久，後悔何及！」遂閉氣而死。前司徒陳耽爲人忠正，宦官怨之，亦誣陷，死獄中。

14 張溫將諸郡兵步騎十餘萬屯美陽，美陽縣，屬扶風。賢曰：在今雍州武功縣北。杜佑曰：美陽本前漢頻陽縣。邊章、韓遂亦進兵美陽，溫與戰，輒不利。十一月，董卓與右扶風鮑鴻等并兵攻章、遂，大破之，章、遂走榆中。榆中縣，屬金城郡。賢曰：故城在今蘭州金城縣東。杜佑曰：蘭州治五泉縣，漢榆中故城在今縣東。

溫遣周慎將三萬人追之。參軍事孫堅說慎曰：「賊城中無穀，當外轉糧食，堅願得萬人斷其運道，參軍事之官，始見於此。杜佑曰：漢靈帝時，陶謙，幽州刺史，參司空、車騎將軍張溫軍事。時孫堅亦爲參軍。晉時，軍府乃置爲官員。說，輸芮翻。斷，丁管翻；下同。將軍以大兵繼後，賊必困乏而不敢戰，走入羌中，并力討之，則涼州可定也！」愼不從，引軍圍榆中城，而章、遂分屯葵園峽，反斷愼運道，愼懼，棄車重而退。重，直用翻。

溫又使董卓將兵三萬討先零羌，零，音憐。羌、胡圍卓於望垣北，望垣縣，屬漢陽郡。陳壽三國志曰：望垣，峽名。糧食乏絕，乃於所渡水中立【章：甲十一行本「立」上有「僞」字；乙十一行本同。】隝以捕魚，而潛從隝下過軍。賢曰：續漢書「隝」字作「堰」，其字義則同，但異體耳。比賊追之，比，必寐翻。決水已深，不得渡，遂還屯扶風。

張溫以詔書召卓，卓良久乃詣溫；溫責讓卓，卓應對不順。孫堅前耳語謂溫曰：耳語，附耳而語也。「卓不怖罪，怖，普布翻。而鴟張大語，宜以召不時至，陳軍法斬之。」溫曰：「卓素著威名於河、隴之間，今日殺之，西行無依。」堅曰：「明公親率王師，威震天下，何賴於卓！觀卓所言，不假明公，輕上無禮，一罪也；章、遂跋扈經年，當以時進討，而卓云未可，沮軍疑衆，二罪也；沮，在呂翻。卓受任無功，應召稽留，而軒昂自高，三罪也。古之名將仗鉞臨衆，未有不斷斬以成功者也。今明公垂意於卓，垂意，猶言降意也。斷，丁亂翻。不即加誅，虧損威刑，於是在矣。」溫不忍發，乃曰：「君且還，卓將疑人。」堅遂出。

15是歲，帝造萬金堂於西園，引司農金錢、繒帛牣積堂中，賢曰：牣，滿也。復藏寄小黃門、常侍家錢各數千萬，復，扶又翻。又於河間買田宅，起第觀。帝故封河間解瀆亭侯。觀，古玩翻。

三年（丙寅、一八六）

1春，二月，江夏兵趙慈反，夏，戶雅翻。殺南陽太守秦頡。

2庚戌，赦天下。

3太尉張延罷。遣使者持節就長安拜張溫爲太尉。三公在外始於溫。

4以中常侍趙忠爲車騎將軍。帝使忠論討黃巾之功，執金吾甄舉謂忠曰：甄，之人翻。「傅南容前在東軍，有功不侯，傅燮，字南容。不侯事見上年。天下失望。今將軍親當重任，宜進賢理屈，以副衆心。」忠納其言，遣弟城門校尉延致殷勤於傅燮。延謂燮曰：「南容少答我常侍，少，詩沼翻。萬戶侯不足得也！」燮正色拒之曰：「有功不論，命也。傅燮豈求私賞哉！」忠愈懷恨，然憚其名，不敢害，出爲漢陽太守。考異曰：袁紀在明年九月。今從范書。

5帝使鉤盾令宋典脩南宮玉堂，南宮有玉堂殿。又使掖庭令畢嵐鑄四銅人，又鑄四鐘，皆受二千斛。賢曰：銅人列於倉龍、玄武闕外。鐘懸於雲臺及玉堂殿前。又鑄天祿、蝦蟆吐水於平門外橋東，轉水入宮。賢曰：天祿，獸也。按今鄧州南陽縣北有宗資碑，旁有兩石獸，鐫其膊，一曰天祿，一曰辟邪；此即天祿、辟邪，並獸名也。漢有天祿閣，亦因獸以立名。又作翻車、渴烏，施於橋西，用灑南北郊路，賢曰：翻車，設機車以引水。渴烏，爲曲桶，以氣引水上也。車，尺遮翻。以爲可省百姓灑道之費。

6 五月，壬辰晦，日有食之。

7 六月，荆州刺史王敏討趙慈，斬之。

8 車騎將軍趙忠罷。

9 冬，十月，武陵蠻反，郡兵討破之。

10 前太尉張延爲宦官所譖，下獄死。

11 十二月，鮮卑寇幽、并二州。

12 徵張溫還京師。

四年（丁卯、一八七）

1 春，正月，己卯，赦天下。

2 二月，滎陽賊殺中牟令。中牟縣，屬河南尹。賢曰：今鄭州縣。三月，河南尹何苗討滎陽賊，破之；拜苗爲車騎將軍。

3 韓遂殺邊章及北宮伯玉、李文侯，擁兵十餘萬，進圍隴西，太守李相如叛，與遂連和。涼州刺史耿鄙率六郡兵討遂。鄙任治中程球，百官志：州刺史置從事史，員職略與司隸同，無都官從事；其功曹從事爲治中從事，主州選署及衆事。球通姦利，士民怨之。漢陽太守傅燮謂鄙曰：

「使君統政日淺，民未知教。賊聞大軍將至，必萬人一心，邊兵多勇，其鋒難當；而新合之衆，上下未和，萬一內變，雖悔無及。不若息軍養德，明賞必罰，賊得寬挺，賢曰：挺，解也，又緩也。必謂我怯，羣惡爭勢，其離可必。然後率已教之民，討成離之賊，其功可坐而待也！」鄙不從。夏，四月，鄙行至狄道，州別駕反應賊，別駕從事，刺史行部，則奉引錄衆事。先殺程球，次害鄙，賊遂進圍漢陽。城中兵少糧盡，燮猶固守。

時北地胡騎數千隨賊攻郡，皆夙懷燮恩，共於城外叩頭，求送燮歸鄉里。傅燮，北地靈州人。燮子幹，年十三，言於燮曰：「國家昏亂，遂令大人不容於朝。朝，直遙翻。今兵不足以自守，宜聽羌、胡之請，還鄉里，徐俟有道而輔之。」言未終，燮慨然歎曰：「汝知吾必死邪！聖達節，次守節。左傳：曹公子臧曰：「聖達節，次守節，下失節。」殷紂暴虐，伯夷不食周粟而死。吾遭世亂，不能養浩然之志，食祿，又欲避其難乎！難，乃旦翻。吾行何之，必死於此！汝有才智，勉之勉之！主簿楊會，吾之程嬰也。」史記：趙朔娶晉成公姊爲夫人。晉景公三年，屠岸賈殺趙朔，滅其族。朔妻有遺腹，走公宮。朔客公孫杵臼謂客程嬰曰：「胡不死？」嬰曰：「朔之婦有遺腹，卽幸而生男，吾奉之；卽女也，吾徐死耳！」居無何，朔妻生男。屠岸賈聞之，乃索於公宮。朔妻置兒於袴中，祝曰：「趙宗滅乎，若啼；卽不滅，若無聲。」及索兒，竟無聲。程嬰曰：「今一索不得，後必復索之。」杵臼乃取他嬰兒，負之匿山中。諸將攻殺杵臼幷兒，然趙孤兒乃在程嬰所，卽趙武也。居十五年，景公乃立趙武爲卿，而復其田邑。

狄道人王國使故酒泉太守黃衍說燮曰：「天下已非復漢有，府君寧有意爲吾屬帥乎？」帥，所類翻。燮按劍叱衍曰：「若剖符之臣，反爲賊說邪！」遂麾左右進兵，臨陳戰歿。說，輸芮翻。爲，于僞翻。陳，讀曰陣。考異曰：袁紀在明年五月。今從范書。耿鄙司馬扶風馬騰亦擁兵反，與韓遂合，共推王國爲主，寇掠三輔。

4太尉張温以寇賊未平，免；以司徒崔烈爲太尉。五月，以司空許相爲司徒；光祿勳沛國丁宮爲司空。

5初，張温發幽州烏桓突騎三千以討涼州，故中山相漁陽張純請將之，温不聽，而使涿令遼西公孫瓚將之。涿郡，治涿縣。瓚，藏旱翻。軍到薊中，烏桓以牢稟逋縣，縣，讀曰懸。牢，價直也。稟，給也。賢曰：前書音義：牢，廩食也。古者名廩爲牢。多叛還本國。張純忿不得將，將，卽亮翻。乃與同郡故泰山太守張舉及烏桓大人丘力居等連盟，劫略薊中，薊，音計。殺護烏桓校尉公綦稠、公綦，複姓。右北平太守劉政、遼東太守陽終等，衆至十餘萬，屯肥如。肥如縣，屬遼西郡。應劭曰：肥子奔燕，燕封於此。賢曰：故城今平州。舉稱天子，純稱彌天將軍、安定王，移書州郡，云舉當代漢，告天子避位，敕公卿奉迎。

6冬，十月，長沙賊區星自稱將軍，區，烏侯翻，姓也；又如字。考異曰：范書作「觀鵠」，今從陳壽吳志。衆萬餘人；詔以議郎孫堅爲長沙太守，討擊平之，封堅烏程侯。烏程縣，屬吳郡。爲堅以長沙兵討董卓張本。

7 十一月，太尉崔烈罷；以大司農曹嵩爲太尉。

8 十二月，屠各胡反。屠各胡，卽匈奴也。屠，直於翻。

9 是歲，賣關內侯，直五百萬錢。

10 前太丘長陳寔卒，長，知兩翻。海內赴弔者三萬餘人。寔在鄉閭，平心率物，其有爭訟，輒求判正，判，分也，剖也。剖析而見正理也。曉譬曲直，退無怨者；至乃歎曰：「寧爲刑罰所加，不爲陳君所短！」楊賜、陳耽，每拜公卿，羣僚畢賀，輒歎寔大位未登，愧於先之。先，悉薦翻。

容肇祖標點王崇武聶崇岐覆校

資治通鑑卷第五十九

翰林學士兼侍讀學士朝散大夫右諫議大夫知制誥判尚書都省兼提舉萬壽觀公事上護軍河內郡開國侯食邑一千三百戶賜紫金魚袋臣司馬光　奉敕編集
後學天台胡三省　音註

漢紀五十一　起著雍執徐（戊辰），盡上章敦牂（庚午），凡三年。

孝靈皇帝下

中平五年（戊辰、一八八）

1春，正月，丁酉，赦天下。

2二月，有星孛于紫宮。紫宮，即太微也。匡衞十二星之內，皆曰紫宮，天子之宮也。孛，蒲內翻。

3黃巾餘賊郭大等起於河西白波谷，帝紀作「西河」，當從之。又按宋白續通典，河南府河清縣，今理白波鎮，無以此谷於孟津爲河西歟！寇太原、河東。

4三月，屠各胡攻殺并州刺史張懿。屠，直於翻。

5太常江夏劉焉見王室多故，建議以爲：「四方兵寇，由刺史威輕，既不能禁，且用非其人，以致離叛。宜改置牧伯，選清名重臣以居其任。」焉內欲求交趾牧。以交趾僻遠，可以避禍也。侍中廣漢董扶扶學圖讖，何進薦之，徵拜侍中。私謂焉曰：「京師將亂，益州分野有天子氣。」蔡邕月令章句：自危十度至壁八度，謂之豕韋之次，衞之分野。自壁八度至胃一度，謂之降婁之次，魯之分野。自胃一度至畢六度，謂之大梁之次，趙之分野。自畢六度至井十度，謂之實沈之次，晉之分野。自井十度至柳三度，謂之鶉首之次，秦之分野。自柳三度至張十二度，謂之鶉火之次，周之分野。自張十二度至軫六度，謂之鶉尾之次，楚之分野。自軫六度至亢八度，謂之壽星之次，鄭之分野。自亢八度至尾四度，謂之大火之次，宋之分野，自尾四度至斗六度，謂之析木之次，燕之分野。自斗六度至須女二度，謂之星紀之次，越之分野。自須女二度至危十度，謂之玄枵之次，齊之分野。晉書天文志用後魏太史令陳卓所言郡國所入宿度，今亦載之：自軫十二度至氐四度爲壽星，於辰在辰，鄭分，屬兗州。自氐五度至尾九度爲大火，於辰在卯，宋分，屬豫州。自尾十度至南斗十一度爲析木，於辰在寅，燕分，屬幽州。自南斗十二度至須女七度爲星紀，於辰在丑，吳、越分，屬楊州。自須女八度至危十五度爲玄枵，於辰在子，齊分，屬青州。自危十六度至奎四度爲諏訾，於辰在亥，衞分，屬幷州。自奎五度至胃六度爲降婁，於辰在戌，魯分，屬徐州。自胃七度至畢十一度爲大梁，於辰在酉，趙分，屬冀州。自畢十二度至東井十五度爲實沈，於辰在申，魏分，屬益州。自東井十六度至柳八度爲鶉首，於辰在未，秦分，屬雍州。自柳九度至張十六度爲鶉火，於辰在午，周分，屬三河。自張十七度至軫十一度爲鶉尾，於辰在巳，楚分，屬荆州。分，扶問翻。焉乃更求益州。會益州刺史郤儉賦斂煩擾，謠言遠聞，郤，乞逆翻。春秋晉大夫郤氏。考異曰：范書作「郗儉」，今從陳壽蜀志。斂，力贍翻。聞，音問。而耿鄙、張懿皆爲盜所殺，朝廷遂從焉議，選列卿、尚書爲州牧，各以本秩居任。列卿，秩中二千石；尚書，秩六百石耳。東都以後，尚書職任重於列卿。以焉爲益州牧，太僕黄琬爲豫州牧，宗正東海劉虞爲幽州牧。州任之重，自此而始。焉，魯恭王之後；虞，東海恭王之五世孫也。虞嘗爲幽州刺史，民夷懷其恩信，故用之。董扶及太倉令趙韙百官志：太倉令，秩六百石，主受郡國傳漕穀，屬大司農。韙，羽鬼翻。皆棄官，隨焉入蜀。

6 詔發南匈奴兵配劉虞討張純，單于羌渠遣左賢王將騎詣幽州。國人恐發兵無已，於是右部醢落反，建武中，右部薁鞬日逐王比來降，立爲醢落尸逐鞮單于。右部醢落者，蓋其支庶，分居右部，因以爲種落之號。醢，馨兮翻。與屠各胡合，屠，直於翻。凡十餘萬人，攻殺羌渠。考異曰：帝紀：「屠各胡攻殺并州刺史張懿，遂與南匈奴左部胡合，殺其單于。」今從匈奴傳。國人立其子右賢王於扶羅爲持至尸逐侯單于。賢曰：於扶羅，卽前趙劉淵之祖也，是爲亂晉之首。

7 夏，四月，太尉曹嵩罷。

8 五月，以永樂少府南陽樊陵爲太尉；樂，音洛。六月，罷。

9 益州賊馬相、趙祇等起兵緜竹，緜竹縣，屬廣漢郡。賢曰：故城在今益州緜竹縣東。自號黄巾，殺刺史郤儉，進擊巴郡、犍爲，旬月之間，破壞三郡，犍，居言翻。壞，音怪。有衆數萬，自【章：甲十一行本「自」上有「相」字；乙十一行本同；張校同。】稱天子。州從事賈龍率吏民攻相等，數日破走，州界清靜。龍乃選吏卒迎劉焉。

焉徙治緜竹，撫納離叛，務行寬惠，以收人心。爲劉焉專制益州張本。

10 郡國七大水。

11 故太傅陳蕃子逸與術士襄楷會於冀州刺史王芬坐，坐，才臥翻。楷曰：「天文不利宦者，黃門、常侍眞族滅矣。」逸喜。芬曰：「若然者，芬願驅除！」因與豪傑轉相招合，上書言黑山賊攻劫郡縣，欲因以起兵。會帝欲北巡河間舊宅，帝先爲解瀆亭侯，有舊宅在河間。芬等謀以兵徼劫，徼，讀曰邀。誅諸常侍、黃門，因廢帝，立合肥侯，以其謀告議郎曹操。以此謀告操，蓋亦知操之爲時雄矣。操曰：「夫廢立之事，天下之至不祥也。古人有權成敗、計輕重而行之者，伊、霍是也。此等語，豈常人所能及哉！伊、霍皆懷至忠之誠，據宰輔之勢，因秉政之重，同衆人之欲，故能計從事立。今諸君徒見曩者之易，易，以豉翻。未覩當今之難，而造作非常，欲望必克，不以危乎！」芬又呼平原華歆、陶丘洪共定計。華，戶化翻。姓譜：堯子丹朱，居陶丘，其後氏焉。洪欲行，歆止之曰：「夫廢立大事，伊、霍之所難。芬性疏而不武，此必無成。」洪乃止。會北方夜半有赤氣，東西竟天，太史上言：「北方有陰謀，上，時掌翻。不宜北行。」帝乃止。敕芬罷兵，俄而徵之。芬懼，解印綬亡走，至平原，自殺。綬，音受。

12 秋，七月，以射聲校尉馬日磾爲太尉。日磾，融之族孫也。磾，丁奚翻。

13 八月，初置西園八校尉，校，戶教翻。以小黃門蹇碩爲上軍校尉，姓譜：蹇，姓也。左傳有秦大夫蹇叔。虎賁中郎將袁紹爲中軍校尉，屯騎校尉鮑鴻爲下軍校尉，議郎曹操爲典軍校尉，趙融爲助軍左校尉，馮芳爲助軍右校尉，諫議大夫夏牟爲左校尉，淳于瓊爲右校尉；皆統於蹇碩。考異曰：范書袁紹傳，「紹爲佐軍校尉」，何進傳，「淳于瓊爲佐軍校尉」。今從樂資山陽公載記。帝自黃巾之起，留心戎事；碩壯健有武略，帝親任之，雖大將軍亦領屬焉。

14 九月，司徒許相罷；以司空丁宮爲司徒，光祿勳南陽劉弘爲司空。

15 以衞尉條侯董重爲票騎將軍。重，永樂太后兄子也。票，匹妙翻。樂，音洛。

16 冬，十月，靑、徐黃巾復起，復，扶又翻。寇郡縣。

17 望氣者以爲京師當有大兵，兩宮流血。帝欲厭之，厭，一葉翻。乃大發四方兵，講武於平樂觀下，水經註：穀水自白馬寺東南逕平樂觀，在上西門外。樂，音洛。觀，古玩翻。起大壇，上建十二重華蓋，蓋高十丈；壇東北爲小壇，復建九重華蓋，高九丈。列步騎數萬人，結營爲陳。重，直龍翻。高，居傲翻。陳，讀曰陣；下同。甲子，帝親出臨軍，駐大華蓋下，大將軍進駐小華蓋下。帝躬擐甲、介馬，賢曰：擐，貫也，音宦。介，亦甲也。稱「無上將軍」，行陳三帀而還，行，下孟翻。帀，作答翻。以兵授進。帝問討虜校尉蓋勳曰：蓋，古盍翻。「吾講武如是，何如？」對曰：「臣聞先王曜德不觀兵。國語載祭公謀父之言。今寇在遠而設近陳，不足以昭果毅，左傳曰：戎昭果毅以聽之謂武。殺敵爲果，致果爲毅。祇黷武耳！」帝曰：「善！恨見君晚，羣臣初無是言也。」勳謂袁紹曰：「上甚聰明，但蔽於左右耳。」與紹謀共誅嬖倖，嬖，卑義翻，又必計翻。考異曰：勳傳云：「勳時與宗正劉虞、佐軍校尉袁紹同典禁兵。勳謂虞、紹云云。」按虞於匈奴未叛之前已爲幽州牧，又宗正非典兵之官。今除之。蹇碩懼，出勳爲京兆尹。

18 十一月，王國圍陳倉。詔復拜皇甫嵩爲左將軍，復，扶又翻。督前將軍董卓，合兵四萬人以拒之。

19 張純與丘力居鈔略青、徐、幽、冀四州；鈔，楚交翻。詔騎都尉公孫瓚討之。瓚與戰於屬國石門，屬國，遼東屬國也。賢曰：石門，山名，在今營州柳城縣西南。瓚，藏旱翻。純等大敗，棄妻子，踰塞走；悉得所略男女。瓚深入無繼，反爲丘力居等所圍於遼西管子城，二百餘日，糧盡衆潰，士卒死者什五六。

20 董卓謂皇甫嵩曰：「陳倉危急，請速救之。」嵩曰：「不然，百戰百勝，不如不戰而屈人兵。陳倉雖小，城守固備，未易可拔。易，以豉翻。王國雖強，攻陳倉不下，其衆必疲，疲而擊之，全勝之道也，將何救焉！」國攻陳倉八十餘日，不拔。

六年（己巳、一八九）

1 春，二月，國衆疲敝，解圍去，皇甫嵩進兵擊之。董卓曰：「不可！兵法，窮寇勿迫，歸衆勿追。」賢曰：司馬兵法之言。嵩曰：「不然。前吾不擊，避其銳也；今而擊之，待其衰也；

所擊疲師，非歸衆也；國衆且走，莫有鬭志，以整擊亂，非窮寇也。」遂獨進擊之，使卓爲後拒，連戰，大破之，斬首萬餘級。卓大慙恨，由是與嵩有隙。爲後獻帝初平二年卓怖嵩張本。韓遂等共廢王國，而劫故信都令漢陽閻忠使督統諸部。忠病死，遂等稍爭權利，更相殺害，更，工衡翻。由是寖衰。

2 幽州牧劉虞到部，遣使至鮮卑中，告以利害，責使送張舉、張純首，厚加購賞。丘力居等聞虞至，喜，各遣譯自歸。舉、純走出塞，餘皆降散。虞上罷諸屯兵，上，時掌翻，奏也。但留降虜校尉公孫瓚，將步騎萬人屯右北平。瓚以石門之捷，自騎都尉拜降虜校尉。降，戶江翻。校，戶教翻。三月，張純客王政殺純，送首詣虞。公孫瓚志欲掃滅烏桓，而虞欲以恩信招降，由是與瓚有隙。爲後初平四年瓚殺虞張本。

3 夏，四月，丙子朔，日有食之。

4 太尉馬日磾免；遣使卽拜幽州牧劉虞爲太尉，封容丘侯。容丘縣，屬東海郡。考異曰：袁紀：「三月己丑，光祿劉虞爲司馬，領幽州牧。」今從范書。

5 蹇碩忌大將軍進，與諸常侍共說帝遣進西擊韓遂；說，輸芮翻。帝從之。進陰知其謀，奏遣袁紹收徐、兗二州兵，須紹還而西，以稽行期。

6 初，帝數失皇子，數，所角翻。何皇后生子辯，養於道人史子眇家，號曰「史侯」。賢曰：道人，謂有道術之人。王美人生子協，董太后自養之，號曰「董侯」。羣臣請立太子。帝以辯輕佻無威儀，佻，初彫翻，輕薄也。欲立協，猶豫未決。會疾篤，屬協於蹇碩。屬，之欲翻，託也。丙辰，帝崩于嘉德殿。年三十四。嘉德殿在南宮九龍門內。碩時在內，欲先誅何進而立協，使人迎進，欲與計事；進卽駕往。碩司馬潘隱與進早舊，迎而目之。進驚，馳從儳道歸營，廣雅曰：儳，疾也；仕鑒翻。引兵入屯百郡邸，天下郡國百餘，皆置邸京師。謂之百郡邸者，百郡總爲一邸也。因稱疾不入。

戊午，皇子辯卽皇帝位，年十四。考異曰：帝紀云「年十七」，張璠漢紀曰「帝年十四」，今從之。尊皇后曰皇太后。太后臨朝。朝，直遙翻；下同。赦天下，改元爲光熹。封皇弟協爲勃海王。協年九歲。以後將軍袁隗爲太傅，與大將軍何進參錄尚書事。

進既秉朝政，忿蹇碩圖己，陰規誅之。袁紹因進親客張津，勸進悉誅諸宦官。進以袁氏累世貴寵，袁安爲司空、司徒，子敞爲司空，孫湯爲司空、司徒、太尉，湯子逢爲司空，少子隗亦爲三公，是累世貴寵也。而紹與從弟虎賁中郎將術皆爲豪桀所歸，信而用之。從，才用翻；下同。復博徵智謀之士復，扶又翻。何顒、荀攸及河南鄭泰等二十餘人，以顒爲北軍中候，攸爲黄門侍郎，百官志：給事黄門侍郎，六百石，掌侍從左右，給事中，關通內外。獻帝起居注曰：帝初卽位，令侍中、給事黄門侍郎員各六人，出入禁中，近侍帷幄，省尚書事。蓋前無定員，至帝始定員數也。顒，魚容翻。泰爲尚書，與同腹心。攸，爽之從孫也。

蹇碩疑不自安，與中常侍趙忠、宋典等書曰：「大將軍兄弟秉國專朝，今與天下黨人謀誅先帝左右，埽滅我曹，但以碩典禁兵，故且沈吟。今宜共閉上閤，上閤，省閤也。沈，持林翻。急捕誅之。」中常侍郭勝，進同郡人也，太后及進之貴幸，勝有力焉，考異曰：袁紀作「郭脈」，九州春秋作「郎勝」，今從何進傳。故親信何氏；與趙忠等議，不從碩計，而以其書示進。庚午，進使黃門令收碩，誅之，因悉領其屯兵。

票騎將軍董重，票，匹妙翻。與何進權勢相害，中官挾重以爲黨助。董太后每欲參干政事，何太后輒相禁塞，塞，猶遏也。塞，悉則翻。董后忿恚，詈曰：「汝今輈張，怙汝兄耶！恚，於避翻。賢曰：輈張，猶強梁也。兄，謂進也。輈，音舟。吾敕票騎斷何進頭，如反手耳！」斷，丁管翻。何太后聞之，以告進。五月，進與三公共奏：「孝仁皇后使故中常侍夏惲等交通州郡，辜較財利，悉入西省。夏，戶雅翻。惲，於粉翻。較，讀曰榷。西省，即謂永樂宮司。故事，蕃后不得留京師；賢曰：蕃后，謂平帝母衛姬。王莽攝政，恐其專權，后不得留在京師，故以爲故事也。請遷宮本國。」奏可。辛巳，進舉兵圍票騎府，收董重，免官，自殺。六月，辛亥，董太后憂怖，暴崩。怖，普布翻。考異曰：九州春秋曰：「太后憂懼，自殺。」今從皇后紀。民間由是不附何氏。

7 辛酉，葬孝靈皇帝于文陵。賢曰：在雒陽西北二十里。何進懲蹇碩之謀，稱疾，不入陪喪，又不送山陵。

8 大水。

9 秋，七月，徙勃海王協爲陳留王。

10 司徒丁宮罷。

11 袁紹復說何進曰：復，扶又翻。說，輸芮翻。「前竇武欲誅內寵而反爲所害者，但坐言語漏泄；五營兵士皆畏服中人，而竇氏反用之，自取禍滅。事見五十六卷建寧元年。今將軍兄弟並領勁兵，謂進及弟苗也。部曲將吏皆英俊名士，樂盡力命，樂，音洛。事在掌握，此天贊之時也。將軍宜一爲天下除患，以垂名後世，不可失也！」爲，于僞翻；下同。進乃白太后，請盡罷中常侍以下，以三署郎補其處。太后不聽，曰：「中官統領禁省，自古及今，漢家故事，不可廢也。且先帝新棄天下，我柰何楚楚與士人共對事乎！」楚詞註曰：楚楚，鮮明貌。詩曰：衣裳楚楚。進難違太后意，且欲誅其放縱者。紹以爲中官親近至尊，近，其靳翻。出納號令，今不悉廢，後必爲患。而太后母舞陽君及何苗數受諸宦官賂遺，數，所角翻；下同。遺，于季翻。知進欲誅之，數白太后爲其障蔽；又言：「大將軍專殺左右，擅權以弱社稷。」太后疑以爲然。進新貴，素敬憚中官，雖外慕大名而內不能斷，斷，丁亂翻；下同。故事久不決。

紹等又爲畫策，多召四方猛將及諸豪傑，使並引兵向京城，以脅太后；進然之。主簿廣陵陳琳諫曰：「諺稱『掩目捕雀』，夫微物尚不可欺以得志，況國之大事，其可以詐立乎！

今將軍總皇威，握兵要，龍驤虎步，高下在心，此猶鼓洪爐燎毛髮耳。但當速發雷霆，行權立斷，則天人順之。而反委釋利器，利器，謂兵柄也。更徵外助，大兵聚會，強者爲雄，所謂倒持干戈，授人以柄，功必不成，祇爲亂階耳！」進不聽。典軍校尉曹操聞而笑曰：「宦者之官，古今宜有，但世主不當假之權寵，使至於此。既治其罪，治，直之翻。當誅元惡，一獄吏足矣，何至紛紛召外兵乎！欲盡誅之，事必宣露，吾見其敗也。」

初，靈帝徵董卓爲少府，據卓傳，中平六年徵卓爲少府。蓋卽是年也。卓上書言：「所將湟中義從及秦、胡兵將，卽亮翻。從，才用翻。皆詣臣言：『牢直不畢，稟賜斷絕，妻子飢凍。』牽挽臣車，使不得行。羌、胡憋腸狗態，賢曰：言羌、胡心腸憋惡，情態如狗也。方言云：憋，惡也。郭璞云：憋怤，急性也。憋，音芳列翻。怤，音芳于翻。臣不能禁止，輒將順安慰。增異復上。」賢曰：如其更增異志，當復聞上。洪氏隸釋曰：漢靈帝建寧二年，魯相史晨祠孔廟奏後云「增異輒上」，光和二年，樊毅復華下民租口算奏後云「增異復上」。此蓋當時奏文結末之常語。蓋言繼今事有增於此者，異於此者，將復上奏也。復，扶又翻。上，時掌翻。朝廷不能制。及帝寢疾，璽書拜卓并州牧，璽，斯氏翻。令以兵屬皇甫嵩。卓復上書言：「臣誤蒙天恩，掌戎十年，士卒大小，相狎彌久，戀臣畜養之恩，爲臣奮一旦之命，畜，許六翻。爲，于僞翻。乞將之北州，效力邊垂。」將，如字，又卽亮翻。之，往也。嵩從子酈說嵩曰：從，才用翻。酈，音歷。考異曰：袁紀作「從子邇」，今從范書。「天下兵柄，在大人與董卓耳。今怨隙已結，勢不俱存。卓被詔委兵而上書自請，此逆命也。彼度京師政亂，被，皮義翻。度，徒洛翻。故敢躊躇不進，此懷姦也。二者，刑所不赦。且其凶戾無親，將士不附。大人今爲元帥，嵩討王國時爲督，故曰元帥。杖國威以討之，上顯忠義，下除凶害，無不濟也。」嵩曰：「違命雖罪，專誅亦有責也。卓不釋兵爲違命，嵩擅討卓爲專誅。不如顯奏其事，使朝廷裁之。」乃上書以聞。帝以讓卓。卓亦不奉詔，駐兵河東以觀時變。

何進召卓使將兵詣京師。考異曰：進傳曰：「召卓屯關中上林苑。」按時卓已駐河東，若屯上林，則更爲西去，非所以脅太后也。今從卓傳。侍御史鄭泰諫曰：「董卓強忍寡義，志欲無厭，厭，於鹽翻。若借之朝政，借，子夜翻。授以大事，將恣凶欲，必危朝廷。明公以親德之重，據阿衡之權，秉意獨斷，斷，丁亂翻。誅除有罪，誠不宜假卓以爲資援也！且事留變生，殷鑒不遠，謂竇武之事，可爲殷鑒也。宜在速決。」尚書盧植亦言不宜召卓，進皆不從。泰乃棄官去，謂荀攸曰：「何公未易輔也。」易，以豉翻。

進府掾王匡，騎都尉鮑信，皆泰山人，進使還鄉里募兵；并召東郡太守橋瑁屯成皋，瑁，音冒。使武猛都尉丁原將數千人寇河內，燒孟津，火照城中，賢曰：武猛，謂其有武藝而勇猛，取其嘉名，因以名官。皆以誅宦官爲言。

董卓聞召，即時就道，并上書曰：「中常侍張讓等，竊倖承寵，濁亂海內。臣聞揚湯止沸，莫若去薪；去，羌呂翻。前書：枚乘諫吳王曰：欲湯之滄，一人炊之，百人揚之，無益也，不如絕薪止火而已。滄，音則亮翻，寒也。潰癰雖痛，勝於內食。言癰疽蘊結，破之雖痛，勝於內食肌肉，浸淫滋大也。昔趙鞅興晉陽之甲以逐君側之惡，公羊傳曰：晉趙鞅取晉陽之甲以逐荀寅與士吉射者曷爲？君側之惡人也。此逐君側之惡人，曷爲以叛言之？無君命也。今臣輒鳴鐘鼓如雒陽，賢曰鳴鐘鼓者，聲其罪也。請收讓等以清姦穢！」太后猶不從。何苗謂進曰：「始共從南陽來，俱以貧賤依省內以致富貴，言何后因宦官得進，進兄弟以此致富貴也。國家之事，亦何容易。易，以豉翻。覆水不收，宜深思之，水覆於地，不可復收，言事發則不可收拾。且與省內和也。」卓至澠池，澠，彌兗翻。而進更狐疑，使諫議大夫种卲宣詔止之。卓不受詔，遂前至河南；河南，周之王城，去雒陽不遠。种，音沖。卲迎勞之，勞，力到翻。因譬令還軍。卓疑有變，使其軍士以兵脅卲。卲怒，稱詔叱之，軍士皆披，披，芳靡翻。遂前質責卓；卓辭屈，乃還軍夕陽亭。賢曰：夕陽亭在河南城西。卲，暠之孫也。

袁紹懼進變計，因脅之曰：「交構已成，形勢已露，將軍復欲何待而不早決之乎？事久變生，復爲竇氏矣！」復，扶又翻。進於是以紹爲司隸校尉，假節，專命擊斷；漢司隸校尉本持節，至元帝時，諸葛豐爲司隸，始去節。今假紹節，重其權也。斷，丁亂翻。從事中郎王允爲河南尹。紹使雒陽方略武吏司察宦者，而促董卓等使馳驛上奏，欲進兵平樂觀。上，時掌翻。樂，音洛。觀，古玩翻。太后乃恐，悉罷中常侍、小黃門使還里舍，唯留進所私人以守省中。諸常侍、小黃門皆詣進謝罪，唯所措置。進謂曰：「天下匈匈，正患諸君耳。今董卓垂至，諸君何不早各就國！」袁紹勸進便於此決之，勸進於此時悉誅之也。至于再三；進不許。紹又爲書告諸州郡，詐宣進意，使捕按中官親屬。

進謀積日，頗泄，中官懼而思變。張讓子婦，太后之妹也，讓向子婦叩頭曰：「老臣得罪，當與新婦俱歸私門。唯受恩累世，賢曰：唯，思念也。今當遠離宮殿，離，力智翻。情懷戀戀，願復一入直，復，扶又翻；下同。得暫奉望太后陛下顏色，然後退就溝壑，死不恨矣！」子婦言於舞陽君，入白太后；乃詔諸常侍皆復入直。

八月，戊辰，進入長樂宮，樂，音洛。白太后，請盡誅諸常侍。中常侍張讓、段珪相謂曰：「大將軍稱疾，不臨喪，不送葬，今欻入省，賢曰：欻，音許勿翻。此意何爲？竇氏事竟復起邪？」使潛聽，具聞其語。乃率其黨數十人持兵竊自側闥入，伏省戶下，進出，因詐以太后詔召進，入坐省閤。讓等詰進曰：「天下憒憒，詰，去吉翻。說文曰：憒憒，亂也，古對翻。亦非獨我曹罪也。先帝嘗與太后不快，幾至成敗，事見上卷光和四年。幾，居希翻。我曹涕泣救解，各出家財千萬爲禮，和悅上意，但欲託卿門戶耳。今乃欲滅我曹種族，不亦大甚乎！」種，章勇翻。於是尚方監渠穆拔劍斬進於嘉德殿前。按百官志，尚方有令、丞而無監，桓、靈之世，諸署令悉以宦者爲之，尚方監必亦置於是時也。渠，姓也。左傳：天王使宰渠伯糾來聘。又衛有渠孔御戎。讓、珪等爲詔，以故太尉樊陵爲司隸校尉，少府許相爲河南尹。尚書得詔版，疑之，曰：「請大將軍出共議。」中黄門以進頭擲與尚書曰：「何進謀反，已伏誅矣！」

進部曲將吳匡、張璋在外，聞進被害，被，皮義翻。欲引兵入宮，宮門閉。虎賁中郎將袁術與匡共斫攻之，中黄門持兵守閤。會日暮，術因燒南宮青瑣門，衛瓘曰：青瑣，門邊青鏤也。一曰天子門內有眉格再重，裏青畫曰瑣。考異曰：何進傳作「九龍門」。今從袁紀。欲以脅出讓等。讓等入白太后，言大將軍兵反，燒宮，攻尚書闥，尚書闥，即尚書門。因將太后、少帝及陳留王，劫省內官屬，從複道走北宮。將，如字，攜也，挾也。尚書盧植執戈於閣道窗下，仰數段珪；數，所具翻。珪懼，乃釋太后，太后投閣，乃【章：甲十一行本「乃」作「得」；乙十一行本同；孔本同。】免。袁紹與叔父隗矯詔召樊陵、許相，斬之。紹及何苗引兵屯朱雀闕下，捕得趙忠等，斬之。吳匡等素怨苗不與進同心，而又疑其與宦官通謀，乃令軍中曰：「殺大將軍即【章：甲十一行本「即」上有「者」字；乙十一行本同；孔本同；張校同。】車騎也，時苗爲車騎將軍。吏士能爲報讎乎？」爲，于僞翻。皆流涕曰：「願致死！」匡遂引兵與董卓弟奉車都尉旻攻殺苗，棄其屍於苑中。紹遂閉北宮門，勒兵捕諸宦者，無少長皆殺之，少，詩照翻。長，知兩翻。凡二千餘人，或有無須而誤死者。須，古鬚字通。紹因進兵排宮，或上端門屋，以攻省內。宮之正南門曰端門，省禁也。

庚午，張讓、段珪等困迫，遂將帝與陳留王數十人步出穀門，穀門，位在子，雒城正北門也。

夜，至小平津，賢曰：小平津在今鞏縣西北。杜佑曰：鞏縣西北有小平縣故城，又北有津，曰小平津。六璽不自隨，公卿無得從者，從，才用翻。唯尚書盧植、河南中部掾閔貢夜至河上。漢官儀：諸郡置五部督郵以監屬縣；河南尹置四部督郵，中部爲掾。掾，俞絹翻。貢厲聲質責讓等，且曰：「今不速死，吾將殺汝！」因手劍斬數人。手，式又翻。讓等惶怖，怖，普布翻；下同。叉手再拜，叩頭向帝辭曰：「臣等死，陛下自愛！」遂投河而死。

貢扶帝與陳留王夜步逐螢光南行，欲還宮，行數里，得民家露車，露車者，上無巾蓋，四旁無帷裳，蓋民家以載物者耳。共乘之，至雒舍止。雒舍，地名，在北芒之北。辛未，帝獨乘一馬，陳留王與貢共乘一馬，從雒舍南行，公卿稍有至者。董卓至顯陽苑，顯陽苑，桓帝延熹二年所造，在雒陽西。遠見火起，知有變，引兵急進；未明，到城西，聞帝在北，因與公卿往奉迎於北芒阪下。帝見卓將兵卒至，將，卽亮翻。卒，讀曰猝。恐怖涕泣。羣公謂卓曰：「有詔卻兵。」卓曰：「公諸人爲國大臣，不能匡正王室，至使國家播蕩，東都羣臣謂天子爲國家。何卻兵之有！」卓與帝語，語不可了；了，曉解也。乃更與陳留王語，問禍亂由起，王答，自初至終，無所遺失。卓大喜，以王爲賢，且爲董太后所養，卓自以與太后同族，遂有廢立之意。

是日，帝還宮，赦天下，改光熹爲昭寧。失傳國璽，爲下獻帝初平二年孫堅得璽張本。璽，斯氏翻。餘璽皆得之。以丁原爲執金吾。騎都尉鮑信自泰山募兵適至，說袁紹曰：說，輸芮翻。

「董卓擁強兵，將有異志，今不早圖，必爲所制；及其新至疲勞，襲之，可禽也！」紹畏卓，不敢發。信乃引兵還泰山。

董卓之入也，步騎不過三千，自嫌兵少，恐不爲遠近所服，率四五日輒夜潛出軍近營，明旦，乃大陳旌鼓而還，以爲西兵復至，復，扶又翻。雒中無知者。俄而進及弟苗部曲皆歸於卓，卓又陰使丁原部曲司馬五原呂布殺原而幷其衆，卓兵於是大盛。乃諷朝廷，以久雨，策免司空劉弘而代之。

初，蔡邕徙朔方，事見五十七卷光和元年。會赦得還。五原太守王智，甫之弟也，奏邕謗訕朝廷；邕遂亡命江海，積十二年。董卓聞其名而辟之，稱疾不就。卓怒，詈曰：「我能族人！」邕懼而應命，到，署祭酒，甚見敬重，舉高第，三日之間，周歷三臺。邕舉高第，補侍御史，又轉治書御史，遷尚書，三日之間，周歷三臺。遷爲侍中。

12 董卓謂袁紹曰：「天下之主，宜得賢明，每念靈帝，令人憤毒！賢曰：毒，恨也。董侯似可，今欲立之，爲能勝史侯否？人有小智大癡，亦知復何如？爲當且爾，劉氏種不足復遺！」且爾，猶言且如此也。卓意欲廢漢自立。紹曰：「漢家君天下四百許年，恩澤深渥，兆民戴之。今上富於春秋，未有不善宣於天下。公欲廢嫡立庶，恐衆不從公議也！」卓按劍叱紹曰：「豎子敢然！敢然，猶言敢如此也。天下之事，豈不在我！我欲爲之，誰敢不從！爾謂董卓刀爲不利乎！」紹勃然曰：「天下健者豈惟董公！」引佩刀，橫揖，徑出。卓以新至，見紹大家，故不敢害。紹縣節於上東門，縣所假司隸節也。上東門，位在寅。賢曰：雒陽城東面北頭門也。縣，讀曰懸。逃奔冀州。

九月，癸酉，卓大會百僚，奮首而言曰：「皇帝闇弱，不可以奉宗廟，爲天下主。今欲依伊尹、霍光故事，更立陳留王，何如？」更，工衡翻。公卿以下皆惶恐，莫敢對。卓又抗言曰：賢曰：抗，高也。「昔霍光定策，延年按劍。事見二十四卷昭帝元平元年。有敢沮大議，皆以軍法從事！」沮，在呂翻。坐者震動。尚書盧植獨曰：「昔太甲既立不明，昌邑罪過千餘，故有廢立之事。今上富於春秋，行無失德，非前事之比也。」卓大怒，罷坐。將殺植，蔡邕爲之請，坐，徂臥翻。爲，于僞翻。議郎彭伯亦諫卓曰：「盧尚書海內大儒，人之望也；今先害之，天下震怖。」怖，普布翻。卓乃止，但免植官，植遂逃隱於上谷。卓以廢立議示太傅袁隗，隗報如議。

甲戌，卓復會羣僚於崇德前殿，復，扶又翻。遂脅太后策廢少帝，曰：「皇帝在喪，無人子之心，威儀不類人君，今廢爲弘農王，立陳留王協爲帝。」袁隗解帝璽綬，以奉陳留王，扶弘農王下殿，北面稱臣。太后鯁涕，言不敢出聲，但鯁咽而流涕也。羣臣含悲，莫敢言者。

卓又議：「太后踧迫永樂宮，踧，子六翻。至令憂死，逆婦姑之禮。」左傳曰：婦，養姑者也；虧姑以成婦，逆莫大焉。乃遷太后於永安宮。赦天下，改昭寧爲永漢。丙子，卓酖殺何太后，公卿以下不布服，會葬，素衣而已。卓又發何苗棺，出其尸，支解節斷，棄於道邊，殺苗母舞陽君，棄尸於苑枳落中。落，籬落也。枳，似棘，多刺，江南爲橘，江北爲枳，人以栫籬。

13 詔除公卿以下子弟爲郎，以補宦官之職，侍於殿上。

14 乙酉，以太尉劉虞爲大司馬，封襄賁侯。襄賁縣，屬東海郡。應劭曰：賁，音肥。董卓自爲太尉，領前將軍事，加節傳、斧鉞、虎賁，更封郿侯。傳，知戀翻。郿縣，屬扶風。賢曰：今岐州縣。師古曰：郿，音媚。

15 丙戌，以太中大夫楊彪爲司空。

16 甲午，以豫州牧黃琬爲司徒。

17 董卓率諸公上書，追理陳蕃、竇武及諸黨人，悉復其爵位，遣使弔祠，擢用其子孫。

18 自六月雨至于是月。

19 冬，十月，乙巳，葬靈思皇后。

20 白波賊寇河東，考異曰：帝紀：「五年九月，南單于叛，與白波賊寇河東。」按匈奴傳，帝崩之後，於扶羅乃與白波賊爲寇。紀誤，今從傳。董卓遣其將牛輔擊之。

初，南單于於扶羅既立，國人殺其父者遂叛，單于羌渠被殺，事見上卷中平五年。共立須卜骨都侯爲單于。於扶羅詣闕自訟。會靈帝崩，天下大亂，於扶羅將數千騎與白波賊合兵寇郡縣。時民皆保聚，鈔掠無利，鈔，楚交翻。而兵遂挫傷。復欲歸國，國人不受，乃止河東平陽。須卜骨都侯爲單于一年而死，南庭遂虛其位，以老王行國事。

21 十一月，以董卓爲相國，漢自蕭何爲相國後，不復除拜。贊拜不名，入朝不趨，劍履上殿。

22 十二月，戊戌，以司徒黃琬爲太尉，司空楊彪爲司徒，光祿勳荀爽爲司空。

初，尚書武威周毖，城門校尉汝南伍瓊，說董卓矯桓、靈之政，擢用天下名士以收衆望，卓從之，毖，兵媚翻。說，輸芮翻。考異曰：范書云：「吏部尚書漢陽周珌、侍中汝南伍瓊」，袁紀作「侍中周毖」，今從魏志及英雄記。命毖、瓊與尚書鄭泰、長史何顒等沙汰穢惡，顯拔幽滯。於是徵處士荀爽、陳紀、韓融、申屠蟠。處，昌呂翻。復就拜爽平原相，復，扶又翻。行至宛陵，宛陵縣屬河南尹，在雒陽東。遷光祿勳，視事三日，進拜司空。自被徵命及登台司，凡九十三日。又以紀爲五官中郎將，融爲大鴻臚。紀，寔之子；融，韶之子也。爽等皆畏卓之暴，無敢不至。獨申屠蟠得徵書，人勸之行，蟠笑而不答，卓終不能屈，年七十餘，以壽終。卓又以尚書韓馥爲冀州牧，侍中劉岱爲兗州刺史，陳留孔伷爲豫州刺史，伷，音胄。考異曰：九州春秋作「孔胄」，今從董卓傳。東平張邈爲陳留太守，潁川張咨爲南陽太守。卓所親愛，並不處顯職，但將校而已。將校，謂中郎將、校尉。處，昌呂翻。

23 詔除光熹、昭寧、永漢三號。除三號，復稱中平六年。

24董卓性殘忍，一旦專政，據有國家甲兵、珍寶，威震天下，所願無極，語賓客曰：「我相，貴無上也！」自言非人臣之相，其悖逆如此。語，牛倨翻。相，息亮翻。侍御史擾龍宗詣卓白事，不解劍，擾龍，姓也，蓋古擾龍氏之後。立檛殺之。檛，側瓜翻。是時，雒中貴戚，室第相望，金帛財產，家家充積，卓縱放兵士，突其廬舍，剽虜資物，剽，匹妙翻。妻略婦女，不避貴戚；【章：甲十一行本「戚」作「賤」；乙十一行本同；孔本同；張校同。】人情崩恐，不保朝夕。

卓購求袁紹急，周毖、伍瓊說卓曰：「夫廢立大事，非常人所及。袁紹不達大體，恐懼出奔，非有他志。今急購之，勢必爲變。袁氏樹恩四世，袁安四世至紹。門生故吏徧於天下，若收豪桀以聚徒衆，英雄因之而起，則山東非公之有也。不如赦之，拜一郡守，紹喜於免罪，必無患矣。」卓以爲然，乃卽拜紹勃海太守，封邟鄉侯。邟，苦浪翻。又以袁術爲後將軍，曹操爲驍騎校尉。

術畏卓，出奔南陽。操變易姓名，間行東歸，過中牟，中牟縣，屬河南尹。間，古莧翻。爲亭長所疑，執詣縣。時縣已被卓書，被，皮義翻。唯功曹心知是操，以世方亂，不宜拘天下雄儁，因白令釋之。白中牟令也。操至陳留，散家財，合兵得五千人。

是時，豪傑多欲起兵討卓者，袁紹在勃海，冀州牧韓馥遣數部從事守之，不得動搖。部從事，部郡國從事也。勃海一郡，遣部從事數人守之，恐紹起兵也。東郡太守橋瑁瑁，莫報翻。詐作京師三公移書與州郡，陳卓罪惡，云「見逼迫，無以自救，企望義兵，解國患難。」企，欺冀翻。難，乃旦翻。馥得移，請諸從事問曰：「今當助袁氏邪，助董氏邪？」治中從事劉子惠曰：「今興兵爲國，爲，于僞翻。何謂袁、董！」馥有慙色。子惠復言：「兵者凶事，不可爲首；今宜往視他州，有發動者，然後和之。復，扶又翻。和，戶臥翻。冀州於他州不爲弱也，他人功未有在冀州之右者也。」馥然之。馥乃作書與紹，道卓之惡，聽其舉兵。考異曰：范書、魏志俱有此事。范書在舉兵之後，魏志在舉兵之前。若在舉兵後，時紹已爲盟主，馥何敢禁其發兵？若在舉兵前，則近是也。今從魏志。

孝獻皇帝甲

諱協。謚法：聰明睿智曰獻。古今註：「協」之字曰「合」。張璠記曰：靈帝以帝似己，故名曰協。帝王紀曰：協，字伯和。蜀謚帝曰愍，魏謚帝曰獻，此從魏謚者，以魏受漢禪爲正也。

初平元年（庚午、一九〇）

1 春，正月，關東州郡皆起兵以討董卓，推勃海太守袁紹爲盟主；紹自號車騎將軍，諸將皆板授官號。時卓挾天子，紹等罔攸稟命，故權宜板授官號。紹與河內太守王匡屯河內，冀州牧韓馥留鄴，給其軍糧。豫州刺史孔伷屯潁川，兗州刺史劉岱、陳留太守張邈、邈弟廣陵太守超、東郡太守橋瑁、山陽太守袁遺、濟北相鮑信與曹操俱屯酸棗，酸棗縣屬陳留郡。瑁，音冒。後將軍袁術屯魯陽，魯陽縣，屬南陽郡。衆各數萬。豪桀多歸心袁紹者；鮑信獨謂曹操曰：「夫略不世出，能撥亂反正者，君也。苟非其人，雖強必斃。君殆天之所啓乎！」

2 辛亥，赦天下。

3 癸酉，董卓使郎中令李儒酖殺弘農王辯。

4 卓議大發兵以討山東。尚書鄭泰曰：「夫政在德，不在衆也。」卓不悅曰：「如卿此言，兵爲無用邪！」泰曰：「非謂其然也，以爲山東不足加大兵耳。明公出自西州，少爲將帥，閑習軍事。少，詩照翻。袁本初公卿子弟，生處京師；張孟卓東平長者，坐不闚堂；處，昌呂翻。長，知兩翻。張邈，字孟卓。賢曰：坐不闚堂，言不妄視也。孔公緒清談高論，噓枯吹生；孔伷，字公緒。賢曰：枯者噓之使生，生者吹之使枯，言談論有所抑揚也。並無軍旅之才，臨鋒決敵，非公之儔也。謂臨兵鋒而與敵人決勝負也。況王爵不加，尊卑無序，若恃衆怙力，將各棊峙以觀成敗，不肯同心共膽，與齊進退也。此數語，公業雖以釋言於卓，然關東諸將情態實不過如此。且山東承平日久，民不習戰；關西頃遭羌寇，婦女皆能挾弓而鬭，天下所畏者，無若幷、涼之人與羌、胡義從；從，才用翻。而明公擁之以爲爪牙，譬猶驅虎兕以赴犬羊，兕，序姊翻；似牛一角而青色，身重千斤，角重百斤。鼓烈風以掃枯葉，誰敢禦之！無事徵兵以驚天下，使患役之民相聚爲非，棄德恃衆，自虧威重也。」卓乃悅。

5 董卓以山東兵盛，欲遷都以避之，公卿皆不欲而莫敢言。畏其暴也。卓表河南尹朱儁爲太僕以爲己副，使者召拜，儁辭，不肯受；因曰：「國家西遷，必孤天下之望，孤，負也。以成山東之釁，臣不知其可也。」使者曰：「召君受拜而君拒之，不問徙事而君陳之，何也？」儁曰：「副相國，非臣所堪也；遷都非計，事所急也。辭所不堪，言其所急，臣之宜也。」由是止不爲副。

卓大會公卿議，曰：「高祖都關中，十有一世，光武宮雒陽，於今亦十一世矣。按石包讖，當時緯書之外，又有石包室讖，蓋時人附益爲之，如孔子閉房記之類。宜徙都長安，以應天人之意。」百官皆默然。司徒楊彪曰：「移都改制，天下大事，故盤庚遷亳，殷民胥怨。書序曰：盤庚五遷，將治亳，殷民咨胥怨。昔關中遭王莽殘破，故光武更都雒邑，更，工衡翻。歷年已久，百姓安樂，樂，音洛；下同。今無故捐宗廟，棄園陵，恐百姓驚動，必有糜沸之亂。賢曰：如糜粥之沸也。詩云：如沸如羹。石包讖，妖邪之書，豈可信用！」卓曰：「關中肥饒，故秦得并吞六國。且隴右材木自出，杜陵有武帝陶竈，并功營之，可使一朝而辦。百姓何足與議！若有前卻，我以大兵驅之，可令詣滄海。」賢曰：言不敢避險難也。彪曰：「天下動之至易，易，以豉翻。安之甚難，惟明公慮焉！」卓作色曰：「公欲沮國計邪！」太尉黃琬曰：「此國之大事，楊公之言，得無可思！」卓不答。司空荀爽見卓意壯，恐害彪等，因從容言曰：從，千容翻。「相國豈樂此邪！樂，音洛。山東兵起，非一日可禁，故當遷以圖之，此秦、漢之勢也。」謂秦、漢都關中，因山河形勢以制天下。卓意小解。琬退，又爲駁議。駁，北角翻。二月，乙亥，卓以災異奏免琬、彪等，以光祿勳趙謙爲太尉，太僕王允爲司徒。城門校尉伍瓊、督軍校尉周毖固諫遷都，卓大怒曰：「卓初入朝，二君勸用善士，故卓相從，而諸君到官，舉兵相圖，此二君賣卓，卓何用相負！」庚辰，收瓊、毖，斬之。楊彪、黃琬恐懼，詣卓謝，卓亦悔殺瓊、毖，乃復表彪、琬爲光祿大夫。復，扶又翻。

6 卓徵京兆尹蓋勳爲議郎；蓋，古盍翻。時左將軍皇甫嵩將兵三萬屯扶風，潘岳關中記曰：三輔舊治長安城中，長吏各在其縣治民；光武東都之後，扶風出治槐里，馮翊出治高陵。勳密與嵩謀討卓。會卓亦徵嵩爲城門校尉，嵩長史梁衍說嵩曰：「董卓寇掠京邑，廢立從意，今徵將軍，大則危禍，小則困辱。今及卓在雒陽，天子來西，以將軍之衆迎接至尊，奉令討逆，徵兵羣帥，說，輸芮翻。帥，所類翻。袁氏逼其東，將軍迫其西，此成禽也！」嵩不從，遂就徵。嵩前不能從兄子酈之言，今又不從衍之策，自揣其才不足以制卓故也。勳以衆弱不能獨立，亦還京師。卓以勳爲越騎校尉。河南尹朱儁爲卓陳軍事，卓折儁曰：「我百戰百勝，決之於心，卿勿妄說，且汙我刀！」爲，于僞翻。折，之舌翻。汙，烏故翻。蓋勳曰：「昔武丁之明，猶求箴諫，賢曰：武丁，殷王高宗也，謂傳說曰：「啓乃心，沃朕心。」說復于王曰：「惟木從繩則正，后從諫則聖。」余謂蓋勳忠直之士，時卓方謀僭逆，不應以武丁之事爲言。據國語，楚左史倚相曰：昔衞武公年數九十有五矣，猶箴儆於國曰：「毋謂我老耄而捨我，必恭恪於朝，朝夕以交戒我。聞一二之言，必誦志而納之，以訓道我。」及其沒也，謂之叡聖武公。勳蓋以衞武公之事責卓也。史書傳寫誤以「公」爲「丁」耳。況如卿者，而欲杜人之口乎！」卓乃謝之。

7 卓遣軍至陽城，值民會於社下，此二月事也。陽城縣屬潁川郡。悉就斬之，駕其車重，重，直用翻。載其婦女，以頭繫車轅，歌呼還雒，云攻賊大獲。卓焚燒其頭，以婦女與甲兵爲婢妾。甲兵，謂甲兵之士。

8 丁亥，車駕西遷，董卓收諸富室，以罪惡誅之，沒入其財物，死者不可勝計；勝，音升。悉驅徙其餘民數百萬口於長安，步騎驅蹙，更相蹈藉，藉，慈夜翻。飢餓寇掠，積尸盈路。卓自留屯畢圭苑中，悉燒宮廟、官府、居家，二百里內，室屋蕩盡，無復雞犬。又使呂布發諸帝陵及公卿以下冢墓，收其珍寶。卓獲山東兵，以猪膏塗布十餘匹，用纏其身，然後燒之，先從足起。

9 三月，乙巳，車駕入長安，考異曰：袁紀作「己巳」，今從范書。居京兆府舍，師古曰：三輔黃圖曰：京兆府在尚冠前街，東入故中尉府。後乃稍葺宮室而居之。時董卓未至，朝政大小皆委之王允。允外相彌縫，內謀王室，甚有大臣之度，自天子及朝中皆倚允；允屈意承卓，卓亦雅信焉。

10 董卓以袁紹之故，戊午，殺太傅袁隗、太僕袁基，及其家尺口以上五十餘人。尺口，謂嬰孩也。朝，直遙翻。

11 初，荊州刺史王叡裴松之曰：叡，晉太保祥伯父也。與長沙太守孫堅共擊零、桂賊，零、桂，零陵、桂陽也。以堅武官，言頗輕之。及州郡舉兵討董卓，叡與堅亦皆起兵。叡素與武陵太守曹寅不相能，揚言當先殺寅。寅懼，詐作按行使者檄移堅，說叡罪過，令收，行刑訖，以狀上。上，時掌翻。堅承檄，卽勒兵襲叡。叡聞兵至，登樓望之，遣問「欲何爲？」堅前部答曰：「兵久戰勞苦，欲詣使君求資直耳。」據吳錄，資直者，衣資之直也。叡見堅驚曰：「兵自求賞，孫府君何以在其中？」堅曰：「被使者檄誅君！」被，皮義翻。叡曰：「我何罪？」堅曰：「坐無所知！」叡窮迫，刮金飲之而死。陶弘景曰：生金有毒，不鍊，服之殺人。堅前至南陽，衆已數萬人。南陽太守張咨不肯給軍糧，堅誘而斬之；陳壽志曰：堅以牛酒誘之。吳歷曰：堅詐疾以誘之。郡中震慄，無求不獲。前到魯陽，魯陽縣屬南陽郡。與袁術合兵。術由是得據南陽，考異曰：范書術傳云：「劉表上術爲南陽太守。」表傳云：「術阻兵屯魯陽，表不得至荆州。」魏志術傳：「孫堅殺張咨，術得據南陽。」魏武帝紀，此年二月已云術屯南陽。蓋術初奔魯陽，此春孫堅取南陽，術乃據之，猶以魯陽爲治所也。表堅行破虜將軍、領豫州刺史。

詔以北軍中候劉表爲荆州刺史。時寇賊縱横，道路梗塞，縱，子容翻。塞，悉則翻。表單馬入宜城，賢曰：宜城縣屬南郡，本鄢，惠帝三年改名宜城。請南郡名士蒯良、蒯越，與之謀曰：「今江南宗賊甚盛，賢曰：宗黨共爲賊。各擁衆不附，若袁術因之，禍必至矣。吾欲徵兵，恐不能集，其策焉出？」焉，於虔翻。蒯良曰：「衆不附者，仁不足也；附而不治者，義不足也。苟仁義之道行，百姓歸之如水之趣下，趣，七喻翻。何患徵兵之不集乎！」蒯越曰：「袁術驕而無謀，宗賊帥多貪暴，爲下所患，帥，所類翻；下同。若使人示之以利，必以衆來。使君誅其無道，撫而用之，一州之人有樂存之心，樂，音洛。聞君威德，必襁負而至矣。襁，居兩翻。兵集衆附，南據江陵，北守襄陽，荆州八郡可傳檄而定，郡國志：荆州部南陽、南郡、江夏、零陵、桂陽、長沙、武陵七郡。漢官儀以章陵足爲八郡。公路雖至，無能爲也。」袁術，字公路。表曰：「善！」乃使越誘宗賊帥，至者五十五人，皆斬之而取其衆。誘，音酉。帥，所類翻。遂徙治襄陽，荆州刺史本治武陵漢壽。襄陽縣，屬南郡。鎮撫郡縣，江南悉平。荆部在江南者，長沙、武陵、零陵、桂陽四郡也。爲劉表專制荆州張本。

12 董卓在雒陽，袁紹等諸軍皆畏其強，莫敢先進。曹操曰：「舉義兵以誅暴亂，大衆已合，諸君何疑！向使董卓倚王室，據舊京，東向以臨天下，雖以無道行之，猶足爲患。今焚燒宮室，劫遷天子，海內震動，不知所歸，此天亡之時也，一戰而天下定矣。」遂引兵西，將據成皋，張邈遣將衞茲分兵隨之。進至滎陽汴水，班志：汴水在滎陽西南。遇卓將玄菟徐榮，菟，同都翻。與戰，操兵敗，爲流矢所中，所乘馬被創。中，竹仲翻。被，皮義翻。創，初良翻。從弟洪以馬與操，操不受。從，才用翻。洪曰：「天下可無洪，不可無君！」遂步從操，夜遁去。榮見操所將兵少，力戰盡日，謂酸棗未易攻也，易，以豉翻。亦引兵還。

操到酸棗，諸軍十餘萬，日置酒高會，不圖進取，操責讓之，因爲謀曰：爲，于僞翻；下同。「諸君能聽吾計，使勃海引河內之衆臨孟津，勃海，謂袁紹也。酸棗諸將守成皋，據敖倉，塞轘轘、太谷，全制其險，塞，悉則翻。轘，音環。使袁將軍率南陽之軍軍丹、析，入武關，此謂袁術也。丹水及析縣皆屬弘農郡。以震三輔，皆高壘深壁，勿與戰，益爲疑兵，示天下形勢，以順誅逆，可立定也。觀操之計，但欲形格勢禁，待其變起於下耳，非主於戰也。今兵以義動，持疑不進，失天下望，竊爲諸君恥之！」邈等不能用。操乃與司馬沛國夏侯惇等詣揚州，募兵，得千餘人，還屯河内。從袁紹也。

頃之，酸棗諸軍食盡，衆散。劉岱與橋瑁相惡，岱殺瑁，以王肱領東郡太守。青州刺史焦和亦起兵討董卓，姓譜：周武王封神農之後於焦，後以國爲氏。務及諸將西行，務進兵與酸棗諸將相及也。不爲民人保障，兵始濟河，黄巾已入其境。青州素殷實，甲兵甚盛，和每望寇奔北，未嘗接風塵、交旗鼓也。性好卜筮，信鬼神，好，呼到翻。入見其人，清談干雲，出觀其政，賞罰淆亂，州遂蕭條，悉爲丘墟。頃之，和病卒，袁紹使廣陵臧洪領青州以撫之。

13夏，四月，以幽州牧劉虞爲太傅，道路壅塞，塞，悉則翻。信命竟不得通。先是，幽部應接荒外，荒外，言荒服之外也。先，悉薦翻。資費甚廣，歲常割青、冀賦調二億有餘以足之。調，徒弔翻。時處處斷絶，委輸不至，委，於僞翻。輸，春遇翻。而虞敝衣繩屨，食無兼肉，務存寬政，勸督農桑，開上谷胡市之利，上谷舊有關市，與胡人貿易。通漁陽鹽鐵之饒，漁陽舊有鹽官、鐵官。民悦年登，穀石三十，青、徐士庶避難歸虞者百餘萬口，虞皆收視溫卹，爲安立生業，難，乃旦翻。爲，于僞翻。流民皆忘其遷徙焉。

14 五月，司空荀爽薨。六月，辛丑，以光祿大夫种拂爲司空。拂，卲之父也。

15 董卓遣大鴻臚韓融、少府陰脩、執金吾胡毋班、將作大匠吳脩、越騎校尉王瓌安集關東，解譬袁紹等。胡毋班、吳脩、王瓌至河內，袁紹使王匡悉收繫【章：甲十一行本「繫」作「縶」；乙十一行本同；退齋校同。】殺之。瓌，工回翻。考異曰：謝承後傳(衍)漢書曰：「班，王匡之妹夫。班與匡書云：『僕與太傅馬公、太僕趙岐、少府陰脩俱受詔命。關東諸郡，雖實嫉卓，猶以銜奉王命，不敢玷辱。而足下獨囚僕於獄，欲以釁鼓，此悖暴無道之甚者也！』」按范書此年六月，遣韓融等安集關東，袁術、王匡各執而殺之。三年八月，遣馬日磾及趙岐慰撫天下。袁紀，遣馬、趙亦在三年八月，時董卓已死。而此書云與馬、趙俱受詔，又云恚卓遷怒，自相乖迕。疑非班書。今不取。袁術亦殺陰脩；惟韓融以名德免。

16 董卓壞五銖錢，賢曰：光武中興，除王莽貨泉，更用五銖錢。孔穎達曰：五銖者，其重五銖，凡十黍爲一絫，十絫爲一銖，二十四銖爲一兩。錢邊作五銖字。壞，音怪。更鑄小錢，更，工衡翻。悉取雒陽及長安銅人、鐘虡、飛廉、銅馬之屬以鑄之，銅人，秦始皇所鑄也。賢曰：鐘虡，以銅爲之。前書音義曰：虡，鹿頭龍身，神獸也。說文：鐘鼓之跗，以猛獸爲飾也。武帝置飛廉館。音義曰：飛廉，神禽，身似鹿，頭如爵，有角，蛇尾，文如豹文。明帝永平五年，迎取長安飛廉、銅馬置上西門外，名平樂館。銅馬則東門京所作，置於金馬門外者也。余據馬援亦進銅馬。虡，音巨。由是貨賤物貴，穀石至數萬錢。

17 冬，孫堅與官屬會飲於魯陽城東，董卓步騎數萬猝至，堅方行酒，談笑，整頓部曲，無得妄動。後騎漸益，堅徐罷坐，坐，才臥翻。導引入城，乃曰：「向堅所以不卽起者，恐兵相蹈藉，諸君不得入耳。」卓兵見其整，不敢攻而還。

18 王匡屯河陽津，河陽津，卽孟津。董卓襲擊，大破之。

19 左中郎將蔡邕議：「孝和以下廟號稱宗者，皆宜省去，以遵先典。」從之。禮，祖有功而宗有德。和帝以下無德可宗，故去之。去，羌呂翻。考異曰：袁紀在明年。今從范書。

20 中郎將徐榮薦同郡故冀州刺史公孫度於董卓，卓以爲遼東太守。度到官，以法誅滅郡中名豪大姓百餘家，郡中震慄，乃東伐高句驪，句，如字，又音駒。驪，力知翻。西擊烏桓，語所親吏柳毅、陽儀等曰：語，牛倨翻。姓譜：柳，本自魯孝公子子展之孫，以王父字爲氏。至展禽，食采於柳下，因爲氏。「漢祚將絕，當與諸卿圖正【章：甲十一行本「正」作「王」；乙十一行本同；孔本同；熊校同。】耳。」於是分遼東爲遼西、中遼郡，各置太守，越海收東萊諸縣，置營州刺史。自立爲遼東侯、平州牧，立漢二祖廟，承制，郊祀天地，藉田，杜佑曰：藉，借也，謂借人力以理之，勸率天下，使務農也。春秋傳曰：郊而後耕，遂藉人力以成歲功，故謂之帝藉。臣瓚曰：親耕以躬親爲義，不得以假借爲稱。藉，謂蹈藉也。師古曰：瓚說是。說文，帝藉千畝。藉，秦昔翻。乘鸞路，設旄頭、羽騎。羽騎，羽林騎也。

容肇祖標點王崇武聶崇岐覆校

資治通鑑卷第六十

翰林學士兼侍讀學士朝散大夫右諫議大夫知制誥判尚書都省兼提舉萬壽觀公事上護軍河内郡開國侯食邑一千三百戶賜紫金魚袋臣司馬光　奉敕編集

後學天台胡三省　音註

漢紀五十二 起重光協洽（辛未），盡昭陽作噩（癸酉），凡三年。

孝獻皇帝乙

初平二年（辛未、一九一）

1 春，正月，辛丑，赦天下。

2 關東諸將議：以朝廷幼沖，迫於董卓，遠隔關塞，關塞，謂函谷關、桃林塞也。不知存否，幽州牧劉虞，宗室賢儁，欲共立爲主。曹操曰：「吾等所以舉兵而遠近莫不響應者，以義動故也。今幼主微弱，制於姦臣，非有昌邑亡國之釁，昌邑，謂昌邑王賀也。而一旦改易，天下其孰安之！諸君北面，我自西向。」幽州在北，長安在西，故操云然。韓馥、袁紹以書與袁術曰：「帝非孝靈子，欲依絳、灌誅廢少主、迎立代王故事，少，詩照翻。奉大司馬虞爲帝。」術陰有不臣之心，不利國家有長君，長，知兩翻。乃外託公義以拒之。紹復與術書曰：「今西名有幼君，無血脈之屬，謂帝非靈帝子也。復，扶又翻；下同。公卿以下皆媚事卓，安可復信！復，扶又翻；下同。但當使兵往屯關要，皆自蹙死；東立聖君，太平可冀，如何有疑！又室家見戮，不念子胥，謂子胥能報父兄之讎也。可復北面乎？」以殺袁隗等爲出於帝。術答曰：「聖主聰叡，有周成之質，賊卓因危亂之際，威服百寮，此乃漢家小厄之會，乃云今上『無血脈之屬』，豈不誣乎！又曰『室家見戮，可復北面』，此卓所爲，豈國家哉！慺慺赤心，慺，力侯翻。志在滅卓，不識其他！」馥、紹竟遣故樂浪太守張岐等齎議上虞尊號。樂浪，音洛琅。上，時掌翻。虞見岐等，厲色叱之曰：「今天下崩亂，主上蒙塵，吾被重恩，被，皮義翻。未能清雪國恥；諸君各據州郡，宜共勠力盡心王室，而反造逆謀以相垢汙邪！」汙，烏故翻。固拒之。馥等又請虞領尚書事，承制封拜，復不聽，欲奔匈奴以自絕；紹等乃止。

3 二月，丁丑，以董卓爲太師，位在諸侯王上。

4 孫堅移屯梁東，爲卓將徐榮所敗，敗，補邁翻。復收散卒進屯陽人。賢曰：梁縣，屬河南郡，今汝州縣。陽人聚故城，在梁縣西。卓遣東郡太守胡軫督步騎五千擊之，以呂布爲騎督。軫與布不相得，堅出擊，大破之，梟其都督華雄。梟，古堯翻。華，戶化翻。

或謂袁術曰：「堅若得雒，不可復制，此爲除狼而得虎也。」術疑之，不運軍糧。堅夜馳見術，陽人去魯陽百餘里。畫地計校曰：「所以出身不顧者，上爲國家討賊，爲，于僞翻。下慰將軍家門之私讎。堅與卓非有骨肉之怨也，而將軍受浸潤之言，浸潤之譖，出論語。還相嫌疑，何也？」術踧踖，踧，子六翻。踖，資昔翻。踧踖，不自安貌。即調發軍糧。調，徒釣翻。

堅還屯，卓遣將軍李傕說堅，傕，克角翻。說，輸芮翻；後同。欲與和親，令堅疏子弟任刺史、郡守者，許表用之。堅曰：「卓逆天無道，今不夷汝三族，縣示四海，縣，讀曰懸。則吾死不瞑目，瞑，莫定翻。豈將與乃和親邪！」乃，汝也。復進軍大谷，距雒九十里。賢曰：大谷口，在故嵩陽西北八十五里，北出對雒陽故城，張衡東京賦云「盟津達其後，大谷通其前」是也。距，至也。卓自出，與堅戰於諸陵間，卓敗走，卻屯澠池，聚兵於陝。澠，彌兗翻。陝，式冉翻。堅進至雒陽，擊呂布，復破走。堅乃掃除宗廟，祠以太牢，得傳國璽於城南甄官井中；甄官署之井中也。晉職官志少府之屬有甄官令，而續漢志無之，蓋屬於他署，未置專官也。甄官，掌琢石、陶土之事。爲後建安元年袁術奪璽張本。璽，斯氏翻。分兵出新安、澠池間以要卓。要，一遙翻。

卓謂長史劉艾曰：「關東軍敗數矣，數，所角翻。皆畏孤，無能爲也。惟孫堅小戇，說文曰：戇，愚也。音都降翻。頗能用人，當語諸將，使知忌之。語，牛倨翻；下同。孤昔與周慎西征邊、韓於金城，孤語張溫，求引所將兵爲慎作後駐，溫不聽。溫又使孤討先零叛羌，零，音憐。孤知其不克而不得止，遂行，留別部司馬劉靖將步騎四千屯安定以爲聲勢。叛羌欲截歸道，戳，卽截字。孤小擊輒開，畏安定有兵故也。虜謂安定當數萬人，不知但靖也。而孫堅隨周愼行，謂愼求先將萬兵造金城，將，卽亮翻。造，七到翻。使愼以二萬作後駐。邊、韓畏愼大兵，不敢輕與堅戰，而堅兵足以斷其運道。斷，丁管翻。兒曹用其言，涼州或能定也。溫旣不能用孤，愼又不能用堅，卒用敗走。事見五十八卷靈帝中平二年。卒，子恤翻。堅以佐軍司馬，所見略與人同，固自爲可；言其才可用也。但無故從諸袁兒，終亦死耳！」乃使東中郎將董越屯澠池，中郎將段煨屯華陰，煨，烏回翻。華，戶化翻。中郎將牛輔屯安邑，姓譜：牛本自殷，周封微子於宋，其裔司寇牛父敗狄於長丘，死之，其子孫以王父字爲氏。其餘諸將布在諸縣，以禦山東。輔，卓之壻也。卓引還長安。孫堅脩塞諸陵，塞，悉則翻。引軍還魯陽。

5 夏，四月，董卓至長安，公卿皆迎拜車下。卓抵手謂御史中丞皇甫嵩曰：「義眞，怖未乎？」皇甫嵩，字義眞。怖，普布翻。嵩曰：「明公以德輔朝廷，大慶方至，何怖之有！若淫刑以逞，將天下皆懼，豈獨嵩乎！」考異曰：范書嵩傳及山陽公載記記嵩語與此不同，今從張璠漢紀。卓黨欲尊卓比太公，稱尚父，卓以問蔡邕，邕曰：「明公威德，誠爲巍巍，然比之太公，愚意以爲未可，宜須關東平定，車駕還反舊京，然後議之。」卓乃止。

卓使司隸校尉劉囂籍吏民有爲子不孝、爲臣不忠、爲吏不淸、爲弟不順者，皆身誅，財物沒官。於是更相誣引，更，工衡翻。冤死者以千數。百姓囂囂，道路以目。囂，五羔翻。韋昭曰：「不敢發言，以目相眄而已。」

6 六月，丙戌，地震。

7 秋，七月，司空种拂免；以光祿大夫濟南淳于嘉爲司空。濟，子禮翻。太尉趙謙罷；以太常馬日磾爲太尉。磾，丁奚翻。

8 初，何進遣雲中張楊還幷州募兵，會進敗，楊留上黨，有衆數千人。袁紹在河内，楊往歸之，與南單于於扶羅屯漳水。濁漳水出上黨長子而東過鄴，鄴則韓馥所居也。韓馥以豪傑多歸心袁紹，忌之，陰貶節其軍糧，欲使其衆離散。會馥將麴義叛，姓譜：漢有平原鞫譚，其子閎避難，改曰麴氏，後遂爲西平著姓。馥與戰而敗，紹因與義相結。

紹客逢紀謂紹曰：逢，蒲江翻。「將軍舉大事而仰人資給，仰，牛向翻。不據一州，無以自全。」紹曰：「冀州兵強，吾士飢乏，設不能辦，無所容立。」紀曰：「韓馥庸才，可密要公孫瓚要，讀曰邀。使取冀州，馥必駭懼，因遣辯士爲陳禍福，爲，于僞翻。馥迫於倉卒，卒，讀曰猝。必肯遜讓。」紹然之，卽以書與瓚。瓚遂引兵而至，外託討董卓而陰謀襲馥，馥與戰不利。會董卓入關，紹還軍延津，續漢志，酸棗縣北有延津。使外甥陳留高幹及馥所親潁川辛評、荀諶、郭圖等說馥曰：諶，時壬翻。說，輸芮翻。「公孫瓚將燕、代之卒乘勝來南，而諸郡應之，其鋒不可當。袁車騎引軍東向，自河内至延津，爲東向。其意未可量也，量，音良。竊爲將軍危之！」爲，于僞翻。馥懼，曰：「然則爲之柰何？」諶曰：「君自料寬仁容衆爲天下所附，孰與袁氏？」馥曰：「不如也。」「臨危吐決，吐決謂吐奇決策也。智勇過人，又孰與袁氏？」馥曰：「不如也。」「世布恩德，天下家受其惠，又孰與袁氏？」馥曰：「不如也。」諶曰：「袁氏一時之傑，將軍資三不如之勢，久處其上，處，昌呂翻。彼必不爲將軍下也。夫冀州，天下之重資也，彼若與公孫瓚幷力取之，危亡可立而待也。夫袁氏，將軍之舊，且爲同盟，謂同盟討董卓。當今之計，若舉冀州以讓袁氏，彼必厚德將軍，瓚亦不能與之爭矣。是將軍有讓賢之名，而身安於泰山也。」馥性恇怯，因然其計。恇，去王翻。馥長史耿武、別駕閔純、治中李歷聞而諫曰：考異曰：九州春秋作「耿彧」，今從范書、魏志、袁紀。又范書，騎都尉沮授諫，無李歷，今從魏志、袁紀。「冀州帶甲百萬，穀支十年。袁紹孤客窮軍，仰我鼻息，鼻息，氣一出入之頃也。鼻氣噓之則溫，吸之則寒，故云然。醫書云：血爲脈，氣爲息，脈息之名自是而分。呼吸者，氣之橐籥；動應者，血之波瀾。其經以身寸度之，計十六丈二尺。一呼脈再動，一吸脈再動，呼吸定息脈五動，閏以大息則六動。一動一寸，故一息脈行六寸，十息六尺，百息六丈，二百息十二丈，七十息四丈二尺。計二百七十息，漏水下二刻盡十六丈二尺，營周一身；百刻之中得五十營。故曰脈行陽二十五度，行陰二十五度也。息者以呼吸定之，一日計一萬三千五百息。呼吸進退既遲於脈，故一日一夜方行盡十六丈二尺經絡，而氣周於一身，大會於風府。脈屬陰，陰行速，猶太陰一月一周天。息屬陽，陽行遲，猶太陽一歲一周天。如是則應天常度。「閏」，當作「間」。譬如嬰兒在股掌之上，絕其哺乳，立可餓殺，柰何欲以州與之！」馥曰：「吾袁氏故吏，且才不如本初，度德而讓，度，徒洛翻。古人所貴，諸君獨何病焉！」先是，馥從事趙浮、程渙將強弩萬張屯孟津，先，悉薦翻。將，卽亮翻。聞之，率兵馳還。時紹在朝歌清水，據水經，清水出河內脩武縣，逕獲嘉、汲縣而入于河，不至朝歌；惟淇水則逕朝歌耳。蓋俗亦呼淇水爲清水。據九州春秋，紹時在朝歌清水口，浮等自孟津東下，則兩軍皆舟行大河而向鄴也。清水口卽淇口，南岸卽延津。浮等從後來，船數百艘，衆萬餘人，整兵鼓，夜過紹營，紹甚惡之。惡，烏路翻。浮等到，謂馥曰：「袁本初軍無斗糧，各已離散，雖有張楊、於扶羅新附，未肯爲用，不足敵也。小從事等請以見兵拒之，見，賢遍翻。旬日之間，必土崩瓦解；明將軍但當開閤高枕，枕，職任翻。何憂何懼！」馥又不聽，乃避位，出居中常侍趙忠故舍，遣子送印綬以讓紹。紹將至，從事十人爭棄馥去，獨耿武、閔純杖刀拒之，不能禁，乃止；紹皆殺之。紹遂領冀州牧，承制以馥爲奮威將軍，而無所將御，將，卽亮翻。將御，猶言統御也。亦無官屬。紹以廣平沮授爲奮武將軍，廣平縣屬鉅鹿郡。沮，千余翻，又音諸，姓也，黃帝史官沮誦之後。使監護諸將，寵遇甚厚。監，古銜翻。魏郡審配、鉅鹿田豐並以正直不得志於韓馥，紹以豐爲別駕，配爲治中，及南陽許攸、逄紀、潁川荀諶皆爲謀主。

紹以河內朱漢爲都官從事。紹置都官從事，則猶領司隸校尉也。漢先爲韓馥所不禮，且欲徼迎紹意，徼，一遙翻。擅發兵圍守馥第，拔刃登屋，馥走上樓，上，時掌翻。收得馥大兒，槌折兩腳；折，而設翻。紹立收漢，殺之。馥猶憂怖，從紹索去，怖，普布翻。索，山客翻。往依張邈。後紹遣使詣邈，有所計議，與邈耳語；耳語，附耳而語也。馥在坐上，坐，徂臥翻。謂爲見圖，無何，起至溷，以書刀自殺。溷，戶困翻；圊也，廁也。時雖已有紙，猶多用刀筆書，故有書刀。

鮑信謂曹操曰：「袁紹爲盟主，因權專利，將自生亂，是復有一卓也。復，扶又翻。若抑之，則力不能制，祇以遘難。遘，與構同。難，乃旦翻。且可規大河之南以待其變。」操善之。會黑山、于毒、白繞、眭固等十餘萬衆略東郡，王肱不能禦。曹操引兵入東郡，擊白繞於濮陽，破之。眭，息爲翻。濮，博木翻。袁紹因表操爲東郡太守，治東武陽。東武陽縣，屬東郡。應劭曰：縣在武水之陽。水經註曰：武水卽漯水。賢曰：故城在今魏州莘縣南。守，式又翻。

9 南單于劫張楊以叛袁紹，屯於黎陽。董卓以楊爲建義將軍、河內太守。

10 太史望氣，言當有大臣戮死者；董卓使人誣衞尉張溫與袁術交通，冬，十月，壬戌，笞殺溫於市以應之。張溫不能斬卓於西征之時，反死於卓手，可哀也已。

11 青州黃巾寇勃海，衆三十萬，欲與黑山合。公孫瓚率步騎二萬人逆擊於東光南，大破之，東光縣，屬勃海。賢曰：今滄州縣。斬首三萬餘級。賊棄其輜重，重，直用翻。奔走渡河；瓚因其半濟薄之，賊復大破，復，扶又翻；下同。死者數萬，流血丹水，言水爲之丹也。收得生口七萬餘人，車甲財物不可勝算，勝，音升。威名大震。

12 劉虞子和爲侍中，帝思東歸，使和僞逃董卓，潛出武關詣虞，令將兵來迎。考異曰：范書劉虞傳，「虞使田疇使長安，時和爲侍中，因遣從武關出。」按魏志公孫瓚傳，但云天子思歸，不云因疇至也。若爾，當令和與疇俱還，不應出武關。又疇未還，劉虞已死。虞死在初平四年冬，界橋戰在三年春。范書誤也。和至南陽，袁術利虞爲援，留和不遣，許兵至俱西，令和爲書與虞。虞得書，遣數千騎詣和。公孫瓚知術有異志，止之，虞不聽。瓚恐術聞而怨之，亦遣其從弟越將千騎詣術，從，才用翻；下同。而陰教術執和，奪其兵，由是虞、瓚有隙。虞先與瓚有隙，至是而隙愈深。和逃術來北，復爲袁紹所留。

是時關東州、郡務相兼幷以自強大，袁紹、袁術亦自離【章：甲十一行本「離」上有「相」字；乙十一行本同；孔本同。】貳。術遣孫堅擊董卓未返，紹以會稽周昂爲豫州刺史，襲奪堅陽城。陽城縣，屬潁川郡。堅領豫州刺史，屯陽城。堅歎曰：「同舉義兵，將救社稷，逆賊垂破而各若此，吾當誰與戮力乎！」引兵擊昂，走之。袁術遣公孫越助堅攻昂，越爲流矢所中死。中，竹仲翻。公孫瓚怒曰：「余弟死，禍起於紹。」遂出軍屯磐河，水經：大河故瀆東北逕西平昌縣故城北，分派東入般縣，爲般河。余據賢註：般，音卜滿翻。此作「磐」，讀當如字。賢又曰：般，卽爾雅九河鉤磐河也。其枯河在今滄州樂陵縣東南。魏收地形志，安德郡般縣有故般河。上書數紹罪惡，數，所具翻。進兵攻紹。冀州諸城多叛紹從瓚，紹懼，以所佩勃海太守印綬授瓚從弟範，遣之郡，而範遂背紹，領勃海兵以助瓚。背，蒲妹翻。瓚乃自署其將帥嚴綱爲冀州刺史，田楷爲青州刺史，單經爲兗州刺史，單，音善，姓也。姓譜：周卿士單襄公之後。又悉改置郡、縣守、令。

初，涿郡劉備，中山靖王之後也，蜀書云：備，中山靖王勝子陸城亭侯貞之後；然自祖父以上，世系不可攷。少孤貧，與母以販履爲業，少，詩照翻。長七尺五寸，垂手下厀，顧自見其耳；長，直亮翻。厀，與膝同。言其有異相也。有大志，少語言，喜怒不形於色。少，詩沼翻。嘗與公孫瓚同師事盧植，由是往依瓚。瓚使備與田楷徇靑州有功，因以爲平原相。備少與河東關羽、涿郡張飛相友善；少，詩照翻。以羽、飛爲別部司馬，分統部曲。備與二人寢則同牀，恩若兄弟，而稠人廣坐，坐，徂臥翻。侍立終日，隨備周旋，不避艱險。常山趙雲爲本郡將吏兵詣公孫瓚，爲，于僞翻。將，即亮翻。瓚曰：「聞貴州人皆願袁氏，願下當有從字。君何獨迷而能反乎？」雲曰：「天下訩訩，訩，許容翻；衆語喧嘵之貌。未知孰是，民有倒縣之厄，縣，讀曰懸。鄙州論議，從仁政所在，不爲忽袁公，私明將軍也。」爲，于僞翻；下同。劉備見而奇之，深加接納，雲遂從備至平原，爲備主騎兵。劉備事始此。

13 初，袁術之得南陽，戶口數百萬，而術奢淫肆欲，徵斂無度，斂，力贍翻。百姓苦之，稍稍離散。旣與袁紹有隙，各立黨援以相圖謀。術結公孫瓚而紹連劉表，豪傑多附於紹。術怒曰：「羣豎不吾從而從吾家奴乎！」據袁山松書，紹，司空逢之孼子，出後伯父成，故術云然。又與公孫瓚書曰：「紹非袁氏子。」紹聞大怒。

術使孫堅擊劉表，表遣其將黃祖逆戰於樊、鄧之間，鄧縣，屬南陽郡。樊城，周仲山甫之邑，在漢水北。杜佑曰：樊城，今襄州安養縣。劉昫曰：鄧城縣，漢之鄧縣，古樊城也；宋改安養縣；天寶元年改爲臨漢縣；貞元二十一年移縣古鄧城，乃改爲鄧城縣。堅擊破之，遂圍襄陽。表夜遣黃祖潛出發兵，祖將兵欲還，堅逆與戰，祖敗走，竄峴山中。峴山去襄陽十里。峴，戶典翻。堅乘勝，夜追祖，祖部曲【章：甲十一行本無「曲」字；乙十一行本同。】兵從竹木間暗射堅，殺之。射，而亦翻。考異曰：范書，「初平三年春，堅死。」吳志孫堅傳亦云初平三年。英雄記曰，「初平四年正月七日死。」袁紀，「初平三年五月。」山陽公載記載策表曰：「臣年十七，喪失所怙。」裴松之按策以建安五年卒，時年二十六，計堅之亡，策應十八，而此表云十七，則爲不符。張璠漢紀及胡沖吳曆並以堅初平二年死，此爲是而本傳誤也。今從之。堅所舉孝廉長沙桓階詣表請堅喪，表義而許之。堅兄子賁率其士衆就袁術，術復表賁爲豫州刺史。復，扶又翻；下同。術由是不能勝表。

14 初，董卓入關，留朱儁守雒陽，而儁潛與山東諸將通謀，懼爲卓所襲，出奔荆州。卓以弘農楊懿爲河南尹；儁復引兵還雒，擊懿，走之。儁以河南殘破無所資，乃東屯中牟，移書州郡，請師討卓。徐州刺史陶謙上儁行車騎將軍，上，時掌翻。遣精兵三千助之，餘州郡亦有所給。謙，丹陽人。丹陽縣，屬丹陽郡，今潤州縣。朝廷以黃巾寇亂徐州，用謙爲刺史。謙至，擊黃巾，大破走之，州境晏然。

15 劉焉在益州陰圖異計。沛人張魯，自祖父陵以來世爲五斗米道，陵卽今所謂天師者也。後魏寇謙之祖其道。客居于蜀。魯母以鬼道常往來焉家，焉乃以魯爲督義司馬，洪氏隸釋曰：劉焉在蜀，創置督義司馬，助義、褒義校尉。劉表在荆州，亦置綏民校尉。漢衰，諸侯擅命，率意各置官屬。以張脩爲別部司馬，與合兵掩殺漢中太守蘇固，斷絕斜谷閣，斜谷，在漢中西北，今興元府西北入斜谷路，至鳳州界百五十里，有棧閣二千九百八十九間，板閣二千八百九十二間。郡國志曰：褒城縣北有褒谷，北口曰斜，南口曰褒，長四百七十里，同爲一谷。兩山高峻，中間谷道，褒水所流，曹操謂斜谷道爲五百里石穴者此也。余據班志，斜水出衙嶺山，北至郿入渭；褒水亦出衙嶺，南至南鄭入沔，則褒、斜雖同爲一谷，而衙嶺乃其分水處也。斷，丁管翻。斜，音余奢翻。谷，音穀，又音浴。殺害漢使。焉上書言「米賊斷道，不得復通」。斷，丁管翻。又託他事殺州中豪強王咸、李權等十餘人，以立威刑。犍爲太守任岐及校尉賈龍由此起兵攻焉，焉擊殺岐、龍。焉意漸盛，作乘輿車具千餘乘，乘，繩證翻。劉表上「焉有似子夏在西河疑聖人」之論。禮記檀弓：曾子責子夏曰：吾與子事夫子於洙、泗之間，退歸老於西河之上，使西河之人疑汝於夫子，而罪一也。表蓋言焉在蜀僭擬，使蜀人疑爲天子也。上，時掌翻。時焉子範爲左中郎將，誕爲治書御史，續漢志曰：治書侍御史二人，秩六百石，掌選明法律者爲之；凡天下諸讞疑事，掌以法律當其是非。蔡質曰：選御史高第補之。胡廣曰：宣帝幸宣室，齋居而決事，令御史二人治書，治書御史起此。治，直之翻。璋爲奉車都尉，皆從帝在長安，惟小子別部司馬瑁素隨焉；帝使璋曉喻焉，焉留璋不遣。

16 公孫度威行海外，中國人士避亂者多歸之，北海管寧、邴原、王烈皆往依焉。寧少時與華歆爲友，少，詩照翻。華，戶化翻。嘗與歆共鋤菜，見地有金，寧揮鋤不顧，與瓦石無異，歆捉而擲之，人以是知其優劣。邴原遠行遊學，八九年而歸，師友以原不飲酒，會米肉送之；原曰：「本能飲酒，但以荒思廢業，故斷之耳。思，相吏翻。斷，音短。今當遠別，可一飲燕。」於是共坐飲酒，終日不醉。寧、原俱以操尚稱，度虛館以候之。操，七到翻。候者，伺其至也。寧既見度，乃廬於山谷，時避難者多居郡南，難，乃旦翻。而寧獨居北，示無還志，後漸來從之，旬月而成邑。寧每見度，語唯經典，不及世事；還山，專講詩、書，習俎豆，非學者無見也。由是度安其賢，民化其德。邴原性剛直，清議以格物，格，正也。度以下心不安之。寧謂原曰：「潛龍以不見成德。乾：初九，潛龍勿用。孔子曰：君子以成德爲行，潛之爲言也，隱而未見，行而未成，是以君子弗用。見，賢遍翻。言非其時，皆招禍之道也。」密遣原逃歸，度聞之，亦不復追也。復，扶又翻。王烈器業過人，少時名聞在原、寧之右。少，詩照翻。聞，文運翻；名聲所至曰聞。善於教誘，鄉里有盜牛者，主得之，盜請罪，曰：「刑戮是甘，乞不使王彥方知也！」王烈，字彥方。烈聞而使人謝之，遺布一端。布帛六丈曰端，一曰八丈曰端。按古以二丈爲端。遺，于貴翻。或問其故，烈曰：「盜懼吾聞其過，是有恥惡之心，既知恥惡，則善心將生，故與布以勸爲善也。」後有老父遺劍於路，行道一人見而守之，至暮，老父還，尋得劍，怪之，以事告烈，烈使推求，推，尋也。乃先盜牛者也。諸有爭訟曲直將質之於烈，質，正也。或至塗而反，或望廬而還，還，旬緣翻。皆相推以直，推，移也。前書韓延壽傳，以田相移。卽此義也。不敢使烈聞之。度欲以爲長史，烈辭之，爲商賈以自穢，乃免。賈，音古。

三年（壬申、一九二）

1春，正月，丁丑，赦天下。

2董卓遣牛輔將兵屯陝，輔分遣校尉北地李傕、張掖郭汜、武威張濟將步騎數萬擊破朱儁於中牟，傕，古岳翻。汜，音祀，又孚梵翻。因掠陳留、潁川諸縣，所過殺虜無遺。

初，荀淑有孫曰彧，少有才名，少，詩照翻。何顒見而異之，曰：「王佐才也！」及天下亂，彧謂父老曰：「潁川四戰之地，言其地平，四面受敵。宜亟避之。」鄉人多懷土不能去，彧獨率宗族去依韓馥。會袁紹已奪馥位，待彧以上賓之禮。彧度紹終不能定大業，度，徒洛翻。聞曹操有雄略，乃去紹從操。操與語，大悅，曰：「吾子房也！」比之張良。以爲奮武司馬。操初起兵爲奮武將軍，故以彧爲奮武司馬。其鄉人留者，多爲傕、汜等所殺。

3袁紹自出拒公孫瓚，與瓚戰於界橋南二十里。水經：大河右瀆東北逕鉅鹿郡廣宗縣故城南，又東北逕界城亭北，又東北逕信都郡武強縣故城東。此蓋於河瀆上作橋。註又云：淸河東北逕界城亭東，水上有大梁，謂之界城橋。賢曰：今貝州宗城縣側有古界城，此城近枯漳水，界橋當在此水上。杜佑曰：界橋在貝州宗城縣東。瓚兵三萬，其鋒甚鋭。紹令麴義領精兵八百先登，強弩千張夾承之。瓚輕其兵少，縱騎騰之。義兵伏楯下不動，未至十數步，一時同發，讙呼動地，讙，許元翻。瓚軍大敗。斬其所置冀州刺史嚴綱，考異曰：九州春秋作「劉綱」。今從范書、魏志。獲甲首千餘級。追至界橋，瓚斂兵還戰，義復破之，復，扶又翻。遂到瓚營，拔其牙門，賢曰：眞人水鏡經曰：凡軍始出，必令完堅；若有折，將軍不利。牙門旗竿，軍之精也，卽周禮司職云「軍旅會同置旌門」是也。餘衆皆走。

初，兗州刺史劉岱與紹、瓚連和，紹令妻子居岱所，瓚亦遣從事范方將騎助岱。及瓚擊破紹軍，語岱令遣紹妻子，語，牛倨翻。別敕范方：「若岱不遣紹家，將騎還！吾定紹，將加兵於岱。」岱與官屬議，連日不決，聞東郡程昱有智謀，召而問之。昱曰：「若棄紹近援而求瓚遠助，此假人於越以救溺子之說也。言勢不能相及也。越人習水，故以爲能救溺。溺，奴歷翻。夫公孫瓚非袁紹之敵也，今雖壞紹軍，壞，音怪。然終爲紹所禽。」岱從之。范方將其騎歸，未至而瓚敗。

4 曹操軍頓丘，頓丘縣，屬東郡。師古曰：以丘名縣也。丘一成爲頓丘，謂一頓而成也。或曰：成，重也，一重之丘也。于毒等攻東武陽。操引兵西入山，攻毒等本屯。毒等時掠魏郡，屯于西山。諸將皆請救武陽。操曰：「使賊聞我西而還，武陽自解也；不還，我能敗其本屯，虜不能拔武陽必矣。」敗，蒲邁翻。遂行。毒聞之，棄武陽還。操遂擊眭固及匈奴於扶羅於內黃，內黃縣屬魏郡；

陳留有外黃，故加內。眭，息隨翻。皆大破之。

5 董卓以其弟旻爲左將軍，兄子璜爲中軍校尉，皆典兵事，宗族內外並列朝廷。卓侍妾懷抱中子皆封侯，弄以金紫。卓車服僭擬天子，召呼三臺，三臺：尚書臺、御史臺、符節臺也。晉書曰：漢官：尚書爲中臺，御史爲憲臺，謁者爲外臺，是謂三臺。尚書以下皆自詣卓府啓事。又築塢於郿，英雄記曰：郿去長安二百六十里。漢書，郿，音媚，地名。高厚皆七丈，積穀爲三十年儲，自云：「事成，雄據天下；不成，守此足以畢老。」

卓忍於誅殺，諸將言語有蹉跌者，蹉，倉何翻。跌，徒結翻。便戮於前，人不聊生。司徒王允與司隸校尉黃琬、僕射士孫瑞、尚書楊瓚密謀誅卓。中郎將呂布，便弓馬，膂力過人，膂，脊骨也。卓自以遇人無禮，行止常以布自衞，甚愛信之，誓爲父子。然卓性剛褊，嘗小失卓意，卓拔手戟擲布，手戟，小戟，便於擊刺者。布拳捷勇力爲拳，迅疾爲捷。避之，而改容顧謝，卓意亦解。布由是陰怨於卓。卓又使布守中閤，而私於傅婢，益不自安。王允素善待布，布見允，自陳卓幾見殺之狀，幾，居希翻。允因以誅卓之謀告布，使爲內應。布曰：「如父子何？」曰：「君自姓呂，本非骨肉。今憂死不暇，何謂父子？擲戟之時，豈有父子情邪！」布遂許之。

夏，四月，丁巳，帝有疾新愈，大會未央殿。卓朝服乘車而入，魏祕書監秦靜曰：漢氏承秦改六冕之制，朝服俱玄冠、絳衣而已。晉名曰五時朝服。有四時朝服，又有朝服。陳兵夾道，自營至宮，左步右騎，屯衞周帀，帀，作答翻。令呂布等扞衞前後。王允使士孫瑞自書詔以授布，使尚書僕射自書詔者，懼其泄也。布令同郡騎都尉李肅考異曰：袁紀作「李順」，今從范書、魏志。與勇士秦誼、陳衞等十餘人僞著衞士服，著，陟略翻。守北掖門內以待卓。卓入門，肅以戟刺之；刺，七亦翻；下同。卓衷甲，不入，衷甲者，被甲於內，而加衣甲上。傷臂，墮車，顧大呼曰：呼，火故翻。「呂布何在！」布曰：「有詔討賊臣！」卓大罵曰：「庸狗，敢如是邪！」布應聲持矛刺卓，趣兵斬之。趣，讀曰促。主簿田儀及卓倉頭前赴其尸，布又殺之，凡所殺三人。布卽出懷中詔版以令吏士曰：「詔討卓耳，餘皆不問。」吏士皆正立不動，大稱萬歲。百姓歌舞於道，長安中士女賣其珠玉衣裝市酒肉相慶者，塡滿街肆。弟旻、璜等及宗族老弱在郿，皆爲其羣下所斫射死。射，而亦翻。暴卓尸於市，暴，薄木翻，又薄報翻。天時始熱，卓素充肥，脂流於地，守尸吏爲大炷，炷，燈也。燼所著者。置卓臍中然之，光明達曙，如是積日。諸袁門生聚董氏之尸，焚灰揚之於路。塢中有金二三萬斤，銀八九萬斤，錦綺奇玩積如丘山。以王允錄尚書事，呂布爲奮威將軍、假節、儀比三司，奮威將軍始於漢元帝用任千秋爲之。沈約曰：呂布爲奮武將軍、儀比三司，猶儀同三司也。封溫侯，溫縣，屬河內郡，周大夫蘇忿生之邑。共秉朝政。朝，直遙翻。

卓之死也，左中郎將高陽侯蔡邕在王允坐，高陽縣，屬涿郡；又陳留圉縣有高陽亭。坐，徂臥翻。聞之驚歎。允勃然，叱之曰：「董卓國之大賊，幾亡漢室，幾，居希翻。君爲王臣，所宜同疾，而懷其私遇，反相傷痛，豈不共爲逆哉！」卽收付廷尉。邕謝曰：「身雖不忠，古今大義，耳所厭聞，口所常玩，豈當背國而嚮卓也！背，蒲妹翻。願黥首刖足，繼成漢史。」初，邕徙朔方，自徙中上書，乞續漢書諸志，蓋其所學所志者在此。士大夫多矜救之，不能得。太尉馬日磾謂允曰：「伯喈曠世逸才，蔡邕，字伯喈。多識漢事，當續成後史，爲一代大典；而所坐至微，誅之，無乃失人望乎！」允曰：「昔武帝不殺司馬遷，使作謗書流於後世。賢曰：凡史官記事，善惡必書。謂遷所記但是漢家不善之事，皆爲謗也，非獨指武帝之身，卽高祖善家令之言、武帝算緡榷酤之類是也。班固集云：史遷著書成一家之言，至以身陷刑。故微文譏刺，貶損當世，非義士也。方今國祚中衰，中，竹仲翻。戎馬在郊，不可令佞臣執筆在幼主左右，既無益聖德，復使吾黨蒙其訕議。」復，扶又翻。日磾退而告人曰：「王公其無後乎！善人，國之紀也；制作，國之典也；滅紀廢典，其能久乎！」邕遂死獄中。

初，黃門侍郎荀攸與尚書鄭泰、侍中种輯等謀曰：「董卓驕忍無親，雖資強兵，實一匹夫耳，可直刺殺也。」刺，七亦翻。考異曰：魏志云，「攸與何顒、伍瓊同謀。」按顒、瓊死已久，恐誤。事垂就而覺，收攸繫獄，泰逃奔袁術。攸言語飲食自若，會卓死，得免。

6青州黃巾寇兗州，劉岱欲擊之，濟北相鮑信諫曰：「今賊衆百萬，百姓皆震恐，士卒無鬭志，不可敵也。然賊軍無輜重，唯以鈔略爲資，重，直用翻。今不若畜士衆之力，先爲固守；彼欲戰不得，攻又不能，其勢必離散，然後選精鋭，據要害，擊之可破也。」岱不從，遂與戰，果爲所殺。

曹操部將東郡陳宮謂操曰：「州今無主，而王命斷絕，宮請説州中綱紀，綱紀，卽謂州別駕及治中諸從事也。説，輸芮翻；下同。明府尋往牧之，牧之，謂爲州牧。資之以收天下，此霸王之業也。」宮因往説別駕、治中曰：「今天下分裂而州無主；曹東郡，命世之才也，若迎以牧州，必寧生民。」鮑信等亦以爲然，乃與州吏萬潛等至東郡，迎操領兗州刺史。操遂進兵擊黃巾於壽張東，不利。賊衆精悍，悍，下罕翻，又侯旰翻。操兵寡弱，操撫循激勵，明設賞罰，承間設奇，間，古莧翻。晝夜會戰，戰輒禽獲，賊遂退走。鮑信戰死，操購求其喪不得，乃刻木如信狀，祭而哭焉。詔以京兆金尚爲兗州刺史，將之部，操逆擊之，尚奔袁術。爲後建安二年尚不屈於術張本。

7 五月，考異曰：范書，「丁酉，大赦」，袁紀，「丁未，大赦」。按是年正月，丁丑，大赦；及李傕求赦，王允曰：「一歲不再赦。」然則五月必無赦也。以征西將軍皇甫嵩爲車騎將軍。

8 初，呂布勸王允盡殺董卓部曲，允曰：「此輩無罪，不可。」布欲以卓財物班賜公卿、將校，允又不從。允素以劍客遇布，布負其功勞，多自誇伐，既失意望，漸不相平。允性剛稜疾惡，賢曰：稜，威稜也，音力登翻。余謂稜，方稜也；剛稜，猶言剛方。初懼董卓，故折節下之。下，遐稼翻。

卓既殲滅，自謂無復患難，殲，息廉翻。復，扶又翻。難，乃旦翻。頗自驕傲，以是羣下不甚附之。

允始與士孫瑞議，特下詔赦卓部曲，既而疑曰：「部曲從其主耳。今若名之惡逆而赦之，恐適使深自疑，非所以安之也。」乃止。又議悉罷其軍，或說允曰：「涼州人素憚袁氏而畏關東，今若一旦解兵開關，必人人自危。可以皇甫義眞爲將軍，就領其衆，因使留陝以安撫之。」允曰：「不然。關東舉義兵者，皆吾徒也，今若距險屯陝，雖安涼州，而疑關東之心，不可也。」陝，失冉翻。

時百姓訛言當悉誅涼州人，卓故將校遂轉相恐動，皆擁兵自守，將，即亮翻。校，戶教翻。更相謂曰：「蔡伯喈但以董公親厚尚從坐；今既不赦我曹而欲使解兵，今日解兵，明日當復爲魚肉矣。」更，工衡翻。復，扶又翻。呂布使李肅至陝，以詔命誅牛輔，輔等逆與肅戰，肅敗，走弘農，布誅殺之。輔恇怯失守，恇，去王翻。會營中無故自驚，輔欲走，爲左右所殺。李傕等還，傕等自陳留、潁川還也。輔已死，傕等無所依，遣使詣長安求赦。王允曰：「一歲不可再赦。」不許。傕等益懼，不知所爲，欲各解散，間行歸鄉里，間，古莧翻。討虜校尉武威賈詡曰：「諸君若棄軍單行，則一亭長能束君矣；長，知兩翻。不如相率而西，以攻長安，爲董公報仇，爲，于僞翻。事濟，奉國家以正天下；若其不合，不合，謂事不濟，不與本計合也。走未晚也。」傕等然之，乃相與結盟，率軍數千，晨夜西行。王允以胡文才、楊整脩皆涼州大人，賢曰：大人，謂大家豪右。又曰：大人，長老之稱，言尊事之也。召使東，解釋之，不假借以溫顔，謂曰：「關東鼠子，欲何爲邪？卿往呼之！」於是二人往，實召兵而還。

傕隨道收兵，比至長安，比，必寐翻，及也。已十餘萬，與卓故部曲樊稠、李蒙等合圍長安城，城峻不可攻，守之八日。考異曰：魏志云十日，今從范書。呂布軍有叟兵內反，賢曰：叟兵卽蜀兵也；漢代謂蜀爲叟。六月，戊午，引傕衆入城，放兵虜掠。布與戰城中，不勝，將數百騎以卓頭繫馬鞍出走，駐馬青瑣門外，衞瓘曰：青瑣，戶邊青鏤也。一曰：天子門內有眉格再重，裏青畫曰瑣。招王允同去。允曰：「若蒙社稷之靈，上安國家，吾之願也；如其不獲，則奉身以死之。朝廷幼少，朝廷，謂天子也。恃我而已，臨難苟免，吾不忍也。難，乃旦翻。努力謝關東諸公，勤以國家爲念！」太常种拂曰：「爲國大臣，不能禁暴禦侮，使白刃向宮，去將安之！」遂戰而死。

傕、汜屯南宮掖門，殺太僕魯馗、馗，音逵。大鴻臚周奐、臚，陵如翻。城門校尉崔烈、越騎校尉王頎，頎，音祈。吏民死者萬餘人，狼籍滿道。王允扶帝上宣平門避兵，三輔黃圖曰：長安城東面北頭門號宣平門。上，時掌翻。傕等於城門下伏地叩頭，帝謂傕等曰：「卿等放兵縱橫，欲何爲乎？」橫，戶孟翻。傕等曰：「董卓忠於陛下，而無故爲呂布所殺，臣等爲卓報讎，爲，于僞翻。非敢爲逆也。請事畢詣廷尉受罪。」傕等圍門樓，共表請司徒王允出，問「太師何罪？」允窮蹙，乃下見之。己未，赦天下，以李傕爲揚武將軍，郭汜爲揚烈將軍，揚武將軍始於建武之初，馬成爲之。揚烈將軍蓋始於是時。樊稠等皆爲中郎將。傕等收司隸校尉黄琬，殺【章：甲十一行本「殺」上有「下獄」二字；乙十一行本同。】之。

初，王允以同郡宋翼爲左馮翊，王宏爲右扶風，允，太原人。傕等欲殺允，恐二郡爲患，乃先徵翼、宏。宏遣使謂翼曰：「郭汜、李傕以我二人在外，故未危王公，危，謂殺也。今日就徵，明日俱族，計將安出？」翼曰：「雖禍福難量，量，音良。然王命，所不得避也！」宏曰：「關東義兵鼎沸，欲誅董卓，今卓已死，其黨與易制耳。易，以豉翻。若舉兵共討傕等，與山東相應，此轉禍爲福之計也。」翼不從，宏不能獨立，遂俱就徵。甲子，傕收允及翼、宏，并殺之；允妻子皆死。宏臨命詬曰：詬，許候翻，又古候翻，怒罵也。「宋翼豎儒，不足議大計！」賢曰：豎者，言賤劣如僮豎。傕尸王允於市，莫敢收者，故吏平陵令京兆趙戩棄官收而葬之。戩，子踐翻。始，允自專討卓之勞，士孫瑞歸功不侯，故得免於難。難，乃旦翻。

臣光曰：易稱「勞謙君子有終吉」，易繫辭曰：勞而不伐，有功而不德，厚之至也。語以其功下人者也。德言盛，禮言恭。謙也者，致恭以存其位者也。程頤註曰：有勞而能謙，又須君子行之，有終則吉。夫樂高喜勝，人之常情。平時能謙，固已鮮矣，況有功勞可尊乎！雖使知謙之善，勉而爲之，若矜負之心不忘，則不能常久，欲其有終不可得也。惟君子安履謙順，故久而不變，乃所謂有終則吉也。士孫瑞有功不伐，以保其身，可不謂之智乎！

9 傕等以賈詡爲左馮翊，欲侯之，詡曰：「此救命之計，何功之有！」固辭不受。又以爲尚書僕射，詡曰：「尚書僕射，官之師長，長，知兩翻。天下所望，詡名不素重，非所以服人也。」乃以爲尚書。

10 呂布自武關奔南陽，袁術待之甚厚。布自恃有功於袁氏，謂殺董卓爲袁氏報仇也。恣兵鈔掠。鈔，楚交翻。術患之，布不自安，去從張楊於河內。李傕等購求布急，布又逃歸袁紹。

11 丙子，以前將軍趙謙爲司徒。

12 秋，七月，庚子，以太尉馬日磾爲太傅，錄尚書事；磾，丁奚翻。八月，以車騎將軍皇甫嵩爲太尉。

13 詔太傅馬日磾、太僕趙岐杖節鎮撫關東。

14 九月，以李傕爲車騎將軍、領司隸校尉、假節；郭汜爲後將軍，樊稠爲右將軍，張濟爲驃騎將軍，皆封侯。驃，匹妙翻。傕、汜、稠筦朝政，筦，與管同。濟出屯弘農。

15 司徒趙謙罷。

16 甲申，以司空淳于嘉爲司徒，光祿大夫楊彪爲司空，錄尚書事。

17 初，董卓入關，說韓遂、馬騰與共圖山東，說，輸芮翻。遂、騰率衆詣長安。會卓死，李傕等以遂爲鎮西將軍，遣還金城；騰爲征西將軍，遣屯郿。晉書職官志曰：四征起於漢代，四鎮通於柔遠。

18冬，十月，荊州刺史劉表遣使貢獻。以表爲鎮南將軍荊州牧，封成武侯。成武縣，前漢屬山陽郡，後漢屬濟陰郡。

19十二月，太尉皇甫嵩免，以光祿大夫周忠爲太尉，參錄尚書事。

20曹操追黃巾至濟北，悉降之，濟，子禮翻。降，戶江翻。得戎卒三十餘萬，男女百餘萬口，收其精銳者，號青州兵。所降者青州黃巾也，故號青州兵。

操辟陳留毛玠爲治中從事，玠言於操曰：「今天下分崩，乘輿播蕩，生民廢業，饑饉流亡，公家無經歲之儲，百姓無安固之志，難以持久。夫兵義者勝，魏相嘗引是言。守位以財，易大傳曰：何以聚人，曰財；何以守位，曰仁。宜奉天子以令不臣，脩耕植以畜軍資，操之所以芟羣雄者，在迎天子都許、屯田積穀而已；二事乃玠發其謀也。如此，則霸王之業可成也。」操納其言，遣使詣河內太守張楊，欲假塗西至長安；楊不聽。

定陶董昭說楊曰：說，輸芮翻。「袁、曹雖爲一家，勢不久羣。曹今雖弱，然實天下之英雄也，當故結之。故者，結交之因也，謂因事而結之。況今有緣，宜通其上事，上，時掌翻；下同。幷表薦之，若事有成，永爲深分。」分，扶問翻，契分也。楊於是通操上事，仍表薦操。昭爲操作書與李傕、郭汜等，爲，于僞翻。各隨輕重致殷勤。

傕、汜見操使，以爲關東欲自立天子，今曹操雖有使命，非其誠實，使，疏吏翻。議留操使。黄門侍郎鍾繇説傕、汜曰：「方今英雄並起，各矯命專制，唯曹兗州乃心王室，而逆其忠款，非所以副將來之望也！」傕、汜乃厚加報答。當是時，董昭在河内，鍾繇在長安，操不能使也，而各爲操道地，蓋聞其雄略，先爲效用以自結也。繇，皓之曾孫也。鍾皓見五十三卷桓帝建和三年。

21 徐州刺史陶謙與諸守相共奏記，推朱儁爲太師，守，式又翻。相，悉亮翻。因移檄牧伯，欲以同討李傕等，奉迎天子。會李傕用太尉周忠、尚書賈詡策，徵儁入朝，儁乃辭謙議而就徵，復爲太僕。

22 公孫瓚復遣兵擊袁紹，至龍湊，龍湊，地名，在平原界。漢晉春秋載紹與瓚書曰：「龍河之師，羸兵前誘，大兵未濟，而足下膽破衆散，不鼓而敗。」則龍湊蓋河津也。詳味紹書，龍湊宜在勃海界。又袁譚軍龍湊，曹操攻之，拔平原，走保南皮，蓋在平原界也。復，扶又翻；下同。紹擊破之。瓚遂還幽州，不敢復出。

23 揚州刺史汝南陳溫卒，袁紹使袁遺領揚州；袁術擊破之，遺走至沛，爲兵所殺。術以下邳陳瑀爲揚州刺史。考異曰：獻帝紀「四年，三月，袁術殺陳溫，據淮南。」魏志術傳云：「術殺溫，領其州。」裴松之按：英雄記，溫自病死，不爲術所殺。九州春秋曰：「初平三年，揚州刺史陳禕死，術以瑀領揚州。」蓋陳禕當爲陳溫，實以三年卒，今從之。

四年（癸酉、一九三）

1 春，正月，甲寅朔，日有食之。

2 丁卯，赦天下。考異曰：袁紀，五月丁卯赦。今從范書。

3 曹操軍甄城。甄城縣，屬濟陰郡。賢曰：今濮州縣也。甄，音絹，蜀本作「鄄」，爲是。【章：甲十一行本正作「鄄」；乙十一行本同；張校同。】袁術爲劉表所逼，引兵屯封丘，黑山別部及匈奴於扶羅皆附之。曹操擊破術軍，遂圍封丘；術走襄邑，又走寧陵。封丘、襄邑二縣屬陳留郡；寧陵縣屬梁國。宋白曰：封丘，古封國之地，左傳所謂「封父之繁弱」是也，漢爲封丘縣。寧陵縣，古甯城，漢高祖改爲寧陵縣。操追擊，連破之。術走九江，揚州刺史陳瑀拒術不納。術退保陰陵，集兵於淮北，復進向壽春；陰陵、壽春二縣，皆屬九江郡。壽春，揚州刺史治所。復，扶又翻。瑀懼，走歸下邳，術遂領其州，兼稱徐州伯。李傕欲結術爲援，以術爲左將軍，封陽翟侯，陽翟縣，屬潁川郡。假節。

4 袁紹與公孫瓚所置青州刺史田楷連戰二年，士卒疲困，糧食並盡，互掠百姓，野無青草。紹以其子譚爲青州刺史，楷與戰，不勝。會趙岐來和解關東，瓚乃與紹和親，各引兵去。

5 三月，袁紹在薄落津。續漢志，安平國經縣西有漳水津，名薄落津。鉅鹿郡癭陶縣有薄落亭。水經註，漳水逕鉅鹿縣故城西，水有故津，謂之薄落津。魏郡兵反，與黑山賊于毒等數萬人共覆鄴城，殺其太守。紹還屯斥丘。斥丘縣，屬鉅鹿郡。賢曰：故城在今相州成安縣東南。十三州志云：土地斥鹵，故云斥丘。

6 夏，曹操還軍定陶。

7 徐州治中東海王朗及別駕琅邪趙昱說刺史陶謙曰：「求諸侯莫如勤王，左傳晉大夫狐偃之言。說，輸芮翻。今天子越在西京，宜遣使奉貢。」謙乃遣昱奉章至長安。詔拜謙徐州牧，加安東將軍，封溧陽侯。溧陽縣屬丹陽郡。以昱爲廣陵太守，朗爲會稽太守。是時，徐方百姓殷盛，古語多謂州爲方，故八州八伯謂之方伯。書曰「惟此陶唐，有此冀方」，詩曰「徐方不庭」是也。穀實差豐，流民多歸之。而謙信用讒邪，疏遠忠直，遠，于願翻。刑政不治，由是徐州漸亂。許劭避地廣陵，謙禮之甚厚，劭告其徒曰：「陶恭祖外慕聲名，內非眞正，陶謙，字恭祖。待吾雖厚，其勢必薄。」遂去之。後謙果捕諸寓士，人乃服其先識。

8 六月，扶風大雨雹。雨，于具翻。

9 華山崩裂。華，戶化翻。

10 太尉周忠免，以太僕朱儁爲太尉，錄尚書事。

11 下邳闕宣聚衆數千人，賢曰：風俗通曰：闕，姓也，承闕黨童子之後；縱橫家有闕子著書。自稱天子；陶謙擊殺之。考異曰：范書謙傳作「闚宣」。今從魏志武紀及謙傳。魏武紀又曰：「謙與宣共舉兵，取泰山華、費，掠任城。」謙傳亦云：「謙始與合從，後遂殺之，幷其衆。」按謙據有徐州，託義勤王，何藉宣數千之衆而與之合從！蓋謙別將與宣共襲曹嵩，故曹操以此爲謙罪而伐之耳。

12大雨，晝夜二十餘日，漂沒民居。

13袁紹出軍入朝歌鹿腸山，朝歌縣，屬河內郡。賢曰：朝歌故城在今衞縣西。續漢志曰：朝歌有鹿腸山。討于毒，圍攻五日，破之，斬毒及其衆萬餘級。紹遂尋山北行，進擊諸賊左髭丈八等，皆斬之。又擊劉石、靑牛角、黃龍左校、郭大賢、李大目、于氐根等，復斬數萬級，皆屠其屯壁。遂與黑山賊張燕及四營屠各、鴈門烏桓戰於常山。復，扶又翻。屠，直於翻。屠各，匈奴種。燕精兵數萬，騎數千匹。紹與呂布共擊燕，連戰十餘日，燕兵死傷雖多，紹軍亦疲，遂俱退。

呂布將士多暴横，横，戶孟翻。紹患之，布因求還雒陽。紹承制以布領司隸校尉，遣壯士送布，而陰圖之。布使人鼓箏於帳中，說文：箏，樂也，鼓絃竹身。十三絃，蒙恬所造。一說：秦人薄義，父子爭瑟而分之，因以爲名。按箏制與瑟同，瑟二十五絃而箏十三絃，故云然。風俗通：箏，秦聲，五絃、筑身。箏者，上圓象天，下平象地，中空準六合，絃柱十二擬十二月，乃仁智之器也。今幷、涼二州箏形如瑟，不知誰改也。釋名：箏，施絃高，箏箏然，音爭。密亡去，送者夜起，斫帳被皆壞。明旦，紹聞布尙在，懼，閉城自守。布引軍復歸張楊。

14前太尉曹嵩避難在琅邪，難，乃旦翻。其子操令泰山太守應劭迎之。嵩輜重百餘兩，重，直用翻。兩，音亮。陶謙別將守陰平，陰平縣，屬東海郡。賢曰：故城在今沂州承縣西南。士卒利嵩財寶，掩襲嵩於華、費間，殺之，前漢志，華、費二縣皆屬泰山郡。續漢志，泰山有費縣，無華縣，蓋併省也。

水經：時水南過華縣東，又南過費縣東，入沂。賢曰：費縣故城，在費縣東北。費，音祕。并少子德。秋，操引兵擊謙，攻拔十餘城，至彭城，大戰，謙兵敗，走保郯。郯縣，屬東海郡，徐州刺史治所。

初，京、雒遭董卓之亂，民流移東出，多依徐土，遇操至，坑殺男女數十萬口於泗水，水爲不流。爲，于僞翻。

操攻郯不能克，乃去，攻取慮、睢陵、夏丘，三縣皆屬下邳國。杜佑曰：泗州下邳縣北有漢武原故城，又北有郯縣故城。睢陵故城在下邳東南。夏丘，堯封禹爲夏伯，邑於此，漢爲夏丘縣。師古曰：取，音趨，又音秋。慮，音廬。睢，音雖。夏，戶雅翻。皆屠之，雞犬亦盡，墟邑無復行人。

15 冬，十月，辛丑，京師地震。

16 有星孛于天市。孛，蒲內翻。

17 司空楊彪免。丙午，以太常趙溫爲司空，錄尚書事。

18 劉虞與公孫瓚積不相能，瓚數與袁紹相攻，數，所角翻；下同。虞禁之，不可，而稍節其稟假。瓚怒，屢違節度，又復侵犯百姓。虞不能制，乃遣驛使奉章陳其暴掠之罪，瓚亦上虞稟糧不周。上，時掌翻。二奏交馳，互相非毀，朝廷依違而已。依違，言甲奏上則依甲而違乙，乙奏上則依乙而違甲，無決然之是非也。瓚乃築小城於薊城東南以居之，薊縣，屬廣陽國，幽州牧所治也。薊，音計。虞數請會，瓚輒稱病不應；虞恐其終爲亂，乃率所部兵合十萬人以討之。時瓚部曲放散在外，倉卒掘東城欲走。卒，與猝同。虞兵無部伍，不習戰，又愛民廬舍，敕不聽焚燒，戒軍士曰：「無傷餘人，殺一伯珪而已。」公孫瓚，字伯珪。攻圍不下。瓚乃簡募鋭士數百人，因風縱火，直衝突之，虞衆大潰。虞與官屬北奔居庸，居庸縣，屬上谷郡。胡嶠曰：自幽州西北入居庸關。宋祁曰：唐嬀州懷戎縣東南五十里有居庸塞，東連盧龍、碣石，西屬太行、常山，實天下之險。瓚追攻之，三日，城陷，執虞幷妻子還薊，猶使領州文書。會詔遣使者段訓增虞封邑，督六州事；拜瓚前將軍，封易侯。易縣，前漢屬涿郡，後漢省。瓚乃誣虞前與袁紹等謀稱尊號，脅訓斬虞及妻子於薊市。故常山相孫瑾、掾張逸、張瓚等相與就虞，罵瓚極口，然後同死。掾，俞絹翻。瓚傳虞首於京師，故吏尾敦於路劫虞首，歸葬之。賢曰：尾，姓；敦，名。余按古有尾生。虞以恩厚得衆心，北州百姓流舊莫不痛惜。流者，他州人流入幽州者也；舊者，舊著籍幽州者也。

初，虞欲遣使奉章詣長安，而難其人，衆咸曰：「右北平田疇，年二十二，年雖少，少，詩照翻。然有奇材。」虞乃備禮，請以爲掾。具車騎將行，疇曰：「今道路阻絶，寇虜縱横，稱官奉使，爲衆所指。願以私行，期於得達而已。」虞從之。疇乃自選家客二十騎，俱上西關，出塞，傍北山，傍，步浪翻。西關，卽居庸關。北山，卽陰山。直趣朔方，循間道至長安致命。趣，七喻翻。間，古莧翻。

詔拜疇爲騎都尉。疇以天子方蒙塵未安，不可以荷佩榮寵，荷，下可翻。固辭不受。得報，馳還，比至，虞已死，比，必寐翻。疇謁祭虞墓，陳發章表，章表，當依下文作章報。哭泣而去。公孫瓚怒，購求獲疇，謂曰：「汝不送章報我，何也？」疇曰：「漢室衰穨，人懷異心，唯劉公不失忠節。章報所言，於將軍未美，恐非所樂聞，樂，音洛。故不進也。且將軍既滅無罪之君，又讎守義之臣，疇恐燕、趙之士皆將蹈東海而死，莫有從將軍者也。」瓚乃釋之。

疇北歸無終，無終縣，屬右北平郡，春秋無終子之國，疇蓋其縣人。宋白曰：無終，唐爲薊州玉田縣。率宗族及他附從者數百人，掃地而盟曰：「君仇不報，吾不可以立於世！」遂入徐無山中，徐無縣，屬右北平郡，有徐無山。營深險平敞地而居，躬耕以養父母，養，羊亮翻。百姓歸之，數年間至五千餘家。疇謂其父老曰：「今衆成都邑，而莫相統一，又無法制以治之，治，直之翻。恐非久安之道。疇有愚計，願與諸君共施之，可乎？」皆曰：「可！」疇乃爲約束，相殺傷、犯盜、諍訟者，諍，讀曰爭。晉王沈釋時論：闒茸勇敢於饕諍。叶韻平聲。隨輕重抵罪，重者至死，凡一十餘條。又制爲婚姻嫁娶之禮，與學校講授之業，校，戶教翻。班行於衆，衆皆便之，至道不拾遺。北邊翕然服其威信，烏桓、鮮卑各遣使致饋，疇悉撫納，令不爲寇。

19 十二月，辛丑，地震。

20 司空趙溫免。乙巳，以衛尉張喜爲司空。

張政烺標點容肇祖聶崇岐覆校

資治通鑑卷第六十一

翰林學士兼侍讀學士朝散大夫右諫議大夫知制誥判尚書都省兼提舉萬壽觀公事上護軍河內郡開國侯食邑一千三百戶賜紫金魚袋臣　司馬光　奉敕編集
後　學　天　台　胡三省　音　註

漢紀五十三　起閼逢閹茂（甲戌），盡旃蒙大淵獻（乙亥），凡二年。

孝獻皇帝丙

興平元年（甲戌、一九四）

1 春，正月，辛酉，赦天下。

2 甲子，帝加元服。

3 二月，戊寅，有司奏立長秋宮。詔曰：「皇妣宅兆未卜，孝經：卜其宅兆而安厝之。兆，塋域也。何忍言後宮之選乎！」壬午，三公奏改葬皇妣王夫人，追上尊號曰靈懷皇后。王夫人死，見五十八卷靈帝光和四年。皇后紀曰：改葬文昭陵。上，時掌翻。

4 陶謙告急於田楷，楷與平原相劉備救之。備自有兵數千人，謙益以丹陽兵四千，備遂去楷歸謙，謙表爲豫州刺史，屯小沛。沛國，治相縣，而沛自爲縣，屬沛國，時人謂沛縣爲小沛。由此時呼備爲劉豫州。豫州刺史本治譙，備領刺史而屯小沛。按此時又有豫州刺史郭貢，朝命不行，私相署置者也。曹操軍食亦盡，引兵還。

5 馬騰私有求於李傕，傕，古岳翻。不獲而怒，欲舉兵相攻；帝遣使者和解之，不從。韓遂率衆來和騰、傕，既而復與騰合。遂知傕之不足與也。復，扶又翻。諫議大夫种邵、种，音沖。侍中馬宇、左中郎將劉範謀使騰襲長安，己爲內應，以誅傕等。壬申，騰、遂勒兵屯長平觀。觀，古玩翻。邵等謀泄，出奔槐里。傕使樊稠、郭汜及兄子利擊之，騰、遂敗走，還涼州。又攻槐里，邵等皆死。庚申，詔赦騰等。傕等力不能制騰、遂，因下詔赦之。夏，四月。以騰爲安狄將軍，遂爲安降將軍。二將軍號，一時暫置耳，後世不復置。降，戶江翻。

6 曹操使司馬荀彧、壽張令程昱守甄城，甄城縣，屬濟陰郡。水經註曰：沇州舊治。魏武創業始於此。河上之邑，最爲峻固。甄，當作「鄄」。續漢志：兖州刺史治昌邑。宋白曰：漢獻帝於鄄城置兖州。蓋曹操以刺史始治此。復往攻陶謙，復，扶又翻。遂略地至琅邪、東海，所過殘滅。還，擊破劉備於郯東。謙恐，欲走歸丹陽。謙，丹陽人也。會陳留太守張邈叛操迎呂布，操乃引軍還。還，從宣翻，又如字。

初，張邈少時，好游俠，少，詩照翻。好，呼到翻。俠，戶頰翻。袁紹、曹操皆與之善。及紹爲盟主，有驕色，盟主，事見五十九卷初平元年。邈正議責紹；紹怒，使操殺之。操不聽，曰：「孟卓，親友也，是非當容之。今天下未定，柰何自相危也！」操之前攻陶謙，見上卷上年。志在必死，敕家曰：「我若不還，往依孟卓。」後還見邈，垂泣相對。泣，垂淚也。

陳留高柔謂鄉人曰：「曹將軍雖據兗州，本有四方之圖，未得安坐守也。而張府君恃陳留之資，將乘間爲變，間，古莧翻。欲與諸君避之，何如？」衆人皆以曹、張相親，柔又年少，不然其言。柔從兄幹自河北呼柔，柔舉宗從之。高幹從袁紹在河北。

呂布之捨袁紹從張楊也，事見上卷上年。過邈，過，工禾翻。臨別，把手共誓；紹聞之，大恨。邈畏操終爲紹殺己也，爲，于僞翻。心不自安。前九江太守陳留邊讓嘗譏議操，操聞而殺之，并其妻子。讓素有才名，由是兗州士大夫皆恐懼。陳宮性剛直壯烈，內亦自疑，乃與從事中郎許汜、王楷及邈弟超共謀叛操。宮說邈曰：說，輸芮翻；下同。「今天下分崩，雄傑並起，君以千里之衆，當四戰之地，撫劍顧眄，亦足以爲人豪，而反受制於人，不亦鄙乎！今州軍東征，謂操兵征徐州也。其處空虛，呂布壯士，善戰無前，若權迎之，共牧兗州，觀天下形勢，俟時事之變，此亦縱橫之一時也。」縱，子容翻。邈從之。

時操使宮將兵留屯東郡，遂以其衆潛迎布爲兗州牧。布至，邈乃使其黨劉翊告荀彧曰：「呂將軍來助曹使君擊陶謙，宜亟供其軍食。」衆疑惑，彧知邈爲亂，卽勒兵設備，急召東郡太守夏侯惇於濮陽；惇來，布遂據濮陽。濮，博木翻。時操悉軍攻陶謙，留守兵少，少，詩沼翻。而督將、大吏多與邈、宮通謀，督將，領兵；大吏，通掌州郡事者。將，即亮翻。惇至，其夜，誅謀叛者數十人，衆乃定。

豫州刺史郭貢率衆數萬來至城下，或言與呂布同謀，衆甚懼。貢求見荀彧，彧將往，惇等曰：「君一州鎮也，謂一州倚之爲重也。往必危，不可。」彧曰：「貢與邈等，分非素結也，分，扶問翻。今來速，計必未定，及其未定說之，縱不爲用，可使中立。賢曰：不令其有所去就也。說，輸芮翻；下同。若先疑之，彼將怒而成計。」貢見彧無懼意，謂鄄城未易攻，易，以豉翻。遂引兵去。

是時，兗州郡縣皆應布，唯鄄城、范、東阿不動。賢曰：范縣屬東郡，今濮陽縣。東阿縣屬東郡，今濟州縣也。布軍降者言：「陳宮欲自將兵取東阿，又使氾嶷取范。」降，戶江翻。氾，符咸翻。皇甫謐云：本姓凡氏，遭秦亂，避地於氾水，因氏焉。嶷，鄂力翻。吏民皆恐。程昱本東阿人，彧謂昱曰：「今舉州皆叛，唯有此三城，宮等以重兵臨之，非有以深結其心，三城必動。君，民之望也，宜往撫之。」昱乃歸過范，說其令靳允曰：過，工禾翻。說，輸芮翻。靳，居焮翻，姓也。戰國楚有幸臣靳尚。「聞呂布執君母、弟、妻子，孝子誠不可爲心。今天下大亂，英雄並起，必有命世能息天下之亂者，此智者所宜詳擇也。得主者昌，失主者亡。陳宮叛迎呂布而百城皆應，似能有爲；然以君觀之，布何如人哉？夫布麤中少親，剛而無禮，匹夫之雄耳。宮等以勢假合，不能相君也；相，如字。言不能相與定君臣之分也。兵雖衆，終必無成。曹使君智略不世出，殆天所授；君必固范，我守東阿，則田單之功可立也。田單，事見五卷周赧王三十六年。孰與違忠從惡而母子俱亡乎？唯君詳慮之！」允流涕曰：「不敢有貳心。」時氾嶷已在縣，允乃見嶷，伏兵刺殺之，刺，七亦翻。歸，勒兵自守。

徐衆評曰：允於曹公未成君臣；母至親也，於義應去。衞公子開方仕齊，積年不返，管仲以爲不懷其親，安能愛君！齊桓公問管仲曰：「開方何如？」對曰：「棄親以適君，非人情，難親。」是以求忠臣必於孝子之門；允宜先救至親。徐庶母爲曹公所得，劉備遣庶歸北，欲爲天下者恕人子之情也；事見後六十五卷建安十三年。曹公亦宜遣允。

7 昱又遣別騎絕倉亭津，水經註：河水過東阿縣北。河水於范縣東北流，爲倉亭津。述征記曰：倉亭津在范縣界，去東阿六十里。陳宮至，不得渡。昱至東阿，東阿令潁川棗祗已率厲吏民拒城堅守，潁川文士傳：棗氏本姓棘，避難改焉。卒完三城以待操。卒，子恤翻。操還，執昱手曰：「微子之力，吾無所歸矣。」表昱爲東平相，屯范。呂布攻鄄城不能下，西屯濮陽。曹操曰：「布一旦得一州，不能據東平，斷亢父、泰山之道，乘險要我，東平國，當亢父、泰山之道。亢父本屬東平，章帝元和元年，分屬任城。賢曰：亢父故城在今兖州任城縣。斷，丁管翻。亢父，音抗甫。要，一遙翻。而乃屯濮陽，吾知其無能爲也。」乃進攻之。

8 五月，以揚武將軍郭汜爲後將軍，安集將軍樊稠爲右將軍，安集將軍，亦一時暫置。並開府如三公，合爲六府，時太傅馬日磾出使，李傕以車騎將軍開府，汜、稠又開府，與三公合爲六府。皆參選舉。李傕等各欲用其所舉，若一違之，便忿憤喜怒，主者患之，乃以次第用其所舉。主者，蓋尚書也。先從傕起，汜次之，稠次之，三公所舉，終不見用。

9 河西四郡以去涼州治遠，隔以河寇，涼州刺史本治漢陽郡冀縣，時寇賊繁興，遂與河西隔絕。河寇蓋羣盜阻河爲寇者。上書求別置州。六月，丙子，詔以陳留邯鄲商爲雍州刺史，典治之。風俗通：邯鄲以國爲姓。余謂邯鄲非國也，蓋以邑爲姓。左傳，晉有邯鄲午。時置雍州，治武威。治，直之翻。

10 丁丑，京師地震；戊寅，又震。

11 乙酉晦，日有食之。

12 秋，七月，壬子，太尉朱儁免。

13 戊午，以太常楊彪爲太尉，錄尚書事。

14 甲子，以鎮南將軍楊定爲安西將軍，開府如三公。

15 自四月不雨至于是月，穀一斛直錢五十萬，長安中人相食。帝令侍御史侯汶出太倉米豆爲貧人作糜，汶，音聞。糜，粥也。爲，于僞翻。餓死者如故。帝疑稟賦不實，稟，給也。賦，與也。取米豆各五升於御前作糜，得二盆。乃杖汶五十，於是悉得全濟。觀此，則獻帝非昏蔽而無知也，然終以失天下者，威權去已而小惠不足以得民也。

16 八月，馮翊羌寇屬縣，郭汜、樊稠等率衆破之。

17 呂布有別屯在濮陽西，曹操夜襲破之，未及還；會布至，身自搏戰，自旦至日昳，昳，徒結翻，日昃也。數十合，相持甚急。操募人陷陳，陳，讀曰陣。司馬陳留典韋將應募者進當之，典姓，韋名。布弓弩亂發，矢至如雨，韋不視，謂等人曰：等人者，立等以募人，及等者，謂之等人。或曰：等人，一等應募之人也。「虜來十步，乃白之。」等人曰：「十步矣。」又曰：「五步乃白。」等人懼，疾言「虜至矣！」韋持戟大呼而起，呼，火故翻。所抵無不應手倒者，布衆退。會日暮，操乃得引去；拜韋都尉，令常將親兵數百人，繞大帳左右。

濮陽大姓田氏爲反間，間，古莧翻。操得入城，燒其東門，示無反意。及戰，軍敗，布騎得操而不識，問曰：「曹操何在？」操曰：「乘黃馬走者是也。」布騎乃釋操而追黃馬者。操突火而出，至營，自力勞軍，令軍中促爲攻具，進，復攻之，既自力勞軍，又促軍進攻者，恐既敗之後，士氣衰沮也。勞，力到翻。復，扶又翻。與布相守百餘日。蝗蟲起，百姓大餓，布糧食亦盡，各引去。

九月，操還鄄城。布到乘氏，乘氏縣，屬濟陰郡。應劭曰：春秋，魯敗宋師於乘丘，卽其地。宋白曰：今濟州鉅野縣西南五十七里乘氏故城是也。乘，繩證翻。爲其縣人李進所破，東屯山陽。

冬，十月，操至東阿。袁紹使人說操，欲使操遣家居鄴；說，輸芮翻。操新失兗州，軍食盡，將許之。程昱曰：「意者將軍殆臨事而懼，不然，何慮之不深也！夫袁紹有幷天下之心，而智不能濟也；將軍自度能爲之下乎？度，徒洛翻。將軍以龍虎之威，可爲之韓、彭邪！今兗州雖殘，尚有三城，能戰之士，不下萬人，以將軍之神武，與文若、昱等收而用之，荀彧，字文若。霸王之業可成也，願將軍更慮之！」操乃止。

18 十二月，司徒淳于嘉罷，以衞尉趙溫爲司徒，錄尚書事。

19 馬騰之攻李傕也，劉焉二子範、誕皆死。議郎河南龐羲，素與焉善，乃募將焉諸孫入蜀。龐，皮江翻。將，如字，領也，攜也，挾也。會天火燒城，焉徙治成都，劉焉初居緜竹。疽發背而卒。說文曰：疽，久癰。州大吏趙韙等貪焉子璋溫仁，共上璋爲益州刺史，韙，羽鬼翻。上，時掌翻。詔拜潁川扈瑁爲刺史。瑁，音冒。璋將沈彌、婁發、甘寧反，擊璋，不勝，走入荆州；詔乃以璋爲益州牧。璋以韙爲征東中郎將，率衆擊劉表，屯朐䏰。朐䏰縣，屬巴郡。師古曰：朐，音劬。晉書音義：朐，音蠢。䏰，如允翻。賢曰：朐䏰故城，在今夔州雲安縣西，萬戶故城是也。䏰，音閏。劉昫曰：開州盛山縣，漢朐䏰地。余據今雲安軍，漢朐䏰縣地，土地下濕，多朐䏰蟲，故名。劉禹錫曰：朐䏰，蚯蚓也。裴松之曰：䏰，如振翻。

20 徐州牧陶謙疾篤，謂別駕東海麋竺曰：姓譜：楚大夫受封於南郡麋亭，因以爲氏。或言工尹麋之後，以名爲氏。「非劉備不能安此州也。」謙卒，竺率州人迎備。備未敢當，曰：「袁公路近在壽春，袁術，字公路。君可以州與之。」典農校尉下邳陳登曰：據裴松之註三國志云：陶謙表登爲典農校尉。魏志曰：曹公置典農校尉，秩比二千石。蓋先已有此官，曹公增其秩耳。「公路驕豪，非治亂之主，治，直之翻。今欲爲使君合步騎十萬，爲，于僞翻。上可以匡主濟民，下可以割地守境；觀登此言，固未易才也。若使君不見聽許，登亦未敢聽使君也。」北海相孔融謂備曰：「袁公路豈憂國忘家者邪！冢中枯骨，何足介意！據陳壽志，備謂竺等曰：「袁公路近在壽春。此君四世五公，君可以州歸之。」融言：「冢中枯骨，何足介意。」正爲四世五公發也。今日之事，百姓與能；天與不取，悔不可追。」易曰：人謀鬼謀，百姓與能。言百姓惟能者是與也。前書曰：天與不取，反受其咎。備遂領徐州。

21 初，太傅馬日磾與趙岐俱奉使至壽春，磾，丁奚翻。岐守志不橈，橈，奴教翻。袁術憚之。日磾頗有求於術，術侵侮之，從日磾借節視之，因奪不還，條軍中十餘人，使促辟之。日磾從術求去，術留不遣，又欲逼爲軍師；日磾病其失節，嘔血而死。杜預曰：病者，以爲己病也。

22 初，孫堅娶錢唐吳氏，生四男策、權、翊、匡及一女。堅從軍於外，留家壽春。策年十餘歲，已交結知名。舒人周瑜與策同年，亦英達夙成，夙，早也。聞策聲問，自舒來造焉，便推結分好，造，七到翻。分，扶問翻。推分而結好也。好，呼到翻；下同。勸策徙居舒；策從之。瑜乃推道旁大宅與策，推，吐雷翻。升堂拜母，有無通共。及堅死，策年十七，還葬曲阿；曲阿縣，屬吳郡。賢曰：今潤州縣。余據曲阿，古雲陽縣也。秦時言其地有天子氣，始皇鑿北阬以敗其勢，截直道使阿曲，故謂之曲阿。杜佑曰：曲阿，今丹陽郡丹陽縣。已乃渡江，居江都，結納豪俊，有復讎之志。以父堅爲黃祖所殺也。

丹陽太守會稽周昕與袁術相惡，會，工外翻。術上策舅吳景領丹陽太守，上，時掌翻。攻昕，奪其郡，以策從兄賁爲丹陽都尉。從，才用翻。下賢從同。策以母弟託廣陵張紘，徑到壽春見袁術，涕泣言曰：「亡父昔從長沙入討董卓，與明使君會於南陽，同盟結好，不幸遇難，勳業不終。事見五十九卷初平元年、二年。難，乃旦翻。策感惟先人舊恩，欲自憑結，願明使君垂察其誠！」術甚奇之，然未肯還其父兵，謂策曰：「孤用貴舅爲丹陽太守，賢從伯陽爲都尉，舅，謂吳景。孫賁，字伯陽。彼精兵之地，丹陽號爲天下精兵處。可還依召募。」策遂與汝南呂範及族人孫河迎其母詣曲阿，依舅氏，因緣召募，得數百人；而爲涇縣大帥祖郎所襲，涇縣，屬丹陽郡。賢曰：今宣州縣。姓譜：祖，商祖己之後。帥，所類翻。幾至危殆，於是復往見術。幾，居希翻。復，扶又翻；下同。術以堅餘兵千餘人還策，表拜懷義校尉。策騎士有罪，逃入術營，隱於內廄，策指使人就斬之，訖，詣術謝。謝入術營專殺也。術曰：「兵人好叛，當共疾之，好，呼到翻。何爲謝也！」由是軍中益畏憚之。術初許以策爲九江太守，已而更用丹陽陳紀。更，工衡翻。後術欲攻徐州，從廬江太守陸康求米三萬斛；康不與。術大怒，遣策攻康，謂曰：「前錯用陳紀，錯，誤也。每恨本意不遂，今若得康，廬江眞卿有也。」策攻康，拔之，術復用其故吏劉勳爲太守；復，扶又翻。策益失望。

侍御史劉繇，岱之弟也，素有盛名，詔書用爲揚州刺史；州舊治壽春，續漢志：揚州本治歷陽。蓋中世以後徙治壽春也。術已據之，繇欲南渡江，吳景、孫賁迎置曲阿。及策攻廬江，繇聞之，以景、賁本術所置，懼爲袁、孫所幷，遂構嫌隙，迫逐景、賁；景、賁退屯歷陽，歷陽縣屬九江郡，今和州。繇遣將樊能、于麋屯橫江，張英屯當利口以拒之。橫江渡在今和州，正對江南之采石，卽今之楊林渡口。當利浦，在今和州東十二里。術乃自用故吏惠衢爲揚州刺史，惠，姓也。戰國時梁有惠施。以景爲督軍中郎將，與賁共將兵擊英等。

二年（乙亥、一九五）

1春，正月，癸丑，赦天下。考異曰：袁紀作「癸酉」。按長曆，是月癸卯朔，無癸酉，今從范書。

2曹操敗呂布於定陶。敗，補邁翻。

3詔卽拜袁紹爲右將軍。卽拜者，就拜之也。時紹在鄴，就鄴拜之。考異曰：袁紀作「後將軍」。今從范書。

4董卓初死，三輔民尙數十萬戶，李傕等放兵劫掠，加以饑饉，二年間，民相食略盡。李傕、郭汜、樊稠各相與矜功爭權，欲鬬者數矣，數，所角翻。賈詡每以大體責之，雖內不能善，外相含容。

樊稠之擊馬騰、韓遂也，李利戰不甚力，稠叱之曰：「人欲截汝父頭，利，傕兄子也，故云然。何敢如此，我不能斬卿邪！」及騰、遂敗走，稠追至陳倉，遂語稠曰：語，牛倨翻。「本所爭者非私怨，王家事耳。與足下州里人，韓遂，金城人，與樊稠皆涼州人也。欲相與善語而別。」乃俱卻騎，前接馬，交臂相加，共語良久而別。軍還，李利告傕，「韓、樊交馬語，不知所道，意愛甚密。」傕亦以稠勇而得衆，忌之。稠欲將兵東出關，從傕索益兵。索，山客翻。二月，傕請稠會議，便於坐殺稠。坐，徂臥翻。由是諸將轉相疑貳。

傕數設酒請郭汜，數，所角翻。或留汜止宿。汜妻恐汜愛傕婢妾，思有以間之。間，工莧翻。會傕送饋，餉食，曰饋。妻以豉爲藥，擿以示汜曰：豉，是義翻。擿，他歷翻，挑也。「一棲不兩雄，我固疑將軍信李公也。」以雞爲喻也，一棲而兩雄，必鬭。他日，傕復請汜，飲大醉，復，扶又翻；下同。汜疑其有毒，絞糞汁飲之，糞汁解衆毒。於是各治兵相攻矣。治，直之翻。

帝使侍中、尚書和傕、汜，傕、汜不從。汜謀迎帝幸其營，夜有亡者，告傕。三月，丙寅，傕使兄子暹將數千兵圍宮，以車三乘迎帝。暹，息廉翻。將，卽亮翻。乘，繩證翻；下同。太尉楊彪曰：「自古帝王無在人家者，諸君舉事，柰何如是！」暹曰：「將軍計定矣。」於是羣臣步從乘輿以出，兵卽入殿中，掠宮人、御物。帝至傕營，傕又徙御府金帛置其營，遂放火燒宮殿、官府、民居悉盡。帝復使公卿和傕、汜，汜留楊彪及司空張喜、尚書王隆、光祿勳劉淵、衞尉士孫瑞、太僕韓融、廷尉宣璠、璠，孚袁翻。大鴻臚榮郃、榮，姓也。前書有男子榮畜。姓譜：周榮公之後。郃，曷閤翻，又古合翻。大司農朱儁、將作大匠梁邵、屯騎校尉姜宣等於其營以爲質。質，音致；下同。朱儁憤懣發病死。懣，音悶，又音滿。

5 夏，四月，甲子，立貴人琅邪伏氏爲皇后；以后父侍中完爲執金吾。

6 郭汜饗公卿，議攻李傕。楊彪曰：「羣臣共鬭，一人劫天子，一人質公卿，可行乎！」質，音致。汜怒，欲手刃之。彪曰：「卿尚不奉國家，吾豈求生邪！」中郎將楊密固諫，汜乃止。傕召羌、胡數千人，先以御物繒綵與之，繒，慈陵翻。許以宮人、婦女，欲令攻郭汜。汜陰與傕黨中郎將張苞等謀攻傕。丙申，汜將兵夜攻傕門，矢及帝簾帷中，又貫傕左耳。苞等燒屋，火不然。楊奉於外拒汜，汜兵退，苞等因將所領兵歸汜。

是日，傕復移乘輿幸北塢，據傕、汜和後，然後帝得出長安宣平門，則此塢蓋在長安城中；傕、汜於城中各築塢而居也。復，扶又翻。使校尉監塢門，監，工銜翻。內外隔絕，侍臣皆有飢色。帝求米五斗、牛骨五具以賜左右。傕曰：「朝晡上飰，上，時掌翻。飰，與飯同。何用米爲？」乃以臭牛骨與之。帝大怒，欲詰責之。侍中楊琦諫曰：「傕自知所犯悖逆，欲轉車駕幸池陽黃白城，池陽縣，屬馮翊。賢曰：故城在今涇陽縣西北。水經註曰：黃白城，本曲梁宮也。詰，去吉翻。悖，蒲妹翻，又蒲沒翻。臣願陛下忍之。」帝乃止。司徒趙溫與傕書曰：「公前屠陷王城，殺戮大臣，今爭睚眥之隙，睚，牛懈翻，怒視也。眥，疾智翻，目際也。毛晃曰：厓眥，舉目相忤貌，亦作眦，士懈翻。以成千鈞之讎，千鈞，言重也。朝廷欲令和解，詔命不行，而復欲轉乘輿於黃白城，此誠老夫所不解也。乘，繩證翻。解，胡買翻，曉也。於易，一爲過，再爲涉，三而弗改，滅其頂，凶。易大過上六曰：過，涉，滅頂，凶。温依此而分一再三之義。不如早共和解。」傕大怒，欲殺温，其弟應諫之，數日乃止。據獻帝起居注，應，温故掾也。

傕信巫覡厭勝之術，覡，刑狄翻。國語：在女曰巫，在男曰覡。厭，益涉翻。常以三牲祠董卓於省門外；每對帝或言「明陛下」，或言「明帝」，爲帝說郭汜無狀，爲，于僞翻。帝亦隨其意應答之。傕喜，自謂良得天子歡心也。良，信也。

閏月，己卯，帝使謁者僕射皇甫酈和傕、汜。考異曰：袁紀「酈」作「麗」。今從范書。酈先詣汜，汜從命；又詣傕，傕不肯，曰：「郭多，盜馬虜耳，英雄記曰：郭汜，一名多。何敢欲與吾等邪，必誅之！君觀吾方略士衆，足辦郭多否邪？郭多又劫質公卿，質，音致；下同。所爲如是，而君苟欲左右之邪！」左右，助也，音佐佑。酈曰：「近者董公之強，將軍所知也；呂布受恩而反圖之，斯須之間，身首異處，此有勇而無謀也。今將軍身爲上將，荷國寵榮，荷，下可翻。汜質公卿而將軍脅主，誰輕重乎！張濟與汜有謀，楊奉，白波賊帥耳，帥，所類翻。猶知將軍所爲非是，將軍雖寵之，猶不爲用也。」傕呵之令出。酈出，詣省門，白「傕不肯奉詔，辭語不順。」天子所居曰禁中，亦曰省中；省門，即禁門也。帝恐傕聞之，亟令酈去。傕遣虎賁王昌呼，欲殺之，昌知酈忠直，縱令去，還答傕，言「追之不及」。

辛巳，以車騎將軍李傕爲大司馬，在三公之右。

7呂布將薛蘭、李封屯鉅野，鉅野縣，屬山陽郡，郭周於此置濟州。曹操攻之，布救蘭等，不勝而走，操遂斬蘭等。操軍乘氏，乘，繩證翻。以陶謙已死，欲遂取徐州，還乃定布。荀彧曰：「昔高祖保關中，光武據河內，高祖取天下，令蕭何守關中；光武經營河北，令寇恂守河內：皆以爲王業根本。皆深根固本以制天下，進足以勝敵，退足以堅守，故雖有困敗而終濟大業。將軍本以兗州首事，平山東之難，賢曰：曹操初從東郡守鮑信等迎，領兗州牧，遂進兵破黃巾等，故能平定山東也。余據此時山東猶未盡平，彧誇之耳。難，乃旦翻。百姓無不歸心悅服。且河、濟，天下之要地也，禹貢：兗州之域。孔安國曰：東南據濟，西北距河。濟，子禮翻。今雖殘壞，猶易以自保，易，以豉翻。是亦將軍之關中、河內也，不可以不先定。今已破李封、薛蘭，若分兵東擊陳宮，宮必不敢西顧，以其間【章：甲十一行本「間」下有「勒兵」二字；乙十一行本同；孔本同；張校同。】收熟麥，約食畜穀，一舉而布可破也。破布，然後南結揚州，謂結劉繇也。共討袁術，以臨淮、泗。若舍布而東，舍，讀作捨。多留兵則不足用，少留兵則民皆保城，不得樵采，布乘虛寇暴，民心益危，唯甄城、范、衞可全，衞，謂濮陽。杜預曰：濮陽古衞地。「甄」，當作「鄄」。其餘非己之有，是無兗州也。若徐州不定，將軍當安所歸乎！且陶謙雖死，徐州未易亡也。易，以豉翻。彼懲往年之敗，將懼而結親，結親，猶言親結也。相爲表裏。今東方皆已收麥，必堅壁清野以待將軍，攻之不拔，略之無獲，不出十日，則十萬之衆，未戰而先自困耳。前討徐州，威罰實行，謂多所屠戮也。其子弟念父兄之恥，必人自爲守，無降心，就能破之，尚不可有也。徐州子弟，既有父兄之讎，必不心服於操，縱破其兵，猶不能有其地也。降，戶江翻。夫事故【章：甲十一行本「故」作「固」；乙十一行本同；孔本同。】有棄此取彼者，以大易小可也，以安易危可也，權一時之勢，不患本之不固可也。今三者莫利，惟將軍熟慮之。」操乃止。

布復從東緡東緡縣，屬山陽郡，春秋之緡邑也。宋白曰：今濟州金鄉縣，本漢東緡縣。復，扶又翻；下同。緡，眉巾翻。與陳宮將萬餘人來戰，操兵皆出收麥，在者不能千人，屯營不固。屯西有大隄，其南樹木幽深，操隱兵隄裏，出半兵隄外；布益進，乃令輕兵挑戰，挑，徒了翻。既合，伏兵乃悉乘隄，前書音義曰：乘，登也。步騎並追，【章：甲十一行本「追」作「進」；乙十一行本同；孔本同；熊校同。】大破之，追至其營而還。布夜走，操復攻拔定陶，分兵平諸縣。布東奔劉備，張邈從布，使其弟超將家屬保雍丘。雍丘縣，屬陳留郡，故杞國也。

布初見備，甚尊敬之，謂備曰：「我與卿同邊地人也！布，五原人，備，涿郡人；五原、涿郡皆邊地。布見關東起兵，欲誅董卓。布殺卓東出，關東諸將無安布者，皆欲殺布耳。」請備於帳中，坐婦牀上，令婦向拜，酌酒飲食，名備爲弟。備見布語言無常，外然之而內不悅。

8李傕、郭汜相攻連月，死者以萬數。六月，傕將楊奉謀殺傕，事泄，遂將兵叛傕，傕衆稍衰。果如皇甫酈之言。庚午，鎮東將軍張濟自陝至，陝縣，屬弘農，張濟初平三年出戍焉。陝，式冉翻。欲和傕、汜，遷乘輿權幸弘農。乘，繩證翻；下同。帝亦思舊京，謂雒陽也。遣使宣諭，十反，汜、傕許和，欲質其愛子。質，音致；下同。傕妻愛其男，和計未定，而羌、胡數來闚省門，數，所角翻。曰：「天子在此中邪！李將軍許我宮人，今皆何在？」帝患之，使侍中劉艾謂宣義將軍賈詡曰：宣義將軍，亦一時暫置。「卿前奉職公忠，故仍升榮寵；今羌、胡滿路，宜思方略。」詡乃召羌、胡大帥飲食之，帥，所類翻。飲，於禁翻。食，讀曰飤。許以封賞，羌、胡皆引去，傕由此單弱。於是復有言和解之計者，復，扶又翻。傕乃從之，各以女爲質。

秋，七月，甲子，車駕出宣平門，宣平門，長安城東出北頭第一門。當渡橋，汜兵數百人遮橋曰：「此天子非也？」車不得前。傕兵數百人，皆持大戟在乘輿車前，兵欲交，侍中劉艾大呼曰：「是天子也！」使侍中楊琦高舉車帷，帝曰：「諸君【章：甲十一行本「君」作「兵」；乙十一行本同。】何敢迫近至尊邪？」呼，火故翻。近，其靳翻。汜兵乃卻。既渡橋，士衆皆稱萬歲。夜到霸陵，從者皆飢，從，才用翻。張濟賦給各有差。傕出屯池陽。

丙寅，以張濟爲票騎將軍，開府如三公；票，匹妙翻。郭汜爲車騎將軍，楊定爲後將軍，楊奉爲興義將軍；皆封列侯。以楊奉自白波賊帥勤王，故以興義寵之。又以故牛輔部曲董承爲安集將軍。蜀志曰：承，獻帝舅也。裴松之曰：承，靈帝母董太后之姪，於獻帝爲丈人；蓋古無丈人之名，故謂之舅也。

郭汜欲令車駕幸高陵，高陵縣，屬馮翊。公卿及濟以爲宜幸弘農，大會議之，不決。帝遣使諭汜曰：「弘農近郊廟，近，其靳翻。勿有疑也！」汜不從。帝遂終日不食。汜聞之曰：「可且幸近縣。」八月，甲辰，車駕幸新豐。丙子，郭汜復謀脅帝還都郿，復，扶又翻；下同。侍中种輯知之，密告楊定、董承、楊奉令會新豐。郭汜自知謀泄，乃棄軍入南山。自新豐驪山西接終南，謂之南山。

9 曹操圍雍丘，張邈詣袁術求救，未至，爲其下所殺。

10 冬，十月，以曹操爲兗州牧。

11 戊戌，郭汜黨夏育、高碩等謀脅乘輿西行。夏，戶雅翻。侍中劉艾見火起不止，請帝出幸一營以避火。時郭汜、楊定、董承、楊奉各自爲營，艾不敢指言，故請幸一將營，惟帝意所向也。楊定、董承將兵迎天子幸楊奉營，夏育等勒兵欲止乘輿，楊定、楊奉力戰，破之，乃得出。壬寅，行幸華陰，華，戶化翻。

寧輯將軍段煨具服御及公卿已下資儲，欲上幸其營。寧輯之號，猶安集，亦一時暫置也。煨，烏回翻。煨與楊定有隙，定黨种輯、左靈言煨欲反，太尉楊彪、司徒趙溫、侍中劉艾、尚書梁紹皆曰：「段煨不反，臣等敢以死保。」董承、楊定脅弘農督郵令言郭汜來在煨營，帝疑之，乃露次於道南。野宿無廬舍，謂之露次。丁未，楊奉、董承、楊定將攻煨，使种輯、左靈請帝爲詔，帝曰：「煨罪未著，奉等攻之，而欲令朕有詔邪！」輯固請，至夜半，猶弗聽。奉等乃輒攻煨營，十餘日不下。煨供給御膳，稟贍百官，無有二意。贍，而豔翻。詔使侍中、尚書告諭定等，令與煨和解，定等奉詔還營。

李傕、郭汜悔令車駕東，聞定攻煨，相招共救之，因欲劫帝而西。楊定聞傕、汜至，欲還藍田，爲汜所遮，單騎亡走荊州。張濟與楊奉、董承不相平，乃復與傕、汜合。十二月，帝幸弘農，張濟、李傕、郭汜共追乘輿，大戰於弘農東澗，承、奉軍敗，百官士卒死者，不可勝數，棄御物、符策、典籍，略無所遺。凡乘輿服御之物，皆爲御物。符，銅虎符、竹使符之類。符之爲言扶也，兩相扶合而不差也。又曰：符，輔也，所以輔信；又合也，驗也。策，編簡爲之。古者誥命皆書之策。漢制，天子策書長二尺。典籍，內府圖籍及尚書中故事之類。勝，音升。射聲校尉沮儁被創墜馬，沮，子余翻。創，初良翻。傕謂左右曰：「尚可活否？」儁罵之曰：「汝等凶逆，逼劫天子，使公卿被害，被，皮義翻。宮人流離，亂臣賊子，未有如此也！」傕乃殺之。

壬申，帝露次曹陽。賢曰：曹陽，澗名，在今陝州西南七里，俗謂之七里澗。崔浩云：自南山北通於河。魏武帝改曰好陽。杜佑曰：陝郡西四十五里有曹陽澗。以下文觀之，杜佑說是。承、奉乃譎傕等與連和，而密遣間使至河東，譎，古穴翻。間，古莧翻。使，疏吏翻。招故白波帥李樂、韓暹、胡才帥，所類翻。暹，息廉翻。及南匈奴右賢王去卑，並率其衆數千騎來，與承、奉共擊傕等，大破之，斬首數千級。

於是董承等以新破傕等，可復東引。庚申，車駕發東，自曹陽發而東行也。董承、李樂衞乘輿，胡才、楊奉、韓暹、匈奴右賢王於後爲拒。傕等復來戰，奉等大敗，死者甚於東澗。光祿【章：甲十一行本「祿」下有「勳」字；乙十一行本同；孔本同；退齋校同。】鄧淵、廷尉宣璠、璠，孚袁翻。少府田芬、大司農張義皆死。司徒趙溫、太常王絳、衞尉周忠、司隸校尉管郃爲傕所遮，欲殺之，郃，古合翻，又曷閤翻。賈詡曰：「此皆大臣，卿柰何害之！」乃止。李樂曰：「事急矣，陛下宜御馬。」上曰：「不可舍百官而去，此何辜哉！」觀帝此言，發於臨危之時，豈可以亡國之君待之哉，特爲強臣所制耳。舍，讀曰捨。兵相連綴四十里，方得至陝，杜佑曰：陝，春秋虢國之地，所謂北虢也。乃結營自守。

時殘破之餘，虎賁、羽林不滿百人，傕、汜兵繞營叫呼，呼，火故翻。吏士失色，各有分散之意。李樂懼，欲令車駕御船過砥柱，出孟津，水經註：河水逕大陽縣南，又東過底柱間。底柱，山名也。昔禹治洪水，山陵當水者鑿之，故破山以通河。河水分流，包山而過，山見水中，若柱然，故曰底柱。三穿既決，水勢疏分，指狀表目，亦曰三門山；在虢城東北，大陽城東。自底柱而下至五戶灘，其間一百二十里，有一十九灘，水流濬急，破舟船，自古所患。河水又東過平陰縣北，又東過河陽縣南，則孟津也。楊彪以爲河道險難，非萬乘所宜乘；萬乘，繩證翻；下乘輿同。乃使李樂夜渡，潛具船，舉火爲應。上與公卿步出營，皇后兄伏德扶后，一手挾絹十匹。董承使符節令孫徽從人間斫之，百官志：符節令，屬少府，秩六百石，爲符節臺率，主符節事，凡遣使，掌授節。殺旁侍者，血濺后衣。濺，子賤翻。河岸高十餘丈，高，居傲翻。不得下，乃以絹爲輦，使人居前負帝，餘皆匍匐而下，或從上自投，冠幘皆壞。既至河邊，士卒爭赴舟，董承、李樂以戈擊之，手指於舟中可掬。左傳，晉荀林父帥師戰于邲而敗，中軍與下軍爭舟，舟中之指可掬也。帝乃御船，同濟者，皇后及楊彪以下纔數十人，其宮女及吏民不得渡者，皆爲兵所掠奪，衣服俱盡，髮亦被截，凍死者不可勝計。勝，音升。衞尉士孫瑞爲傕所殺。

傕見河北有火，遣騎候之，適見上渡河，呼曰：「汝等將天子去邪！」董承懼射之，以被爲幔。懼傕兵射之，故以被爲幔，以禦箭。幔，莫半翻，幕也。射，而亦翻。既到大陽，賢曰：大陽縣，屬河東郡。前書音義曰：在大河之陽，即今陝州河北縣是也。幸李樂營。河內太守張楊使數千人負米來貢餉。乙亥，帝御牛車，幸安邑，安邑縣，屬河東郡。河東太守王邑奉獻綿帛，悉賦公卿以下，賦，給與也，分畀也。封邑爲列侯，拜胡才爲征東將軍，張楊爲安國將軍，安國將軍之號，蓋始於此。皆假節開府。其壘壁羣帥競求拜職，帥，所類翻。刻印不給，至乃以錐畫之。乘輿居棘籬中，門戶無關閉，天子與羣臣會，兵士伏籬上觀，互相鎮壓以爲笑。鎮，側人翻。

帝又遣太僕韓融至弘農與傕、汜等連和，傕乃放遣公卿百官，頗歸所掠宮人及乘輿器服。已而糧穀盡，宮人皆食菜果。

乙卯，張楊自野王來朝，野王縣，屬河內郡，隋、唐爲河內縣。謀以乘輿還雒陽；諸將不聽，楊復還野王。

是時，長安城空四十餘日，強者四散，羸者相食，羸，倫爲翻。二三年間，關中無復人跡。

沮授說袁紹曰：「將軍累葉台輔，世濟忠義。今朝廷播越，播，流也，遷也。越，顛墜也，走也。賢曰：播，遷也；越，逸也；言失其所居。說，輸芮翻；下同。宗廟殘毀，觀諸州郡雖外託義兵，內實相圖，未有憂存社稷卹民之意。今州域粗定，州域，謂冀州之域也。粗，坐五翻。兵強士附，西迎大駕，卽宮鄴都，卽，就也。挾天子而令諸侯，畜士馬以討不庭，不庭，謂不朝者。杜預曰：下之事上，皆成禮於庭中。一曰：庭，直也；不庭，謂不直者。誰能禦之！」潁川郭圖、淳于瓊曰：「漢室陵遲，爲日久矣，王肅註家語曰：言若丘陵之漸迤遲。今欲興之，不亦難乎！且英雄並起，各據州郡，連徒聚衆，動有萬計，所謂秦失其鹿，先得者王。今迎天子自近，近，其靳翻。動輒表聞，從之則權輕，違之則拒命，非計之善者也。」授曰：「今迎朝廷，於義爲得，於時爲宜，若不早定，必有先之者矣。」紹不從。紹不能從授之言，果爲曹操所先。帝既都許，乃欲移以自近，不亦晚乎！先，悉薦翻。

考異曰：魏志紹傳曰：「天子在河東，紹遣郭圖使焉。圖還說紹迎天子都鄴，紹不從。」今從范書。

12 初，丹陽朱治嘗爲孫堅校尉，治從堅討長沙、零、桂賊，表行都尉；又從破董卓於陽人，表行督軍校尉。見袁術政德不立，勸孫策歸取江東。時吳景攻樊能、張英等，歲餘不克。策說術曰：「家有舊恩在東，願助舅討橫江；橫江拔，因投本土召募，可得三萬兵，以佐明使君定天下。」策本江東人，故謂之本土。術知其恨，謂許以九江、廬江而不用也。而以劉繇據曲阿，王朗在會稽，會，工外翻。謂策未必能定，乃許之，表策爲折衝校尉。將兵千餘人、騎數十匹，校，戶教翻。將，即亮翻。騎，奇寄翻。行收兵，比至歷陽，比，必寐翻。衆五六千。時周瑜從父尚爲丹陽太守，從，才用翻。瑜將兵迎之，仍助以資糧，策大喜，曰：「吾得卿，諧也！」諧，偶也，合也。史言推結分好，正當於此觀之，又當於此別分好二字。英雄相遇於草澤，一見之頃，靡然爲之服役，此豈聲音笑貌所能爲哉！進攻橫江、當利，皆拔之，樊能、張英敗走。

策渡江轉鬭，所向皆破，莫敢當其鋒者。百姓聞孫郎至，皆失魂魄。江表傳曰：策年少，雖有位號，而吳人皆謂之孫郎。長吏委城郭，竄伏山草。山草，言深山茂草之中也。李固對策曰：「臣伏從山草，痛心傷臆，」則山草二字，當時常談也。長，知兩翻。及策至，軍士奉令，不敢虜略，雞犬菜茹，一無所犯，茹，亦菜也。民乃大悅，競以牛酒勞軍。策爲人，美姿顏，能笑語，闊【章：甲十一行本「闊」上有「性」字；乙十一行本同；孔本同；張校同。】達聽受，善於用人，是以士民見者莫不盡心，樂爲致死。勞，力到翻。樂，音洛。爲，于僞翻。考異曰：魏志、袁紀皆云：「初平四年，策受袁術使渡江。」漢獻帝紀、吳志孫策傳皆云「興平元年」，虞溥江表傳云「策興平二年渡江」。按術初平四年，始得壽春。策傳云術欲攻徐州，從陸康求米，事必在劉備得徐州後也。劉繇傳稱吳景攻繇，歲餘不克，則策渡江不應在興平元年已前。今依江表傳爲定。

策攻劉繇牛渚營，郡國志：丹陽郡秣陵縣南，有牛渚。杜佑曰：牛渚圻，即宣城郡當塗縣采石，今太平州當塗縣北三十里有牛渚山是也。盡得邸閣糧穀、戰具。邸，至也，言所歸至也。閣，庋置也。邸閣，謂轉輸之歸至而庋置之也。時彭城相薛禮、下邳相丹陽笮融依繇爲盟主，禮據秣陵城，沈約曰：秣陵，其地本名金陵，本治去京邑六十里，今故治村是也。元豐九域志：江寧府江寧縣有秣陵鎮。丁度集韻：笮，側格切，姓也。風俗通：楚有笮倫。融屯縣南，策皆擊破之。又破繇別將於梅陵，唐書地理志，宣州南陵縣有梅根鎮，今有梅根港。轉攻湖孰、江乘，皆下之，郡國志，丹陽郡有湖孰、江乘二縣。元豐九域志，江寧府上元縣有湖孰鎮。進擊繇於曲阿。

繇同郡太史慈時自東萊來省繇。太史，以官爲氏。繇與慈皆東萊人也。省，悉景翻。會策至，或勸繇可以慈爲大將。繇曰：「我若用子義，太史慈，字子義。許子將不當笑我邪！」以其覈論人品也。但使慈偵視輕重。偵，丑正翻，候視也。時獨與一騎卒遇策於神亭，神亭，在今鎮江府丹陽縣界。卒，讀曰猝。策從騎十三，從，才用翻。皆堅舊將遼西韓當、零陵黃蓋輩也。慈便前鬭，正與策對，策刺慈馬，刺，七亦翻。而擥得慈項上手戟，擥，與攬同。慈亦得策兜鍪。會兩家兵騎並各來赴，於是解散。若隆技擊，則慈、策適相當耳。然慈終困於策，何也？

繇與策戰，兵敗，走丹徒。考異曰：帝紀，繇敗走在興平元年。今從江表傳。策入曲阿，勞賜將士，勞，力到翻。發恩布令，告諭諸縣：「其劉繇、笮融等故鄉部曲來降首者，一無所問；首，式救翻。樂從軍者，一身行，樂，音洛；下同。復除門戶；復，方目翻。一人以身行，除其門戶賦役也。不樂者不強。」強，其兩翻。旬日之間，四面雲集，得見兵二萬餘人，見，賢遍翻。馬千餘匹，威震江東。

丙辰，袁術表策行殄寇將軍。殄寇將軍號，蓋始於此。策將呂範言於策曰：「今將軍事業日大，士衆日盛，而綱紀猶有不整者，範願暫領都督，佐將軍部分之。」分，扶問翻。策曰：「子衡既士大夫，呂範，字子衡。加手下已有大衆，立功於外，範先領宛陵令，破丹陽賊而還。豈宜復屈小職，知軍中細事乎！」範曰：「不然。今捨本土而託將軍者，非爲妻子也，呂範，汝南人。復，扶又翻。爲，于僞翻。欲濟世務也。譬猶同舟涉海，一事不牢，卽俱受其敗。此亦範計，非但將軍也。」策笑，無以答。範出，便釋褠，著袴褶，褠，居侯翻，單衣也。著，陟略翻。褶，席入翻。袴褶，騎服也。執鞭詣閤下啓事，自稱領都督，策乃授傳，傳，株戀翻，符傳也。委以衆事；由是軍中肅睦，威禁大行。老子曰：盜亦有道；儻無其道，安能爲盜哉！

策以張紘爲正議校尉，彭城張昭爲長史，常令一人居守，守，手又翻。一人從征討，及廣陵秦松、陳端等亦參與謀謨。與，讀曰預。策待昭以師友之禮，文武之事，一以委昭。昭每得北方士大夫書疏，專歸美於昭，策聞之，歡笑曰：「昔管子相齊，一則仲父，二則仲父，而桓公爲霸者宗。新序曰：有司請吏於齊桓公，公曰：「以告仲父。」有司又請，公曰：「以告仲父。」在側者曰：「一則告仲父，二則告仲父；易哉爲君！」公曰：「吾未得仲父則難；已得仲父，曷爲其不易！」故王者勞於求賢，佚於得人。今子布賢，我能用之，張昭，字子布。其功名獨不在我乎！」策任張昭，昭何足以當管仲。策之斯言，蓋因北方人士書疏，從而歸重耳。英雄胸次，可易測邪！

袁術以從弟胤爲丹陽太守。從，才用翻。周尙、周瑜皆還壽春。

劉繇自丹徒將奔會稽，會，工外翻。許劭曰：「會稽富實，策之所貪，且窮在海隅，不可往也。不如豫章，北連豫壤，西接荆州；若收合吏民，遣使貢獻，與曹兗州相聞，雖有袁公路隔在其間，其人豺狼，不能久也。豫章在大江東南，豫、兗之壤在淮北。袁術時據九江、廬江之間，故云隔在其中。足下受王命，孟德、景升必相救濟。」曹操，字孟德；劉表，字景升。繇從之。

13 初，陶謙以笮融爲下邳相，使督廣陵、下邳、彭城糧運。融遂斷三郡委輸以自入，斷，讀曰短。委，於僞翻。流所聚曰委。毛晃曰：凡以物送之曰輸，則音平聲；指所送之物曰輸，則音去聲；委輸之委，亦音去聲。大起浮屠祠，課人誦讀佛經，招致旁郡好佛者至五千餘戶。好，呼到翻。每浴佛，釋氏謂佛以四月八日生，事佛者以是日爲浴佛會。輒多設飲食，布席於路，經數十里，費以鉅億計。鉅億計，言以億億計也。及曹操擊破陶謙，徐土不安，融乃將男女萬口走廣陵，將，卽亮翻。廣陵太守趙昱待以賓禮。先是彭城相薛禮爲陶謙所逼，屯秣陵，融利廣陵資貨，遂乘酒酣殺昱，放兵大掠，因過江依禮，既而復殺之。先，悉薦翻。復，扶又翻。

劉繇使豫章太守朱皓攻袁術所用太守諸葛玄，玄退保西城。西城，在豫章南昌縣西。考異曰：袁暐獻帝春秋云劉表上玄領豫章太守，范書陶謙傳亦云劉表所用，而陳志諸葛亮傳云術所用；按許劭勸繇依表，必不攻其所用矣，今從亮傳。及繇泝江西上，駐於彭澤，彭澤縣，屬豫章郡，彭蠡澤在西。上，時掌翻。使融助皓攻玄。許劭謂繇曰：「笮融出軍，不顧名義者也。朱文明喜推誠以信人，朱皓，字文明。喜，許記翻。更【章：甲十一行本「更」作「宜」；乙十一行本同；孔本同；退齋校同。】使密防之。」融到，果詐殺皓，代領郡事。繇進討融，融敗走，入山，爲民所殺。詔以前太傅掾華歆爲豫章太守。掾，于絹翻。

丹陽都尉朱治逐吳郡太守許貢而據其郡，貢南依山賊嚴白虎。嚴白虎有衆萬餘人，阻山屯聚，在吳郡之南。

14 張超在雍丘，曹操圍之急，超曰：「惟臧洪當來救吾。」張超先爲廣陵太守，請臧洪爲功曹，委之以政。衆曰：「袁、曹方睦，洪爲袁所表用，洪爲超使劉虞，路梗，因寓於袁紹；紹表爲東郡太守，治東武陽。必不敗好以招禍。」敗，補邁翻。好，呼到翻。招，音翹，又如字，召也。超曰：「子源天下義士，臧洪，字子源。終不背本；背，蒲妹翻。但恐見制強力，強力，謂強有力也。不相及耳。」洪時爲東郡太守，徒跣號泣，從紹請兵，將赴其難，號，戶刀翻。難，乃旦翻。紹不與；請自率所領以行，亦不許。雍丘遂潰，張超自殺，操夷其三族。

洪由是怨紹，絕不與通。紹興兵圍之，歷年不下。紹令洪邑人陳琳以書喻之，洪復書曰：「僕小人也，本乏志用；中因行役，蒙主人傾蓋，家語：孔子之郯，遇程子於塗，傾蓋而語。恩深分厚，遂竊大州，寧樂今日自還接刃乎！分，扶問翻。樂，音洛。當受任之初，自謂究竟大事，共尊王室。豈悟本州被侵，郡將遘戹，郡將，謂張超也。將，卽亮翻。請師見拒，辭行被拘，使洪故君遂至淪滅，區區微節，無所獲申，豈得復全交友之道，重虧忠孝之名乎！復，扶又翻。重，直用翻。斯所以忍悲揮戈，收淚告絕。行矣孔璋，足下徼利於境外，陳琳，字孔璋。徼，一遙翻。臧洪投命於君親；吾子託身於盟主，盟主，謂袁紹也。臧洪策名於長安；帝在長安。子謂余身死而名滅，僕亦笑子生而無聞焉！」

紹見洪書，知無降意，降，戶江翻。增兵急攻。城中糧穀已盡，外無強救，洪自度必不免，度，徒洛翻。呼將吏士民謂曰：「袁氏無道，所圖不軌，且不救洪郡將，洪於大義，不得不死；念諸君無事空與此禍，與，讀曰預。可先城未敗，將妻子出。」先，悉薦翻。將，如字，領也。皆垂泣曰：「明府與袁氏本無怨隙，今爲本朝郡將之故，自致殘困；吏民何忍當舍明府去也！」初尚掘鼠煮筋角，後無可復食者。舍，讀曰捨。復，扶又翻；下同。主簿啓內廚米三升，請稍以爲饘粥，杜預曰：饘，糜也，之連翻。洪歎曰：「何能獨甘此邪！」使作薄糜，徧班士衆，又殺其愛妾以食將士。食，讀曰飤。將士咸流涕，無能仰視者。男女七八千人，相枕而死，枕，職任翻。莫有離叛者。城陷，生執洪。紹大會諸將見洪，謂曰：「臧洪，何相負若此！今日服未？」洪據地瞋目曰：「諸袁事漢，四世五公，自袁安至袁隗四世，安爲司徒，子敞爲司空，孫湯爲司空，曾孫逢爲司空，隗爲太傅，凡五公。瞋，昌眞翻。可謂受恩。今王室衰弱，無扶翼之意，欲因際會，希冀非望，多殺忠良以立姦威。洪親見呼張陳留爲兄，張陳留爲超兄邈也。則洪府君亦宜爲弟，同共戮力，爲國除害，爲，于僞翻；下刃爲、欲爲、舉爲同。柰何擁衆觀人屠滅！洪惜力劣，劣，弱也。不能推刃爲天下報仇，公羊傳曰：事君猶事父也，父受誅，子復讎，推刃之道。推，吐雷翻。何謂服乎！」紹本愛洪，意欲令屈服，原之；見洪辭切，知終不爲己用，乃殺之。

洪邑人陳容少親慕洪，時在紹坐，少，詩照翻。坐，徂臥翻；下同。起謂紹曰：「將軍舉大事，欲爲天下除暴，而先誅忠義，豈合天意！臧洪發舉爲郡將，柰何殺之！」紹慙，使人牽出，謂曰：「汝非臧洪儔，空復爾爲！」爾爲，猶如此也。容顧曰：「仁義豈有常，蹈之則君子，背之則小人。背，蒲妹翻。今日寧與臧洪同日而死，不與將軍同日而生也！」遂復見殺，復，扶又翻。在坐無不歎息，竊相謂曰：「如何一日殺二烈士！」

15 公孫瓚既殺劉虞，事見上卷初平四年。盡有幽州之地，志氣益盛，恃其才力，不恤百姓，記過忘善，睚眦必報。睚，牛懈翻。眦，士懈翻。衣冠善士，名在其右者，必以法害之，有材秀者，必抑困使在窮苦之地。或問其故，瓚曰：「衣冠皆自以職分當貴，不謝人惠。」分，扶問翻。故所寵愛，類多商販、庸兒，與爲兄弟，或結婚姻，所在侵暴，百姓怨之。

劉虞從事漁陽鮮于輔等，姓譜：鮮于，子姓，周武王封箕子於朝鮮，支子仲食采於于，因以鮮于爲氏。合率州兵欲共報仇，以燕國閻柔素有恩信，推爲烏桓司馬。應劭漢官曰：護烏桓校尉，有司馬二人，秩六百石。燕，於賢翻。柔招誘胡、漢數萬人，與瓚所置漁陽太守鄒丹戰于潞北，誘，音酉。潞縣屬漁陽郡。斬丹等四千餘級。烏桓峭王亦率種人峭，七肖翻。種，章勇翻。及鮮卑七千餘騎，隨輔南迎虞子和與袁紹將麴義合兵十萬共攻瓚，破瓚於鮑丘，鮑丘，水名。水經註：鮑丘水從塞外來，南過漁陽縣東，和等破瓚處也。又南過潞縣西。賢曰：鮑丘水又謂之潞水，俗又謂之大榆河，在今幽州漁陽縣。斬首二萬餘級。於是代郡、廣陽、上谷、右北平各殺瓚所置長吏，復與鮮于輔、劉和兵合，瓚軍屢敗。

先是有童謠曰：長，知兩翻。復，扶又翻。先，悉薦翻。「燕南垂，趙北際，中央不合大如礪，唯有此中可避世。」瓚自謂易地當之，遂徙鎮易，爲圍塹十重，於塹裏築京，皆高五六丈，爲樓其上；中塹爲京，特高十丈，水經註：易京，在易城西四五里，易水逕其南。賢曰：前書，易縣屬涿郡。續漢志曰：屬河間。瓚所居易京故城，在今幽州歸義縣南十八里。爾雅曰：絕高謂之京，非人力謂之丘。重，直龍翻；下同。高，居傲翻。塹，七豔翻。自居焉。以鐵爲門，斥去左右，去，羌呂翻。男人七歲以上不得入門，專與姬妾居。其文簿、書記皆汲而上之。以繩索引之而上，若汲水然。上，時掌翻。令婦人習爲大聲，使聞數百步，聞，音問。以傳宣教令。疏遠賓客，無所親信，遠，于願翻。謀臣猛將，稍稍乖散。自此之後，希復攻戰。復，扶又翻。或問其故。瓚曰：「我昔驅畔胡於塞表，事見五十九卷靈帝中平五年。掃黃巾於孟津，事見上卷初平二年。當此之時，謂天下指麾可定。至於今日，兵革方始，觀此，非我所決，不如休兵力耕，以救凶年。兵法，百樓不攻。今吾諸營樓樐數十重，賢曰：樐，卽櫓字，見說文。釋名曰：櫓，露也。上無覆屋。積穀三百萬斛，食盡此穀，足以待天下之事矣。」

16 南單于於扶羅死，弟呼廚泉立，居于平陽。平陽縣，屬河東郡。

資治通鑑卷第六十二

翰林學士兼侍讀學士朝散大夫右諫議大夫知制誥判尚書都省兼提舉萬壽觀公事上護軍河内郡開國侯食邑一千三百户賜紫金魚袋臣司馬光　奉敕編集

後　學　天　台　胡三省　音　註

漢紀五十四

起柔兆困敦（丙子），盡著雍攝提格（戊寅），凡三年。

孝獻皇帝丁

建安元年（丙子、一九六）

1 春，正月，癸酉，大赦，改元。

2 董承、張楊欲以天子還雒陽，楊奉、李樂不欲，由是諸將更相疑貳。更，工衡翻；下更有同。二月，韓暹攻董承，承奔野王。野王，張楊所屯也。暹，息廉翻。韓暹屯聞喜，胡才、楊奉之塢鄉。郡國志：河南緱氏縣西南有塢聚。胡才欲攻韓暹，上使人喻止之。

3 汝南、潁川黄巾何儀等擁衆附袁術，曹操擊破之。

4 張楊使董承先繕脩雒陽宫。太僕趙岐爲承説劉表，使遣兵詣雒陽，助脩宫室，軍資委輸，前後不絕。爲，于僞翻。說，輸芮翻。委，于僞翻。流所聚曰委。毛晃曰：凡以物送之曰輸，則音平聲；指所送之物曰輸，則音去聲。委輸之委，亦音去聲。夏，五月，丙寅，帝遣使至楊奉、李樂、韓暹營，求送至雒陽，奉等從詔。六月乙未，車駕幸聞喜。

袁術攻劉備以爭徐州，備使司馬張飛守下邳，自將拒術於盱眙、淮陰，郡國志：盱眙、淮陰二縣屬下邳國。盱眙，音吁怡。相持經月，更有勝負。更，工衡翻。下邳相曹豹，陶謙故將也，與張飛相失，飛殺之，城中乖亂。袁術與呂布書，勸令襲下邳，許助以軍糧。布大喜，引軍水陸東下。布去年奔備，蓋屯於下邳之西。備中郎將丹陽許耽開門迎之。張飛敗走，布虜備妻子及將吏家口。備聞之，引還，比至下邳，比，必寐翻。下比明同。兵潰。備收餘兵東取廣陵，與袁術戰，又敗，屯於海西，前漢志，海西縣，屬東海郡；續漢志，屬廣陵郡。考異曰：蜀志備傳於此云，「楊奉、韓暹寇徐、揚間，備邀擊，盡斬之。」按暹、奉後與呂布同破袁術，於時未死也；備傳爲誤。飢餓困踧，踧，子六翻。吏士相食，從事東海麋竺以家財助軍。備請降於布，降，戶江翻。布亦忿袁術運糧不繼，乃召備，復以爲豫州刺史，與并勢擊術，使屯小沛。賢曰：高祖本泗水郡沛縣人，及得天下，改泗水爲沛郡，小沛即沛縣。宋白曰：郡國志云：古偪陽國，漢爲沛縣，而沛郡理相城，以沛縣爲小沛。考異曰：備傳云：「遣關羽守下邳」，此在布敗後；備傳誤也。布自稱徐州牧。

布將河內郝萌夜攻布，布科頭袒衣，走詣都督高順營。科頭，不冠露髻也。今江東人猶謂露髻爲科頭。順卽嚴兵入府討之，萌敗走；比明，萌將曹性擊斬萌。

6 庚子，楊奉、韓暹奉帝東還，張楊以糧迎道路。秋，七月，甲子，車駕至雒陽，幸故中常侍趙忠宅。丁丑，大赦。八月，辛丑，幸南宮楊安殿。張楊以爲己功，故名其殿曰楊安。楊謂諸將曰：「天子當與天下共之，朝廷自有公卿大臣，楊當出扞外難。」難，乃旦翻。遂還野王，楊奉亦出屯梁，郡國志：梁縣，屬河南尹，春秋之梁國也。韓暹、董承並留宿衞。癸卯，以安國將軍張楊爲大司馬，楊奉爲車騎將軍，韓暹爲大將軍、領司隸校尉，皆假節鉞。

是時，宮室燒盡，百官披荊棘，依牆壁間，州郡各擁強兵，委輸不至；羣僚飢乏，尚書郎以下自出採稆，續漢志：尚書侍郎三十六人，四百石。本註曰：一曹有六人，主作文書起草。蔡質漢儀曰：尚書郎初從三署詣臺試，初上臺稱守尚書郎中，滿歲稱尚書郎，三年稱侍郎。賢曰：稆，音呂。埤蒼曰：穭，自生也。稆，與穭同。或飢死牆壁間，或爲兵士所殺。

7 袁術以讖言「代漢者當塗高」，自云名字應之。賢曰：「當塗高」者，魏也。然術自以「術」及「路」皆是塗，故云應之。又以袁氏出陳，爲舜後，以黃代赤，德運之次，賢曰：陳大夫轅濤塗，袁氏其後也，五行火生土，故云以黃代赤。遂有僭逆之謀。聞孫堅得傳國璽，事見五十九卷初平元年。拘堅妻而奪之。及聞天子敗於曹陽，事見上卷興平二年。乃會羣下議稱尊號；衆莫敢對。主簿閻象進曰：「昔周自后稷至于文王，積德累功，參分天下有其二，猶服事殷。國語曰：后稷勤周，十五代而王。毛詩國風序曰：國君積行累功以致爵位。論語，孔子曰：三分天下有其二，以服事殷。明公雖奕世克昌，未若有周之盛；漢室雖微，未若殷紂之暴也！」術默然。

術聘處士張範；處，昌呂翻。範不往，使其弟承謝之。術謂承曰：「孤以土地之廣，士民之衆，欲徼福齊桓，擬迹高祖，何如？」徼，一遙翻。承曰：「在德不在強。夫用德以同天下之欲，雖由匹夫之資而興霸王之功，不足爲難。若苟欲僭擬，干時而動，衆之所棄，誰能興之！」術不悅。

孫策聞之，與術書曰：「成湯討桀稱『有夏多罪』，尚書湯誓曰：有夏多罪，天命殛之。夏，戶雅翻。武王伐紂曰『殷有重罰』，史記：武王徧告諸侯曰：殷有重罰，不可不伐。此二主者，雖有聖德，假使時無失道之過，無由逼而取也。今主上非有惡於天下，徒以幼小，脅於強臣，異於湯、武之時也。且董卓貪淫驕陵，志無紀極，至於廢主自興，亦猶未也，而天下同心疾之，況效尤而甚焉者乎！左傳曰：尤而效之，罪又甚焉。又聞幼主明智聰敏，有夙成之德，夙，早也。天下雖未被其恩，咸歸心焉。使君五世相承，賢曰：安生京，京生陽，陽生逢，逢生術，凡五代。被，皮義翻。爲漢宰輔，榮寵之盛，莫與爲比，宜效忠守節，以報王室，則旦、奭之美，率土所望也。時人多惑圖緯之言，妄牽非類之文，苟以悅主爲美，不顧成敗之計，古今所慎，可不孰慮！孰，與熟通。忠言逆耳，前書：張良曰：忠言逆耳，利於行。駮議致憎，賢曰：駮，雜也，議不同也；言以持異議致憎疾也。駮，北角翻。苟有益於尊明，無所敢辭。」術始自以爲有淮南之衆，料策必與己合，及得其書，愁沮發疾。沮，在呂翻。既不納其言，策遂與之絕。

8 曹操在許，郡國志，許縣，屬潁川郡，帝既徙都，改曰許昌。杜佑曰：漢許昌故城，在今縣南三十里。宋白曰：在今縣西南四十里。謀迎天子。衆以爲「山東未定，韓暹、楊奉，負功恣睢，未可卒制。」睢，香萃翻。恣睢，暴戾之貌。卒，讀曰猝。荀彧曰：「昔晉文公納周襄王而諸侯景從，賢曰：左傳：狐偃言於晉侯曰：「求諸侯莫如勤王，諸侯信之，且大義也。」晉侯以左師逆王，王入于王城，取太叔于溫，殺之于隰城，遂定霸業，天下服從。師古曰：景從，言如景之從形也。漢高祖爲義帝縞素而天下歸心。事見九卷高祖三年。爲，于僞翻。自天子蒙塵，蒙，冒也，言播越在草莽，蒙冒塵埃也。將軍首唱義兵，徒以山東擾亂，未遑遠赴。今鑾駕旋軫，鄭玄註周禮曰：軫，車後橫木也。東京榛蕪，義士有存本之思，兆民懷感舊之哀。誠因此時，奉主上以從人望，大順也；秉至公以服天下，大略也；扶弘義以致英俊，大德也。四方雖有逆節，其何能爲？韓暹、楊奉，安足恤哉！若不時定，使豪傑生心，後雖爲慮，亦無及矣。」操乃遣揚武中郎將曹洪將兵西迎天子，西漢有中郎將，東漢分置三署、虎賁、羽林中郎將，建安之後，羣雄兵爭，自相署置，始有名號中郎將。董承等據險拒之，洪不得進。考異曰：魏志此事在正月，而荀彧傳迎天子在都雒後。今從傳。

議郎董昭，以楊奉兵馬最強而少黨援，少，詩沼翻。作操書與奉曰：「吾與將軍聞名慕義，便推赤心。今將軍拔萬乘之艱難，反之舊都，乘，繩證翻。翼佐之功，超世無疇，何其休哉！方今羣凶猾夏，孔安國曰：猾，亂也。夏，華夏。夏，戶雅翻。四海未寧，神器至重，事在維輔；必須衆賢，以清王軌，誠非一人所能獨建，心腹四支，實相恃賴，一物不備，則有闕焉。將軍當爲內主，吾爲外援，今吾有糧，將軍有兵，有無相通，足以相濟，死生契闊，相與共之。」毛萇曰：契闊，勤苦也；此蓋謂死也，生也，處勤苦之中，相與共之也。契，苦結翻。奉得書喜悅，語諸將軍曰：「兗州諸軍近在許耳，有兵有糧，國家所當依仰也。」語，牛倨翻。仰，牛向翻。遂共表操爲鎮東將軍，襲父爵費亭侯。操祖曹騰封費亭侯，養子嵩襲爵，今以操襲嵩爵也。郡國志：沛國酇縣有費亭，曹騰所封也。應劭曰：酇，音嵯。師古曰：王莽改酇曰贊治，則此縣亦有贊音。晉地道記：山陽郡湖陸縣西有費亭城，魏武帝初所封。考異曰：魏志在六月，而董昭傳在都雒後。今從傳。

韓暹矜功專恣，董承患之，因潛召操；操乃將兵詣雒陽。既至，奏韓暹、張楊之罪。暹懼誅，單騎奔楊奉。帝以暹、楊有翼車駕之功，詔一切勿問。辛亥，以曹操領司隸校尉、錄尚書事。操於是誅尚書馮碩等三人，討有罪也；袁宏紀曰：誅碩及議郎侯祈、侍中壺崇。封衞將軍董承等十三人爲列侯，賞有功也；宏紀曰：封衞將軍董承、輔國將軍伏完、侍中丁□、种輔〔輯〕、尚書僕射鍾繇、尚書郭溥、御史中丞董芬、彭城相劉艾、馮翊韓斌、東郡太守楊衆、議郎羅邵、伏德、趙蕤爲列侯。贈射聲校尉沮儁爲弘農太守，矜死節也。沮儁死，事見上卷興平二年。沮，子余翻。

操引董昭並坐，問曰：「今孤來此，當施何計？」昭曰：「將軍興義兵以誅暴亂，入朝天子，輔翼王室，此五霸之功也。此下諸將，人殊意異，未必服從，今留匡弼，事勢不便，惟有移駕幸許耳。然朝廷播越，新還舊京，遠近跂望，跂，渠宜翻，舉足也。冀一朝獲安，今復徙駕，不厭衆心。復，扶又翻。厭，於叶翻，又如字。夫行非常之事，乃有非常之功，願將軍算其多者。」凡舉事有利亦有害，惟算其利多而害少者行之。操曰：「此孤本志也。楊奉近在梁耳，聞其兵精，得無爲孤累乎？」累，力僞翻；下同。昭曰：「奉少黨援，心相憑結，鎮東、費亭之事，皆奉所定，宜時遣使厚遺答謝，以安其意。少，詩沼翻。遺，于季翻。說『京都無糧，欲車駕暫幸魯陽，魯陽縣，屬南陽郡。魯陽近許，轉運稍易，近，其靳翻。易，以豉翻。可無縣乏之憂。』縣，讀曰懸。奉爲人勇而寡慮，必不見疑，比使往來，比，必寐翻。使，疏吏翻。足以定計，奉何能爲累！」操曰：「善！」即遣使詣奉。庚申，車駕出轘轅而東，河南緱氏縣有轘轅關。轘，音環。遂遷都許。己巳，幸曹操營，以操爲大將軍，封武平侯。武平縣，屬陳國。此取其以神武平禍亂也。宋白曰：亳州鹿邑縣，後漢於今縣東北置武平縣，隋改爲鹿邑，取故鹿邑城爲名，其古鹿邑城在縣西十三里，春秋鹿鳴地也。始立宗廟社稷於許。

9 孫策將取會稽。會，工外翻。吳人嚴白虎等衆各萬餘人，處處屯聚，諸將欲先擊白虎等。策曰：「白虎等羣盜，非有大志，此成禽耳。」遂引兵渡浙江。浙，之舌翻。會稽功曹虞翻說太守王朗曰：「策善用兵，不如避之。」朗不從。發兵拒策於固陵。策數渡水戰，不能克。策叔父靜說策曰：「朗負阻城守，難可卒拔。查瀆南去此數十里，宜從彼據其內，說，輸芮翻。數，所角翻。卒，讀曰猝。水經註：浙江東逕固陵城北。昔范蠡築城於浙江之濱，言可以固守，謂之固陵，今之西陵也。浙江又東逕柤塘，謂之柤瀆，孫策襲王朗所從出之道也。裴松之曰：查，音祖加翻。所謂攻其無備，出其不意者也。」策從之，夜，多然火爲疑兵，分軍投查瀆道，襲高遷屯。裴松之曰：按今永興縣有高遷橋。沈約曰：永興本漢餘暨縣，吳更名。蔡邕嘗經會稽高遷亭，取椽竹以爲笛，卽其處也。朗大驚，遣故丹陽太守周昕等帥兵逆戰，帥，讀曰率。策破昕等，斬之。朗遁走，虞翻追隨營護朗，浮海至東治，前漢志：治縣，屬會稽郡。師古曰：故閩越地；光武改曰章安。晉志曰：建安郡故秦閩中郡，漢高祖五年，以立閩越王；及武帝滅之，徙其人，名爲東治；後漢改爲候官都尉；及吳，置建安郡。洪氏隸釋據西漢志曰：會稽西部都尉治錢唐，南部都尉治回浦。李宗諤圖經曰：文帝時，以山陰爲都尉治；元狩中，徙治錢唐，爲西部；元鼎中，又立東部都尉，治治；光武改回浦爲章安，以治立東候官。吳孫亮傳曰：五鳳中，以會稽東部爲臨海郡。孫休傳：永安中，以會稽南部爲建安郡。沈約宋志曰：東陽太守本會稽西部都尉。又曰：臨海太守本會稽東部都尉。前漢都尉治鄞，後漢分會稽爲吳郡，疑是都尉徙治章安。續漢志：章安故治，光武更名。晉太康記：本鄞縣南之回浦鄉，章帝立。未詳孰是。又曰：司馬彪云：章安是故治。然則臨海亦治地也。張勃吳錄曰：是句踐治鑄之所，後分爲會稽東、南二部都尉：東部，臨海是也；南部，建安是也。杜佑通典曰：後漢改治縣爲候官都尉，後分治縣爲會稽東南二都尉，今福州是南部，台州是東部。又曰：二漢會稽西部都尉理婺州。數說異同，各有脫誤，嘗參訂之。自秦置會稽郡，其治在今吳門；至順帝分置吳郡，而會稽徙郡於山陰。以浙江爲兩郡之境，故錢唐在西漢時屬會稽，所以爲西部治所；及會稽移於浙東，則西部亦移於婺女。回浦後改章安，乃會稽之東部，今台州蓋其地。治縣則是南部，在吳屬建安郡，至唐遂爲福州。太康記嘗云：回浦本鄞之南鄉，或云東部治鄞，因致休文之疑。然鄞及回浦皆西漢縣名，謂西漢割鄞而置縣，或未可知。至章帝時，回浦已非鄉矣。太康所紀，亦誤也。前志註會稽之治縣云：本閩越地。續志曰：章安，故冶，閩越地，光武更名。因脫其中數字，故劉昭補註惑於太康記，而休文復不能剖判也。當云章安故回浦，章帝更名；東候官，故冶，閩越地，光武更名：於文乃足。此郡之末有「東部侯國」四字，卻是衍文，侯與候相近，而南部所治，故文有錯亂。班史註回浦爲南部。司馬彪謂章安是故冶，張勃謂分冶爲東、南二都尉，杜佑謂二漢西部皆在婺女，圖經以冶爲東部，皆誤也。余按洪說甚詳，其言錢唐，西漢時屬會稽，所以爲西部治所，此語亦恐有未安處。**策追擊，大破之，朗乃詣策降。**降，戶江翻。

策自領會稽太守，復命虞翻爲功曹，待以交友之禮。策好游獵，好，呼到翻。**翻諫曰：「明府喜輕出微行，從官不暇嚴，**喜，許記翻。從，才用翻。**吏卒常苦之。夫君人者不重則不威，**重，尊重。威，威嚴。言不尊重，則無威嚴。**故白龍魚服，困於豫且；**張衡東京賦之辭，註云：說苑曰：吳王欲從民飲酒，伍子胥諫曰：「不可。昔白龍下清泠之淵，化爲魚，漁者豫且射中其目。白龍上訴天帝。曰：『當是之時，若安置而形？』白龍對曰：『我下清泠之淵，化爲魚。』天帝曰：『魚固人之所射也，豫且何罪！』夫白龍，天帝貴畜也；豫且，宋國之賤臣也。白龍不化，豫且不射。今棄萬乘之位而從布衣之士飲酒，臣恐其有豫且之患矣。」王乃止。且，子余翻。**白蛇自放，劉季害之。**事見七卷秦二世元年。**願少留意！」**少，詩沼翻。**策曰：「君**

言是也。」然不能改。爲策死於輕出張本。

10 九月，司徒淳于嘉、太尉楊彪、司空張喜皆罷。

11 車駕之東遷也，楊奉自梁欲邀之，不及。冬，十月，曹操征奉，奉南奔袁術，遂攻其梁屯，拔之。

12 詔書下袁紹，責以「地廣兵多，而專自樹黨，下，遐稼翻；下之下同。樹黨，謂以子譚爲青州刺史，熙爲幽州刺史，外甥高幹爲幷州刺史。不聞勤王之師，但擅相討伐。」謂與公孫瓚相攻也。紹上書深自陳愬。戊辰，以紹爲太尉，封鄴侯。紹恥班在曹操下，怒曰：「曹操當死數矣，數，所角翻；下同。我輒救存之，操自滎陽汴水之敗，收兵從紹於河內，紹表爲東郡太守；呂布襲取兗州，紹復與操連和，欲令其遣家居鄴也。今乃挾天子以令我乎！」表辭不受。操懼，請以大將軍讓紹。丙戌，以操爲司空，行車騎將軍事。

操以荀彧爲侍中，守尚書令。操問彧以策謀之士，彧薦其從子蜀郡太守攸，攸既免董卓之禍，復辟公府，舉高第，遷任城相，不行；以蜀險固，人民殷盛，求爲蜀郡太守，道絕，不得至，駐荊州。從，才用翻；下同。及潁川郭嘉。操徵攸爲尚書，與語，大悅，曰：「公達，非常人也。荀攸，字公達。吾得與之計事，天下當何憂哉！」以爲軍師。

初，郭嘉往見袁紹，紹甚敬禮之，居數十日，謂紹謀臣辛評、郭圖曰：「夫智者審於量主，量，音良。故百全而功名可立。袁公徒欲效周公之下士，而不知用人之機，多端寡要，好謀無決，欲與共濟天下大難，定霸王之業，難矣。好，呼到翻。大難，乃旦翻。吾將更舉而求主，更，工衡翻，改也。子盍去乎！」二人曰：「袁氏有恩德於天下，人多歸之，且今最強；去將何之！」嘉知其不寤，不復言，復，扶又翻。遂去之。操召見，與論天下事，喜曰：「使孤成大業者，必此人也！」嘉出，亦喜曰：「眞吾主也！」操表嘉爲司空祭酒。陳壽三國志作「司空軍祭酒」，此逸「軍」字。晉志曰：當塗得志，尅平諸夏，初置軍師祭酒，參掌戎律。

操以山陽滿寵爲許令，操從弟洪，有賓客在許界數犯法，寵收治之，洪書報寵，報，告也。前書，霍顯曰：「少夫幸報我以事。」數，所角翻。治，直之翻。寵不聽。洪以白操，操召許主者，主者，許縣主史也。寵知將欲原客，乃速殺之。操喜曰：「當事不當爾邪！」

13 北海太守孔融，負其高氣，志在靖難，而才疏意廣，訖無成功。訖，竟也，終也。難，乃旦翻。高談清教，盈溢官曹，辭氣清【章：甲十一行本「清」作「溫」；乙十一行本同；孔本同；熊校同。】雅，可玩而誦，論事考實，難可悉行。但能張磔網羅，磔，陟格翻，開也。而目理甚疏；造次能得人心，造，七到翻。久久亦不願附也。其所任用，好奇取異，多剽輕小才。好，呼到翻。剽，匹妙翻。輕，墟正翻。至於尊事名儒鄭玄，執子孫禮，易其鄉名曰鄭公鄉，玄傳曰：融深敬玄，告高密縣爲玄特立一鄉，曰：「昔齊置士鄉，越有君子軍，皆異賢之意也。太史公、廷尉吳公、謁者僕射鄧公，皆漢之名臣。又南山四皓，有園公、夏黃公，世嘉其高，皆悉稱公。然則公者，仁德之正號，不必皆三事大夫也。今鄭君鄉宜曰鄭公鄉。」及清儁之士左承祖、劉義遜等，皆備在座席而已，不與論政事，曰：「此民望，不可失也！」

黃巾來寇，融戰敗，走保都昌。賢曰：都昌縣，屬北海郡，故城在今青州臨朐縣東北。時袁、曹、公孫首尾相連，融兵弱糧寡，孤立一隅，不與相通。左承祖勸融宜自託強國，融不聽而殺之，劉義遜棄去。青州刺史袁譚攻融，自春至夏，戰士所餘纔數百人，流矢交集，而融猶隱几讀書，談笑自若。隱，於靳翻。賢曰：隱，憑也。城夜陷，乃奔東山，都昌縣之東山也。妻子爲譚所虜。曹操與融有舊，徵爲將作大匠。

袁譚初至青州，其土自河而西，不過平原。譚北排田楷，田楷，公孫瓚用爲青州刺史。東破孔融，威惠甚著；其後信任羣小，肆志奢淫，聲望遂衰。

14 中平以來，天下亂離，民棄農業，諸軍並起，率乏糧穀，無終歲之計，飢則寇掠，飽則棄餘，瓦解流離，無敵自破者，不可勝數。勝，音升。袁紹在河北，軍人仰食桑椹；仰，牛向翻。椹，桑實也；其始生也，色青，熟則色黑，可食。椹，音甚。袁術在江淮，取給蒲蠃。蠃，蚌屬，盧戈翻。民多相食，州里蕭條。羽林監棗祗請建置屯田，潁川文士傳：棗氏，本姓棘，避難改焉。漢官：羽林有左右監，秩六百石，屬光祿勳。曹操從之，以祗爲屯田都尉，以騎都尉任峻爲典農中郎將。魏志曰：曹公置典農中郎將，秩二千石；典農都尉，秩六百石或四百石。典農校尉，秩比二千石，所主如中郎；所主部分別而少爲校尉。募民屯田許下，得穀百萬斛。於是州郡例置田官，所在積穀，倉廩皆滿。故操征伐四方，無運糧之勞，遂能兼并羣雄。軍國之饒，起於祗而成於峻。

15 袁術畏呂布爲己害，乃爲子求婚，布復許之。乃爲，于僞翻。復，扶又翻。術遣將紀靈等步騎三萬攻劉備，備求救於布。諸將謂布曰：「將軍常欲殺劉備，今可假手於術。」布曰：「不然。術若破備，則北連泰山諸將，泰山諸將謂臧霸、孫觀、吳敦、尹禮輩。吾爲在術圍中，不得不救也。」便率步騎千餘馳往赴之。靈等聞布至，皆斂兵而止。布屯沛城西南，遣鈴下請靈等，鈴下，卒也，在鈴閣之下，有警至則掣鈴以呼之，因以爲名。續漢志曰：五百、鈴下，侍閣、門闌部署，街里走卒，皆有程品，多少隨所典領。程大昌續演繁露曰：鈴下威儀，殆今典客之吏。靈等亦請布，布往就之，與備共飲食。布謂靈等曰：「玄德，布弟也，劉備，字玄德。爲諸君所困，故來救之。布性不喜合鬬，喜解鬬耳。」言不喜合人之鬬，喜解人之鬬也。喜，許記翻。乃令軍候植戟於營門，布彎弓顧曰：「諸君觀布射戟小支，賢曰：周禮考工記曰：爲戟，博二寸，内倍之，胡參之，援四之。鄭註云：援直刃，胡其孑也。小支，謂胡也，卽今之戟旁曲支。植，直吏翻，立也。射，而亦翻。中者當各解兵，不中可留決鬬。」布卽一發，正中戟支。中，竹仲翻；下同。靈等皆驚，言：「將軍天威也！」明日復歡會，然後各罷。

備合兵得萬餘人，布惡之，復，扶又翻。惡，烏路翻。自出兵攻備；備敗走，歸曹操，操厚遇之，以爲豫州牧。或謂操曰：「備有英雄之志，今不早圖，後必爲患。」操以問郭嘉，嘉曰：

「有是。然公起義兵，爲百姓除暴，爲，于僞翻。推誠杖信以招俊傑，猶懼其未也。今備有英雄名，以窮歸己而害之，是以害賢爲名也。如此，則智士將自疑，回心擇主，公誰與定天下乎！夫除一人之患以沮四海之望，安危之機也，不可不察。」沮，在呂翻。考異曰：傅子以爲程昱、郭嘉勸操殺備。今從魏書。操笑曰：「君得之矣！」遂益其兵，給糧食，使東至沛，收散兵以圖呂布。

初，備在豫州，舉陳郡袁渙爲茂才。武帝元封六年，詔州郡舉茂才。茂才，即秀才也，避光武諱，史遂書爲茂才。渙爲呂布所留，布欲使渙作書罵辱備，渙不可，再三強之，不許。強，其兩翻。布大怒，以兵脅渙曰：「爲之則生，不爲則死！」渙顏色不變，笑而應之曰：「渙聞唯德可以辱人，不聞以罵！使彼固君子邪，且不恥將軍之言；彼誠小人邪，將復將軍之意，言布以書罵備，備君子邪，固不以罵爲恥；其小人邪，將復以書罵布也。則辱在此不在於彼。且渙他日之事劉將軍，猶今日之事將軍也，如一旦去此，復罵將軍，可乎？」復，扶又翻。布慚而止。

16 張濟自關中引兵入荆州界，攻穰城，穰縣，屬南陽郡。爲流矢所中死。中，竹仲翻。荆州官屬皆賀，劉表曰：「濟以窮來，主人無禮，言無郊勞授館之禮也。至於交鋒，此非牧意，牧受弔，不受賀也。」使人納其衆；衆聞之喜，皆歸心焉。濟族子建忠將軍繡代領其衆，屯宛。宛，於元翻。

初，帝既出長安，宣威將軍賈詡上還印綬，上，時掌翻。往依段煨于華陰。華，戶化翻。詡素知名，爲煨軍所望，煨禮奉甚備。詡潛謀歸張繡，或曰：「煨待君厚矣，君去安之！」詡曰：「煨性多疑，有忌詡意，禮雖厚，不可恃久，將爲所圖。詡既爲煨軍所望，則必爲煨所忌矣。久留則煨懼詡奪其軍，必將圖殺之。我去必喜，又望吾結大援於外，必厚吾妻子；繡無謀主，亦願得詡：則家與身必俱全矣。」詡遂往，繡執子孫禮，煨果善視其家。詡說繡附於劉表，說，輸芮翻。繡從之。詡往見表，表以客禮待之。詡曰：「表，平世三公才也，不見事變，多疑無決，無能爲也！」

劉表愛民養士，從容自保，從，千容翻。境內無事，關西、兗、豫學士歸之者以千數。表乃起立學校，講明經術，校，戶教翻。命故雅樂郎河南杜夔作雅樂。蔡邕曰：漢樂四品：一曰太予樂，典郊廟上陵殿舉之樂；二曰周頌雅樂，典辟雍饗射六宗社稷之樂；三曰黃門鼓吹，天子所以宴樂羣臣；四曰短簫鐃歌，軍樂也。樂備，表欲庭觀之。夔曰：「今將軍號不爲天子，合樂而庭作之，無乃不可乎！」表乃止。

平原禰衡，少有才辯，而尚氣剛傲，禰，乃禮翻，姓也。少，詩照翻。孔融薦之於曹操。衡罵辱操，操召衡爲鼓吏，故爲衡所罵辱。操怒，謂融曰：「禰衡豎子，孤殺之，猶雀鼠耳！顧此人素有虛名，遠近將謂孤不能容之。」乃送與劉表，表延禮以爲上賓。衡稱表之美盈口，而好譏貶其左右，好，呼到翻。於是左右因形而譖之曰：「衡稱將軍之仁，西伯不過也，唯以爲不能斷，斷，丁亂翻。終不濟者，必由此也。」其言實指表短，而非衡所言也。表由是怒，以江夏太守黃祖性急，送衡與之，祖亦善待焉。後衡衆辱祖，祖殺之。操怒衡而送與表，猶以表爲寬和愛士，觀其能容與否也。表怒衡而送與祖，知祖性急，必不能容衡，是直欲寘之死地耳。二人皆挾數用術，表則淺矣。

二年（丁丑、一九七）

1春，正月，曹操討張繡，軍于淯水，水經註：淯水出弘農盧氏縣攻離山，東逕宛縣南，操軍敗處也。淯，音育。繡舉衆降。操納張濟之妻，繡恨之；又以金與繡驍將胡車兒，繡聞而疑懼，襲擊操軍，殺操長子昂。操中流矢，敗走，降，戶江翻。驍，堅堯翻。車，尺遮翻。長，知兩翻。中，竹仲翻。校尉典韋與繡力戰，左右死傷略盡，韋被數十創。被，皮義翻。創，初良翻。繡兵前搏之，韋雙挾兩人擊殺之，瞋目大罵而死。瞋，七人翻。操收散兵，還住舞陰。舞陰縣，屬南陽郡。繡率騎來追，操擊破之，繡走還穰，復與劉表合。復，扶又翻。

是時，諸軍大亂，平虜校尉泰山于禁獨整衆而還，道逢青州兵劫掠人，禁數其罪而擊之；數，所具翻。青州兵走，詣操。禁既至，先立營壘，不時謁操。或謂禁：「青州兵已訴君矣，宜促詣公辨之。」禁曰：「今賊在後，追至無時，不先爲備，何以待敵！且公聰明，譖訴何緣得行！」徐鑿塹安營訖，塹，七豔翻。乃入謁，具陳其狀。操悅，謂禁曰：「淯水之難，難，乃旦翻。吾猶狼狽，將軍在亂能整，討暴堅壘，討暴，謂擊劫掠者。堅壘，謂先鑿塹安營也。有不可動之節，雖古名將，何以加之！」於是錄禁前後功，封益壽亭侯。操引軍還許。

2 袁紹與操書，辭語驕慢。操謂荀彧、郭嘉曰：「今將討不義而力不敵，何如？」對曰：「劉、項之不敵，公所知也。漢祖惟智勝項羽，故羽雖強，終爲所禽。今紹有十敗，公有十勝，紹雖強，無能爲也。紹繁禮多儀，公體任自然，此道勝也。紹以逆動，公奉順以率天下，謂奉天子以率天下，於理爲順。此義勝也。桓、靈以來，政失於寬，紹以寬濟寬，故不攝，攝，整也。左傳曰：書於伐秦，攝也。杜預註曰：能自攝整。公糾之以猛，【章：甲十一行本「猛」下有「以」字；乙十一行本「猛」下有「而」字。】上下知制，此治勝也。治，直吏翻。紹外寬內忌，用人而疑之，所任唯親戚子弟，公外易簡而內機明，易，以豉翻。用人無疑，唯才所宜，不間遠近，此度勝也。間，古莧翻。紹多謀少決，失在後事，公得策輒行，應變無窮，此謀勝也。紹高議揖讓以收名譽，士之好言飾外者多歸之，好，呼到翻；下同。公以至心待人，不爲虛美，士之忠正遠見而有實者皆願爲用，此德勝也。紹見人飢寒，恤念之，形於顏色，其所不見，慮或不及，公於目前小事，時有所忽，至於大事，與四海接，恩之所加，皆過其望，雖所不見，慮無不周，此仁勝也。紹大臣爭權，讒言惑亂，公御下以道，浸潤不行，此明勝也。論語：浸潤之譖不行焉，可謂明也已矣。言譖人者如水之浸潤以漸而入也。紹是非不可知，公所是進之以禮，所不是正之以法，此文勝也。

紹好爲虚勢，不知兵要，荀子與臨武君議兵於趙孝成王前，王曰：「請問兵要。」公以少克衆，少，詩沼翻。用兵如神，軍人恃之，敵人畏之，此武勝也。」操笑曰：「如卿所言，孤何德以堪之！」嘉又曰：「紹方北擊公孫瓚，瓚，藏旱翻。可因其遠征，東取呂布；若紹爲寇，布爲之援，此深害也。」或曰：「不先取呂布，河北未易圖也。」紹攻公孫瓚，而操乘間東取呂布。操擊劉備，而紹不能襲許，此其所以敗也。易，以豉翻。操曰：「然，吾所惑者，又恐紹侵擾關中，西亂羌、胡，南誘蜀、漢，誘，音酉。是我獨以兖、豫抗天下六分之五也，爲將柰何？」或曰：「關中將帥以十數，將，即亮翻。帥，所類翻。莫能相一，唯韓遂、馬騰最強，彼見山東方爭，必各擁衆自保，今若撫以恩德，遣使連和，雖不能久安，比公安定山東，足以不動。遂、騰之叛服，卒如荀彧所料。比，必寐翻。侍中、尚書僕射鍾繇有智謀，若屬以西事，屬，之欲翻。公無憂矣。」操乃表繇以侍中守司隸校尉，持節督關中諸軍，特使不拘科制。繇至長安，移書騰、遂等，移，猶遺也。爲陳禍福，爲，于僞翻。騰、遂各遣子入侍。

3 袁術稱帝於壽春，自稱仲家，以九江太守爲淮南尹，置公卿百官，郊祀天地。沛相陳珪，球弟子也，少與術遊；術以書召珪，又劫質其子，少，詩照翻。質，音致。期必致珪。珪答書曰：「曹將軍興復典刑，將撥平凶慝，以爲足下當戮力同心，匡翼漢室；而陰謀不軌，以身試禍，欲吾營私阿附，有死不能也。」術欲以故兖州刺史金尚爲太尉，尚不許而逃去，術殺之。金尚奔術見六十卷初平三年。

4 三月，詔將作大匠孔融持節拜袁紹大將軍，兼督冀、青、幽、并四州。

5 夏，五月，蝗。

6 袁術遣使者韓胤以稱帝事告呂布，因求迎婦，布遣女隨之。陳珪恐徐、揚合從，爲難未已，術領揚州，布領徐州。從，子容翻。難，乃旦翻。往說布曰：說，輸芮翻。「曹公奉迎天子，輔贊國政，將軍宜與協同策謀，共存大計。今與袁術結昏，必受不義之名，將有累卵之危矣！」布亦怨術初不己受也，事見六十卷初平三年。女已在塗，乃追還絕昏，械送韓胤，梟首許市。梟，堅堯翻。

陳珪欲使子登詣曹操，布固不肯。會詔以布爲左將軍，操復遣布手書，深加尉納。復，扶又翻。遣，于季翻。尉，與慰同，安之也。漢書車千秋傳：尉安黎庶。顏師古曰：尉安之字本無「心」。布大喜，卽遣登奉章謝恩，并答操書。登見操，因陳布勇而無謀，輕於去就，宜早圖之。操曰：「布狼子野心，誠難久養，非卿莫究其情僞。」卽增珪秩中二千石，漢制：王國相秩二千石。增秩中二千石，則秩視九卿。拜登廣陵太守。臨別，操執登手曰：「東方之事，便以相付。」令陰合部衆以爲內應。

始，布因登求徐州牧不得，登還，布怒，拔戟斫几曰：「卿父勸吾協同曹操，絕婚公路；

今吾所求無獲，而卿父子並顯重，但爲卿所賣耳！」登不爲動容，爲，于僞翻。徐對之曰：「登見曹公言：『養將軍譬如養虎，當飽其肉，不飽則將噬人。』公曰：『不如卿言。譬如養鷹，飢卽爲用，飽則颺去。』其言如此。」布意乃解。

袁術遣其大將張勳、橋蕤等與韓暹、楊奉連勢，步騎數萬趣下邳，趣，七喻翻。七道攻布。布時有兵三千，馬四百匹，懼其不敵，謂陳珪曰：「今致術軍，卿之由也，爲之柰何？」珪曰：「暹、奉與術，卒合之師耳，卒，讀曰猝。謀無素定，不能相維，子登策之，比於連雞，勢不俱棲，戰國策：秦惠王曰：「諸侯之不可一，猶連雞之不能俱上於棲。」立可離也。」布用珪策，與暹、奉書曰：「二將軍親拔大駕，而布手殺董卓，俱立功名，今柰何與袁術同爲賊乎！不如相與并力破術，爲國除害。」爲，于僞翻。且許悉以術軍資與之。暹、奉大喜，卽回計從布。布進軍，去勳營百步，暹、奉兵同時叫呼，呼，火故翻。並到勳營，勳等散走，布兵追擊，斬其將十人首，所殺傷墮水死者殆盡。布因與暹、奉合軍向壽春，水陸並進，到鍾離，鍾離縣，屬九江郡，距壽春二百餘里。所過虜掠，還渡淮北，留書辱術。術自將步騎五千揚兵淮上，布騎皆於水北大咍笑之而還。咍，呼來翻。楚人謂相啁笑曰咍。

泰山賊帥臧霸襲琅邪相蕭建於莒，前漢莒縣，屬城陽國，後漢屬琅邪國。帥，所類翻。破之。霸得建資實，許以賂布而未送，布自往求之。其督將高順諫曰：將，卽亮翻；下所將、順將同。「將軍威名宣播，遠近所畏，何求不得，而自行求賂！萬一不克，豈不損邪！」布不從。既至莒，霸等不測往意，固守拒之，無獲而還。

順爲人淸白有威嚴，少言辭，所將七百餘兵，號令整齊，每戰必克，名「陷陳營」。少，詩沼翻。陳，讀曰陣。布後疏順，以魏續有內外之親，奪其兵以與續，及當攻戰，則復令順將，順亦終無恨意。布疏順而親續，其後執順以敗布者續也。將，卽亮翻。布性決易，易，以豉翻。所爲無常，順每諫曰：「將軍舉動，不肯詳思，忽有失得，動輒言誤，誤豈可數乎！」數，所角翻。布知其忠而不能從。

7 曹操遣議郎王誧誧，滂古翻，又匹布翻。以詔書拜孫策爲騎都尉，襲爵烏程侯，策父堅，以討賊功封烏程侯。烏程縣，屬吳郡，今安吉州縣。考異曰：江表傳曰：「建安二年夏，王誧奉戊辰詔書賜策。」不知其何月也。領會稽太守，會，工外翻。使與呂布及吳郡太守陳瑀共討袁術。策欲得將軍號以自重，誧便承制假策明漢將軍。明漢將軍，亦權宜置此號，言明於逆順，知尊漢室也。下輔漢同。

策治嚴，嚴，裝也。行到錢唐。錢唐縣，前漢屬會稽郡，後漢省其地，當屬吳郡界。錢唐記曰：昔郡議曹華信議立此塘以防海，募有能致一斛土者，與錢一千，旬月之間，來者雲集。塘未成而不復取，於是載土石者，皆委之而去，塘以之成，故名錢塘。瑀陰圖襲策，潛結祖郎、嚴白虎等，使爲內應。策覺之，遣其將呂範、徐逸攻瑀於海西；瑀敗，單騎奔袁紹。

8初，陳王寵有勇，善弩射。寵，明帝子陳敬王羨之曾孫也。黄巾賊起，寵治兵自守，治，直之翻。國人畏之，不敢離叛。國相會稽駱俊素有威恩，是時王侯無復租祿，而數見虜奪，數，所角翻。或并日而食，轉死溝壑，而陳獨富強，鄰郡人多歸之，有衆十餘萬。及州郡兵起，寵率衆屯陽夏，賢曰：陽夏縣，屬淮陽國。夏，音工雅翻。自稱輔漢大將軍。袁術求糧於陳，駱俊拒絕之，術忿恚，恚，於避翻。遣客詐殺俊及寵，陳由是破敗。

9秋，九月，司空曹操東征袁術。術聞操來，棄軍走，留其將橋蕤等於蘄陽以拒操；賢曰：蘄水出江夏蘄春縣北山。水經註云：卽蘄山也，西南流逕蘄山，又南對蘄陽，注于大江，亦謂之蘄陽口。余據三國志，術時侵陳，操東征之，術留蕤等拒操，蕤等敗死，術乃走渡淮。則蓋戰於淮外也，安得至江夏之蘄陽哉！此蓋沛國之蘄縣，范史衍陽字，而通鑑因之耳。操擊破蕤等，皆斬之。考異曰：范書呂布傳云：「布破張勳於下邳，生擒橋蕤。」此又一橋蕤，將蕤被獲又還也？然魏志呂布傳無橋蕤事，當是范書誤。術走渡淮，時天旱歲荒，士民凍餒，術由是遂衰。

操辟陳國何夔爲掾，掾，俞絹翻。問以袁術何如，對曰：「天之所助者順，人之所助者信。術無信順之實而望天人之助，其可得乎！」操曰：「爲國失賢則亡，君不爲術所用，亡，不亦宜乎！」操性嚴，掾屬公事往往加杖；夔常蓄毒藥，誓死無辱，是以終不見及。

沛國許褚，勇力絕人，聚少年及宗族數千家，堅壁以禦外寇，淮、汝、陳、梁間皆畏憚之，操徇淮、汝，褚以衆歸操，操曰：「此吾樊噲也！」卽日拜都尉，引入宿衞，諸從褚俠客，皆以爲虎士焉。俠，戶頰翻。

10 故太尉楊彪與袁術昏姻，據彪傳，彪子脩，袁術之甥。彪蓋娶於袁氏也。曹操惡之，惡，烏路翻。誣云欲圖廢立，奏收下獄，劾以大逆。下，遐稼翻。劾，戶概翻，又戶得翻。將作大匠孔融聞之，不及朝服，朝，直遙翻。往見操曰：「楊公四世清德，震、秉、賜、彪，四世以清白稱。海內所瞻。周書，父子兄弟，罪不相及，況以袁氏歸罪楊公乎！」操曰：「此國家之意。」國家，謂帝也。融曰：「假使成王殺召公，周公可得言不知邪！」操使許令滿寵按彪獄，融與尚書令荀彧皆屬寵曰：「但當受辭，勿加考掠。」屬，之欲翻。掠，音亮。寵一無所報，考訊如法。數日，求見操，言之曰：「楊彪考訊，無他辭語。此人有名海內，若罪不明白，必大失民望；竊爲明公惜之。」爲，于僞翻。操卽日赦出彪。初，彧、融聞寵考掠彪，皆怒；及因此得出，乃更善寵。彪見漢室衰微，政在曹氏，遂稱腳攣，攣，閭緣翻，牽縮也。積十餘年不行，由是得免於禍。

11 馬日磾喪至京師，日磾死，見六十一卷興平元年。磾，丁奚翻。朝廷議欲加禮，孔融曰：「日磾以上公之尊，秉髦節之使，使，疏吏翻。而曲媚姦臣，爲所牽率，王室大臣，豈得以見脅爲辭！聖上哀矜舊臣，未忍追按，不宜加禮。」朝廷從之。金尚喪至京師，詔百官弔祭，拜其子瑋爲郎中。

12冬，十一月，曹操復攻張繡，復，扶又翻，又如字。拔湖陽，湖陽縣，屬南陽郡。禽劉表將鄧濟；又攻舞陰，下之。

13韓暹、楊奉在下邳，寇掠徐、揚間，軍飢餓，辭呂布，欲詣荆州；布不聽。奉知劉備與布有宿憾，私與備相聞，欲共擊布；備陽許之。奉引軍詣沛，備請奉入城，飲食未半，於座上縛奉，斬之。暹失奉，孤特，與十餘騎歸幷州，爲杼秋令張宣所殺。杼秋縣，前漢屬梁國，後漢屬沛國。師古曰：杼，音食汝翻。胡才、李樂留河東，才爲怨家所殺，怨，於元翻。樂自病死。郭汜爲其將伍習所殺。

14潁川杜襲、趙儼、繁欽避亂荆州，繁，音婆。左傳：殷民七族，有繁氏。西漢有御史大夫繁延壽。劉表俱待以賓禮。欽數見奇於表，數，所角翻。見，賢遍翻；下見能同。襲喻之曰：「吾所以與子俱來者，徒欲全身以待時耳，豈謂劉牧當爲撥亂之主而規長者委身哉！長，知兩翻。子若見能不已，非吾徒也，吾與子絕矣！」欽慨然曰：「請敬受命！」及曹操迎天子都許，儼謂欽曰：「曹鎮東必能匡濟華夏，夏，戶雅翻；下同。吾知歸矣！」遂還詣操，操以儼爲朗陵長。朗陵縣，屬汝南郡。長，知兩翻。

陽安都尉江夏李通妻伯父犯法，操分汝南二縣置陽安都尉。儼收治，致之大辟。治，直之翻。辟，毗亦翻。時殺生之柄，決於牧守，守，式又翻。通妻子號泣以請其命。號，戶刀翻。通曰：「方與曹公戮力，義不以私廢公！」嘉儼執憲不阿，與爲親交。

三年（戊寅、一九八）

1春，正月，曹操還許。攻張繡而還也。三月，將復擊張繡。復，扶又翻。荀攸曰：「繡與劉表相恃爲強；然繡以遊軍仰食於表，仰，牛向翻。表不能供也，勢必乖離。不如緩軍以待之，可誘而致也；誘，音酉。若急之，其勢必相救。」操不從，圍繡於穰。

2夏，四月，使謁者僕射裴茂，姓譜：伯益之後，封𨛬鄉，因以爲氏，後徙封解邑，乃去「邑」從「衣」。詔關中諸將段煨等討李傕，夷其三族。董卓之黨，於是盡矣。煨，烏回翻。傕，古岳翻。以煨爲安南將軍，封閺鄉侯。閺，音旻。

3初，袁紹每得詔書，患其有不便於己者，欲移天子自近，使說曹操以許下埤溼，近，其靳翻。說，輸芮翻；下同。埤，皮弭翻，又讀與卑同。雒陽殘破，宜徙都鄄城以就全實；鄄，音絹。操拒之。田豐說紹曰：「徙都之計，既不克從，宜早圖許，奉迎天子，動託詔書，號令海內，此算之上者。不爾，終爲人所禽，雖悔無益也。」紹不從。

會紹亡卒詣操，云田豐勸紹襲許，操解穰圍而還，還，從宣翻，又如字。張繡率衆追之。五月，劉表遣兵救繡，屯於安衆，守險以絕軍後。水經註：梅溪水出南陽宛縣北紫山，南逕杜衍縣東，土地墊下，湍溪是注，古人於安衆堨之，令遊水是瀦，謂之安衆港。郡國志，南陽郡有安衆侯國。操與荀彧書曰：

「吾到安衆，破繡必矣。」及到安衆，操軍前後受敵，操乃夜鑿險僞遁。表、繡悉軍來追，操縱奇兵步騎夾攻，大破之。他日，彧問操：「前策賊必破，何也？」操曰：「虜遏吾歸師，而與吾死地，兵法曰：歸師勿遏。又曰：置之死地而後生。吾是以知勝矣。」

繡之追操也，賈詡止之曰：「不可追也，追必敗。」繡不聽，進兵交戰，大敗而還。詡登城謂繡曰：「促更追之，更戰必勝。」繡謝曰：「不用公言，以至於此，今已敗，柰何復追？」復，扶又翻；下同。詡曰：「兵勢有變，促追之！」言兵勢無常，審知其變，則因敗而爲勝。繡素信詡言，遂收散卒更追，合戰，果以勝還。此亦小勝耳。乃問詡曰：「繡以精兵追退軍而公曰必敗，以敗卒擊勝兵而公曰必克，悉如公言，何也？」詡曰：「此易知耳。易，以豉翻。將軍雖善用兵，非曹公敵也。曹公軍新退，必自斷後，斷，丁管翻；下同。故知必敗。曹公攻將軍，既無失策，力未盡而一朝引退，必國內有故也。有故，謂有變也。已破將軍，必輕軍速進，留諸將斷後，諸將雖勇，非將軍敵，故雖用敗兵而戰必勝也。」繡乃服。

4呂布復與袁術通，遣其中郎將高順及北地太守鴈門張遼攻劉備；布以遼遙領北地太守耳。曹操遣將軍夏侯惇救之，爲順等所敗。敗，補邁翻。秋，九月，順等破沛城，虜備妻子，備單身走。

曹操欲自擊布，諸將皆曰：「劉表、張繡在後，而遠襲呂布，其危必也。」荀攸曰：「表、繡新破，勢不敢動。布驍猛，又恃袁術，若從橫淮、泗間，驍，堅堯翻。從，子容翻。豪傑必應之。今乘其初叛，衆心未一，往可破也。」操曰：「善！」比行，泰山屯帥臧霸、孫觀、吳敦、尹禮、昌狶等皆附於布。比，必寐翻。帥，所類翻。狶，許豈翻，又音希。史言攸料敵之審。姓譜：昌姓，昌意之後。操與劉備遇於梁，進至彭城。陳宮謂布：「宜逆擊之，以逸待勞，無不克也。」布曰：「不如待其來，蹙著泗水中。」著，直略翻。冬，十月，操屠彭城。廣陵太守陳登率郡兵爲操先驅，進至下邳。布自將屢與操戰，皆大敗，將，卽亮翻。還保城，不敢出。

操遺布書，爲陳禍福；遺，于季翻。爲，于僞翻。布懼，欲降。降，戶江翻。陳宮曰：「曹操遠來，勢不能久。將軍若以步騎出屯於外，宮將餘衆閉守於內，若向將軍，宮引兵而攻其背；若但攻城，則將軍救於外。不過旬月，操軍食盡，擊之，可破也。」布然之，欲使宮與高順守城，自將騎斷操糧道。斷，丁管翻。布妻謂布曰：「宮、順素不和，將軍一出，宮、順必不同心共城守也，如有蹉跌，蹉，昌何翻。跌，徒結翻。將軍當於何自立乎！且曹氏待公臺如赤子，猶舍而歸我。陳宮字公臺；歸布事，見上卷興平元年。舍，讀曰捨。今將軍厚公臺不過曹氏，而欲委全城，捐妻子，孤軍遠出，若一旦有變，妾豈得復爲將軍妻哉！」復，扶又翻；下同。布乃止；潛遣其官屬許汜、王楷求救於袁術。汜，音祀。術曰：「布不與我女，理自當敗，何爲復來？」汜、楷曰：「明上今不救布，爲自敗耳；布破，明上亦破也。」術時僭號，故稱之爲明上。術乃嚴兵爲布作聲援。布恐術爲女不至，故不遣救兵，以緜纏女身縛著馬上，夜自送女出，與操守兵相觸，格射不得過，復還城。爲，于僞翻。著，直略翻。射，而亦翻。河內太守張楊素與布善，欲救之，不能，乃出兵東市，野王縣東市也。遥爲之勢。十一月，楊將楊醜殺楊以應操，別將眭固復殺醜，眭，息隨翻。將其衆北合袁紹。楊性仁和，無威刑，下人謀反發覺，對之涕泣，輒原不問，故及於難。難，乃旦翻。

操掘塹圍下邳，積久，士卒疲敝，欲還。荀攸、郭嘉曰：「呂布勇而無謀，今屢戰皆北，銳氣衰矣。三軍以將爲主，將，卽亮翻。主衰則軍無奮意。陳宮有智而遲，今及布氣之未復，宮謀之未定，急攻之，布可拔也。」乃引沂、泗灌城，泗水東南流，過下邳縣西，沂水南流，亦至下邳縣西，而南入于泗，故併引二水以灌城。水經註：沂水於下邳縣北，西流分爲二水：一水於城北西南入泗，一水逕城東屈從縣南，亦注泗，謂之小沂水，水上有橋，張良遇黃石公處也。操於此處引沂、泗灌城。月餘，布益困迫，考異曰：范書布傳云「灌其城三月」，魏志傳亦曰「圍之三月」。按操以十月至下邳，及殺布，共在一季，不可言三月。今從魏志武紀。臨城謂操軍士曰：「卿曹無相困我，我當自首於明公。」首，式救翻。陳宮曰：「逆賊曹操，何等明公！今日降之，降，户江翻；下同。若卵投石，豈可得全也！」

布將侯成亡其名馬，已而復得之，諸將合禮以賀成，成分酒肉先入獻布。布怒曰：「布禁酒而卿等醞釀，爲欲因酒共謀布邪！」成忿懼，十二月，癸酉，成與諸將宋憲、魏續等共執陳宮、高順，率其衆降。布與麾下登白門樓。水經註：下邳城南門名白門。宋武北征記曰：下邳城有三重，大城周四里，呂布所守也。魏武禽布於白門，大城之門也。宋白曰：下邳中城，南臨白樓門。兵圍之急，布令左右取其首詣操，左右不忍，乃下降。

布見操曰：「今日已往，天下定矣。」操曰：「何以言之？」布曰：「明公之所患不過於布，今已服矣。若令布將騎，明公將步，天下不足定也。」將，卽亮翻。騎，奇寄翻。顧謂劉備曰：「玄德，卿爲坐上客，坐，徂臥翻。我爲降虜，繩縛我急，獨不可一言邪？」操笑曰：「縛虎不得不急。」乃命緩布縛，劉備曰：「不可。考異曰：獻帝春秋曰：「太祖意欲活布，命使寬縛，主簿王必趨進曰：『布，勍虜也，其衆近在外，不可寬也。』太祖曰：『本欲相緩，主簿復不聽，如之何？』」今從范書、陳志。明公不見呂布事丁建陽、董太師乎！」丁原，字建陽，董卓，官至太師，布皆殺之，事見五十九卷靈帝中平六年及六十卷初平三年。操頷之。頷之者，微動頤頷以應之。布目備曰：「大耳兒，最叵信！」備顧自見其耳，故云然。叵，普火翻，不可也。洪邁曰：叵爲不可，此以切腳稱也。

操謂陳宮曰：「公臺平生自謂智有餘，今竟何如！」宮指布曰：「是子不用宮言，以至於此。若其見從，亦未必爲禽也。」操曰：「柰卿老母何？」宮曰：「宮聞以孝治天下者不害人之親，治，直之翻。老母存否，在明公，不在宮也。」操曰：「柰卿妻子何？」宮曰：「宮聞施仁政於天下者不絕人之祀，妻子存否，在明公，不在宮也。」操未復言。宮請就刑，遂出，不顧，操爲之泣涕，復，扶又翻。爲，于僞翻。幷布、順皆縊殺之，傳首許市。操召陳宮之母，養之終其身，嫁宮女，撫視其家，皆厚於初。操厚陳宮之家而不肯存孔融之嗣，必陳宮之妻子，可保其無能爲也。

前尚書令陳紀、紀子羣在布軍中，操皆禮用之。張遼將其衆降，拜中郎將。臧霸自亡匿，操募索得之，索，山客翻。使霸招吳敦、尹禮、孫觀等，皆詣操降。操乃分琅邪、東海爲城陽、利城、昌慮郡，城陽，西漢王國，光武省，併入琅邪。利城、昌慮二縣，皆屬東海。此蓋因諸屯帥所居，而分爲郡也。慮，師古音廬。悉以霸等爲守、相。

初，操在兗州，以徐翕、毛暉爲將。及兗州亂，翕、暉皆叛。兗州既定，翕、暉亡命投霸。操語劉備，語，牛倨翻。令霸送二首，霸謂備曰：「霸所以能自立者，以不爲此也。霸受主公生全之恩，不敢違命；然王霸之君，可以義告，願將軍爲之辭。」備以霸言白操，操歎息謂霸曰：「此古人之事，而君能行之，孤之願也。」皆以翕、暉爲郡守。守，式又翻。陳登以功加伏波將軍。

5 劉表與袁紹深相結約。治中鄧羲諫表，表曰：「內不失貢職，外不背盟主，背，蒲妹翻。此天下之達義也。治中獨何怪乎？」羲乃辭疾而退。

長沙太守張羨，性屈強，屈，渠勿翻。強，巨兩翻。屈強，梗戾不順從貌。表不禮焉。郡人桓階說羨舉長沙、零陵、桂陽三郡以拒表，遣使附於曹操，羨從之。說，輸芮翻。考異曰：魏志桓階傳，袁、曹相拒官渡而階說羨。按范書劉表傳，建安三年，羨拒表，在官渡前也。

6 孫策遣其正議校尉張紘獻方物，正議校尉，亦孫策私所署置。曹操欲撫納之，表策爲討逆將軍，討逆將軍，亦創置也。封吳侯；由烏程徙封吳，進其封也。考異曰：江表傳曰：「倍於元年所獻。其年，制書拜討逆，封吳侯。」按策貢獻在二年，非元年也。又陳志紘傳曰：「建安四年，遣紘奉章詣許。」按吳書紘述策材略、忠款，曹公乃優文褒崇，改號加封。然則紘來在策封吳侯前，本傳誤也。以弟女配策弟匡，又爲子彰取孫賁女；爲，于僞翻。取，讀曰娶。禮辟策弟權、翊；操禮辟權、翊，欲其至以爲質耳。以張紘爲侍御史。

袁術以周瑜爲居巢長，以臨淮魯肅爲東城長。居巢縣，屬廬江郡。東城縣，前漢屬九江郡，後漢省，當是術復置也。長，知兩翻。瑜、肅知術終無所成，皆棄官渡江從孫策，策以瑜爲建威中郎將。肅因家於曲阿。

曹操表徵王朗，策遣朗還。操以朗爲諫議大夫，參司空軍事。參軍事昉於魏、晉之間，位望頗重，孫楚謂石苞曰：「天子命我參卿軍事」是也。自是以後，位望輕矣。

袁術遣間使間，古莧翻。使，疏吏翻。齎印綬與丹陽宗帥祖郎等，帥，所類翻。使激動山越，共圖孫策。劉繇之奔豫章也，太史慈遁於蕪湖山中，自稱丹陽太守。策已定宣城以東，惟涇以西六縣未服，慈因進住涇縣，大爲山越所附。蕪湖、涇縣皆屬丹陽郡。宣城縣前漢亦屬丹陽，後漢省。晉太康元年，分丹陽立宣城郡，復置縣屬焉。山越，越民依阻山險而居者。於是策自將討祖郎於陵陽，禽之。陵陽縣，屬丹陽郡。陵陽子明得仙於此，縣山因名。策謂郎曰：「爾昔襲孤，事見上卷興平元年。斫孤馬鞍，今創軍立事，除棄宿恨，惟取能用，與天下通耳，非但汝，汝勿恐怖。」怖，普布翻。郎叩頭謝罪，卽破械，署門下賊曹。又討太史慈於勇里，勇里，在涇縣。禽之，解縛，捉其手捉，執也。曰：「寧識神亭時邪？若卿爾時得我云何？」神亭事見上卷興平二年。慈曰：「未可量也。」量，音良。策大笑曰：「今日之事，當與卿共之，聞卿有烈義，天下智士也，慈，東萊人，少爲郡奏曹史。時郡與州有隙，交章以聞，而州章先到雒，慈劫取壞之，由是知名。後赴孔融之急，詣劉備求救，此策所謂烈義也。但所託未得其人耳。謂劉繇也。孤是卿知己，勿憂不如意也。」卽署門下督。軍還，祖郎、太史慈俱在前導，軍人以爲榮。

會劉繇卒於豫章，士衆萬餘人，欲奉豫章太守華歆爲主；歆以爲「因時擅命，非人臣所宜」，衆守之連月，卒謝遣之，卒，子恤翻。華，戶化翻。其衆未有所附。策命太史慈往撫安之，謂慈曰：「劉牧往責吾爲袁氏攻廬江，劉繇奉王命牧揚州，故以稱之。攻廬江事見上卷興平元年。爲，于僞翻。吾先君兵數千人，盡在公路許。吾志在立事，安得不屈意於公路而求之乎！其後不遵臣節，諫之不從，事見上建安元年。丈夫義交，苟有大故，不得不離，吾交求公路及絕之本末如此，恨不及其生時與共論辯也。今兒子在豫章，卿往視之，幷宣孤意於其部曲，部曲樂來者與俱來，不樂來者且安慰之。樂，音洛。幷觀華子魚所以牧御方規何如。華歆，字子魚。卿須幾兵，多少隨意。」慈曰：「慈有不赦之罪，將軍量同桓、文，當盡死以報德。今並息兵，兵不宜多，將數十人足矣。」左右皆曰：「慈必北去不還。」策曰：「子義捨我，當復從誰！」復，扶又翻。餞送昌門，孫權記註曰：吳西郭門曰閶門，夫差作，以天門通閶闔，故名之。後春申君改曰昌門。把腕別曰：腕，烏貫翻。「何時能還？」答曰：「不過六十日。」慈行，議者猶紛紜言遣之非計。策曰：「諸君勿復言，孤斷之詳矣。斷，丁亂翻。太史子義雖氣勇有膽烈，然非縱橫之人，縱，子容翻。其心秉道義，重然諾，然，是也，決辭也。諾，應也，許辭也。重，不輕也。一以意許知己，死亡不相負，諸君勿憂也。」慈果如期而反，謂策曰：「華子魚，良德也，然無他方規，自守而已。又，丹陽僮芝，自擅廬陵，僮，姓也。風俗通：漢有交趾刺史僮尹。一曰：僮，卽童也，顓頊子老童之後，或從「人」。廬陵縣，屬豫章郡。番陽民帥別立宗部，言『我已別立郡海昏上繚，不受發召』，番陽縣，屬豫章郡。宗部，卽所謂江南宗賊也。帥，所類翻。海昏縣屬豫章郡。時縣民數千家，自相結聚，作宗伍，壁於上繚。水經註：僚水導源建昌縣，漢元帝永光二年，分海昏立。僚水又東逕新吳縣，漢中平中立。僚水又逕海昏縣，謂之上僚水。繚，讀曰僚。子魚但覩視之而已。」策拊掌大笑，遂有兼幷之志。

7 袁紹連年攻公孫瓚，不能克，以書諭之，欲相與釋憾連和；瓚不答，而增脩守備，謂長史太原關靖曰：「當今四方虎爭，無有能坐吾城下相守經年者明矣，袁本初其若我何！」紹於是大興兵以攻瓚。先是瓚別將有爲敵所圍者，瓚不救，先，悉薦翻。曰：「救一人，使後將恃救，不肯力戰。」及紹來攻，瓚南界別營，自度守則不能自固，度，徒洛翻。又知必不見救，或降或潰。降，戶江翻。紹軍徑至其門，易京之門也。瓚遣子續請救於黑山諸帥，黑山諸帥，張燕等也。帥，所類翻。而欲自將突騎出傍西山，自易京西抵故安閻鄉以西，諸山連接中山之界，山谷深廣，皆黑山諸賊所依阻也。傍，步浪翻。擁黑山之衆侵掠冀州，橫斷紹後。斷，丁管翻。關靖諫曰：「今將軍將士莫不懷瓦解之心，所以猶能相守者，顧戀其居處老少，處，昌呂翻。而恃將軍爲主故耳。堅守曠日，或可使紹自退；若舍之而出，舍，讀曰捨。後無鎮重，易京之危，可立待也。」瓚乃止。紹漸相攻逼，瓚衆日蹙。蹙，子六翻。

王崇武標點容肇祖聶崇岐覆校

資治通鑑卷第六十三

翰林學士兼侍讀學士朝散大夫右諫議大夫知制誥判尚書都省兼提舉萬壽觀公事上護軍河內郡開國侯食邑一千三百戶賜紫金魚袋臣司馬光　奉敕編集

後學天台胡三省　音註

漢紀五十五 起屠維單閼（己卯），盡上章執徐（庚辰），凡二年。

孝獻皇帝戊

建安四年（己卯、一九九）

1春，【章：甲十一行本「春」下有「三月」二字；乙十一行本同；張校同。】黑山賊帥張燕與公孫續率兵十萬，三道救之。帥，所類翻。未至，瓚密使行人齎書告續，使引五千鐵騎於北隰之中，賢曰：下溼曰隰。孔穎達曰：下溼，謂土地窊下，常沮洳，名爲隰也。起火爲應，瓚欲自內出戰。紹候得其書，如期舉火。瓚以爲救至，遂出戰。紹設伏擊之，瓚大敗，復還自守。復，扶又翻。紹爲地道，穿其樓下，施木柱之，度足達半，便燒之，樓輒傾倒，稍至京中。柱，拄也。易之中京，瓚所居也。度，徒洛翻。瓚自計必無全，乃悉縊其姊妹、妻子，然後引火自焚。紹趣兵登臺，斬之。縊，於賜翻，又於計翻。起讀曰促。田楷戰死。關靖歎曰：「前若不止將軍自行，未必不濟。吾聞君子陷人危，必同其難，難，乃旦翻。豈可以獨生乎！」策馬赴紹軍而死。公孫瓚之計與陳宮之計，一也。陳宮之計，呂布不能用；公孫瓚之計，關靖止之：是知不惟決計之難，贊決者亦難也。續爲屠各所殺。屠各，胡也。屠，直於翻。

漁陽田豫說太守鮮于輔曰：輔既斬鄒丹，遂領漁陽太守。說，輸芮翻。守，式又翻。「曹氏奉天子以令諸侯，終能定天下，宜早從之。」輔乃率其衆以奉王命。詔以輔爲建忠將軍，都督幽州六郡。

初，烏桓王丘力居死，子樓班年少，從子蹋頓有武略，代立，少，詩照翻。從，才用翻；下同。賢曰：蹋，音大蠟翻。楊正衡晉書音義：蹋，徒合翻。總攝上谷大人難樓、遼東大人蘇僕延、右北平大人烏延等。袁紹攻公孫瓚，蹋頓以烏桓助之。瓚滅，紹承制皆賜蹋頓、難樓、蘇僕延、烏延等單于印綬；又以閻柔得烏桓心，因加寵慰以安北邊。其後難樓、蘇僕延奉樓班爲單于，以蹋頓爲王，然蹋頓猶秉計策。

2 眭固屯射犬，郡國志：河內野王縣有射犬聚。唐懷州河內縣有漢射犬故城。眭，息隨翻。夏，四月，曹操進軍臨河，使將軍史渙、曹仁渡河擊之。仁，操從弟也。固自將兵北詣袁紹求救，與渙、仁遇於犬城，渙、仁擊斬之。操遂濟河，圍射犬；射犬降，降，戶江翻。操還軍敖倉。

初，操在兗州舉魏种孝廉。种，音沖。兗州叛，張邈舉兗州附呂布事見六十一卷興平元年。操曰：「唯魏种且不棄孤。」及聞种走，操怒曰：「种不南走越、北走胡，不置汝也！」既下射犬，生禽种，操曰：「唯其才也！」釋其縛而用之，以爲河內太守，屬以河北事。屬，之欲翻。

3以衞將軍董承爲車騎將軍。

4袁術既稱帝，淫侈滋甚，媵御數百，媵，以證翻。無不兼羅紈，厭粱肉，自下飢困，莫之收恤。既而資實空盡，不能自立，乃燒宮室，奔其部曲陳簡、雷薄於灊山。灊縣，屬廬江郡，有天柱山。賢曰：灊縣之山也。灊，今壽州霍山縣也。灊，音潛。復爲簡等所拒，遂大窮，士卒散走，憂懣不知所爲。復，扶又翻。懣，音悶。乃遣使歸帝號於從兄紹紹與術同祖袁湯，以親則從，以年則兄也。曰：「祿去漢室久矣，袁氏受命當王，符瑞炳然。今君擁有四州，賢曰：青、冀、幽、幷。人戶百萬，謹歸大命，君其興之！」袁譚自青州迎術，欲從下邳北過。曹操遣劉備及將軍淸河朱靈邀之，術不得過，復走壽春。六月，至江亭，坐簀牀而歎曰：「袁術乃至是乎！」賢曰：簀，第也；謂無茵席也。因憤慨結病，歐血死。術從弟胤畏曹操，不敢居壽春，率其部曲奉術柩及妻子奔廬江太守劉勳於皖城。皖縣，屬廬江郡，今舒州也。師古曰：皖，胡管翻；杜佑曰：音患。考異曰：吳志孫策傳曰：「術死，長史楊弘、大將張勳等將其衆，欲就策，廬江太守劉勳邀擊，悉虜之，收其珍寶以歸。」與諸書不同。今從范書、陳志術傳及江表傳。故廣陵太守徐璆得傳國璽，獻之。璆，渠尤翻。傳國璽，術拘孫堅妻所奪者。

璽，斯氏翻。

5 袁紹既克公孫瓚，心益驕，貢御稀簡。主簿耿包密白紹，宜應天人，稱尊號。紹以包白事示軍府。白事，所白之事也。僚屬皆言包妖妄，宜誅，妖，於驕翻。紹不得已，殺包以自解。紹簡精兵十萬、騎萬匹，欲以攻許。沮授諫曰：「近討公孫瓚，師出歷年，百姓疲敝，倉庫無積，未可動也。宜務農息民，先遣使獻捷天子；若不得通，乃表曹操隔我王路，沮，子余翻。王路，謂尊王之路也。然後進屯黎陽，漸營河南，益作舟船，繕修器械，分遣精騎抄其邊鄙，令彼不得安，我取其逸，如此，可坐定也。」使紹能用授言，曹其殆乎！抄，楚交翻。郭圖、審配曰：「以明公之神武，引河朔之強衆，以伐曹操，易如覆手，易，以豉翻。何必乃爾！」授曰：「夫救亂誅暴，謂之義兵；恃衆憑強，謂之驕兵；義者無敵，驕者先滅。前漢魏相上書曰：兵義者王，兵驕者滅。曹操奉天子以令天下，今舉師南向，於義則違。且廟勝之策，不在強弱。曹操法令既行，士卒精練，非公孫瓚坐而受攻者也。今棄萬安之術而興無名之師，前漢董公曰：兵出無名，事故不成。竊爲公懼之！」爲，于僞翻；下爲之同。圖、配曰：「武王伐紂，不爲不義；況兵加曹操，而云無名！且以公今日之強，將士思奮，不及時以定大業，所謂『天與不取，反受其咎』，史記范蠡之言。此越之所以霸，吳之所以滅也。監軍之計在於持牢，紹使授監護諸將，故稱爲監軍。持牢，猶今南人言把穩也。監，古銜翻。而非見時知幾之變也。」幾，居衣翻。紹納圖言。圖等因是謂授曰：「授監統內外，監，古銜翻。威震三軍，若其寖盛，何以制之！夫臣與主同者亡，此黃石之所忌也。臣與主同，言作威作福與主無別也。黃石，卽張良於下邳圯上所得之書也。且御衆於外，不宜知內。」紹乃分授所統爲三都督，使授及郭圖、淳于瓊各典一軍。騎都尉清河崔琰諫曰：「天子在許，民望助順，不可攻也！」紹不從。

許下諸將聞紹將攻許，皆懼，曹操曰：「吾知紹之爲人，志大而智小，色厲而膽薄，忌克而少威，少，詩沼翻；下以少同。兵多而分畫不明，將驕而政令不壹，將，卽亮翻。土地雖廣，糧食雖豐，適足以爲吾奉也。」孔融謂荀彧曰：「紹地廣兵強，田豐、許攸智士也爲之謀，審配、逢紀忠臣也逢，皮江翻。任其事，任，音壬。顏良、文醜勇將也統其兵，殆難克乎！」彧曰：「紹兵雖多而法不整，田豐剛而犯上，許攸貪而不治，審配專而無謀，逢紀果而自用；此數人者，勢不相容，必生內變。顏良、文醜，一夫之勇耳，可一戰而禽也。」

秋，八月，操進軍黎陽，使臧霸等將精兵入青州以扞東方，臧霸起於泰山，稱雄於東方者也，故使之爲扞；袁氏雖欲自平原而東，無能爲矣。留于禁屯河上。九月，操還許，分兵守官渡。賢曰：裴松之北征記曰：中牟臺，下臨汴水，是爲官渡，袁紹、曹操壘尙存焉。在今鄭州中牟縣北。據水經註，汴水卽莨蕩渠也。杜佑曰：鄭州中牟縣北十二里，有中牟臺，是爲官渡城，袁、曹相持之所。

袁紹遣人招張繡，幷與賈詡書結好。繡欲許之，詡於繡坐上好，呼到翻。坐，徂臥翻。顯謂紹使曰：「歸謝袁本初，兄弟不能相容，謂與袁術有隙，各結黨與以相圖也。顯者，明言之於稠人中也。而能容天下國士乎！」繡驚懼曰：「何至於此！」竊謂詡曰：「若此，當何歸？」詡曰：「不如從曹公。」繡曰：「袁強曹弱，又先與曹爲讎，謂淯水之戰，殺其子也。從之如何？」詡曰：「此乃所以宜從也。夫曹公奉天子以令天下，其宜從一也；紹強盛，我以少衆從之，少，詩沼翻；下同。必不以我爲重，曹公衆弱，其得我必喜，其宜從二也；夫有霸王之志者，固將釋私怨以明德於四海，其宜從三也。願將軍無疑！」冬，十一月，繡率衆降曹操，降，戶江翻。操執繡手，與歡宴，爲子均取繡女，爲，于僞翻。取，讀曰娶。拜揚武將軍；表詡爲執金吾，封都亭侯。凡郡、國、縣、道治所，皆有都亭。

關中諸將以袁、曹方爭，皆中立顧望。涼州牧韋端使從事天水楊阜詣許，阜還，關右諸將問：「袁、曹勝敗孰在？」阜曰：「袁公寬而不斷，好謀而少決；不斷則無威，斷，丁亂翻；下同。少決則後事，今雖強，終不能成大業。曹公有雄才遠略，決機無疑，法一而兵精，能用度外之人，所任各盡其力，必能濟大事者也。」

曹操使治書侍御史河東衛覬鎮撫關中，治，直之翻。覬，音冀。時四方大有還民，關中諸將多引爲部曲。覬書與荀彧曰：「關中膏腴之地，頃遭荒亂，人民流入荆州者十萬餘家，聞本土安寧，皆企望思歸；企，去智翻，舉踵也。而歸者無以自業，諸將各競招懷以爲部曲，郡縣貧弱，不能與爭，兵家遂強，一旦變動，必有後憂。夫鹽，國之大寶也，亂來放散，宜如舊置使者監賣，監，古銜翻；下同。以其直益市犂牛，若有歸民，以供給之，勤耕積粟以豐殖關中，遠民聞之，必日夜競還。又使司隸校尉留治關中以爲之主，治，直之翻。則諸將日削，官民日盛，此強本弱敵之利也。」彧以白操，操從之。始遣謁者僕射監鹽官，河東安邑鹽池，舊有鹽官。鹽之爲利厚矣，齊用管子鬻筴而霸；晉之定都，諸大夫必欲其近鹽；至漢武之世，斡之以佐軍興；及唐安、史之亂，第五琦榷鹽以贍國用；自此遂爲經賦，其利居天下歲入之半。監，工銜翻。司隸校尉治弘農。時以鍾繇爲司隸校尉。據魏略及三國志，繇實治洛陽，蓋暫治弘農，以招撫關中也。關中由是服從。

袁紹使人求助於劉表，表許之而竟不至，亦不援曹操。從事中郎南陽韓嵩、漢制，惟司隸校尉有從事中郎，至漢末，則州牧亦有從事中郎矣。別駕零陵劉先說表曰：說，輸芮翻。「今兩雄相持，天下之重在於將軍。若欲有爲，起乘其敝可也；如其不然，固將擇所宜從。豈可擁甲十萬，坐觀成敗，求援而不能助，見賢而不肯歸！此兩怨必集於將軍，恐不得中立矣。曹操善用兵，賢俊多歸之，其勢必舉袁紹，然後移兵以向江、漢，恐將軍不能禦也。今之勝計，勝計，謂諸計之中，此計爲勝也。莫若舉荆州以附曹操，操必重德將軍；長享福祚，垂之後嗣，此萬全之策也。」蒯越亦勸之，蒯，苦怪翻。表狐疑不斷，乃遣嵩詣許曰：「今天下未知所定，而曹操擁天子都許，君爲我觀其釁。」爲，于僞翻；下同。嵩曰：「聖達節；次守節。左傳，曹公子欣時之言。嵩，守節者也。夫君臣名定，以死守之；今策名委質，質，如字。唯將軍所命，雖赴湯蹈火，死無辭也。以嵩觀之，曹公必得志於天下。將軍能上順天子，下歸曹公，使嵩可也；如其猶豫，嵩至京師，天子假嵩一職，不獲辭命，則成天子之臣，將軍之故吏耳。在君爲君，則嵩守天子之命，義不得復爲將軍死也。惟加重思，爲，于僞翻。重，除用翻。重思，猶言三思也。無爲負嵩！」表以爲憚使，強之。以其憚於使許，強之使行。使，疏吏翻。至許，詔拜嵩侍中、零陵太守。及還，盛稱朝廷、曹公之德，勸表遣子入侍。表大怒，以爲懷貳，大會寮屬，陳兵，持節，將斬之，持節，以示將斬，猶不敢專殺，存漢制也。數曰：「韓嵩敢懷貳邪！」衆皆恐，欲令嵩謝。嵩不爲動容，數，所具翻。爲，于僞翻。徐謂表曰：「將軍負嵩，嵩不負將軍！」且陳前言。表妻蔡氏諫曰：「韓嵩，楚國之望也；且其言直，誅之無辭。」表猶怒，考殺從行者，從，才用翻；下同。知無他意，乃弗誅而囚之。

6 揚州賊帥鄭寶欲略居民以赴江表，帥，所類翻；下同。以淮南劉曄，高族名人，曄出於漢之宗室，與蔣濟、胡質俱爲揚州名士。欲劫之使唱此謀，曄患之。會曹操遣使詣州，有所案問，曄要與歸家。要，讀曰邀。寶來候使者，曄留與宴飲，手刃殺之，斬其首以令寶軍曰：「曹公有令，敢有動者，與寶同罪！」其衆數千人皆讋服，讋，卽涉翻，失氣也。推曄爲主。曄以其衆與廬江太守劉勳，勳怪其故，曄曰：「寶無法制，其衆素以鈔略爲利；僕宿無資，謂先無名位爲之資也。

鈔，楚交翻。而整齊之，必懷怨難久，故以相與耳！」天下殽亂之時，設有不幸爲衆推，當以劉曄爲法。勳以袁術部曲衆多，不能贍，遣從弟偕求米於上繚諸宗帥，不能滿數，不滿其所求之數也。繚，讀曰僚。偕召勳使襲之。

孫策惡勳兵強，僞卑辭以事勳曰：「上繚宗民數欺鄙郡，惡，烏路翻。數，所角翻。欲擊之，路不便。上繚甚富實，願君伐之，請出兵以爲外援。」且以珠寶、葛越賂勳。文選註曰：葛越，草布也。今葛布謂之葛越，白布謂之白越。勳大喜，外內盡賀，劉曄獨否，勳問其故，對曰：「上繚雖小，城堅池深，攻難守易，易，以豉翻。不可旬日而舉也。兵疲於外而國內虛，策乘虛襲我，則後不能獨守。是將軍進屈於敵，退無所歸，若軍必出，禍今至矣。」勳不聽，遂伐上繚；至海昏，宗帥知之，皆空壁逃遷，勳了無所得。時策引兵西擊黃祖，行及石城，海昏縣，屬豫章郡，當豫章大江之口，有地名慨口。永元中，分海昏置建昌縣。上繚，在建昌界。石城縣，屬丹楊郡。賢曰：在今蘇州西南。余據水經：石城縣在牛渚東。酈道元註又云：牛渚在石城東減五百里。未知孰是。又據五代志，宣城秋浦縣，舊曰石城。宋白曰：池州貴池、石埭二縣，皆漢石城縣之地。聞勳在海昏，策乃分遣從兄賁、輔將八千人屯彭澤，宋白曰：彭澤縣，取彭蠡澤爲名，漢屬豫章郡，今江州彭澤縣、南康軍都昌縣皆漢彭澤縣地。自與領江夏太守周瑜將二萬人襲皖城，克之，夏，戶雅翻。皖，戶版翻。得術、勳妻子及部曲三萬餘人，表汝南李術爲廬江太守，給兵三千人以守皖城，爲李術不附孫氏張本。皆徙所得民東詣吳。勳還至彭澤，孫賁、孫輔邀擊，破之。勳走保流沂，流沂，地名，近西塞。西塞山，在今壽昌軍東北三十里。求救於黃祖，祖遣其子射率船軍五千人助勳。船軍，卽舟師也。策復就攻勳，復，扶又翻；下同。大破之。勳北歸曹操，射亦遁走。

策收得勳兵二千餘人，船千艘，遂進擊黃祖。十二月，辛亥，策軍至沙羨，沙羨縣，屬江夏郡。晉灼曰：羨，音夷。水經註：蒲圻，江中有沙陽洲，沙陽縣治。縣本江夏之沙羨，晉太康中，改曰沙陽縣。劉表遣從子虎及南陽韓晞，將長矛五千來救祖。從，才用翻。將，卽亮翻。甲寅，策與戰，大破之，斬晞。祖脫身走，獲其妻子及船六千艘，艘，蘇刀翻。士卒殺溺死者數萬人。

策盛兵將徇豫章，屯于椒丘，椒丘，去豫章南昌縣數十里。謂功曹虞翻曰：「華子魚自有名字，華歆，字子魚。自有名字，言其名聞當時也。然非吾敵也。若不開門讓城，金鼓一震，不得無所傷害。卿便在前，具宣孤意。」翻乃往見華歆曰：「竊聞明府與鄙郡故王府君齊名中州，海內所宗，雖在東垂，常懷瞻仰。」歆曰：「孤不如王會稽。」王朗爲會稽太守，爲策所破。會，工外翻。翻復曰：「不審豫章資糧器仗，士民勇果，孰與鄙郡？」復，扶又翻。歆曰：「大不如也。」翻曰：「明府言不如王會稽，謙光之譚耳；易曰：謙尊而光。譚，與談同。精兵不如會稽，實如尊教。孫討逆智略超世，用兵如神，前走劉揚州，君所親見；劉揚州，謂劉繇。南定鄙郡，亦君所聞也。鄙郡，卽謂會稽。今欲守孤城，自料資糧，已知不足，不早爲計，悔無及也。今大軍已次椒丘，僕便還去，明日日中迎檄不到者，與君辭矣。」歆曰：「久在江表，常欲北歸；孫會稽來，吾便去也。」乃夜作檄，明旦，遣吏齎迎。策便進軍，歆葛巾迎策。考異曰：華嶠譜叙曰：「孫策略有揚州，盛兵徇豫章，一郡大恐，官屬請出郊迎。歆曰：『無然。』策稍進，復白發兵。又不聽。及策至，一府皆造閤，請出避之，乃笑曰：『今將自來，何遽避之！』有頃，門下白曰：『孫將軍至』，請見，乃前與歆共坐，談議良久，夜乃別去。義士聞之，皆長歎而心自服也。」此說太不近人情，今不取。策謂歆曰：「府君年德名望，遠近所歸；策年幼稚，稚，直利翻。宜脩子弟之禮。」便向歆拜，禮爲上賓。

孫盛曰：歆既無夷、皓韜邈之風，又失王臣匪躬之操，夷、皓，謂伯夷、四皓也。易曰：「王臣蹇蹇，匪躬之故。」言華歆不能高尚其志，又失蹇蹇匪躬之節也。撓心於邪儒之說，交臂於陵肆之徒，位奪節墮，咎孰大焉！邪儒，謂虞翻；陵肆，謂孫策也。撓，奴教翻。墮，讀曰隳。

7 策分豫章爲廬陵郡，以孫賁爲豫章太守，孫輔爲廬陵太守。會僮芝病，輔遂進取廬陵，僮芝據廬陵事見上卷上年。留周瑜鎮巴丘。裴松之曰：按孫策于時始得豫章、廬陵，尚未能得定江夏。瑜之所鎮，應在今巴丘縣也，與後所屯巴丘處不同。余據晉地理志，廬陵郡有巴丘縣。沈約曰：晉立。今撫州崇仁縣卽其地。梁改巴丘曰巴山。

孫策之克皖城也，撫視袁術妻子；及入豫章，收載劉繇喪，善遇其家。士大夫以是稱之。

會稽功曹魏騰嘗迕策意，迕，五故翻。策將殺之，衆憂恐，計無所出。策母吳夫人倚大井謂策曰：「汝新造江南，其事未集，方當優賢禮士，捨過錄功。魏功曹在公盡規，汝今日殺之，則明日人皆叛汝。吾不忍見禍之及，當先投此井中耳！」策大驚，遽釋騰。

初，吳郡太守會稽盛憲舉高岱孝廉，許貢來領郡，岱將憲避難於營帥許昭家。烏程鄒佗、錢銅及嘉興王晟等難，乃旦翻。帥，所類翻。姓譜：彭祖裔孫孚，爲周錢府上士，因官命氏。佗，徒河翻。沈約曰：嘉興縣，本名長水，秦改曰由拳；吳孫權黃龍四年，由拳縣生嘉禾，改曰禾興，孫皓避父名，改曰嘉興縣，屬吳郡。晟，承正翻。各聚衆萬餘或數千人，不附孫策。策引兵撲討，皆破之，撲，普卜翻。進攻嚴白虎。白虎兵敗，奔餘杭，餘杭縣，前漢屬會稽郡，後漢分屬吳郡。投許昭。程普請擊昭，策曰：「許昭有義於舊君，有誠於故友，此丈夫之志也。」裴松之曰：許昭有義於舊君，謂濟盛憲也；有誠於故友，則受嚴白虎也。乃舍之。舍，讀曰捨。

8 曹操復屯官渡。復，扶又翻。操常從士徐他等謀殺操，常從士，常隨從在左右者也。從，才用翻。他，徒何翻。入操帳，見校尉許褚，色變，褚覺而殺之。

9 初，車騎將軍董承稱受帝衣帶中密詔，與劉備謀誅曹操。操從容謂備曰：從，千容翻。「今天下英雄，惟使君與操耳，本初之徒，不足數也！」備方食，失匕箸；備以操知其英雄，懼將圖己，故驚失匕筯也。匕，匙也；箸，挾也。箸，遲助翻。值天雷震，備因曰：「聖人云『迅雷風烈必變』，論語記孔子之容。良有以也。」遂與承及長水校尉种輯、將軍吳子蘭、王服等同謀。會操遣備與朱靈邀袁術，程昱、郭嘉、董昭皆諫曰：「備不可遣也！」操悔，追之，不及。術既南走，朱靈等還。備遂殺徐州刺史車胄，留關羽守下邳，行太守事，身還小沛。車，尺遮翻。考異曰：蜀志先敍董承謀洩誅死，備乃殺車胄。魏志，備殺車胄後，明年，董承乃死。袁紀，備據下邳亦在承死前。蜀志誤也。東海賊昌豨及郡縣多叛操爲備。據蜀志，昌豨卽昌霸。豨，許豈翻，又音希。呂布之敗，太山諸屯帥皆降於曹操，獨豨反側於其間，蓋自恃其才略過於臧霸之徒也。備衆數萬人，遣使與袁紹連兵，操遣司空長史沛國劉岱、中郎將扶風王忠擊之，不克。備謂岱等曰：「使汝百人來，無如我何；曹公自來，未可知耳！」

五年（庚辰、二〇〇）

1春，正月，董承謀洩；壬子，曹操殺承及王服、种輯，皆夷三族。

操欲自討劉備，諸將皆曰：「與公爭天下者，袁紹也。今紹方來而棄之東，言紹方來寇，乃棄而不顧而東征備也。紹乘人後，若何？」操曰：「劉備，人傑也，今不擊，必爲後患。」郭嘉曰：「紹性遲而多疑，來必不速。備新起，衆心未附，急擊之，必敗。」操師遂東。冀州別駕田豐說袁紹曰：「曹操與劉備連兵，未可卒解。說，輸芮翻。卒，讀曰猝。公舉軍而襲其後，可一往而定。」紹辭以子疾，未得行。豐舉杖擊地曰：「嗟乎！遭難遇之時，而以嬰兒病失其會，惜哉，事去矣！」

曹操擊劉備，破之，考異曰：魏書曰：「備謂操與大敵連，不得東；而候騎卒至，言曹公來，備大驚，然猶未信自將數十騎出望公軍，見麾旌，便棄衆而走。」計備必不至此，魏書多妄。獲其妻子；進拔下邳，禽關羽；又擊昌豨，破之。備奔青州，因袁譚以歸袁紹。紹聞備至，去鄴二百里迎之；紹遠出迎備，重敬之也。駐月餘，所亡士卒稍稍歸之。

曹操還軍官渡，紹乃議攻許，田豐曰：「曹操既破劉備，則許下非復空虛。復，扶又翻。且操善用兵，變化無方，衆雖少，少，詩沼翻；下同。未可輕也，今不如以久持之。將軍據山河之固，擁四州之衆，外結英雄，內修農戰，然後簡其精銳，分爲奇兵，孫子兵法曰：凡戰，以正合，以奇勝。註曰：正者，當敵；奇者，擊其不備。乘虛迭出以擾河南，救右則擊其左，救左則擊其右，使敵疲於奔命，民不得安業，我未勞而彼已困，不及二年，可坐克也。今釋廟勝之策定策於廟堂之上而決勝於千里之外，謂之廟勝。孫子曰：未戰而廟勝，得算多也；未戰而廟不勝，得算少也。而決成敗於一戰，若不如志，悔無及也。」紹不從。豐強諫忤紹，紹以爲沮衆，械繫之。忤，五故翻。沮，在呂翻。於是移檄州郡，數操罪惡。數，所具翻。二月，進軍黎陽。

沮授臨行，會其宗族，散資財以與之沮，子余翻。曰：「勢存則威無不加，勢亡則不保一身，哀哉！」其弟宗曰：「曹操士馬不敵，君何懼焉！」授曰：「以曹操之明略，又挾天子以爲資，我雖克伯珪，公孫瓚，字伯珪。衆實疲敝，而主驕將忲，將，卽亮翻。忲，他蓋翻，侈也。軍之破敗，在此舉矣。揚雄有言：『六國蚩蚩，爲嬴弱姬。』其今之謂乎！」賢曰：法言之文也。嬴，秦姓；姬，周姓。方言曰：蚩，悖也。六國悖惑，侵弱周室，終爲秦所併也。爲，于僞翻。

振威將軍程昱沈約曰：振威將軍，始於後漢初，宋登爲之。以七百兵守鄄城。鄄，音絹。曹操欲益昱兵二千，昱不肯，曰：「袁紹擁十萬衆，自以所向無前，今見昱少兵，必輕易，少，詩沼翻；下同。易，以豉翻。不來攻。若益昱兵，過則不可不攻，攻之必克，徒兩損其勢，願公無疑。」紹聞昱兵少，果不往。操謂賈詡曰：「程昱之膽，過於賁、育矣！」賁，音奔。

袁紹遣其將顏良攻東郡太守劉延於白馬。賢曰：白馬縣，屬東郡，今滑州縣也，故城在今縣東。沮授曰：「良性促狹，雖驍勇，不可獨任。」紹不聽。驍，堅堯翻。夏，四月，曹操北救劉延。荀攸曰：「今兵少不敵，必分其勢乃可。公到延津，杜預曰：陳留酸棗縣北，有延津。唐衞州新鄉縣有延津關。關蓋在延津北岸，曹操所向，乃延津南岸。若將渡兵向其後者，紹必西應之，然後輕兵襲白馬，掩其不備，顏良可禽也。」操從之。紹聞兵渡，卽分兵西邀之。操乃引軍兼行趣白馬，趣，七喩翻。未至十餘里，良大驚，來逆戰。操使張遼、關羽先登擊之。羽望見良麾蓋，戎車，大將所乘者，設幢麾，張蓋。策馬刺良於萬衆之中，刺，七亦翻。斬其首而還，還，從宣翻，又如字。紹軍莫能當者。遂解白馬之圍，徙其民，循河而西。

紹渡河追之，沮授諫曰：「勝負變化，不可不詳。今宜留屯延津，分兵官渡，若其克獲，還迎不晚，還迎留屯大軍也。設其有難，難，乃旦翻。衆弗可還。」紹弗從。授臨濟歎曰：「上盈其志，下務其功，悠悠黄河，吾其濟乎！」遂以疾辭。紹不許而意恨之，復省其所部，幷屬郭圖。

紹軍至延津南，操勒兵駐營南阪下，水經註：白馬縣有神馬亭，實中層峙，南北二百步，東西五十餘步。自外耕耘墾斫，削落平盡。正南有陟躔，陛下方軌，西去白馬津可二十里，南距白馬縣故城可五十里，即開山圖所謂白馬山也。南陂其在山之南歟！此時操兵循河已入酸棗界，當攷。使登壘望之，曰：「可五六百騎。」有頃，復白：「騎稍多，步兵不可勝數。」復，扶又翻；下同。勝，音升。數，所具翻。操曰：「勿復白。」令騎解鞍放馬。是時，白馬輜重就道。諸將以爲敵騎多，不如還保營。荀攸曰：「此所以餌敵，如何去之！」操顧攸而笑。紹騎將文醜與劉備將五六千騎前後至。諸將復白：「可上馬。」操曰：「未也。」有頃，騎至稍多，或分趣輜重。趣，七喻翻。重，直用翻。操曰：「可矣。」乃皆上馬。時騎不滿六百，遂縱兵擊，大破之，斬醜。醜與顔良，皆紹名將也，再戰，悉禽之，紹軍奪氣。三軍以氣爲主，氣奪則其軍不振。

初，操壯關羽之爲人，而察其心神無久留之意，使張遼以其情問之，羽歎曰：「吾極知曹公待我厚；然吾受劉將軍恩，誓以共死，不可背之。背，蒲妹翻。吾終不留，要當立效以報曹公乃去耳。」遼以羽言報操，操義之。及羽殺顏良，操知其必去，重加賞賜。羽盡封其所賜，拜書告辭，而奔劉備於袁軍。袁紹軍也。左右欲追之，操曰：「彼各爲其主，爲，于僞翻。勿追也。」

操還軍官渡，閻柔遣使詣操，操以柔爲烏桓校尉。鮮于輔身見操於官渡，操以輔爲右度遼將軍，還鎮幽土。當是時，幽州爲紹所統，與許隔遠，而柔、輔已歸心於操矣。漢度遼將軍，始於范明友；中興之後，置度遼將軍以護南匈奴，屯於西河。今使鮮于輔還鎮幽土，故以爲右度遼將軍。自中國而北，向以西河爲左，幽土爲右也。

2 廣陵太守陳登治射陽，射陽縣，前漢屬臨淮郡，後漢屬廣陵郡。應劭曰：在射水之陽。今楚州山陽縣有射陽湖，卽其地。賢曰：射陽在今楚州安宜縣東。孫策西擊黃祖，登誘嚴白虎餘黨，圖爲後害。策還擊登，軍到丹徒，丹徒縣，前漢屬會稽郡，後漢分屬吳郡，春秋之朱方也。秦時望氣者云，其地有天子氣。始皇使赭徒二千人鑿城以敗其勢，改曰丹徒。考異曰：此事出江表傳。據策傳云：「策謀襲許，未發而死。」陳矯傳云：「登爲孫權所圍於匡奇。登令矯求救於太祖，太祖遣赴救。吳軍既退，登設伏追奔，大破之。」先賢行狀云：「登有吞滅江南之志，孫策遣軍攻登於匡奇城，登大破之，斬虜以萬數。賊忿喪軍，尋復大興兵向登。登使功曹陳矯求救於太祖。」此數者，參差不同。孫盛異同評云：「按袁紹以建安五年至黎陽，策以四月遇害。而志云：策聞曹公與紹相拒於官渡，謬矣。伐登之言爲有證也。」今從之。須待運糧。初，策殺吳郡太守許貢，考異曰：江表傳曰：「初，貢上表於漢帝，言策驍雄，宜召還京邑，若放於外，必作世患。候吏得表以示策，策以讓貢，貢辭無表，策令武士絞殺之。」按貢先爲朱治所迫，已去郡依嚴白虎，安能復爾，蓋策破白虎時殺貢耳。貢奴客潛民間，欲爲貢報讎。策性好獵，數出驅馳，爲，于僞翻。好，呼到翻。數，所角翻。所乘馬精駿，從騎絕不能及，從，才用翻。卒遇貢客三人，卒，讀曰猝。射策中頰，後騎尋至，皆刺殺之。策創甚，射，而亦翻。中，竹仲翻。刺，七亦翻。創，初良翻。召張昭等謂曰：「中國方亂，以吳、越之衆，三江之固，韋昭曰：三江，謂吳松江、錢塘江、浦陽江也。吳地記云：松江東北行七十里，得三江口，東北入海爲婁江，東南入海爲東江，并松江爲三江。足以觀成敗，公等善相吾弟！」相，息亮翻。呼權，佩以印綬，謂曰：「舉江東之衆，決機於兩陳之間，陳，讀曰陣。與天下爭衡，衡，所以平輕重也；爭衡，言分爭之世，兵力所加，天下大勢爲之輕重也。卿不如我；舉賢任能，各盡其心以保江東，我不如卿。」丙午，策卒，考異曰：虞喜志林云策以四月四日死，故置此。陳志策傳：「策陰欲襲許，迎漢帝，密治兵。部署未發，爲許貢客所殺。」郭嘉傳曰：「策渡江，北襲許，衆聞皆懼。嘉料之曰：『策輕而無備，必死於匹夫之手。』果爲貢客所殺。」嘉雖先見，安能知策死於未襲許之前乎！蓋時人見策臨江治兵，疑其襲許，嘉料其不能爲耳。時年二十六。

權悲號，未視事，號，戶刀翻。張昭曰：「孝廉！此寧哭時邪！」孫權先爲陽羨長，郡察孝廉，故以稱之。乃改易權服，扶令上馬，使出巡軍。昭率僚屬，上表朝廷，下移屬城，中外將校，各令奉職。周瑜自巴丘將兵赴喪，遂留吳，以中護軍與張昭共掌衆事。秦置護軍都尉，漢因之。高祖以陳平爲護軍中尉。武帝復以爲護軍都尉，屬大司馬。三國虎爭，始有中護軍之官。東觀記曰：漢大將軍出征，置中護軍一人。魏、晉以後，資輕者爲中護軍，資重者爲護軍將軍。然吳又有左右護軍，則吳制自是分中、左、右爲三部。時策雖有會稽、吳郡、丹陽、豫章、廬江、廬陵，然深險之地，猶未盡從，流寓之士，皆以安危去就爲意，未有君臣之固，而張昭、周瑜等謂權可與共成大業，遂委心而服事焉。

3 秋，七月，立皇子馮爲南陽王；壬午，馮薨。

4 汝南黃巾劉辟等叛曹操應袁紹，紹遣劉備將兵助辟，郡縣多應之。紹遣使拜陽安都尉李通爲征南將軍，劉表亦陰招之，通皆拒焉。或勸通從紹，通按劍叱之曰：「曹公明哲，必定天下；紹雖強盛，終爲之虜耳。吾以死不貳。」卽斬紹使，使，疏吏翻。送印綬詣操。

通急錄戶調，調，徒釣翻；下同。戶出緜絹謂之調。錄，收拾也。朗陵長趙儼見通曰：「方今諸郡並叛，獨陽安懷附，復趣收其緜絹，復，扶又翻。趣，讀曰促。小人樂亂，樂，音洛。無乃不可乎？」通曰：「公與袁紹相持甚急，左右郡縣背叛乃爾，背，蒲妹翻；下同。若緜絹不調送，觀聽者必謂我顧望，有所須待也。」儼曰：「誠亦如君慮，然當權其輕重。小緩調，當爲君釋此患。」爲，于僞翻。乃書與荀彧曰：「今陽安郡百姓困窮，鄰城並叛，易用傾蕩，易，以豉翻。乃一方安危之機也。且此郡人執守忠節，在險不貳，以爲國家宜垂慰撫；而更急斂緜絹，斂，力贍翻。何以勸善！」彧卽白操，悉以緜絹還民，上下歡喜，郡內遂安。通擊羣賊瞿恭等，皆破之，瞿，姓也；王僧孺百家譜有蒼梧瞿寶。遂定淮、汝之地。

時操制新科，下州郡，頗增嚴峻，而調緜絹方急。長廣太守何夔長廣縣，前漢屬琅邪郡，後漢屬東萊郡。此蓋操遣樂進入青州，新收以爲郡。言於操曰：「先王辨九服之賦以殊遠近；周官職方氏辨九服之邦國：方千里曰王畿，其外方五百里曰侯服，又其外方五百里曰甸服，又其外方五百里曰男服，又其外方五百里曰采服，又其外方五百里曰衞服，又其外方五百里曰蠻服，又其外方五百里曰夷服，又其外方五百里曰鎮服，又其外方五百里曰藩服。制三典之刑以平治亂。周官大司寇：掌建邦之三典，以佐王刑邦國：一曰刑新國用輕典，二曰刑平國用中典，三曰刑亂國用重典。治，直吏翻。愚以爲此郡宜依遠域新邦之典，其民間小事，使長吏臨時隨宜，上不背正法，下以順百姓之心。背，蒲妹翻；下同。比及三年，比，必寐翻。民安其業，然後乃可齊之以法也。」操從之。

劉備略汝、潁之間，自許以南，吏民不安，曹操患之。曹仁曰：「南方以大將【章：甲十一行本無「將」字；乙十一行本同。】軍方有目前急，其勢不能相救，劉備以強兵臨之，其背叛故宜也。備新將紹兵，未能得其用，擊之，可破也。」操乃使仁將騎擊備，破走之，將，卽亮翻。盡復收諸叛縣而還。

備還至紹軍，陰欲離紹，還，從宣翻，又如字。離，力智翻，去也。乃說紹南連劉表。紹遣備將本兵復至汝南，說，輸芮翻。復，扶又翻；下同。與賊龔都等合，衆數千人。曹操遣將蔡楊擊之，爲備所殺。

袁紹軍陽武，陽武縣，屬河南尹，在官渡水北。沮授說紹曰：「北兵雖衆而勁果不及南，南軍穀少而資儲不如北；南幸於急戰，北利在緩師。宜徐持久，曠以日月。」紹不從。八月，紹進營稍前，依沙埴爲屯，埴，都回翻。東西數十里。操亦分營與相當。

5 九月，庚午朔，日有食之。

6 曹操出兵與袁紹戰，不勝，復還，堅壁。紹爲高櫓，賢曰：釋名曰：櫓者，露上無覆屋也。起土山，射營中，射，而亦翻。營中皆蒙楯而行。楯，食尹翻。賢曰：今之旁排也。操乃爲霹靂車，賢曰：以其發石聲烈震，呼之爲霹靂，卽今之砲車也。張晏曰：范蠡兵法，飛石重十二斤，爲機發，行三百步。操蓋祖其遺法耳。魏氏春秋曰：以古有矢石。又傳云：旝動而鼓。說曰：旝，發石也，於是造發石車。車，尺遮翻。發石以擊紹樓，皆破；紹復爲地道攻操，操輒於內爲長塹以拒之。操衆少糧盡，少，詩沼翻；下同。士卒疲乏，百姓困於征賦，多叛歸紹者。操患之，與荀彧書，議欲還許，以致紹師。賢曰：致，猶至也。兵法：善戰者，致人，不致於人。彧報曰：「紹悉衆聚官渡，欲與公決勝敗。公以至弱當至強，若不能制，必爲所乘，是天下之大機也。且紹，布衣之雄耳，能聚人而不能用。以公之神武明哲而輔以大順，何向而不濟！今穀食雖少，未若楚、漢在滎陽、成皋間也。是時劉、項莫肯先退者，以爲先退則勢屈也。公以十分居一之衆，賢曰：言與紹衆相懸也。畫地而守之，賢曰：言畫地作限隔也。搤其喉而不得進，已半年矣。搤，於革翻。情見勢竭，必將有變。見，賢遍翻。此用奇之時，不可失也。」操從之，乃堅壁持之。

操見運者，撫之曰：「卻十五日卻，後也；晉人帖中多用「少卻」字，其意猶言「少退」也。爲汝破紹，不復勞汝矣。」爲，于僞翻。復，扶又翻；下同。紹運穀車數千乘至官渡。乘，繩證翻；下同。荀攸言於操曰：「紹運車旦暮至，其將韓猛鋭而輕敵，擊，可破也！」操曰：「誰可使者？」攸曰：「徐晃可。」乃遣偏將軍河東徐晃按沈約志，曹魏置將軍四十號，偏將軍、裨將軍居其末。與史涣邀擊猛，破走之，燒其輜重。重，直用翻；下同。

冬，十月，紹復遣車運穀，使其將淳于瓊等將兵萬餘人送之，宿紹營北四十里。沮授説紹：「可遣蔣奇别爲支軍於表，説，輸芮翻。支，别也；表，外也。以絶曹操之鈔。」鈔，楚交翻。紹不從。

許攸曰：「曹操兵少而悉師拒我，許下餘守，勢必空弱。若分遣輕軍，星行掩襲，星行，戴星而行也。許可拔也。許拔，則奉迎天子以討操，操成禽矣。如其未潰，可令首尾奔命，破之必也。」紹不從，曰：「吾要當先取操。」會攸家犯法，審配收繫之，攸怒，遂奔操。考異曰：魏志武紀曰：「攸貪財，袁紹不能足，來奔。」今從范書紹傳。

操聞攸來，跣出迎之，撫掌笑曰：「子卿遠來，吾事濟矣！」許攸，字子遠，今呼爲子卿，貴之也。或曰：操字攸曰：「子遠，卿來，吾事濟矣。」於文爲順。既入坐，坐，徂卧翻。謂操曰：「袁氏軍盛，何以待之？今有幾糧乎？」操曰：「尚可支一歲。」攸曰：「無是，更言之！」又曰：「可支半歲。」攸曰：「足下不欲破袁氏邪，何言之不實也！」操曰：「向言戲之耳。其實可一月，爲之柰何？」攸曰：「公孤軍獨守，外無救援而糧穀已盡，此危急之日也。袁氏輜重萬餘乘，在故市、烏巢，據水經，烏巢澤，在陳留酸棗縣東南。乘，繩證翻。屯軍無嚴備，若以輕兵襲之，不意而至，燔其積聚，積，七賜翻。聚，慈喩翻。不過三日，袁氏自敗也。」操大喜，乃留曹洪、荀攸守營，自將步騎五千人，皆用袁軍旗幟，幟，赤志翻。銜枚縛馬口，夜從間道出，間，古莧翻。人抱束薪，所歷道有問者，語之曰：語，牛倨翻。「袁公恐曹操鈔略後軍，遣兵以益備。」聞者信以爲然，皆自若。既至，圍屯，大放火，營中驚亂。會明，瓊等望見操兵少，出陳門外，陳，讀曰陣。操急擊之，瓊退保營，操遂攻之。

紹聞操擊瓊，謂其子譚曰：「就操破瓊，吾拔其營，彼固無所歸矣！」就，卽也；言卽使操破淳于瓊，而我攻拔其營，將無所歸也。乃使其將高覽、張郃等攻操營。郃，曷閤翻，又古盍翻。郃曰：「曹公精兵往，必破瓊等，瓊等破，則事去矣，請先往救之。」郭圖固請攻操營。郃曰：「曹公營固，攻之必不拔。若瓊等見禽，吾屬盡爲虜矣。」紹但遣輕騎救瓊，而以重兵攻操營，不能下。

紹騎至烏巢，操左右或言「賊騎稍近，請分兵拒之。」操怒曰：「賊在背後，乃白！」士卒皆殊死戰，遂大破之，斬瓊等，盡燔其糧穀，士【章：甲十一行本「士」上有「殺」字；乙十一行本同；孔本同；張校同。】卒千餘人，皆取其鼻，牛馬割脣舌，以示紹軍。紹軍將士皆恟懼。恟，許勇翻。郭圖慙其計之失，復譖張郃於紹曰：復，扶又翻。「郃快軍敗。」郃忿懼，遂與高覽焚攻具，詣操營降。降，戶江翻；下同。曹洪疑不敢受，荀攸曰：「郃計畫不用，怒而來奔，君有何疑！」乃受之。

於是紹軍驚擾，大潰。紹及譚等幅巾乘馬，傅子曰：漢末，王公多委正服，以幅巾爲雅，是以袁紹、崔豹之徒，雖爲將帥，皆著縑巾。魏太祖以天下凶荒，資財乏匱，擬古皮弁，裁縑帛以爲帢，合乎簡易隨時之義，以色別其貴賤，于今施行。可謂軍容，非國容也。與八百騎渡河。操追之不及，盡收其輜重、圖書、珍寶。餘衆降者，操盡阬之，前後所殺七萬餘人。考異曰：范書紹傳曰：「所殺八萬人。」按獻帝起居注：曹公上言，凡斬首七萬餘級。

沮授不及紹渡，爲操軍所執，乃大呼曰：呼，火故翻。「授不降也，爲所執耳！」操與之有舊，迎謂曰：「分野殊異，遂用圮絕，二十八宿布列於天，各有躔度。周天三百六十五度四分度之一，分爲十二次。班固取三統曆十二次配十二野，而分野之說行焉。費直說周易、蔡邕月令章句所言頗有先後，魏太史令陳卓更言郡國所入宿度，而分野之說詳矣。皇甫謐曰：黃帝推分星次以定律度，天有十二次，日月之所躔也；地有十二分，王侯之所國也。分，扶問翻。「圮」，當作「否」；否，隔也。不圖今日乃相禽也！」授曰：「冀州失策，自取奔北。紹牧冀州，故稱之，猶劉備以牧豫州，稱之爲劉豫州。授知力俱困，宜其見禽。」操曰：「本初無謀，不相用計，今喪亂未定，知，讀曰智。喪，息浪翻。方當與君圖之。」授曰：「叔父、母弟，縣命袁氏，縣，讀曰懸。若蒙公靈，速死爲福。」操歎曰：「孤早相得，天下不足慮也。」遂赦而厚遇焉。授尋謀歸袁氏，操乃殺之。

操收紹書中，得許下及軍中人書，皆焚之，曰：「當紹之強，孤猶不能自保，況衆人乎！」此光武安反側之意。英雄處事，世雖相遠，若合符節。

冀州城邑多降於操。降，戶江翻。袁紹走至黎陽北岸，入其將軍蔣義渠營，把其手曰：「孤以首領相付矣！」義渠避帳而處之，處，昌呂翻。使宣號令。衆聞紹在，稍復歸之。

或謂田豐曰：「君必見重矣。」豐曰：「公貌寬而內忌，不亮吾忠，亮，信也，明也。而吾數以至言迕之，數，所角翻。迕，五故翻。若勝而喜，猶能救【章：乙十一行本「救」作「赦」；孔本同；張校同。】我，今戰敗而恚，恚，於避翻。內忌將發，吾不望生。」紹軍士皆拊膺泣曰：「向令田豐在此，必不至於敗。」紹謂逢紀曰：逢，皮江翻。「冀州諸人聞吾軍敗，皆當念吾，惟田別駕前諫止吾，與衆不同，吾亦慙之。」紀曰：「豐聞將軍之退，拊手大笑，喜其言之中也。」中，竹仲翻。紹於是謂僚屬曰：「吾不用田豐言，果爲所笑。」遂殺之。初，曹操聞豐不從戎，謂紹囚之，不使從軍也。喜曰：「紹必敗矣。」及紹奔遁，復曰：復，扶又翻；下同。「向使紹用其別駕計，尙未可知也。」

審配二子爲操所禽，紹將孟岱言於紹曰：「配在位專政，族大兵強，且二子在南，必懷反計。」郭圖、辛評亦以爲然。紹遂以岱爲監軍，代配守鄴。監，古銜翻。護軍逄紀素與配不睦，紹以問之，紀曰：「配天性烈直，每慕古人之節，必不以二子在南爲不義也。願公勿疑。」紹曰：「君不惡之邪？」惡，烏路翻。紀曰：「先所爭者，私情也；今所陳者，國事也。」紹曰：「善！」乃不廢配，配由是更與紀親。逄紀能爲審配言，而不肯救田豐之死，果爲國事乎！冀州城邑叛紹者，紹稍復擊定之。

紹爲人寬雅，有局度，喜怒不形於色，而性矜愎自高，愎，平逼翻；戾也，狠也。短於從善，故至於敗。

7 冬，十月，辛亥，有星孛于大梁。賢曰：大梁，西之分。蔡邕曰：自胃一度至畢六度，謂之大梁之次。皇甫謐曰：自胃七度至畢十度曰大梁之次。晉書天文志從謐。孛，蒲內翻。

8 廬江太守李術攻殺揚州刺史嚴象，廬江梅乾、雷緒、陳蘭等各聚衆數萬在江淮間，曹操表沛國劉馥爲揚州刺史。時揚州獨有九江，時廬江、丹陽、會稽、吳郡、豫章，皆屬孫氏；馥刺揚州，獨有九江耳。馥單馬造合肥空城，建立州治，郡國志：漢揚州刺史治歷陽。今馥移合肥，後又移治壽春，而江左揚州治建業，揚州分矣。造，七到翻。招懷乾、緒等，皆貢獻相繼。數年中，恩化大行，流民歸者以萬數。於是廣屯田，興陂堨；堨，於葛翻。以土壅水曰堨。官民有畜，乃聚諸生，立學校；又高爲城壘，多積木石，以脩戰守之備。爲孫權攻合肥不能下張本。

9 曹操聞孫策死，欲因喪伐之。侍御史張紘諫曰：三年，策遣紘獻方物至許，拜侍御史。「乘人之喪，既非古義，古不伐喪。若其不克，成讎棄好，好，呼到翻。不如因而厚之。」操卽表權爲討虜將軍，討虜將軍之號，創置於此。領會稽太守。會，工外翻。

操欲令紘輔權內附，乃以紘爲會稽東部都尉。沈約曰：臨海太守，本會稽東部都尉治。前漢都尉治鄞，後漢分會稽爲吳郡，疑是都尉徙治章安也。紘至吳，太夫人以權年少，少，詩照翻。委紘與張昭共輔之。紘思惟補察，知無不爲。太夫人問揚武都尉會稽董襲曰：「江東可保不？」不，讀曰否。襲曰：「江東有山川之固，而討逆明府恩德在民，討虜承基，大小用命，討逆，策也；討虜，權也。張昭秉衆事，襲等爲爪牙，此地利人和之時也，萬無所憂。」權遣張紘之部，或以紘本受北任，嫌其志趣不止於此，權不以介意。介，間也，纖微也；言其意不以纖微嫌間也。

魯肅將北還，肅從孫策事，見上卷三年。周瑜止之，考異曰：肅傳曰：「劉子揚招肅往依鄭寶，肅將從之。瑜以權可輔，止肅。」按劉曄殺鄭寶，以其衆與劉勳，勳爲策所滅，寶安得及權時也。因薦肅於權曰：「肅才宜佐時，當廣求其比以成功業。」權卽見肅，與語，悅之。賓退，獨引肅合榻對飲，榻，牀也。有坐榻，有臥榻。今江南又呼几案之屬爲卓牀。卓，高也；以其比坐榻、臥榻爲高也。合榻，猶言合卓也。曰：「今漢室傾危，孤思有桓、文之功，君何以佐之？」肅曰：「昔高帝欲尊事義帝而不獲者，以項羽爲害也。今之曹操，猶昔項羽，將軍何由得爲桓、文乎！肅竊料之，漢室不可復興，曹操不可卒除，復，扶又翻。卒，讀曰猝。爲將軍計，惟有保守江東以觀天下之釁耳。若因北方多務，勦除黄祖，進伐劉表，竟長江所極，據而有之，此王業也。」江東君臣上下，本謀不過此耳。權曰：「今盡力一方，冀以輔漢耳，此言非所及也。」張昭毁肅年少粗疏，少，詩照翻。權益貴重之，賞賜儲偫，富擬其舊。魯肅家本饒富，先嘗指囷以資周瑜矣。偫，直里翻。

權料諸小將兵少而用薄者，并合之。料，力條翻，量也；又力弔翻。別部司馬汝南呂蒙，續漢志：大將軍營五部，部各有校尉一人，軍司馬一人，其別營領屬爲別部司馬，其兵多少，各隨時宜。軍容鮮整，士卒練習。權大悅，增其兵，寵任之。

功曹駱統勸權尊賢接士，勤求損益，饗賜之日，人人別進，問其燥濕，人之居處，避濕就燥。問其燥濕者，問其居處何如也。加以密意，誘諭使言，察其志趣。權納用焉。統，俊之子也。駱俊見上卷二年。誘，音酉。

廬陵太守孫輔恐權不能保江東，陰遣人齎書呼曹操。行人以告，權悉斬輔親近，分其部曲，徙輔置東。置之吳東也。

曹操表徵華歆爲議郎、參司空軍事。廬江太守李術不肯事權，而多納其亡叛。術本權兄策所樹置也。權以狀白曹操曰：「嚴刺史昔爲公所用，而李術害之，肆其無道，宜速誅滅。今術必復詭說求救。明公居阿衡之任，以伊尹況操。復，扶又翻；下同。海内所瞻，願敕執事，勿復聽受。」因舉兵攻術於皖城。皖，戶板翻。術求救於操，操不救。遂屠其城，梟術首，梟，堅堯翻。徙其部曲二萬餘人。

10 劉表攻張羨，連年不下。羨叛表事始上卷三年。曹操方與袁紹相拒，未暇救之。羨病死，長沙復立其子懌。表攻懌及零、桂，皆平之。於是表地方數千里，帶甲十餘萬，遂不供職貢，郊祀天地，居處服用，僭擬乘輿焉。處，昌呂翻。

11 張魯以劉璋闇懦，不復承順，襲別部司馬張脩，殺之而并其衆。魯初與脩取漢中，事見六十卷初平二年。璋怒，殺魯母及弟，魯遂據漢中，與璋爲敵。璋遣中郎將龐羲擊之，不克。璋以羲爲巴郡太守，屯閬中以禦魯。閬中縣，屬巴郡。羲輒召漢昌賨民爲兵，譙周巴記曰：和帝永元中，分宕渠之地置漢昌縣，屬巴郡。夷人歲入賨錢，口四十，謂之賨民。賨，徂宗翻。或構羲於璋，璋疑之。趙韙數諫不從，亦恚恨。數，所角翻。

初，南陽、三輔民流入益州者數萬家，劉焉悉收以爲兵，名曰東州兵。璋性寬柔，無威略，東州人侵暴舊民，璋不能禁。趙韙素得人心，趙韙從焉入蜀，璋又韙所立，益州之大吏也。因益州士民之怨，遂作亂，引兵數萬攻璋；厚賂荊州，荊州劉表也。與之連和；蜀郡、廣漢、犍爲皆應之。犍，居言翻。

資治通鑑卷第六十四

翰林學士兼侍讀學士朝散大夫右諫議大夫知制誥判尚書都省兼提
舉萬壽觀公事上護軍河內郡開國侯食邑一千三百戶賜紫金魚袋臣　司馬光　奉敕編集
後　學　天　台　胡三省　音　註

漢紀五十六

起重光大荒落（辛巳），盡旃蒙作噩（乙酉），凡五年。

孝獻皇帝己

建安六年（辛巳、二〇一）

1 春，三月，丁卯朔，日有食之。

2 曹操就穀於安民。據水經，東平壽張縣西界，有安民亭。亭在濟水東，亭北對安民山。洪氏隸釋曰：濟水逕須句城西，水西有安民山。趙明誠金石錄曰：按地里志，須句城，即今中都縣。以袁紹新破，欲以其間擊劉表。間，古莧翻。荀彧曰：「紹既新敗，其衆離心，宜乘其困，遂定之；而欲遠師江、漢，若紹收其餘燼，乘虛以出人後，則公事去矣。」操乃止。夏，四月，操揚兵河上，擊袁紹倉亭軍，破之。紹蓋遣軍屯倉亭津。秋，九月，操還許。

3操自擊劉備於汝南，備奔劉表，龔都等皆散。備合龔都事見上卷上年。表聞備至，自出郊迎，以上賓禮待之，益其兵，使屯新野。水經註，新野縣，在安衆縣東南。備在荆州數年，嘗於表坐起至廁，慨然流涕。表怪，問備，備曰：「平常身不離鞍，坐，徂臥翻。離，力智翻。髀肉皆消。今不復騎，髀裹肉生。日月如流，老將至矣，而功業不建，是以悲耳。」史言備志氣不衰，所以能成三分之業。復，扶又翻。

4曹操遣夏侯淵、張遼圍昌豨於東海，豨叛操事見上卷三年。豨，許豈翻，又音希。數月，糧盡，議引軍還。遼謂淵曰：「數日已來，每行諸圍，豨輒屬目視遼，行，下孟翻。屬，之欲翻。又其射矢更稀；此必豨計猶豫，故不力戰。遼欲挑與語，射，而亦翻。挑，徒了翻。儻可誘也。」儻，或然之辭。誘，音酉。乃使謂豨曰：「公有命，使遼傳之。」豨果下與遼語。遼爲說操神武，方以德懷四方，先附者受大賞。爲，于僞翻。豨乃許降。降，戶江翻。遼遂單身上三公山，上，時掌翻。入豨家，拜妻子。豨歡喜，隨遼詣操；操遣豨還。

5趙韙圍劉璋於成都。東州人恐見誅滅，相與力戰，韙遂敗退，追至江州，賢曰：江州縣，屬巴郡。今渝州巴縣。殺之。趙韙隨劉焉入蜀，將以圖富貴，而卒以殺身。行險以徼幸，不如居易以俟命也。龐羲懼，遣吏程祁宣旨於其父漢昌令畿，漢昌縣，屬巴郡；漢末分宕渠置。索賨兵。索，山客翻。賨，徂宗翻。畿曰：「郡合部曲，本不爲亂，縱有讒諛，要在盡誠，若遂懷異志，不敢聞命。」羲更使祁說之，畿曰：「我受牧恩，當爲盡節，說，輸芮翻。爲，于僞翻；下爲之同。汝爲郡吏，自宜效力。謂父子當各盡節於所事也。不義之事，有死不爲。」羲怒，使人謂畿曰：「不從太守，禍將及家！」畿曰：「樂羊食子，非無父子之恩，大義然也。樂羊，註見四十三卷光武建武十二年。今雖羹祁以賜畿，畿啜之矣。」羲乃厚謝於璋。璋擢畿爲江陽太守。劉璋分犍爲爲江陽郡。宋白曰：瀘州之瀘川江安縣，本江陽地。

朝廷聞益州亂，以五官中郎將牛亶爲益州刺史；徵璋爲卿，不至。卿，九卿也。

6 張魯以鬼道教民，使病者自首其過，首，式救翻。爲之請禱；實無益於治病，然小人昏愚，競共事之。犯法者，三原，然後乃行刑；治，直之翻。原，赦也。不置長吏，皆以祭酒爲治。魯以鬼道教民，其來學者，初名爲鬼卒，後號祭酒。祭酒各領部衆。長，知兩翻。治，直吏翻。民、夷便樂之，樂，音洛。流移寄在其地者，不敢不奉其道。後遂襲取巴郡。朝廷力不能征，遂就寵魯爲鎮民中郎將，領漢寧太守，袁山松書曰：建安二十年，分漢中之安陽置漢寧郡。通貢獻而已。

民有地中得玉印者，羣下欲尊魯爲漢寧王。功曹巴西閻圃諫曰：譙周巴記曰：初平六年，趙韙分巴爲二郡，欲得巴舊名，以墊江爲治，安漢以下爲永寧郡。建安六年，劉璋分巴，以永寧爲巴東郡，墊江爲巴郡，閬中爲巴西郡。「漢川之民，戶出十萬，財富土沃，四面險固；上匡天子，則爲桓、文，次及竇融，不失富貴。今承制署置，勢足斬斷，斷，丁亂翻。不煩於王。願且不稱，勿爲禍先。」魯從之。

七年（壬申、二〇二）

1 春，正月，曹操軍譙，譙縣，屬沛國，操之鄉里。遂至浚儀，治睢陽渠。浚儀縣，屬陳留郡。睢水於此縣首受莨蕩渠水，東過睢陽縣，故謂之睢陽渠。睢，音雖。治，直之翻。遣使以太牢祀橋玄。玄識操於微時，故祀之。進軍官渡。

2 袁紹自軍敗，慙憤，發病嘔血；夏，五月，薨。

初，紹有三子，譚、熙、尚。紹後妻劉氏愛尚，數稱於紹，數，所角翻。紹欲以爲後而未顯言之。乃以譚繼兄後，紹本司空逢之孽子，出後伯父成。成蓋先有子，死，而紹後之。紹欲廢譚立尚，故以譚繼兄後。出爲青州刺史。沮授諫曰：沮，子余翻。「世稱萬人逐兔，一人獲之，貪者悉止，分定故也。愼子曰：兔走於街，百人逐之，貪心俱存，人莫之非者，以兔爲未定分也。積兔在市，過而不顧，非不欲兔也，分定之後，雖鄙不爭。分，扶問翻。譚長子，當爲嗣，而斥使居外，禍其始此矣。」譚、尚之爭，沮授固知之矣。長，知兩翻；下同。紹曰：「吾欲令諸子各據一州，以視其能。」於是以中子熙爲幽州刺史，中，讀曰仲。外甥高幹爲幷州刺史。此皆前事，史因紹死而譚、尚爭，書之以先事。

逢紀、審配素爲譚所疾，逢，皮江翻。辛評、郭圖皆附於譚，而與配、紀有隙。及紹薨，衆以譚長，欲立之。配等恐譚立而評等爲害，遂矯紹遺命，奉尚爲嗣。譚至，不得立，自稱車騎將軍，袁紹初起兵，自稱車騎將軍，故譚亦稱之。屯黎陽。尚少與之兵，少，詩沼翻。而使逢紀隨之。

譚求益兵，審配等又議不與。譚怒，殺逢紀。秋，九月，曹操渡河攻譚。譚告急於尚，尚留審配守鄴，自將助譚，與操相拒。連戰，譚、尚數敗，退而固守。數，所角翻。

尚遣所置河東太守郭援，與高幹、匈奴南單于共攻河東，發使與關中諸將馬騰等連兵，使，疏吏翻。騰等陰許之，援所經城邑皆下。河東郡吏賈逵守絳，絳縣，屬河東郡，春秋晉所都也。援攻之急；城將潰，父老與援約，不害逵，乃降，降，戶江翻。援許之。援欲使逵爲將，將，即亮翻。以兵劫之，逵不動。左右引逵使叩頭，逵叱之曰：「安有國家長吏爲賊叩頭！」逵，郡吏，非長吏也。以守絳故，自謂縣長吏。爲，于僞翻。援怒，將斬之，或伏其上以救之。絳吏民聞將殺逵，皆乘城呼曰：呼，火故翻。「負約殺我賢君，寧俱死耳！」乃囚於壺關，著土窖中，壺關縣，屬上黨郡。著，陟略翻。窖，居效翻；掘地以藏粟之所。蓋以車輪。逵謂守者曰：「此間無健兒邪，而使義士死此中乎？」有祝公道者，適聞其言，乃夜往，盜引出逵，折械遣去，不語其姓名。語，牛倨翻。

曹操使司隸校尉鍾繇圍南單于於平陽，平陽縣，屬河東郡。時南單于呼廚泉居之。未拔而救【章：甲十一行本「救」作「援」；乙十一行本同；孔本同；熊校同。】至。繇使新豐令馮翊張既說馬騰，新豐縣，屬京兆太守。說，輸芮翻。爲言利害。爲，于僞翻。騰疑未決。傅幹說騰曰：「古人有言：『順德【章：甲十一行本「德」作「道」；乙十一行本同；孔本同；熊校同。】者昌，逆德者亡。』新城三老董公之言。曹公奉天子誅暴亂，法明政治，上下用命，可謂順道矣。治，直吏翻。袁氏恃其強大，背棄王命，背，蒲妹翻。驅胡虜以陵中國，可謂逆德矣。今將軍既事有道，【章：甲十一行本「道」下有「不盡其力」四字；乙十一行本同；孔本同；張校同；退齋校同。】陰懷兩端，謂既附曹公，又與袁氏通也。欲以坐觀成敗；吾恐成敗既定，奉辭責罪，將軍先爲誅首矣！」於是騰懼。幹因曰：「智者轉禍爲福。今曹公與袁氏相持，而高幹、郭援合攻河東，曹公雖有萬全之計，不能禁河東之不危也。將軍誠能引兵討援，內外擊之，謂河東之兵，擊之於內，而馬騰之兵，擊之於外也。其勢必舉。是將軍一舉，斷袁氏之臂，斷，丁管翻。解一方之急，曹公必重德將軍，將軍功名無與比矣。」騰乃遣子超將兵萬餘人與繇會。

初，諸將以郭援衆盛，欲釋平陽去。鍾繇曰：「袁氏方強，援之來，關中陰與之通，所以未悉叛者，顧吾威名故耳。若棄而去，示之以弱，所在之民，誰非寇讎，縱吾欲歸，其得至乎！此爲未戰先自敗也。言若退師避援，則關中諸將必叛，雖欲歸司隸治所，亦不得而至也。且援剛愎好勝，必易吾軍，易，輕也。愎，平逼翻。好，呼到翻。易，以豉翻。若渡汾爲營，水經註：汾水南過平陽縣東。及其未濟擊之，可大克也。」援至，果徑前渡汾，衆止之，不從。濟水未半，繇擊，大破之。戰罷，衆人皆言援死而不得其首。援，繇之甥也。晚後，馬超校尉南安龐德，於鞬中出一頭，秦川記曰：靈帝中平五年，分漢陽置南安郡，領豲道、新興、中陶三縣。鞬，居言翻；盛弓矢器。繇見之而哭。德謝繇，繇曰：「援雖我甥，乃國賊也，卿何謝之有！」南單于遂降。降，戶江翻。考異曰：魏志張既傳曰：「高幹及單于皆降。」非也。

3 劉表使劉備北侵，至葉，葉縣，屬南陽郡。春秋楚葉公子高之邑也。葉，之涉翻。曹操遣夏侯惇、于禁等拒之。備一旦燒屯去，惇等追之。裨將軍鉅鹿李典曰：裨將軍，在偏將軍之下。裨，頻彌翻。「賊無故退，疑必有伏。南道窄狹，窄，側格翻。草木深，不可追也。」惇等不聽，使典留守而追之，果入伏裏，兵大敗。典往救之，備乃退。

4 曹操下書責孫權任子，任，質任也。操蓋以此覘孫權，而觀其所以應之。權召羣僚會議，張昭、秦松等猶豫不決。權引周瑜詣吳夫人前定議，吳夫人，權母也。瑜曰：「昔楚國初封，不滿百里之地。繼嗣賢能，廣土開境，遂據荊、揚，【章：甲十一行本「揚」下有「至於南海」四字；乙十一行本同；孔本同；退齋校同。】傳業延祚，九百餘年。周成王封熊繹於楚以子男之田，國於丹陽，漢南郡枝江縣是也。其後浸強，至若敖、蚡冒封畛於汝，武王、文王奄有江、漢之間，莊王以後，與中國爭盟，威王破越至于南海，及秦而滅，凡九百餘年。今將軍承父兄餘資，兼六郡之衆，父，謂孫堅；兄，謂孫策。六郡，會稽、吳、丹陽、豫章、廬陵、廬江也。兵精糧多，將士用命，鑄山爲銅，煮海爲鹽，境內富饒，人不思亂，有何逼迫而欲送質？質，音致；下同。質一入，不得不與曹氏相首尾，與相首尾，則命召不得不往，如此，便見制於人也。極不過一侯印，僕從十餘人，車數乘，馬數匹，豈與南面稱孤同哉！建安十三年，操自荊州東下約孫權會獵，時周瑜未至，魯肅說權，其意亦與此同。從，才用翻。乘，繩證翻。不如勿遣，徐觀其變。若曹氏能率義以正天下，將軍事之未晚；若圖爲暴亂，彼自亡之不暇，焉能害人！」此數語，所謂相時而動也。然瑜之言不悖於大義，魯肅、呂蒙輩不能及也。焉，於虔翻。吳夫人曰：「公瑾議是也。公瑾與伯符同年，小一月耳，周瑜，字公瑾。孫策，字伯符。瑾，渠吝翻。我視之如子也，汝其兄事之。」遂不送質。

八年（癸未、二〇三）

1春，二月，曹操攻黎陽，考異曰：魏志武紀作三月。今從范書袁紹傳。又魏志紹傳云：「譚、尚與太祖相拒黎陽，自二月至九月。」當云自九月至二月。與袁譚、袁尚戰於城下，譚、尚敗走，還鄴。夏，四月，操追至鄴，收其麥；考異曰：范書紹傳曰：「尚逆擊，破操軍。」今從魏志紹傳。余謂此諸葛孔明所謂偪於黎陽時也，必有破操軍事，魏人諱而不書耳。諸將欲乘勝遂攻之，郭嘉曰：「袁紹愛此二子，莫適立也。適，丁歷翻，主也。今權力相侔，各有黨與，謂辛評、郭圖等附譚，審配等附尚也。急之則相保，緩之則爭心生。不如南向荊州荊州，劉表。以待其變；變成而後擊之，可一舉定也。」操曰：「善！」五月，操還許，留其將賈信屯黎陽。

譚謂尚曰：「我鎧甲不精，故前爲曹操所敗。鎧，可亥翻。敗，補邁翻。今操軍退，人懷歸志，及其未濟，出兵掩之，可令大潰，此策不可失也。」尚疑之，既不益兵，又不易甲。譚大怒，郭圖、辛評因謂譚曰：「使先公出將軍爲兄後者，皆審配之謀也。」譚遂引兵攻尚，戰於門外。鄴城門外也。譚敗，引兵還南皮。南皮縣，屬勃海郡。賢曰：今滄州縣；章武有北皮亭，故此曰南皮。宋白曰：縣道記云：景州之南皮，在郡東六十里。南皮縣北有迎河，河之北有故皮城，是後漢勃海郡所理，與郡理城南北非遠，中隔迎河故瀆。

別駕北海王脩，率吏民自青州往救譚。漢青州刺史治臨菑。譚欲更還攻尚，脩曰：「兄弟者，左右手也。譬人將鬬而斷其右手，斷，丁管翻。曰『我必勝』，其可乎？天棄兄弟而不親，天下其誰親之！彼讒人離間骨肉以求一朝之利，願塞耳勿聽也。間，古莧翻。塞，悉則翻。若斬佞臣數人，復相親睦，以御四方，可横行於天下。」譚不從。譚將劉詢起兵漯陰以叛譚，漯陰縣，屬平原郡。應劭曰：漯水，出東武陽，東北入海。賢曰：縣在漯水之南，故城在今齊州臨邑縣西。師古曰：漯，音他答翻。諸城皆應之。譚歎曰：「今舉州皆叛，豈孤之不德邪！」王脩曰：「東萊太守管統，雖在海表，此人不反，必來。」後十餘日，統果棄其妻子來赴譚，妻子爲賊所殺。譚更以統爲樂安太守。漢末，樂安國除爲郡。

2秋，八月，操擊劉表，軍于西平。西平縣，屬汝南郡。從郭嘉之謀也。

3袁尚自將攻袁譚，大破之，將，卽亮翻。譚奔平原，嬰城固守。前書音義曰：嬰，謂以城自繞也。尚圍之急，譚遣辛評弟毗詣曹操請救。

劉表以書諫譚曰：「君子違難不適讎國，左傳公山不狃之言。難，乃旦翻。交絕不出惡聲，史記樂毅答燕惠王書之言。況忘先人之讎，棄親戚之好，而爲萬世之戒，遺同盟之恥哉！表與袁紹同盟。好，呼到翻。遺，于季翻；下同。若冀州有不弟之傲，左傳曰：段不弟。書曰：象傲。尚據冀州，故稱之。仁君當降志辱身，以濟事爲務，事定之後，使天下平其曲直，不亦爲高義邪！」又與尚書曰：「金、木、水、火以剛柔相濟，然後克得其和，能爲民用。金能勝木，然執柯伐柯，非木無以成金斵削之利；水能勝火，然水在火上，非火無以成水烹飪之功。此類非一，可以概推也。青【章：甲十一行本，「青」上有「今」字；乙十一行本同；孔本同；張校同。】州天性峭急，峭，七笑翻。譚據青州，故稱之。迷於曲直。仁君度數弘廣，綽然有餘，當以大包小，以優容劣，先除曹操以卒先公之恨，卒，子恤翻。事定之後，乃議曲直之計，不亦善乎！若迷而不反，則胡夷將有譏誚之言，誚，才笑翻。況我同盟，復能勠力爲君之役哉！此韓盧、東郭自困於前而遺田父之獲者也。」淳于髡說齊威王曰：韓盧者，天下之俊犬也；東郭㕙者，天下之狡兔也。韓盧逐東郭㕙，騰山者五，環山者三，兔極於前，犬疲於後，犬兔俱疲，各死其處，田父見而獲之，無勞苦而擅其功。今齊、魏相持，頓兵敝衆，恐秦、楚乘其後而有田父之功也。譚、尚皆不從。

辛毗至西平見曹操，致譚意，羣下多以爲劉表強，宜先平之，譚、尚不足憂也。荀攸曰：「天下方有事，而劉表坐保江、漢之間，其無四方之志可知矣。袁氏據四州之地，帶甲數十萬，紹以寬厚得衆心；使二子和睦以守其成業，則天下之難未息也。謂能爲曹操患也。難，乃旦翻。今兄弟遘惡，「遘」，當作「構」。或曰：遘，遇也；謂以惡相遇也。其勢不兩全，若有所并則力專，力專則難圖也；謂譚、尚若并於一，則能專力以禦操，其勢難圖。及其亂而取之，天下定矣，此時不可失也。」操從之。

後數日，操更欲先平荆州，使譚、尚自相敝，辛毗望操色，知有變，以語郭嘉。語，牛倨翻。嘉白操，操謂毗曰：「譚必可信，尚必可克不？」不，讀曰否。毗對曰：「明公無問信與詐也，直當論其勢耳。袁氏本兄弟相伐，非謂他人能間其間，乃謂天下可定於己也。能間，工莧翻。言袁氏兄弟相攻，其初計不謂他人能乘其間，乃謂并青、冀爲一，則可乘勢以定天下耳。今一旦求救於明公，此可知也。言其勢窮。顯甫見顯思困而不能取，譚，字顯思；尚，字顯甫。此力竭也。兵革敗於外，謀臣誅於內，謂逢紀、田豐等死也。兄弟讒鬩，鬩，馨激翻；鬬也，很也，戾也。國分爲二，連年戰伐，介胄生蟣蝨，加以旱蝗，饑饉並臻；天災應於上，人事困於下，民無愚智，皆知土崩瓦解，此乃天亡尚之時也。今往攻鄴，尚不還救，卽不能自守；還救，卽譚踵其後。以明公之威，應困窮之敵，擊疲敝之寇，無異迅風之振秋葉矣。秋葉易隕，況遇迅風乎。天以尚與明公，明公不取而伐荆州；荆州豐樂，樂，音洛。國未有釁。仲虺有言，『取亂侮亡』。見尚書。孔安國註曰：亂則取之，有亡形則侮之。方今二袁不務遠略而內相圖，可謂亂矣；居者無食，行者無糧，可謂亡矣。朝不謀夕，民命靡繼，而不綏之，欲待他年；他年或登，歲熟曰登。又自知亡而改脩厥德，失所以用兵之要矣。今因其請救而撫之，利莫大焉。且四方之寇，莫大於河北，河北平，則六軍盛而天下震矣。」觀毗之言，非爲譚請救也，勸操以取河北也。操曰：「善！」乃許譚平。

冬，十月，操至黎陽。尚聞操渡河，乃釋平原還鄴。尚將呂曠、高翔畔歸曹操，譚復陰刻將軍印以假曠、翔。操知譚詐，乃爲子整聘譚女以安之，而引軍還。操本有伐尚因而取譚之心，況復有誘曠、翔之事乎！聘其女爲子婦以安之，所謂將欲取之，必姑與之也。復，扶又翻；下同。爲，于僞翻。

4 孫權西伐黃祖，破其舟軍，惟城未克，而山寇復動。丹陽、豫章、廬陵，皆有山越。權還，過豫章，使征虜中郎將呂範平鄱陽、會稽，呂範傳止云鄱陽，孫權傳則有「會稽」二字，以地里攷之，「會稽」二字衍。盪寇中郎將程普討樂安，晉志及宋志，鄱陽郡有樂安縣，吳立。建安十五年，孫權始分豫章立鄱陽郡。盪寇中郎將，權所置也。建昌都尉太史慈領海昏，和帝永元十六年，分海昏立建昌縣，屬豫章郡。孫策分海昏、建昌六縣，以太史慈爲建昌都尉，治海昏。以別部司馬黃蓋、韓當、周泰、呂蒙等守劇縣令長，劇，艱也，甚也，言其地當山越之要，最爲艱劇之甚者也。討山越，悉平之。建安、漢興、南平民作亂，聚衆各萬餘人，建安，本治縣地，會稽南部都尉治焉。建安中，分東侯官置建安縣，用漢年號也，今建寧府地。漢興縣，沈約曰：漢末立，吳更名吳興。南平縣亦漢末立，晉武平吳，改曰延平，今南劍州地。時皆屬南部都尉。權使南部都尉會稽賀齊進討，皆平之，復立縣邑，料出兵萬人；拜齊平東校尉。會，工外翻。復，如字。料，音聊。校，戶教翻。

九年（甲申、二〇四）

1 春，正月，曹操濟河，遏淇水入白溝以通糧道。袁尚在鄴，操將攻之，故通糧道。班志曰：淇水至黎陽入河。曹操於水口下大枋木以成堰，遏淇水東入白溝。水經註曰：淇水東過內黃縣南，爲白溝。二月，袁尚復攻袁譚於平原，復，扶又翻。留其將審配、蘇由守鄴。曹操進軍至洹水，水經：洹水出上黨泫氏縣，東過隆慮縣北，又東北出山，逕鄴縣南。洹，于元翻，又音桓。蘇由欲爲內應，謀泄，出奔操。操進至鄴，爲土山、地道以攻之。尚武安長尹楷屯毛城，以通上黨糧道。武安縣，屬魏郡，唐洺州地。長，知兩翻；下同。夏，四月，操留曹洪攻鄴，自將擊楷，破之而還；又擊尚將沮鵠於邯鄲，拔之。裴松之曰：沮，音葅。河朔間，今猶有此姓。鵠，沮授子也。沮，子余翻。邯鄲，音寒丹。易陽令韓範、涉長梁岐皆舉縣降。易陽縣，屬趙國。涉縣，蓋漢末分上黨之潞縣置。魏後置廣平郡，二縣皆屬焉。北齊廢涉縣入刘陵縣；隋、唐復置涉縣。宋白曰：涉縣，因縣南涉河爲名。磁州昭義縣理故涉城，永泰元年改名昭義。徐晃言於操曰：「二袁未破，諸城未下者傾耳而聽，宜旌賞二縣以示諸城。」操從之，範、岐皆賜爵關內侯。黑山賊帥張燕遣使求助，操拜平北將軍。晉志曰：四平止於喪亂時。以河北未平，授以此號。及晉以後，征、鎮、安、平，以次進號。帥，所類翻。

五月，操毁土山、地道，鑿塹圍城，周回四十里，土山、地道，急攻也；知非急攻可拔，故鑿塹圍城，絕其內外以久困之。塹，七艷翻。初令淺，示若可越。配望見，笑之，不出爭利。操一夜濬之，廣深二丈，廣，古曠翻；深，悉禁翻；度之廣深也。後放此。引漳水以灌之；水經註：漳水過鄴縣西，魏武堨以圍鄴。城中餓死者過半。

秋，七月，尚將兵萬餘人還救鄴；未到，欲令審配知外動止，先使主簿鉅鹿李孚入城。孚斫問事杖，繫著馬邊，問事，卒也，主行杖，猶伍伯之類。問事杖，問事所執杖也。著，直略翻。自著平上幘，幘有顏、題，其顏卻摞施巾，連題卻覆之。平上幘者，其上平也。晉志引漢註曰：冠惠文者宜短耳，今平上幘也；冠進賢者宜長耳。今介幘也。文吏服介幘，武吏服平上幘。著，陟略翻。將三騎，投暮詣鄴下；自稱都督，歷北圍，循表而東，表，圍城所立標表也。騎，奇寄翻。步步呵責守圍將士，隨輕重行其罰。遂歷操營前，至南圍，當章門，鄴城有七門，正南曰章門，亦曰中陽門。復責怒守圍者，收縛之。因開其圍，馳到城下，呼城上人，城上人以繩引，孚得入。不先經操營前，則守圍者必疑，不可得而收縛，圍亦不可開矣。孚之來也，其定計固指從章門入也。復，扶又翻；下同。配等見孚，悲喜，鼓譟稱萬歲。守圍者以狀聞，操笑曰：「此非徒得入也，方且復出。」操知其復出，非不欲嚴爲之防也，審孚所以得入之由，服其多智，有不可得而防者也。孚知外圍益急，不可復冒，乃請配悉出城中老弱以省穀，夜，簡別數千人，皆使持白幡，從三門並出降。鄴城南面三門曰：鳳陽門、中陽門、廣陽門。簡別，彼列翻。降，戶江翻；下同。孚復將三騎作降人服，隨輩夜出，突圍得去。

尚兵既至，諸將皆以爲：「此歸師，人自爲戰，不如避之。」兵法曰：歸師勿遏。操曰：「尚從大道來，當避之；若循西山來者，此成禽耳。」從大道來則人懷救根本，不顧勝敗，有必死之志；循山而來，則其戰可前可卻，人有依險自全之心，無同力致命之意。操所以料尚者如此，兵法所謂「觀敵之動」者也。尚果循西山來，東至陽平亭，去鄴十七里，臨滏水爲營。郡國志：鄴有滏水。左思魏都賦曰：北臨漳、滏，則冬夏異沼。註云：鄴北有滏水，水熱，故名滏口。夜，舉火以示城中，城中亦舉火相應。配出兵城北，欲與尚對決圍。操逆擊之，敗還，尚亦破走，依曲漳爲營，賢曰：漳水之曲也。操遂圍之。未合，尚懼，遣使求降；操不聽，圍之益急。尚夜遁，保祁山，陳壽魏武紀作「祁山」，袁紹傳作「濫口」，范史袁紹傳作「藍口」。賢註曰：相州安陽縣界有藍嵯山，與鄴相近，蓋藍山之口。考異曰：魏志紹傳云，「還走濫口」，范書作「藍口」。今從魏武紀。操復進圍之；復，扶又翻。尚將馬延、張顗等，臨陳降，衆大潰，尚奔中山。盡收其輜重，陳，讀曰陣。重，直用翻。得尚印綬、節鉞及衣物，以示城中，城中崩沮。沮，在呂翻。審配令士卒曰：「堅守死戰！操軍疲矣，幽州方至，幽州，謂袁熙也。何憂無主！」配以此安衆心，可謂忠勇矣。操出行圍，巡行長圍也。行，下更翻。配伏弩射之，幾中。射，而亦翻。幾，居希翻。中，竹仲翻。

配兄子榮爲東門校尉，鄴城東門曰建春門。七門之名，蓋皆石氏所命也。八月，戊寅，榮夜開門內操兵。內，讀曰納。配拒戰城中，操兵生獲之。辛評家繫鄴獄，辛毗馳往，欲解之，已悉爲配所殺。操兵縛配詣帳下，毗逆以馬鞭擊其頭，罵之曰：「奴，汝今日眞死矣！」配顧曰：「狗輩，正由汝曹，破我冀州，恨不得殺汝也；且汝今日能殺生我邪！」言殺生由曹操，不由辛毗。有頃，操引見，謂配曰：「曩日孤之行圍，何弩之多也！」配曰：「猶恨其少！」謂射操不中也。少，詩沼翻。操曰：「卿忠於袁氏，亦自不得不爾。」意欲活之。配意氣壯烈，終無橈辭，橈，奴教翻，曲也。而辛毗等號哭不已，號，戶刀翻。遂斬之。冀州人張子謙先降，素與配不善，笑謂配曰：「正南，審配字正南。卿竟何如我？」配厲聲曰：「汝爲降虜，審配爲忠臣，雖死，豈羨汝生邪！」臨行刑，叱持兵者令北向，曰：「我君在北也。」袁紹下士，能盡死以效節者，審配一人而已。我君在北，謂袁尚已北奔也。操乃臨祀紹墓，哭之流涕；慰勞紹妻，還其家人寶物，賜雜繒絮，稟食之。勞，力到翻。繒，慈陵翻。食，讀曰飤。

初，袁紹與操共起兵，紹問操曰：「若事不輯，則方面何所可據？」輯，猶集也；集，成也。觀紹此言，則起兵之時，固無勤王之心而有割據之志矣。操曰：「足下意以爲何如？」紹曰：「吾南據河，北阻燕、代，兼戎狄之衆，南向以爭天下，庶可以濟乎！」操曰：「吾任天下之智力，以道御之，無所不可。」

九月，詔以操領冀州牧；操讓還兗州。當時政自操出，領則眞領，而讓非眞讓也。

初，袁尚遣從事安平牽招至上黨督軍糧，牽，姓；招，名。未還，尚走中山，招說高幹以幷州迎尚，幷力觀變，說，輸芮翻。幹不從。招乃東詣曹操，操復以爲冀州從事；又辟崔琰爲別駕，操謂琰曰：「昨按戶籍，可得三十萬衆，故爲大州也。」琰對曰：「今九州幅裂，二袁兄弟親尋干戈，左傳，子產曰：昔高辛氏有二子，伯曰閼伯，季曰實沈，居于曠林，不相能也，日尋干戈以相征討。杜預註曰：尋，用也。冀方蒸庶，暴骨原野，未聞王師存問風俗，救其塗炭，而校計甲兵，唯此爲先，斯豈鄙州士女所望於明公哉！」操改容謝之。此操之所以重崔琰而亦不能不害崔琰也。許攸恃功驕嫚，烏巢之捷，計出於攸，故恃其功。嘗於衆坐呼操小字曰：「某甲，裴松之曰：操一名吉利，小字阿瞞。曰某甲者，史隱其辭。坐，徂臥翻。卿非我，不得冀州也！」操笑曰：「汝言是也。」然內不樂，樂，音洛。後竟殺之。

2 冬，十月，有星孛于東井。晉天文志：南方東井八星，天之南門，黃道所經，天之亭候，主水衡事，法令所取平也。孛，蒲內翻。

3 高幹以并州降，操復以幹爲并州刺史。爲幹復叛張本。降，戶江翻。復，扶又翻。

4 曹操之圍鄴也，袁譚復背之，復，扶又翻；下同。略取甘陵、安平、勃海、河間。攻袁尚於中山，尚敗，走故安，故安縣，屬涿郡。賢曰：故城在今易州易縣南。從袁熙；譚悉收其衆，還屯龍湊。操與譚書，責以負約，與之絕婚，女還，然後進討。袁尚破走，操於是始討譚。十二月，操軍其門，譚拔平原，走保南皮，臨清河而屯。水經：清河過南皮縣西。操入平原，略定諸縣。

5 曹操表公孫度爲武威將軍，封永寧鄉侯。度曰：「我王遼東，何永寧也！」王，于況翻。藏印綬於武庫。遼東郡之武庫也。是歲，度卒，子康嗣位，以永寧鄉侯封其弟恭。

操以牽招嘗爲袁氏領烏桓，牽，姓；招，名。袁紹先嘗辟招爲督軍從事，兼領烏桓突騎。遣詣柳城，撫慰烏桓。值峭王嚴五千騎欲助袁譚，又，公孫康遣使韓忠假峭王單于印綬。峭王大會羣長，烏桓部落，各有君長。峭，七笑翻。使，疏吏翻。長，知兩翻。忠亦在坐。坐，才臥翻；下同。峭王問招：「昔袁公言受天子之命，假我爲單于；今曹公復言當更白天子，假我眞單于；遼東復持印綬來。復，扶又翻。如此，誰當爲正？」招答曰：「昔袁公承制，得有所拜假；中間違錯天子命，違，異也，背也。錯，乖也。曹公代之，言當白天子，更假眞單于；【章：甲十一行本「于」下有「是也」二字；乙十一行本同。】遼東下郡，何得擅稱拜假也！」忠曰：「我遼東在滄海之東，擁兵百餘萬，又有扶餘、濊貊之用，濊，音穢。貊，莫百翻。當今之勢，強者爲右，曹操何得獨爲是也！」招呵忠曰：「曹公允恭明哲，孔安國尚書註曰：允，信也。翼戴天子，伐叛柔服，寧靜四海。汝君臣頑嚚，嚚，魚巾翻。左傳曰：不道忠信之言爲嚚。今恃險遠，背違王命，背，蒲妹翻。欲擅拜假，侮弄神器；威福，帝王之神器。方當屠戮，何敢慢易咎毀大人！」大人，謂曹公。易，以豉翻。便捉忠頭頓築，拔刀欲斬之。峭王驚怖，怖，普布翻。徒跣抱招，以救請忠，左右失色。招乃還坐，爲峭王等說成敗之效，禍福所歸；皆下席跪伏，敬受敕教，敕，戒也。爲，于僞翻。便辭遼東之使，罷所嚴騎。

6 丹陽大都督嬀覽、郡丞戴員殺太守孫翊。將軍孫河屯京城，馳赴宛陵，京城，卽漢吳郡丹徒縣也。孫權自吳徙居之，命曰京城，亦曰京口。余謂此「京」，取爾雅「丘絕高曰京」之義。宛陵，丹陽郡治所。嬀覽、戴員，盛憲之黨也。嬀，俱爲翻；姓也。舜居嬀汭，其後因以爲氏。員，音云。覽、員復殺之；復，扶又翻。遣人迎揚州刺史劉馥，馥，曹操所用也。令住歷陽，以丹陽應之。歷陽與丹陽隔江，使馥來屯，以爲聲援。覽入居軍府中，欲逼取翊妻徐氏。徐氏紿之曰：「乞須晦日，月終爲晦，陰之盡也。紿，蕩亥翻。設祭除服，然後聽命。」覽許之。徐氏潛使所親語翊親近舊將孫高、傅嬰等與共圖覽，語，牛倨翻。高、嬰涕泣許諾，密呼翊時侍養者二十餘人與盟誓合謀。侍養，謂侍翊左右，而厚豢給養者。到晦日，設祭。徐氏哭泣盡哀，畢，乃除服，薰香沐浴，言笑懽悅。大小悽愴，悽，悲也，痛也。愴，傷也，音初亮翻。怪其如此。覽密覘，無復疑意。覘，丑廉翻，又丑艷翻。復，扶又翻。徐氏呼高、嬰置戶內，使人召覽入。徐氏出戶拜覽，適得一拜，徐大呼：「二君可起！」呼，火故翻。高、嬰俱出，共殺覽，餘人卽就外殺員。徐氏乃還縗絰，復著縗絰也。縗，倉回翻。奉覽、員首以祭翊墓，舉軍震駭。

孫權聞亂，從椒丘還。椒丘，在豫章。至丹陽，悉族誅覽、員餘黨，擢高、嬰爲牙門，牙門，將也。其餘賞賜有差。

河子韶，年十七，收河餘衆屯京城。權引軍歸吳，夜至京城下營，試攻驚之；兵皆乘城，傳檄備警，讙聲動地，讙，許元翻。頗射外人。權使曉喻，乃止。明日見韶，拜承烈校尉，統河部曲。史言孫權能用人以保江東。射，而亦翻。

十年（乙酉、二〇五）

1 春，正月，曹操攻南皮，袁譚出戰，士卒多死。操欲緩之，議郎曹純曰：「今縣師深入，純，仁之弟也。縣，讀曰懸。難以持久，若進不能克，退必喪威。」喪，息浪翻。乃自執桴鼓以率攻者，桴，音膚。遂克之。譚出走，追斬之。

李孚自稱冀州主簿，求見操曰：「今城中強弱相陵，人心擾亂，以爲宜令新降爲內所識信者宣傳明教。」降，戶江翻。操卽使孚往入城，告諭吏民，使各安故業，不得相侵，城中乃安。李孚，小才也，挾才以求知，非懷才以待聘者也。操於是斬郭圖等及其妻子。郭圖、審配各有黨附，交鬬譚、尚，使尋干戈，以貽曹氏之驅除。譚、尚既敗，二人亦誅，禍福之報爲不爽矣。

袁譚使王脩運糧於樂安，聞譚急，將所領兵往赴之，至高密，聞譚死，下馬號哭曰：「無君焉歸！」號，戶刀翻。焉，於虔翻。遂詣曹操，乞收葬譚尸，操許之，復使脩還樂安，督軍糧。譚所部諸城皆服，唯樂安太守管統不下。操命脩取統首，使還運糧，就取統首也。脩以統亡國忠臣，解其縛，使詣操，操悅而赦之，辟脩爲司空掾。

郭嘉說操多辟青、冀、幽、幷名士以爲掾屬，使人心歸附，操從之。官渡之戰，袁紹使陳琳爲檄書，數操罪惡，連及家世，極其醜詆。及袁氏敗，琳歸操，操曰：「卿昔爲本初移書，說，輸芮翻；下同。數，所具翻。爲，于僞翻；下同。但可罪狀孤身，何乃上及父祖邪！」按文選，琳爲紹檄豫州。蓋帝都許，許屬潁川郡，豫州部屬也，故選專以檄豫州爲言。琳檄略曰：「操祖父騰，與左悺、徐璜並作妖孽，饕餮放横，傷化害人。父嵩，乞匄攜養，因臧買位，竊盜鼎司。操姦閹遺醜，僄狡鋒俠，好亂樂禍。」又數其殘賢害善，專制朝政，發掘墳陵之罪。文多不載。琳謝罪，操釋之，使與陳留阮瑀俱管記室。漢公府有記室令史，主上章表報書記。

先是漁陽王松據涿郡，先，悉薦翻。郡人劉放說松以地歸操，操辟放參司空軍事。爲劉放因此管魏機密以亂魏張本。

袁熙爲其將焦觸、張南所攻，與尚俱奔遼西烏桓。遼西烏桓，其酋曰蹋頓。觸自號幽州刺史，驅率諸郡太守令長，背袁向曹，長，知兩翻。背，蒲妹翻。陳兵數萬，殺白馬而盟，令曰：「敢違者斬！」衆莫敢仰視，各以次歃。歃，色洽翻。別駕代郡韓珩曰：珩，音行。「吾受袁公父子厚恩，今其破亡，智不能救，勇不能死，於義闕矣；若乃北面曹氏，所不能爲也。」一坐爲珩失色。坐，徂卧翻。觸曰：「夫舉大事，當立大義，事之濟否，不待一人，可卒珩志，以厲事君。」卒，子恤翻。乃捨之。觸等遂降曹操，皆封爲列侯。降，戶江翻。

2 夏，四月，黑山賊帥張燕率其衆十餘萬降，帥，所類翻。封安國亭侯。

3 故安趙犢、霍奴等殺幽州刺史及涿郡太守，三郡烏桓攻鮮于輔於獷平。三郡烏桓，遼西蹋頓、遼東蘇僕延、右北平烏延也。獷平縣，屬漁陽郡。服虔曰：獷，音鞏。師古曰：音九勇翻，又音鑛。秋，八月，操討犢等，斬之；乃渡潞水救獷平，烏桓走出塞。

4 冬，十月，高幹聞操討烏桓，復以并州叛，復，扶又翻。執上黨太守，舉兵守壺關口。賢曰：潞州上黨縣有壺山口，因其險而置關焉。二漢志，壺關縣，屬上黨郡。操遣其將樂進、李典擊之。河內張晟，衆萬餘人，寇崤、澠間，晟，成正翻。澠，彌兗翻。弘農張琰起兵以應之。

河東太守王邑被徵，被，皮義翻。郡掾衛固及中郎將范先等詣司隸校尉鍾繇，請留之。掾，俞絹翻。繇不許。固等外以請邑爲名，而內實與高幹通謀。曹操謂荀彧曰：「關西諸將，外服內貳，張晟寇亂殽、澠，南通劉表，固等因之，將爲深害。當今河東，天下之要地也，高幹據并州，馬騰、韓遂等據關中，往來交通，皆由河東，故曰要地。君爲我舉賢才以鎭之。」爲，于僞翻。彧曰：「西平太守京兆杜畿，漢末分金城置西平郡。勇足以當難，難，乃旦翻；下同。智足以應變。」操乃以畿爲河東太守。鍾繇促王邑交符，交郡符也。邑佩印綬，徑從河北詣許自歸。河北縣，屬河東郡。宋白曰：陝州平陸縣，本漢大陽縣地，後漢改爲河北縣。

衛固等使兵數千人絕陝津，水經註：河水東過陝縣北，河北對茅城，謂之茅津，亦謂之陝津。陝，式冉翻。杜畿至，數月不得渡。操遣夏侯惇討固等，未至，畿曰：「河東有三萬戶，非皆欲爲亂也。今兵迫之急，欲爲善者無主，必懼而聽於固。固等勢專，【章：甲十一行本「專」下有「必以死戰」四字；乙十一行本同；孔本同；張校同。】討之不勝，爲難未已；討之而勝，是殘一郡之民也。

且固等未顯絕王命，外以請故君爲名，必不害新君，吾單車直往，出其不意，固爲人多計而無斷，斷，丁亂翻。必僞受吾，吾得居郡一月，以計縻之，足矣。」遂詭道從郖津渡。水經註：河水東逕湖縣故城北，又東合柏谷水，又東右合門水。河水於此有郖津之名。郖，音竇。

范先欲殺畿以威衆，且觀畿去就，於門下斬殺主簿以下三十餘人，畿舉動自若。於是固曰：「殺之無損，徒有惡名；且制之在我。」遂奉之。畿謂固、先曰：「衛、范，河東之望也，吾仰成而已。仰，牛向翻。然君臣有定義，成敗同之，大事當共平議。」以固爲都督，行丞事，領功曹；既以爲都督，又令行郡丞事，又領功曹也。都督掌兵，丞貳太守，於郡事無所不關，功曹掌選署功勞，陽以郡權悉與之也。將校吏兵三千餘人，皆范先督之。將，卽亮翻。校，戶教翻。固等喜，雖陽事畿，不以爲意。固欲大發兵，畿患之，說固曰：「今大發兵，衆情必擾，不如徐以貲募兵。」固以爲然，從之，得兵甚少。以貲募兵，則郡計不足以繼，故得兵甚少。畿又喻固等曰：「人情顧家，諸將掾史，可分遣休息，掾，于絹翻。急緩召之不難。」固等惡逆衆心，惡，烏路翻。又從之。於是善人在外，陰爲己援；惡人分散，各還其家。

會白騎攻東垣，白騎，張白騎之衆相聚爲賊者也。垣縣，屬河東郡，「東」字衍。續漢志，垣縣，註云：山在東，狀如垣。蓋此時已有東垣之名。騎，奇寄翻。高幹入濩澤。濩澤縣，屬河東郡。賢曰：今澤州縣。師古曰：濩，音烏號翻。畿知諸縣附己，乃出，單將數十騎，赴堅壁而守之，將，卽亮翻。堅壁，壁壘之最堅者。吏民多舉城助畿者，舉城，謂舉屬縣城也。比數十日，比，必寐翻。得四千餘人。固等與高幹、張晟共攻畿，不下，略諸縣，無所得。曹操使議郎張既西徵關中諸將馬騰等，皆引兵會擊晟等，破之，斬固、琰等首，其餘黨與皆赦之。

於是杜畿治河東，務崇寬惠。治，直之翻。民有辭訟，畿爲陳義理，遣歸諦思之，爲，于僞翻。諦，丁計翻；審也。父老皆自相責怒，不敢訟；勸耕桑，課畜牧，百姓家家豐實；然後興學校，校，戶教翻。舉孝弟，弟，讀曰悌。修戎事，講武備，河東遂安。畿在河東十六年，常爲天下最。爲曹操因河東資實以平關中張本。杜畿之子爲杜恕，恕之子爲杜預。其守河東，觀其方略，固未易才也。余竊謂杜氏仕於魏、晉，累世貴盛，必有家傳，史因而書之，固有過其實者。

5 祕書監、侍中荀悅桓帝延熹二年，置祕書監，秩六百石。作申鑒五篇，奏之。悅，爽之兄子也。時政在曹氏，天子恭己，言恭己南面而已，政事無所預也。孔子曰：無爲而治者，其舜也歟！夫何爲哉，恭己正南面而已。後世遂以政在強臣，己無所預爲恭己。舜之恭己，果如是哉！悅志在獻替，獻可替否。而謀無所用，故作是書。其大略曰：「爲政之術，先屏四患，屏，必郢翻。乃崇五政。僞亂俗，私壞法，放越軌，奢敗制：壞，音怪。敗，補邁翻。四者不除，則政末由行矣，是謂四患。興農桑以養其生，審好惡以正其俗，好，呼到翻。惡，烏路翻。宣文教以章其化，立武備以秉其威，明賞罰以統其法，是謂五政。人不畏死，不可懼以罪；人不樂生，不可勸以善。故在上者，先豐民財以定其志，是謂養生。此說，萬世不可易也。樂，音洛。善惡要乎功罪，毀譽効於準驗，書云：無稽之言勿聽。聽言責事，舉名察實，無或詐僞以蕩衆心。蕩，謂動之也。以詐僞動之，則人之心亦必動於詐僞，以應其上。故俗無姦怪，民無淫風，是謂正俗。榮辱者，賞罰之精華也，故禮教榮辱以加君子，化其情也；桎梏鞭撲以加小人，化其形也。桎，之日翻。梏，工沃翻。撲，普卜翻。若教化之廢，推中人而墜於小人之域，推，吐雷翻。教化之行，引中人而納於君子之塗，是謂章化。在上者必有武備以戒不虞，安居則寄之內政，國語：管仲相齊桓公，作內政以寄軍令。有事則用之軍旅，是謂秉威。賞罰，政之柄也。人主不妄賞，非愛其財也，賞妄行，則善不勸矣；不妄罰，非矜其人也，罰妄行，則惡不懲矣。賞不勸，謂之止善，罰不懲，謂之縱惡。在上者能不止下爲善，不縱下爲惡，則國法立矣。是謂統法。四患既獨，【章：甲十一行本「獨」作「蠲」；乙十一行本同；孔本同；熊校同。】五政又立，行之以誠，守之以固，簡而不怠，疏而不失，垂拱揖讓，而海內平矣。」荀悅申鑒，其立論精切，關於國家興亡之大致，過於彧、攸；至於揣摩天下之勢，應敵設變，以制一時之勝，悅未必能也。曹操姦雄，親信彧、攸，而悅乃在天子左右。悅非比於彧、攸，而操不之忌，蓋知悅但能持論，其才必不能辨也。嗚呼！東都之季，荀淑以名德稱，而彧、攸以智略濟，荀悅蓋得其祖父之彷彿耳！其才不足以用世，其言僅見於此書。後之有天下國家者，尚論其世，深味其言，則知悅之忠於漢室，而有補於天下國家也。蠲，吉玄翻。

何茲全標點　容肇祖　聶崇岐覆校

資治通鑑卷第六十五

翰林學士兼侍讀學士朝散大夫右諫議大夫知制誥判尚書都省兼提舉萬壽觀公事上護軍河內郡開國侯食邑一千三百戶賜紫金魚袋臣 司馬光 奉敕編集

後學天台胡三省 音註

漢紀五十七 起柔兆閹茂(丙戌)，盡著雍困敦(戊子)，凡三年。

孝獻皇帝庚

建安十一年(丙戌、二〇六)

1 春，正月，有星孛于北斗。晉天文志：北斗七星，在太微北：一曰天樞，二曰璇，三曰璣，四曰權，五曰玉衡，六曰開陽，七曰搖光；一至四爲魁，五至七爲杓。孛，蒲內翻。

2 曹操自將擊高幹，將，卽亮翻。留其世子丕守鄴，使別駕從事崔琰傅之。操圍壺關，三月，壺關降。降，戶江翻。高幹自入匈奴求救，單于不受；幹獨與數騎亡，欲南奔荆州，騎，奇寄翻。欲奔劉表也。上洛都尉王琰捕斬之，上洛縣，前漢屬弘農，後漢屬京兆。嶢關在縣西北，故置都尉。劉昫曰：言縣在洛水之上，故以爲名。幷州悉平。

曹操使陳郡梁習以別部司馬領幷州刺史。時荒亂之餘，胡、狄雄張，張，知亮翻。吏民亡叛入其部落，南匈奴部落皆在幷州界。兵家擁衆，各爲寇害。謂諸豪右擁衆自保者。習到官，誘喻招納，誘，音酉。皆禮召其豪右，稍稍薦舉，使詣幕府；豪右已盡，次發諸丁強以爲義從；言其以義從軍也。從，才用翻。又因大軍出征，令諸將分請以爲勇力。吏兵已去之後，稍移其家，前後送鄴，凡數萬口；其不從命者，興兵致討，斬首千數，降附者萬計。單于恭順，名王稽顙，名王，卽匈奴諸部王也。降，戶江翻。稽，音啓。服事供職，同於編戶。編，聯次也；編於民籍，故曰編戶。邊境肅清，百姓布野，勤勸農桑，令行禁止。令之則行，禁之則止。長老稱詠，以爲自所聞識，刺史未有如習者。長，知兩翻。習乃貢達名士避地州界者河內常林、楊俊、王象、荀緯及太原王凌之徒，操悉以爲縣長，緯，于貴翻。長，知兩翻。後皆顯名於世。

初，山陽仲長統遊學至幷州，過高幹，仲長，複姓。過，工禾翻。幹善遇之，訪以世事。統謂幹曰：「君有雄志而無雄材，好士而不能擇人，好，呼到翻。所以爲君深戒也。」幹雅自多，自以爲多才也。不悅統言，統遂去之。幹死，荀彧舉統爲尚書郎。百官志：尚書侍郎三十六人，四百石；一曹六人，主作文書起草。蔡質漢儀曰：尚書郎，初從三署詣臺試，初上臺，稱守尚書郎中；歲滿，稱尚書郎；三年，稱侍郎。著論曰昌言，孔安國曰：昌，當也。當理之言。其言治亂，略曰：「豪傑之當天命者，未始有天下之分者也，治，直吏翻。分，扶問翻。無天下之分，故戰爭者競起焉。角智者皆窮，角力者皆負，角，競也，校也。形不堪復伉，復，扶又翻；下同。伉，口浪翻，敵也。勢不足復校，乃始羈首係頸，就我之銜紲耳。賢曰：銜，勒也。紲，羈也。紲，音息列翻。及繼體之時，豪傑之心既絕，士民之志已定，貴有常家，尊在一人。當此之時，雖下愚之才居之，猶能使恩同天地，威侔鬼神，周、孔數千無所復角其聖，賁、育百萬無所復奮其勇矣。賁，音奔。彼後嗣之愚主，見天下莫敢與之違，自謂若天地之不可亡也，乃奔其私嗜，騁其邪欲，君臣宣淫，左傳，泄冶曰：「公卿宣淫，民無効焉。」杜預曰：宣，示也。上下同惡，荒廢庶政，棄忘人物。信任親愛者，盡佞諂容說之人也；說，讀曰悅。寵貴隆豐者，盡后妃姬妾之家也。遂至熬天下之脂膏，斲生民之骨髓，怨毒無聊，禍亂並起，中國擾攘，四夷侵叛，土崩瓦解，一朝而去，昔之爲我哺乳之子孫者，今盡是我飲血之寇讎也。至於運徙勢去，猶不覺悟者，豈非富貴生不仁，沈溺致愚疾邪！沈，持林翻。存亡以之迭代，治亂從此周復，左傳：美、惡周必復，天之道也。天道常然之大數也。」

3 秋，七月，武威太守張猛殺雍州刺史邯鄲商；興平元年，分涼州河西四郡置雍州。雍，於用翻。州兵討誅之。猛，奐之子也。

4 八月，曹操東討海賊管承，至淳于，淳于縣，屬北海國。賢曰：故城在今密州安丘縣東北。遣將樂進、李典擊破之，承走入海島。

5 昌豨復叛，操遣于禁討斬之。豨，許豈翻，又音希。豨降見上卷建安六年。復，扶又翻。

6是歲，立故琅邪王容子熙爲琅邪王，齊、北海、阜陵、下邳、常山、甘陵、濟陰、平原八國皆除。容，光武子琅邪孝王京之雲孫也。容薨，國絕，今復立其子。齊，光武兄武王縯之後。北海，縯少子靖王興之後。阜陵，光武子質王延之後。下邳，明帝子惠王衍之後。常山，明帝子頃王昞之後。甘陵，章帝子清河孝王慶之後。濟陰，明帝子悼王長薨而無子，國除久矣；據范史，當是濟北，章帝子惠王壽之後，亦以是年國除。平原，和帝子懷王勝始封，薨而無子，以河間王開子翼繼之；翼廢爲蠡吾侯，子志立爲桓帝，復以帝兄碩爲平原王，奉翼後，至是國亦除。八國皆除，而獨立熙繼琅邪者，容先遣弟邈至長安貢獻，操時在東郡，邈盛稱其忠誠，操以此德容，故爲容立後。除八國者，漸以弱漢宗室也。濟，子禮翻。

7烏桓乘天下亂，略有漢民十餘萬戶，袁紹皆立其酋豪爲單于，酋，慈由翻。以家人子爲己女妻焉。妻，七細翻。遼西烏桓蹋頓尤強，蹋，徒臘翻。爲紹所厚，故尚兄弟歸之，數入塞爲寇，數，所角翻。欲助尚復故地。曹操將擊之，鑿平虜渠、泉州渠以通運。操紀云：鑿渠，自呼沱入泒水，名平虜渠；又從泃河口，鑿入潞河，名泉州渠，以通海。泒，音孤。泃，音句。賢曰：呼沱河，舊在饒陽南，至曹操因饒河故瀆，決令北注新溝水，所以今在饒陽縣北。說文：泒水，出鴈門葰人戍夫山，東北入海。水經註：泃水，出右北平無終縣西山，西北流，過平谷縣而東南流，又南流入於潞河，又東合泉州渠口，曹操所鑿也。渠東至海陽縣樂安亭南與濡水合，而入于海。泉州、平谷二縣，皆屬漁陽郡。賢曰：泉州故城，在今幽州雍奴縣南。海陽縣，屬遼西郡。葰，相維翻。

8孫權擊山賊麻、保二屯，平之。水經註：江水過陸口而東，左得麻屯口，南直蒲圻洲，水北入百有餘里，吳所屯也。

十二年（丁亥、二〇七）

1春，二月，曹操自淳于還鄴。丁酉，操奏封大功臣二十餘人，皆爲列侯；因表萬歲亭侯荀彧功狀，九域志：鄭州有萬歲亭，彧所封也。三月，增封彧千戶。又欲授以三公，彧使荀攸深自陳讓，至于十數，乃止。

2曹操將擊烏桓。諸將皆曰：「袁尚亡虜耳，夷狄貪而無親，豈能爲尚用。今深入征之，劉備必說劉表以襲許，說，輸芮翻。萬一爲變，事不可悔。」郭嘉曰：「公雖威震天下，胡恃其遠，必不設備，因其無備，卒破【章：甲十一行本「破」作「然」；乙十一行本同；孔本同；張校同。】擊之，可破滅也。卒，讀曰猝。且袁紹有恩於民夷，而尚兄弟生存。今四州之民，徒以威附，德施未加，施，式豉翻。舍而南征，舍，讀曰捨。尚因烏桓之資，招其死主之臣，言欲爲其主致死，而留滯不得逞者。胡人一動，民夷俱應，以生蹋頓之心，成覬覦之計，覬，音冀。覦，音俞。恐青、冀非己之有也。表坐談客耳，自知才不足以御備，重任之則恐不能制，輕任之則備不爲用，雖虛國遠征，公無憂矣。」操從之。行至易，易縣，前漢屬涿郡，後漢省。宋白曰：漢易縣故城，在今涿州歸義縣東南十五里，大易故城是。郭嘉曰：「兵貴神速。今千里襲人，輜重多，難以趨利，重，直用翻；下同。趨，七喻翻。且彼聞之，必爲備；不如留輜重，輕兵兼道以出，掩其不意。」

初，袁紹數遣使召田疇於無終，疇保無終，見六十卷初元四年。數，所角翻。又卽授將軍印，使安輯所統，疇皆拒之。及曹操定冀州，河間邢顒謂疇曰：「黄巾起來，二十餘年，海内鼎沸，百姓流離。今聞曹公法令嚴。民厭亂矣，亂極則平，請以身先。」遂裝還鄉里。顒，魚容翻。顒從疇游，積五年乃歸。先，悉薦翻。疇曰：「邢顒，天民之先覺者也。」伊尹曰：予，天民之先覺者也。此以道自任者也。若邢顒之先覺，特見幾耳。操以顒爲冀州從事。疇忿烏桓多殺其本郡冠蓋，謂郡中名勝之士。意欲討之而力未能。操遣使辟疇，疇戒其門下趣治嚴。趣，讀曰促。嚴卽裝也。自東都避明帝諱，改裝曰嚴，後遂因之。門人曰：「昔袁公慕君，禮命五至，君義不屈；今曹公使一來而君若恐弗及者，何也？」使，疏吏翻；下同。疇笑曰：「此非君所識也。」遂隨使者到軍，拜爲蓨令，蓨縣，前漢屬信都，後漢屬勃海。師古曰：蓨，音條。隨軍次無終。

時方夏水雨，而濱海洿下，洿，汪胡翻。濘滯不通，虜亦遮守蹊要，蹊，逕路也；蹊要，徑路要處也。濘，乃定翻。軍不得進。操患之，以問田疇。疇曰：「此道，秋夏每常有水，淺不通車馬，深不載舟船，爲難久矣。舊北平郡治在平岡，道出盧龍，達于柳城；前漢右北平郡治平岡縣，後漢省平岡縣，改治土垠縣。垠，音銀。賢曰：土垠故城，在今平州西南。水經註曰：自無終東出盧龍塞，又東越靑陘至凡城二百許里。自凡城東北出，趣平岡，可百八十里，向黄龍則五百里。故田疇引軍出盧龍塞，塹山堙谷，五百餘里，逕白檀，歷平岡，登白狼山，望柳城也。自建武以來，陷壞斷絶，垂二百載，載，子亥翻。而尚有微逕可從。今虜將以大軍當由無終，不得進而退，懈弛無備。若嘿回軍，從盧龍口越白檀之險，出空虛之地，路近而便，掩其不備，蹋頓可不戰而禽也。」操曰：「善！」乃引軍還，而署大木表於水側路傍曰：「方今夏暑，道路不通，且俟秋冬，乃復進軍。」復，扶又翻。虜候騎見之，誠以爲大軍去也。騎，奇寄翻。

操令疇將其衆爲鄉導，將，卽亮翻。鄉，讀曰嚮。上徐無山，史記正義：徐無山，在右北平徐無縣西北。徐無山，卽田疇所保聚處。塹山堙谷，五百餘里，經白檀，歷平岡，涉鮮卑庭，白檀縣，屬右北平郡。宋白曰：白檀故城，在檀州燕樂縣界。此時鮮卑庭已在右北平郡界，蓋慕容廆之先也。塹，七艷翻。東指柳城。未至二百里，虜乃知之。尚、熙與蹋頓及遼西單于樓班、樓班，丘力居之子也。右北平單于能臣抵之等右北平單于曰烏延。能臣抵之，或者烏延之異名歟！將數萬騎逆軍。八月，操登白狼山，水經註：白狼山，在右北平石城縣西。烏丸傳：逆戰於凡城，則白狼山蓋在凡城。卒與虜遇，卒，讀曰猝。衆甚盛。操車重在後，車重，卽輜重。重，直用翻。被甲者少，左右皆懼。被，皮義翻。少，詩沼翻。操登高，望虜陣不整，乃縱兵擊之，使張遼爲前鋒，虜衆大崩，斬蹋頓及名王已下，胡、漢降者二十餘萬口。降，戶江翻。

遼東單于速僕丸速僕丸，卽蘇僕延，語有輕重耳。與尚、熙奔遼東太守公孫康，其衆尚有數千騎。或勸操遂擊之，操曰：「吾方使康斬送尚、熙首，不煩兵矣。」九月，操引兵自柳城還。

公孫康欲取尚、熙以爲功，乃先置精勇於廐中，然後請尚、熙入，未及坐，康叱伏兵禽之，遂斬尚、熙，幷速僕丸首送之。諸將或問操：「公還而康斬尚、熙，何也？」操曰：「彼素畏尚、熙，吾急之則幷力，緩之則自相圖，其勢然也。」操梟尚首，梟，古堯翻。令三軍：「敢有哭之者斬！」牽招獨設祭悲哭，牽招先爲袁氏從事，故祭哭之。操義之，舉爲茂才。

時天寒且旱，二百里無水，軍又乏食，殺馬數千匹以爲糧，鑿地入三十餘丈方得水。既還，科問前諫者，科，條也。問前諫者，科具其姓名也。衆莫知其故，人人皆懼。操皆厚賞之，曰：「孤前行，乘危以徼倖，徼，堅堯翻。雖得之，天所佐也，顧不可以爲常。諸君之諫，萬安之計，是以相賞，後勿難言之。」

3 冬，十月，辛卯，有星孛于鶉尾。蔡邕曰：自張十二度至軫六度，謂之鶉尾之次。陳卓曰：自張十七度至軫十一度，謂之鶉尾；於辰在巳。

4 乙巳，黃巾殺濟南王贇。賢曰：贇，河間孝王開五代孫。靈帝立其父康爲濟南王，以奉孝仁皇祀。濟，子禮翻。贇，於倫翻。

5 十一月，曹操至易水，烏桓單于代郡普富盧、上郡那樓皆來賀。

師還，論功行賞，還，從宣翻，又如字。以五百戶封田疇爲亭侯。疇曰：「吾始爲劉公報仇，率衆遁逃，事見六十卷初平四年。爲，于僞翻。志義不立，反以爲利，非本志也。」固讓不受。

操知其至心，許而不奪。不奪其志也。孔子曰：匹夫不可奪志。

操之北伐也，劉備說劉表襲許，說，輸芮翻。表不能用。及聞操還，表謂備曰：「不用君言，故爲失此大會。」猶言大機會也。備曰：「今天下分裂，日尋干戈，事會之來，豈有終極乎！若能應之於後者，則此未足爲恨也。」豪桀之言，故自與常人不同。

6 是歲，孫權西擊黃祖，虜其人民而還。

7 權母吳氏疾篤，引見張昭等，屬以後事而卒。屬，之欲翻。卒，子恤翻。

8 初，琅邪諸葛亮寓居襄陽隆中，亮從父玄，爲豫章太守，將亮之官。會漢朝以朱皓代玄，玄與亮往依劉表。漢晉春秋曰：亮家于南陽之鄧縣，在襄陽城西二十里，號曰隆中。按東坡詩萬山西北古隆中也。故其萬山詩云：「回頭望西北，隱隱龜背起；傳云古隆中，萬樹桑柘美。」每自比管仲、樂毅；時人莫之許也，惟潁川徐庶與崔州平謂爲信然。州平，烈之子也。崔烈事靈帝，以入錢爲公。

劉備在荆州，訪士於襄陽司馬徽。徽曰：「儒生俗士，豈識時務，識時務者在乎俊傑。此間自有伏龍、鳳雛。」備問爲誰，曰：「諸葛孔明、龐士元也。」諸葛亮，字孔明。龐統，字士元。龐，皮江翻。徐庶見備於新野，備器之。物之有用者謂之器；器之者，器重之也；重其才之足以用世也。庶謂備曰：「諸葛孔明，臥龍也，將軍豈願見之乎？」備曰：「君與俱來。」庶曰：「此人可就見，不可屈致也，將軍宜枉駕顧之。」

備由是詣亮，備以梟雄之才，聞徐庶一言，三枉駕以見孔明，此必庶之材器有以取重於備，備遂信之也。庶自辭備歸操之後，寂無所聞，今觀其捨舊從新之言，質天地而無愧，則其人從可知矣。凡三往，乃見。因屏人曰：「漢室傾頹，姦臣竊命，孤不度德量力，欲信大義於天下，屏，必郢翻。度，徒洛翻。量，音良。信，讀曰申。而智術淺短，遂用猖蹶，猖，披猖。蹶，顛蹶。至于今日。然志猶未已，君謂計將安出？」亮曰：「今曹操已擁百萬之衆，挾天子而令諸侯，此誠不可與爭鋒。孫權據有江東，已歷三世，國險而民附，賢能爲之用，此可與爲援而不可圖也。荆州北據漢、沔，利盡南海，謂自桂陽、蒼梧跨有交州，則利盡南海也。東連吳會，吳會者，言吳爲東南一都會也。西通巴、蜀，此用武之國，而其主不能守，此殆天所以資將軍也。益州險塞，沃野千里，天府之土；劉璋闇弱，張魯在北，民殷國富而不知存恤，智能之士思得明君。張松、法正之徒雖未與亮交際，亮固逆知之矣。將軍既帝室之冑，冑，裔也。信義著於四海，若跨有荆、益，保其巖阻，撫和戎、越，結好孫權，好，呼到翻；下同。內脩政治，外觀時變，則霸業可成，漢室可興矣。」所謂俊傑者，量時審勢，規畫定於胸中，儻非其人，未易與之言也。治，直吏翻。備曰：「善！」於是與亮情好日密。好，呼到翻。關羽、張飛不悅，備解之曰：「孤之有孔明，猶魚之有水也。魚有水則生，無水則死。願諸君勿復言。」復，扶又翻。羽、飛乃止。

司馬徽，清雅有知人之鑒。同縣龐德公素有重名，徽兄事之。諸葛亮每至德公家，獨拜牀下，德公初不令止。觀孔明獨拜德公於牀下，孔明所以事德公者爲何如邪！德公初不令止，德公所以自居者爲何如邪！德公於是不可及矣。德公從子統，少時樸鈍，未有識者，從，才用翻。少，詩照翻。惟德公與徽重之。德公嘗謂孔明爲臥龍，士元爲鳳雛，德操爲水鑑；故德操與劉備語而稱之。司馬徽，字德操。

十三年（戊子、二〇八）

1 春，正月，司徒趙溫辟曹操子丕。操表「溫辟臣子弟，選舉故不以實」；策免之。操以溫辟其子，怒而免之，駕言選舉不以實耳！考異曰：獻帝起居注在十五年，范書帝紀在十三年。按是年罷三公官，溫不至十五年也。

2 曹操還鄴，作玄武池以肄舟師。鄴城有玄武苑，操鑿池其中。肄，以四翻，習也。

3 初，巴郡甘寧將僮客八百人歸劉表，寧走荊州事見六十一卷興平元年。表儒人，不習軍事，寧觀表事勢終必無成，恐一朝衆散，并受其禍，聚而不用，其禍必至。欲東入吳。黃祖在夏口，應劭曰：沔水自江夏別至南郡華容爲夏水，過江夏郡而入于江。蓋指夏水入江之地爲夏口。庾仲雍曰：夏口，一曰沔口，或曰魯口。水經註曰：沔水南至江夏沙羨縣北，南入于江。然則曰夏口，以夏水得名；曰沔口，以沔水得名；曰魯口，以魯山得名；實一處也。其地在江北。自孫權置夏口督，屯江南，今鄂州治是也。故何尚之云：夏口在荊江之中，正對沔口。賢註亦謂夏口戍在今鄂州。於是相承以鄂州爲夏口，而江北之夏口晦矣。軍不得過，乃留，依祖三年，祖以凡人畜之。畜，許六翻，養也。孫權擊祖，祖軍敗走，權校尉淩操將兵急追之。姓譜：衛康叔支子，爲周凌人，子孫以爲氏。寧善射，將兵在後，射殺操，射殺之射，而亦翻。祖由是得免。軍罷，還營，待寧如初。祖都督蘇飛數薦寧，數，所角翻。祖不用；寧欲去，恐不免；飛乃白祖，以寧爲邾長。邾縣，屬江夏郡。地道記曰：楚滅邾，徙其君於此。賢曰：邾故城在今復州竟陵縣東。飛蓋開其奔吳之路也。長，知兩翻。宋白曰：黃州，漢邾縣也。寧遂亡奔孫權，考異曰：吳志孫權傳，建安八年、十二年，皆嘗討黃祖。淩統傳，父操死時，統年十五，攝父兵。後擊麻、保屯，刺殺陳勤。按周瑜、孫瑜傳，以十一年擊麻、保屯，則操死似在八年，然後五年寧乃奔權，似晚。今無年月可據，追言之。周瑜、呂蒙共薦達之，權禮異，同於舊臣。

寧獻策於權曰：「今漢祚日微，曹操終爲篡盜。南荆之地，山川形便，誠國之西勢也。謂在吳之西，據上流之形勢。寧觀劉表，慮既不遠，兒子又劣，言又弱於表也。非能承業傳基者也。至尊當早圖之，不可後操。言若不先圖劉表，必爲操所圖也。後，戶遘翻。圖之之計，宜先取黃祖。祖今昏耄已甚，財穀並乏，左右貪縱，吏士心怨，舟船戰具，頓廢不脩，頓，壞也。左傳：甲兵不頓。頓，讀曰鈍。怠於耕農，軍無法伍，至尊今往，其破可必。一破祖軍，鼓行而西，據楚關，楚關，扞關也。蜀伐楚，楚爲扞關以拒之，故曰楚關。大勢彌廣，卽可漸規巴、蜀矣。」權深納之。張昭時在坐，難曰：「今吳下業業，坐，徂臥翻。難，乃旦翻。業業，危懼之意。若軍果行，恐必致亂。」寧謂昭曰：「國家以蕭何之任付君，君居守而憂亂，奚以希慕古人乎！」言固有攸當者，張昭不得以強辭距也。守，式又翻。權舉酒屬寧曰：「興霸，甘寧，字興霸。屬，之欲翻。今年行討，如此酒矣，決以付卿。卿但當勉建方略，令必克祖，則卿之功，何嫌張長史之言乎！」昭爲權長史。權之此言，既以獎甘寧之氣，又以全張昭之體。不有居者，誰守社稷；不有行者，誰扞牧圉。長，知兩翻。

權遂西擊黃祖。祖横兩蒙衝釋名曰：船狹而長曰蒙衝，以衝突敵船。挾守沔口，以栟閭大紲繫石爲矴，栟閭，椶櫚也。郭璞曰：落穫也，中作器索。栟，卑盈翻。紲，音薛，長繩也。矴，丁定翻，錘舟石。上有千人，以弩交射，飛矢雨下，軍不得前。偏將軍董襲與别部司馬淩統俱爲前部，各將敢死百人，人被兩鎧，乘大舸，將，即亮翻。被，皮義翻。方言，南楚江、湘，凡船大者謂之舸，小者謂之艖。舸，嘉我翻。突入蒙衝裏。襲身以刀斷兩紲，斷，丁管翻。蒙衝乃横流，大兵遂進。祖令都督陳就以水軍逆戰。平北都尉呂蒙蒙自别部司馬，以功爲平北都尉。勒前鋒，親梟就首。梟，堅堯翻。於是將士乘勝，水陸並進，傅其城，傅，讀曰附。盡鋭攻之，遂屠其城。祖挺身走，追斬之，挺，拔也。虜其男女數萬口。

權先作兩函，欲以盛祖及蘇飛首。盛，時征翻。權爲諸將置酒，甘寧下席叩頭，血涕交流，爲權言飛疇昔舊恩，舊恩，謂薦而不用，又開之使奔吳也。爲，于僞翻；下同。「寧不值飛，固已損骸於溝壑，不得致命於麾下。今飛罪當夷戮，特從將軍乞其首領。」權感其言，謂曰：「今爲君置之。若走去何？」寧曰：「飛免分裂之禍，受更生之恩，逐之尚必不走，豈當圖亡哉！

亡，謂亡走。若爾，爾，猶言如此也。寧頭當代入函。」權乃赦之。凌統怨寧殺其父操，常欲殺寧；權命統不得讎之，令寧將兵屯於他所。

4 夏，六月，罷三公官，復置丞相、御史大夫。漢初，以丞相、御史大夫、太尉爲三公，哀帝元壽二年，以大司馬、大司徒、大司空爲三公，中興以來，以太尉、司徒、司空爲三公。今雖復置丞相、御史，而操自爲丞相，事權出於一矣。癸巳，以曹操爲丞相。操以冀州別駕從事崔琰爲丞相西曹掾，司空東曹掾陳留毛玠爲丞相東曹掾，元城令河內司馬朗爲主簿，弟懿爲文學掾，冀州主簿盧毓爲法曹議令史。別駕從事，州牧行部，則奉引，錄衆事。漢制，公府西曹掾主府史署用，東曹掾主二千石、長吏遷除及軍吏，黃閤主簿錄省衆事。文學掾，漢郡曹有之，操於公府創置也。法曹主郵驛科程事。時公府諸曹，皆置議令史。元城縣，屬魏郡。毓，植之子也。

琰、玠並典選舉，其所舉用皆清正之士，雖於時有盛名而行不由本者，終莫得進。拔敦實，斥華僞，進沖遜，抑阿黨。行，下孟翻。沖，謙虛也，和也。由是天下之士莫不以廉節自勵，雖貴寵之臣，輿服不敢過度，至乃長吏還者，垢面羸衣，獨乘柴車，軍吏入府，朝服徒行，長，知兩翻。朝，直遙翻。吏潔於上，俗移於下。操聞之，歎曰：「用人如此，使天下人自治，吾復何爲哉！」復，扶又翻。

司馬懿，少聰達，多大略。少，詩照翻。崔琰謂其兄朗曰：「君弟聰亮明允，剛斷英特，斷，丁亂翻。非子所及也！」操聞而辟之，懿辭以風痹。痹，必至翻，濕病也。操怒，欲收之，懿懼，就職。司馬懿始此。

5 操使張遼屯長社，臨發，軍中有謀反者，夜，驚亂起火，一軍盡擾。遼謂左右曰：「勿動！是不一營盡反，必有造變者，欲以驚動人耳。」乃令軍中：「其不反者安坐。」遼將親兵數十人中陳而立，將，卽亮翻。陳，讀曰陣。有頃，皆定，卽得首謀者，殺之。

遼在長社，于禁屯潁陰，樂進屯陽翟，三將任氣，多共不協。共，相與也。操使司空主簿趙儼并參三軍，每事訓諭，遂相親睦。

6 初，前將軍馬騰與鎮西將軍韓遂結爲異姓兄弟，晉職官志曰：四鎮通於柔遠。蓋漢末始置也。後以部曲相侵，更爲讎敵。朝廷使司隸校尉鍾繇、涼州刺史韋端和解之，徵騰入屯槐里。曹操將征荆州，使張既說騰，令釋部曲還朝，說，輸芮翻。騰許之。已而更猶豫，既恐其爲變，乃移諸縣促儲偫，偫，直里翻。二千石郊迎，騰不得已，發東。發而東入朝也。操表騰爲衞尉，考異曰：典略曰：「建安十五年，徵騰爲衞尉。」按張既傳，「曹公將征荆州，令既說騰入朝。」蓋「三」字誤爲「五」耳。以其子超爲偏將軍，統其衆，悉徙其家屬詣鄴。爲後十七年族騰張本。

7 秋，七月，曹操南擊劉表。

8 八月，丁未，以光祿勳山陽郗慮爲御史大夫。郗，丑脂翻。姓譜：郗爲高平望姓。

9 壬子，太中大夫孔融棄市。融恃其才望，數戲侮曹操，數，所角翻。發辭偏宕，賢曰：偏邪跌宕，不拘正理。余謂此偏，非邪之謂，言其論議抑揚，有所偏重也。宕，徒浪翻，過也。多致乖忤。忤，五故翻。操以融名重天下，外相容忍而內甚嫌之。融又上書，「宜準古王畿之制，千里寰內不以封建諸侯。」操疑融所論建漸廣，益憚之。周禮，方千里曰國畿，其外方五百里曰侯畿。鄭玄曰：畿，限也。千里寰內不以封建，則操不可以居鄴矣，故憚之。融與郗慮有隙，慮承操風旨，構成其罪，令丞相軍謀祭酒路粹軍師祭酒、軍謀祭酒，皆操所置。奏：「融昔在北海，建安初，融爲北海相。見王室不靜，而招合徒衆，欲規不軌。及與孫權使語，謗訕朝廷。使，疏吏翻。又，前與白衣禰衡跌蕩放言，賢曰：跌蕩，無儀檢也。放，縱也。禰，乃禮翻。更相贊揚。更，工衡翻。衡謂融曰『仲尼不死』，融答『顏回復生』，復，扶又翻。大逆不道，宜極重誅。」操遂收融，并其妻子皆殺之。

初，京兆脂習與融善，脂，姓也。魏略：脂習，字元升，後爲中大夫。每戒融剛直太過，必罹世患。及融死，許下莫敢收者。習往撫尸曰：「文舉舍我死，孔融，字文舉。舍，讀曰捨。吾何用生爲！」操收習，欲殺之，既而赦之。

10 初，劉表二子，琦、琮。琦，渠宜翻。琮，徂宗翻。表爲琮娶其後妻蔡氏之姪，蔡氏遂愛琮而惡琦，爲，于僞翻。惡，烏路翻。表妻弟蔡瑁、外甥張允並得幸於表，日相與毀琦而譽琮。譽，音余。琦不自寧，與諸葛亮謀自安之術，亮不對。後乃共升高樓，因令去梯。去，羌呂翻。謂亮曰：「今日上不至天，下不至地，言出子口，而入吾耳，可以言未？」亮曰：「君不見申生在內而危，重耳居外而安乎？」申生，晉獻公之太子，爲驪姬所譖，自縊而死。重耳，申生之弟，懼驪姬之讒，出奔。獻公卒後，重耳入，是爲文公，遂爲霸主。重，直龍翻。琦意感悟，陰規出計。會黃祖死，琦求代其任，表乃以琦爲江夏太守。夏，戶雅翻。表病甚，琦歸省疾。省，悉景翻。瑁、允恐其見表而父子相感，更有託後之意，乃謂琦曰：「將軍命君撫臨江夏，其任至重；今釋衆擅來，必見譴怒。傷親之歡，重增其疾，重，直用翻。非孝敬之道也。」遂遏于戶外，使不得見，琦流涕而去。表卒，瑁、允等遂以琮爲嗣。琮以侯印授琦，琦怒，投之地，將因奔喪作難。難，乃旦翻。會曹操軍至，琦奔江南。按劉備敗於當陽，濟沔與琦會，然後俱到夏口。琦奔江南，在劉琮降後。史究其終言之。

章陵太守蒯越四親園廟在章陵，時以爲郡，置守。及東曹掾傅巽等勸劉琮降操，降，戶江翻；下同。曰：「逆順有大體，强弱有定勢。以人臣而拒人主，逆道也；以新造之楚而禦中國，必危也；以劉備而敵曹公，不當也。當，如字，言不敵也。三者皆短，將何以待敵？且將軍自料何如劉備？若備不足禦曹公，則雖全楚不能以自存也；若足禦曹公，則備不爲將軍下也。」琮從之。考異曰：范書、陳志表傳皆云韓嵩亦說琮降。按嵩時被囚，必不預謀。九月，操至新野，琮遂舉州降，以節迎操。節，漢節也。琮父表受之於漢。諸將皆疑其詐，婁圭曰：「天下擾擾，【章：甲十一行本下「擾」字作「攘」；乙十一行本同。】各貪王命以自重，今以節來，是必至誠。」操遂進兵。

時劉備屯樊，樊城，在襄陽東，北臨漢水，周大夫樊仲山甫之邑也；唐爲襄州安養縣。琮不敢告備。備久之乃覺，遣所親問琮，琮令官屬宋忠詣備宣旨。時曹操已在宛，備乃大驚駭，謂忠曰：「卿諸人作事如此，不早相語，語，牛倨翻。今禍至方告我，不亦太劇乎！」劇，甚也。引刀向忠曰：「今斷卿頭，斷，丁管反。不足以解忿，亦恥丈夫臨別復殺卿輩！」復，扶又翻。遣忠去。乃呼部曲共議，或勸備攻琮，荆州可得。備曰：「劉荆州臨亡託我以孤遺，無父曰孤。遺，棄也；言父母棄之而去，故曰孤遺。今人謂孤獨無所依仰者爲孤遺。背信自濟，背，蒲妹翻。吾所不爲，死何面目以見劉荆州乎！」備將其衆去，過襄陽，將，即亮翻。過，工禾翻；下同。駐馬呼琮；琮懼，不能起。琮左右及荆州人多歸備。備過辭表墓，涕泣而去。比到當陽，比，必寐翻。當陽縣，屬南郡。衆十餘萬人，輜重數千兩，重，直用翻。兩，音亮。日行十餘里，別遣關羽乘船數百艘，艘，蘇刀翻。使會江陵。或謂備曰：「宜速行保江陵，江陵，南郡治所。今雖擁大衆，被甲者少，被，皮義翻。少，詩沼翻。若曹公兵至，何以拒之！」備曰：「夫濟大事必以人爲本，今人歸吾，吾何忍棄去！」

習鑿齒論曰：劉玄德雖顛沛險難而信義愈明，顛沛，猶言顛仆。難，乃旦翻。勢偪事危而言不失道。追景升之顧，則情感三軍；戀赴義之士，則甘與同敗。終濟大業，不亦宜乎！

11 劉琮將王威說琮曰：說，輸芮翻。「曹操聞將軍既降，劉備已走，必懈弛無備，輕行單進。若給威奇兵數千，徼之於險，操可獲也。徼，一遙翻。獲操，即威震四海，非徒保守今日而已。」琮不納。使琮用威言，操其殆哉！

操以江陵有軍實，軍實，糧儲、器械之類。恐劉備據之，乃釋輜重，重，直用翻。輕軍到襄陽。聞備已過，操將精騎五千急追之，一日一夜行三百餘里，及於當陽之長坂。當陽長坂，在今荊門軍當陽縣東南百二十里。盛弘之荆州記云：當陽縣東有櫟林長坂。宋白曰：漢當陽舊城，在今縣北。春秋傳：楚伐麇。潁容釋例曰：麇，當陽也。孔穎達曰：陂者曰坂。陂，彼寄翻，又普羅翻。李巡曰：陂者，謂高峯山陂。備棄妻子，與諸葛亮、張飛、趙雲等數十騎走，操大獲其人衆輜重。

徐庶母爲操所獲，庶辭備，指其心曰：「本欲與將軍共圖王霸之業者，以此方寸之地也。今已失老母，方寸亂矣，無益於事，請從此別。」遂詣操。

張飛將二十騎拒後，拒後，卽古之殿也。飛據水斷橋，斷，丁管翻。瞋目橫矛曰：「身是張益德也，瞋，七人翻。自此迄于梁、陳，士大夫率自謂曰「身」。張飛，字益德。可來共決死！」操兵無敢近者。近，其靳翻；下同。

或謂備：「趙雲已北走。」備以手戟擿之曰：「子龍不棄我走也。」擿，讀與擲同。趙雲，字子龍。頃之，雲身抱備子禪，與關羽船會，得濟沔，遇劉琦衆萬餘人，與俱到夏口。

曹操進軍江陵，以劉琮爲青州刺史，封列侯，幷蒯越等，侯者凡十五人。釋韓嵩之囚，囚韓嵩，事見六十三卷建安四年。待以交友之禮，使條品州人優劣，皆擢而用之。以嵩爲大鴻臚，蒯越爲光祿勳，劉先爲尚書，鄧義爲侍中。

荆州大將南陽文聘別屯在外，琮之降也，呼聘，欲與俱。聘曰：「聘不能全州，當待罪而已！」操濟漢，漢，卽沔也。漢書地理志註曰：東漢水受氐道水，一名沔，過江夏謂之夏水，入江。如淳曰：漢中人謂漢水爲沔水。師古曰：漢上曰沔。祝穆曰：天下之大川，以漢名者二，班固謂之東漢、西漢，而黎州之漢水源於飛越嶺者，不與焉。固之所謂東漢，則禹貢之漾漢；其源出於今興元之西縣嶓冢山，逕洋、金、房、均、襄、郢，復至漢陽入江者是也。西漢則蘇代所謂：「漢中之甲，輕舟出於巴，乘夏水下漢，四日而至五渚」者。其源出於西和州徼外，徑階、沔州與嘉陵水會，俗謂之西漢，又徑大安軍，利、劍、閬、果、合，與涪水會，至渝州入江。聘乃詣操。操曰：「來何遲邪？」聘曰：「先日不能輔弼劉荆州以奉國家；荆州雖沒，常願據守漢川，保全土境。生不負於孤弱，死無愧於地下，而計不在己，以至於此，實懷悲慙，無顏早見耳！」遂歔欷流涕。歔，音虛。欷，許既翻，又音希。操爲之愴然，爲，于僞翻。愴，七亮翻。字謂之曰：「仲業，文聘，字仲業。卿眞忠臣也。」厚禮待之，使統本兵，爲江夏太守。

初，袁紹在冀州，遣使迎汝南士大夫。西平和洽，姓譜：和，本羲和之後，一云卞和之後。以爲冀州土平民強，英傑所利，【章：甲十一行本「利」下有「四戰之地」四字；乙十一行本同。】不如荆州土險民弱，易依倚也，易，以豉翻。遂從劉表。表以上客待之。洽曰：「所以不從本初，辟爭地也。辟，讀曰避。昏世之主，不可黷近，近，其靳翻。久而不去，讒慝將興。」遂南之武陵。表辟南陽劉望之爲從事，而其友二人皆以讒毀爲表所誅，望之又以正諫不合，投傳告歸。傳，株戀翻。望之弟廙謂望之曰：廙，逸職翻，又羊至翻。「趙殺鳴犢，仲尼回輪。史記：孔子將西見趙簡子，至河而聞竇鳴犢、舜華之死，臨河而歎曰：「丘之不濟，命也夫！」子貢進曰：「何謂也？」孔子曰：「竇鳴犢、舜華，晉之賢大夫也。趙簡子未得志之時，須此兩人而後從政。丘聞之：刳胎殺夭，則麒麟不至；竭澤而漁，則蛟龍不合陰陽；覆巢毀卵，則鳳凰不翔。何則？君子諱傷其類。夫鳥獸之於不義也，尚知避之，而況乎丘哉！」乃還。今兄既不能法柳下惠和光同塵於內，柳下惠爲士師，三黜而不去。孟子曰：柳下惠不羞汙君，不卑小官，遺佚而不怨，阨窮而不憫。故曰：爾爲爾，我爲我，雖袒裼裸裎於我側，爾焉能浼我哉！故由由然與之偕而不自失焉。所謂和光同塵也。則宜模范蠡遷化於外，謂范蠡去越而扁舟五湖，卒居於陶，隨其所遷而自爲變化也。坐而自絕於時，殆不可也。」望之不從，尋復見害，復，扶又翻。廙奔揚州。南陽韓暨避袁術之命，徙居山都山。山都山，在南陽郡山都縣。劉表又辟之，遂遁居孱陵。孱陵縣，屬武陵郡，後劉備改曰公安。賢曰：孱陵故城，在今荆州公安縣西南。孱，音士顏翻。表深恨之，暨懼，應命，除宜城長。河東裴潛亦爲表所禮重，潛私謂王暢之子【張：「子」作「孫」。】粲及河內司馬芝曰：「劉牧非霸王之才，王，于況翻。乃欲西伯自處，處，昌呂翻。其敗無日矣！」遂南適長沙。於是操以暨爲丞相士曹屬，丞相府有戶曹、賊曹、兵曹、鎧曹、士曹掾、屬各一人；兵、鎧、士三曹，蓋操所置也。潛參丞相軍事，時方用兵，故丞相府置參軍事。職官分紀，漢三公府有參軍事。蓋亦謂此時所置耳。洽、廙、粲皆爲掾屬，漢公府並有掾、屬，東西曹掾比四百石，餘曹比三百石，其屬比二百石。三公爲天子之股肱，掾、屬則三公之喉舌，魏、晉置，多者或數十人。芝爲菅令，菅縣，屬濟南郡。應劭曰：菅，音姦。考異曰：粲傳曰：太祖置酒漢濱，粲奉觴賀云云。按操恐劉備據江陵，至襄陽卽過，日行三百里，引用名士，皆至江陵後所爲，不得更置酒漢濱，恐誤。從人望也。

12 冬，十月，癸未朔，日有食之。

13 初，魯肅聞劉表卒，言於孫權曰：「荆州與國鄰接，江山險固，沃野萬里，士民殷富，若據而有之，此帝王之資也。今劉表新亡，二子不協，軍中諸將，各有彼此。謂有附琦者，有附琮者。劉備天下梟雄，與操有隙，梟，堅堯翻。前書張良曰：「九江王布，楚梟將。」師古曰：梟，言最勇健也。有隙，謂備欲殺操不遂也。寄寓於表，表惡其能而不能用也。惡，烏路翻。若備與彼協心，上下齊同，則宜撫安，與結盟好；好，呼到翻。如有離違，離違，言人有離心，互相違異也。宜別圖之，以濟大事。肅請得奉命弔表二子，并慰勞其軍中用事者，及說備使撫表衆，勞，力到翻。說，輸芮翻，下同。同心一意，共治曹操，治，直之翻。備必喜而從命。如其克諧，天下可定也。今不速往，恐爲操所先。」權卽遣肅行。

到夏口，聞操已向荆州，晨夜兼道，比至南郡，比，必寐翻。而琮已降，備南走，肅徑迎之，與備會於當陽長坂。肅宣權旨，論天下事勢，致殷勤之意。且問備曰：「豫州今欲何至？」備先爲豫州牧，故以稱之。備曰：「與蒼梧太守吳巨有舊，欲往投之。」肅曰：「孫討虜聰明仁惠，敬賢禮士，江表英豪，咸歸附之，曹操表權爲討虜將軍，故稱之。已據有六郡，兵精糧多，足以立事。今爲君計，莫若遣腹心自結於東，以共濟世業。荊州在西，吳在東。世業，猶言世事也。而欲投吳巨，巨是凡人，偏在遠郡，行將爲人所併，豈足託乎！」備甚悅。肅又謂諸葛亮曰：「我，子瑜友也。」卽共定交。子瑜者，亮兄瑾也，諸葛瑾，字子瑜。瑾，渠吝翻。避亂江東，爲孫權長史。備用肅計，進住鄂縣之樊口。住，止軍也。水經註：江水過鄂縣北而東流，右得樊口；樊山下寒溪水所注也。陸游曰：黃州與樊口正相對。郡國志，鄂縣，屬江夏郡。孫策破黃祖於此，改曰武昌。今壽昌軍是也。通鑑以爲孫權所改。

曹操自江陵將順江東下。諸葛亮謂劉備曰：「事急矣，請奉命求救於孫將軍。」遂與魯肅俱詣孫權。亮見權於柴桑，柴桑縣，屬豫章郡。晉置尋陽郡於江南，卽此柴桑縣地也。今江州德化縣西南九十里有柴桑山。說權曰：說，式芮翻。「海內大亂，將軍起兵江東，劉豫州收衆漢南，與曹操共爭天下。今操芟夷大難，略已平矣，杜預曰：芟，刈也；夷，殺也。芟，所銜翻。難，乃旦翻；下同。遂破荊州，威震四海。英雄無用武之地，故豫州遁逃至此，願將軍量力而處之！量，音良。處，昌呂翻。若能以吳、越之衆與中國抗衡，衡以取平。上下相當無所卑屈曰抗。不如早與之絕；若不能，何不按兵束甲，北面而事之！今將軍外託服從之名而內懷猶豫之計，事急而不斷，斷，丁亂翻。禍至無日矣。」權曰：「苟如君言，劉豫州何不遂事之乎？」亮曰：「田橫，齊之壯士耳，猶守義不辱；事見十一卷漢高帝五年。況劉豫州王室之胄，胄，系也。英才蓋世，衆士慕仰，若水之歸海。若事之不濟，此乃天也，安能復爲之下乎！」復，扶又翻。權勃然曰：勃然，作色慍怒也。「吾不能舉全吳之地，十萬之衆，受制於人。吾計決矣！非劉豫州莫可以當曹操者；然豫州新敗之後，安能抗此難乎？」難，乃旦翻。亮曰：「豫州軍雖敗於長坂，今戰士還者及關羽水軍精甲萬人，劉琦合江夏戰士亦不下萬人。曹操之衆，遠來疲敝，聞追豫州，輕騎一日一夜行三百餘里，此所謂『強弩之末勢不能穿魯縞』者也。前書韓安國曰：衝風之衰，不能起毛羽；強弩之末，力不能入魯縞。師古註曰：縞，素也。曲阜之地，俗善作之，尤爲輕細，故以取喻也。故兵法忌之，曰『必蹶上將軍』。兵法：百里而趨利者，蹶上將。且北方之人，不習水戰；又，荆州之民附操者，偪兵勢耳，非心服也。今將軍誠能命猛將統兵數萬，與豫州協規同力，破操軍必矣。操軍破，必北還；如此，則荆、吳之勢強，鼎足之形成矣。荆，謂備；吳，謂權。鼎足之形，謂三分天下也。成敗之機，在於今日！」權大悅，與其羣下謀之。

是時，曹操遺權書曰：遺，于季翻。「近者奉辭伐罪，旌麾南指，劉琮束手。今治水軍八十萬衆，方與將軍會獵於吳。」治，直之翻。權以示臣【章：甲十一行本「臣」作「羣」；乙十一行本同；孔本同。】下，莫不響震失色。長史張昭等曰：「曹公，豺虎也，挾天子以征四方，動以朝廷爲辭；今日拒之，事更不順。且將軍大勢可以拒操者，長江也；今操得荆州，奄有其地，劉表治水軍，蒙衝鬬艦乃以千數，杜佑曰：蒙衝，以生牛皮蒙船覆背，兩廂開掣棹孔，左右有弩窗、矛穴，敵不得近，矢石不能敗。此不用大船，務於速疾，乘人之所不及，非戰之船也。鬭艦，船上設女牆，可高三尺，牆下開掣棹孔。船內五尺，又建棚，與女牆齊。棚上又建女牆，重列戰敵。上無覆背，前後左右樹牙旗、幟旛、金鼓，此戰船也。艦，戶黯翻。操悉浮以沿江，兼有步兵，水陸俱下，此爲長江之險已與我共之矣，而勢力衆寡又不可論。愚謂大計不如迎之。」魯肅獨不言。權起更衣，更，工衡翻。肅追於宇下。韓詩曰：屋霤爲宇。陸德明曰：屋四垂爲宇；又隫下曰宇。考工記曰：宇欲卑。權知其意，執肅手曰：「卿欲何言？」肅曰：「向察衆人之議，專欲誤將軍，不足與圖大事。今肅可迎操耳，如將軍不可也。何以言之？今肅迎操，操當以肅還付鄉黨，品其名位，猶不失下曹從事，下曹從事，諸曹從事之最下者。乘犢車，晉志曰：犢車，牛車也。古之貴者不乘牛車。漢武帝推恩之末，諸侯寡弱，貧者至乘牛車。其後稍貴之。自靈、獻以來，天子至士，遂爲常乘。從吏卒，交游士林，士林，多士之林；謂京邑大都，四方賢士所聚也。累官故不失州郡也。將軍迎操，欲安所歸乎？願早定大計，莫用衆人之議也！」權歎息曰：「諸人持議，甚失孤望。今卿廓開大計，正與孤同。」

時周瑜受使至番陽，肅勸權召瑜還。瑜已受命出使，蓋行未遠也。使，疏吏翻。番，蒲何翻。瑜至，謂權曰：「操雖託名漢相，其實漢賊也。相，息亮翻。將軍以神武雄才，兼仗父兄之烈，割據江東，地方數千里，兵精足用，英雄樂業，英雄之士猶樂其業，言無他志也。樂，音洛。當橫行天下，爲漢家除殘去穢；爲，于僞翻。去，羌呂翻。況操自送死，而可迎之邪！請爲將軍籌之：

爲，于僞翻；下保爲同。今北土未平，馬超、韓遂尚在關西，爲操後患；而操舍鞍馬，仗舟楫，與吳、越爭衡；舍，讀曰捨。北人便於鞍馬，南人便於舟楫；言操舍而就所短。今又盛寒，馬無藁草；說文曰：禾莖爲藁，音工老翻。驅中國士衆遠涉江湖之間，不習水土，必生疾病。此數者用兵之患也，而操皆冒行之，將軍禽操，宜在今日。瑜請得精兵數萬人，進住夏口，前書地理志曰：夏水過江夏郡入江水。水經註曰：黃鵠山，東北對夏口城，亦沙羨縣治。蓋齊、梁之魯山城，今之漢陽軍，即其地；所謂漢口也。祝穆曰：夏口，一名魯口。似指漢水之口。然何尚之云：夏口，在荆江之中，正對沔口。而章懷太子亦謂夏口戍在鄂州。故唐史皆指鄂州爲夏口。蓋本在江北，自孫權取對岸夏口之名以名之，而江北之名始晦。保爲將軍破之！」權曰：「老賊欲廢漢自立久矣，徒忌二袁、呂布、劉表與孤耳；今數雄已滅，惟孤尚存。孤與老賊勢不兩立，君言當擊，甚與孤合，此天以君授孤也。」因拔刀斫前奏案曰：「諸將吏敢復有言當迎操者，與此案同！」言欲斬之也。復，扶又翻。乃罷會。

是夜，瑜復見權曰：「諸人徒見操書言水步八十萬而各恐懾，不復料其虛實，便開此議，甚無謂也。謂迎操之議也。懾，之涉翻。今以實校之，彼所將中國人不過十五六萬，且已久疲；將，即亮翻。所得表衆亦極七八萬耳，尚懷狐疑。夫以疲病之卒御狐疑之衆，言新附之人，心懷狐疑，未能出死命而爲之力戰也。衆數雖多，甚未足畏。瑜得精兵五萬，自足制之，願將軍勿慮！」權撫其背曰：「公瑾，卿言至此，甚合孤心。子布、元表諸人，秦松，字文表；元，恐當作

「文」。各顧妻子，挾持私慮，深失所望；獨卿與子敬與孤同耳，魯肅，字子敬。此天以卿二人贊孤也。五萬兵難卒合，卒，讀曰猝。已選三萬人，船糧戰具俱辦。卿與子敬、程公程公，程普也；時江東諸將，普年最長，人皆呼程公。便在前發，孤當續發人衆，多載資糧，爲卿後援。卿能辦之者誠決，謂能辦操，則誠爲能決勝也。邂逅不如意，不期而會曰邂逅，謂兵之勝負，或有不如本心之所期者也。便還就孤，孤當與孟德決之。」遂以周瑜、程普爲左右督，將兵與備并力逆操；將，卽亮翻。以魯肅爲贊軍校尉，使之贊軍謀，因以爲官稱。助畫方略。

劉備在樊口，日遣邏吏於水次候望權軍。邏，郎佐翻，巡也。吏望見瑜船，馳往白備，備遣人慰勞之。勞，力到翻。瑜曰：「有軍任，不可得委署；委，棄也。署，置也。儻能屈威，謂能自屈其威而來見。誠副其所望。」備乃乘單舸往見瑜曰：「今拒曹公，深爲得計。戰卒有幾？」舸，古我翻。幾，居豈翻。瑜曰：「三萬人。」備曰：「恨少。」少，詩沼翻。瑜曰：「此自足用，豫州但觀瑜破之。」備欲呼魯肅等共會語，瑜曰：「受命不得妄委署；若欲見子敬，可別過之。」過，音戈。詩云：不我過。杜甫詩：吟詩許見過。皆從平聲。備深愧喜。愧者，自愧呼肅之非；喜者，喜瑜之整也。

進，與操遇於赤壁。水經註：江水自沙羨而東，右逕赤壁山北。郡縣志：赤壁山，在蒲圻西百三十里，北岸烏林，與赤壁相對，卽周瑜用黃蓋策焚曹公船處。杜佑曰：赤壁，在鄂州蒲圻縣。武昌志曰：曹操自江陵追劉備至巴丘，遂至赤壁，遇周瑜兵，大敗，取華容道歸。赤壁山，在今嘉魚縣，對江北之烏林。巴丘，今巴陵；華容，今石首也。黃州赤壁非是。今之華容縣，則晉之安南縣也。

時操軍衆，已有疾疫。初一交戰，操軍不利，引次江北。瑜等在南岸，瑜部將黃蓋曰：「今寇衆我寡，難與持久。操軍方連船艦，首尾相接，可燒而走也。」乃取蒙衝鬭艦十艘，艘，蘇曹翻，船之總名。載燥荻、枯柴，灌油其中，裹以帷幕，上建旌旗，豫備走舸，繫於其尾。杜佑曰：走舸，舷上立女牆，置棹夫多，戰卒少，皆選勇力精銳者，往返如飛鷗，乘人之所不及。金鼓旗幟，列之於上，此戰船也。先以書遺操，遺，于季翻。詐云欲降。降，戶江翻；下同。時東南風急，蓋以十艦最著前，著，直略翻。中江舉帆，餘船以次俱進。操軍吏士皆出營立觀，指言蓋降。去北軍二里餘，同時發火，火烈風猛，船往如箭，燒盡北船，延及岸上營落。頃之，煙炎張天，炎，與燄同，以贍翻。張，知亮翻。人馬燒溺死者甚衆。瑜等率輕鋭繼其後，雷鼓大震，【章：甲十一行本「震」作「進」；乙十一行本同；孔本同。】雷，盧對翻，疾擊鼓也。北軍大壞。操引軍從華容道步走，華容縣，屬南郡；從此道可至華容縣也。杜佑曰：古華容，在竟陵郡監利縣。遇泥濘，道不通，濘，乃定翻。天又大風，悉使羸兵負草填之，騎乃得過。羸兵爲人馬所蹈藉，陷泥中，死者甚衆。羸，倫爲翻。劉備、周瑜水陸並進，追操至南郡。時操軍兼以饑疫，死者太半。操乃留征南將軍曹仁、横野將軍徐晃守江陵，横野大將軍，光武以命王常。折衝將軍樂進守襄陽，折衝將軍始此。引軍北還。

周瑜、程普將數萬衆，與曹仁隔江未戰。甘寧請先徑進取夷陵，往，卽得其城，因入守之。益州將襲肅舉軍降，先取夷陵，則與益州爲鄰，故襲肅舉軍以降。襲，姓；肅，名。周瑜表以肅兵益横野中郎將呂蒙。横野，本將軍號，以資序未至，故爲中郎將。蒙盛稱「肅有膽用，且慕化遠來，於義宜益，不宜奪也。」權善其言，還肅兵。曹仁遣兵圍甘寧，寧困急，求救於周瑜，諸將以爲兵少不足分，呂蒙謂周瑜、程普曰：「留凌公績於江陵，凌統，字公績。蒙與君行，解圍釋急，勢亦不久。蒙保公績能十日守也。」瑜從之，大破仁兵於夷陵，獲馬三百匹而還。於是將士形勢自倍，瑜乃渡江，屯北岸，與仁相拒。十二月，孫權自將圍合肥，合肥，曹操置，揚州刺史治焉。時刺史已移治壽春。考異曰：魏志武紀，「十二月，權爲備攻合肥。公自江陵征備，至巴丘，遣張喜救合肥。權聞喜至，乃走。公至赤壁與備戰，不利。」孫盛異同評曰：「按吳志，備先破公軍，然後權攻合肥，而此紀云，先攻合肥，後有赤壁之事，二者不同，吳志爲是。」又陳矯傳云：「陳登爲權所圍于匡奇，令矯求救於曹操。」而先賢行狀云：「登爲策所圍。」按策始欲攻登，未濟江，已爲許貢客所殺。吳書云：「權征合肥，命張昭別討匡奇。」於時陳矯已爲曹仁長史。又陳登年三十六而卒，必已不在。不知登之被圍果在何時也。使張昭攻九江之當塗，不克。此古當塗縣也。

劉備表劉琦爲荆州刺史，引兵南徇四郡，武陵太守金旋、長沙太守韓玄、桂陽太守趙範、零陵太守劉度皆降。廬江營帥雷緒率部曲數萬口歸備。帥，所類翻。備以諸葛亮爲軍師中郎將，軍師，亦古將軍號。曹操初置軍師祭酒，而備置軍師中郎將，皆以一時軍事創置官名也。然軍師祭酒止決軍謀，中郎將則有兵柄。亮後又進軍師將軍。使督零陵、桂陽、長沙三郡，調其賦稅以充軍實；調，徒弔翻。以偏將軍趙雲領桂陽太守。

14 益州牧劉璋聞曹操克荊州，遣別駕張松致敬於操。松爲人短小放蕩，然識達精果。操時已定荊州，走劉備，不復存錄松。復，扶又翻。主簿楊脩白操辟松，操不納；松以此怨，歸，勸劉璋絕操，與劉備相結，璋從之。爲後十六年璋迎備張本。

習鑿齒論曰：昔齊桓一矜其功而叛者九國；公羊傳曰：葵丘之會，桓公震而矜之，叛者九國。曹操暫自驕伐而天下三分。皆勤之於數十年之內而棄之於俯仰之頃，豈不惜乎！

15 曹操追念田疇功，恨前聽其讓，事見上十二年。曰：「是成一人之志而虧王法大制也。」乃復以前爵封疇。復，扶又翻；下同。疇上疏陳誠，以死自誓。操不聽，欲引拜之，至于數四，終不受。有司劾疇：「狷介違道，苟立小節，宜免官加刑。」操下世子及大臣博議。劾，戶概翻，又戶得翻。狷，吉縣翻。下，遐稼翻。世子丕以「疇同於子文辭祿，國語，鬬且曰：楚成王聞子文之朝不及夕也，以令尹秩之。成王每出子文之祿，必逃，王止而又復。人謂子文曰：「人生求富，而子逃之，何也？」對曰：「夫從政者，以庇民也。民多曠者，而我取富焉，是勤民以自封也，死無日矣。我逃死，非逃富也。」申胥逃賞，左傳，吳破楚入郢，申包胥如秦乞師，立依庭牆而哭，日夜不絕聲，勺飲不入口者七日，秦師乃出，大敗吳師。楚子入于郢，賞申包胥。包胥曰：「吾爲君也，非爲身也，君既定矣，又何求！」遂逃賞。宜勿奪以優其節。」尚書荀彧、司隸校尉鍾繇，亦以爲可聽。操猶欲侯之，疇素與夏侯惇善，操使惇自以其情喻之。惇就疇宿而勸之，疇揣知其指，揣，初委翻。不復發言。惇臨去，固邀疇，疇曰：「疇，負義逃竄之人耳；謂不能爲劉虞報讎，自竄於徐無山也。蒙恩全活，爲幸多矣，豈可賣盧龍之塞以易賞祿哉！縱國私疇，疇獨不愧於心乎！將軍雅知疇者，猶復如此，若必不得已，請願效死，刎首於前。」言未卒，刎，武粉翻。卒，子恤翻。涕泣橫流。惇具以答操，操喟然，知不可屈，乃拜爲議郎。

16 操幼子倉舒卒，操傷惜之甚。司空掾邴原女早亡，操欲求與倉舒合葬，原辭曰：「嫁殤，非禮也。未成人而死曰殤。生未爲配偶而死合葬，故曰非禮。原之所以自容於明公，公之所以待原者，以能守訓典而不易也。若聽明公之命，則是凡庸也，明公焉以爲哉！」焉，於虔翻。操乃止。

17 孫權使威武中郎將賀齊虞預曰：賀氏，本姓慶氏。齊伯父純，安帝時爲侍中，避帝父孝德皇帝諱，改爲賀氏。討丹陽黟、歙賊。黟帥陳僕、祖山等二萬戶屯林歷山，魏氏春秋曰：丹陽郡黟縣，有林歷山。歙縣亦屬丹陽郡。師古曰：黟，音伊。歙，音攝。帥，所類翻。四面壁立，不可得攻，軍住經月。齊陰募輕捷士，於隱險處，夜以鐵戈拓山潛上，上，時掌翻；下同。縣布以援下人。縣，讀曰懸。援，于元翻，引也。得上者百餘人，令分布四面，鳴鼓角；賊大驚，守路者皆逆走，還依衆，大軍因是得上，大破之。權乃分其地爲新都郡，權分歙縣爲徙新、新定、休陽、黎陽，并黟爲六縣，置新都郡；晉武帝太康元年，更名新安郡；唐睦州是也；皇宋改徽州。以齊爲太守。

何玆全標點容肇祖聶崇岐覆校

資治通鑑卷第六十六

翰林學士兼侍讀學士朝散大夫右諫議大夫知制誥判尚書都省兼提舉萬壽觀公事上護軍河內郡開國侯食邑一千三百戶賜紫金魚袋臣 司馬光 奉敕編集

後學 天台 胡三省 音註

漢紀五十八 起屠維赤奮若（己丑），盡昭陽大荒落（癸巳），凡五年。

孝獻皇帝辛

建安十四年（己丑、二〇九）

1 春，三月，曹操軍至譙。自赤壁還也。

2 孫權圍合肥，久不下。權率輕騎欲身往突敵，長史張紘諫曰：「夫兵者凶器，戰者危事也。兵凶器、戰危事，前書鼂錯之言。今麾下恃盛壯之氣，忽強暴之虜，以權在軍中，故稱麾下。三軍之衆，莫不寒心。雖斬將搴旗，威震敵場，此乃偏將之任，非主將之宜也。將，卽亮翻。願抑賁、育之勇，賁，音奔。懷霸王之計。」權乃止。

曹操遣將軍張喜將兵解圍，久而未至。揚州別駕楚國蔣濟密白刺史，僞得喜書，云步騎四萬已到雩婁，雩婁縣，屬廬江郡。師古曰：雩，音許于翻。婁，音力于翻。晉地道記，雩婁在安豐縣西南。遣主簿迎喜。三部使齎書語城中守將，語，牛倨翻。一部得入城，二部爲權兵所得。權信之，遽燒圍走。考異曰：魏志武紀：「十二月，權圍合肥。」劉馥傳云「攻圍百餘日」。孫權傳云「踰月不能下」。由此言之，權退必在今年，明矣。

3秋，七月，曹操引水軍自渦入淮，班志：淮陽扶溝縣，渦水首受狼湯渠，東至向入淮；過郡三，行千里。水經註曰：至下邳睢陵縣入淮。師古曰：渦，音戈，又音瓜。狼，音浪。湯，音徒浪翻。出肥水，軍合肥，開芍陂屯田。水經註：肥水，出九江成德縣廣陽鄉西，西北入芍陂。陂周一百二十許里，在壽春縣南八十里，楚相孫叔敖所造也。自芍陂上施水，則至合肥。肥水又北過壽春縣北，入于淮。師古曰：芍，音鵲。

4冬，十月，荊州地震。

5十二月，操軍還譙。

6廬江人陳蘭、梅成據灊、六叛，灊、六二縣，皆屬廬江郡。賢曰：灊，今壽州霍山縣。灊，音潛。操遣盪寇將軍張遼討斬之；盪，徒朗翻。考異曰：遼傳無年。按繁欽征天山賦云：「建安十四年十二月甲辰，丞相武平侯曹公東征，臨川未濟，羣舒蠢動，割有灊、六，乃俾上將盪寇將軍張遼治兵南岳之陽。」又云：「陟天柱而南徂。」故置於此。因使遼與樂進、李典等將七千餘人屯合肥。

7周瑜攻曹仁歲餘，所殺傷甚衆，仁委城走。權以瑜領南郡太守，屯據江陵；守，式又翻。

程普領江夏太守，治沙羨；夏，戶雅翻。羨，音夷。呂範領彭澤太守；範傳云：範領彭澤太守，以彭澤、柴桑、歷陽爲奉邑。呂蒙領尋陽令。劉備表權行車騎將軍，領徐州牧。會劉琦卒，權以備領荆州牧，周瑜分南岸地以給備。荆江之南岸，則零陵、桂陽、武陵、長沙四郡地也。備立營於油口，改名公安。水經：南平郡孱陵縣有油水，西北注于江，曰油口。卽劉備立營之處也。

權以妹妻備。妻，七細翻。妹才捷剛猛，有諸兄風，侍婢百餘人，皆執刀侍立，備每入，心常凜凜。恐爲所圖也。

曹操密遣九江蔣幹往說周瑜。說，輸芮翻；下同。幹以才辨獨步於江、淮之間，言江、淮人士，無能敵其才辯者。乃布衣葛巾，自託私行詣瑜。瑜出迎之，立謂幹曰：「子翼良苦，遠涉江湖，蔣幹，字子翼。爲曹氏作說客邪！」爲，于僞翻。因延幹，與周觀營中，行視倉庫、軍資、器仗訖，還飲宴，示之侍者服飾珍玩之物。因謂幹曰：「丈夫處世，處，昌呂翻；下同。遇知己之主，外託君臣之義，內結骨肉之恩，言行計從，禍福共之，假使蘇、張更生，謂蘇秦、張儀也。能移其意乎！」幹但笑，終無所言。還白操，稱瑜雅量高致，非言辭所能間也。間，古莧翻。

8 丞相掾和洽言於曹操曰：「天下之人，材德各殊，不可以一節取也。儉素過中，自以處身則可，以此格物，所失或多。格，正也。掾，俞絹翻。今朝廷之議，吏有著新衣、著，陟略翻。乘好車者，謂之不清；形容不飾、衣裘敝壞者，謂之廉潔。至令士大夫故汙辱其衣，藏其輿服；朝府大吏，或自挈壺飧以入官寺。朝，直遙翻。飧，蘇昆翻，熟食曰飧。夫立教觀俗，貴處中庸，爲可繼也。中者，正道；庸者，常道。程子曰：不偏之謂中，不易之謂庸。今崇一概難堪之行以檢殊塗，檢，束也，檢柙也。概，與槩同。行，下孟翻；下同。勉而爲之，必有疲瘁。瘁，秦醉翻。古之大教，務在通人情而已；凡激詭之行，則容隱僞矣。」操善之。

十五年（庚寅、二一〇）

1 春，下令曰：「孟公綽爲趙、魏老則優，不可以爲滕、薛大夫。論語載孔子之言。朱子曰：公綽，魯大夫。趙、魏，晉卿之家。老，家臣之長。大家勢重而無諸侯之事，家老望尊而無官守之責。優，有餘也。滕、薛，二國名；大夫，任國政者。滕、薛國小政繁，大夫位高責重。然則公綽蓋廉靜寡欲，而短於才者。若必廉士而後可用，則齊桓其何以霸世！管仲富擬公室，築三歸之臺，塞門反坫，鏤簋朱紘，桓公用之而霸。二三子其佐我明揚仄陋，書堯典曰：明明揚仄陋。揚，舉也。唯才是舉，吾得而用之！」

2 二月，乙巳朔，日有食之。

3 冬，曹操作銅爵臺於鄴。水經註：銅爵臺，在鄴城西北，因城爲之，高十丈，有屋百餘間。

4 十二月，己亥，操下令曰：「孤始舉孝廉，操年二十，舉孝廉，爲郎。自以本非巖穴知名之士，恐爲世人之所凡愚，恐時人以凡愚待之也。欲好作政教以立名譽，故在濟南，除殘去穢，操爲濟南相，國有十餘縣，長吏多阿附貴戚，贓汙狼籍。於是奏免其八，姦宄逃竄，境內肅然。濟，子禮翻。去，羌呂翻。

平心選舉。以是爲強豪所忿，恐致家禍，故以病還鄉里。時年紀尚少，少，詩照翻。乃於譙東五十里築精舍，欲秋夏讀書，冬春射獵，爲二十年規，待天下清乃出仕耳。然不能得如意，徵爲典軍校尉，見五十九卷靈帝中平五年。意遂更欲爲國家討賊立功，爲，于僞翻。使題墓道言『漢故征西將軍曹侯之墓』，此其志也。而遭值董卓之難，興舉義兵。見五十九卷初平元年。難，乃旦翻。後領兗州，破降黃巾三十萬衆；見六十卷初平三年。降，戶江翻。又討擊袁術，使窮沮而死；見六十三卷建安四年。沮，在呂翻。摧破袁紹，見六十三卷建安五年。梟其二子；斬譚見六十四卷十年，斬尚見上卷十二年。梟，堅堯翻。復定劉表，見上卷上年。復，扶又翻。遂平天下。身爲宰相，人臣之貴已極，意望已過矣。設使國家無有孤，不知當幾人稱帝，幾人稱王。或者人見孤強盛，又性不信天命，恐妄相忖度，言有不遜之志，言其將簒也。度，徒洛翻。每用耿耿，耿，古幸翻。毛公曰：耿耿，猶儆儆也，又憂也。故爲諸君陳道此言，爲，于僞翻。皆肝鬲之要也。鬲，胸鬲也。然欲孤便爾委捐所典兵衆以還執事，歸就武平侯國，實不可也。何者？誠恐己離兵爲人所禍，離，力智翻。既爲子孫計，又己敗則國家傾危，是以不得慕虛名而處實禍也！處，昌呂翻。然兼封四縣，食戶三萬，何德堪之！江湖未靜，謂孫、劉也。不可讓位；至於邑土，可得而辭。今上還陽夏、柘、苦三縣，戶二萬，但食武平萬戶，上，時掌翻。武平、陽夏、柘、苦四縣皆屬陳國。夏，音賈。且以分損謗議，少減孤之責也！」少，詩沼翻；下同。

劉表故吏士多歸劉備，備以周瑜所給地少，不足以容其衆，乃自詣京見孫權，京，京口城也。權時居京，故劉備、周瑜皆詣京見之。後都秣陵，於京口置京督，又曰徐陵督。爾雅：絕高曰京。其城因山爲壘，緣江爲境，因謂之京口。求都督荆州。荆州八郡，瑜既以江南四郡給備，備又欲兼得江、漢間四郡也。瑜上疏於權曰：「劉備以梟雄之姿，梟，堅堯翻。而有關羽、張飛熊虎之將，必非久屈爲人用者。愚謂大計，宜徙備置吳，盛爲築宮室，多其美女玩好，以娛其耳目；好，呼到翻。分此二人各置一方，使如瑜者得挾與攻戰，大事可定也。今猥割土地以資業之，謂資之土地，使成霸業。聚此三人俱在疆埸，埸，音亦。恐蛟龍得雲雨，終非池中物也！」呂範亦勸留之。權以曹操在北，方當廣擥英雄，擥，魯敢翻，手取也。不從。不從瑜、範之言也。備還公安，久乃聞之，歎曰：「天下智謀之士，所見略同。時孔明諫孤莫行，其意亦慮此也。孤方危急，不得不往，此誠險塗，殆不免周瑜之手！」

周瑜詣京見權曰：「今曹操新敗，憂在腹心，謂操以赤壁之敗，威望頓損，中國之人或欲因其敗而圖之，是憂在腹心。未能與將軍連兵相事也。相事，謂相與從事於戰攻也。乞與奮威俱進，取蜀而幷張魯，因留奮威固守其地，與馬超結援，瑜還與將軍據襄陽以蹙操，蹙，子六翻。北方可圖也。」權許之。奮威者，孫堅弟子奮威將軍、丹陽太守瑜也。

周瑜還江陵爲行裝，於道病困，與權牋曰：「脩短命矣，誠不足惜；但恨微志未展，不復奉教命耳。復，扶又翻；下同。方今曹操在北，疆埸未靜；劉備寄寓，有似養虎；言養虎將自遺患。天下之事，未知終始，此朝士旰食之秋，旰，古旦翻，晚也。朝，直遙翻。至尊垂慮之日也。魯肅忠烈，臨事不苟，可以代瑜。儻所言可采，瑜死不朽矣！」卒於巴丘。裴松之曰：瑜欲取蜀，還江陵治嚴，所卒之處，應在今之巴陵，與前所鎭巴江，名同處異也。據水經註，巴丘山在湘水右岸，晉武帝太康元年立巴陵縣，宋文帝元嘉十六年置巴陵郡；今岳州也。考異曰：按江表傳，瑜與策同年，策以建安五年死，年二十六，瑜死時年三十六，故知在今年也。權聞之哀慟，曰：「公瑾有王佐之資，今忽短命，孤何賴哉！」自迎其喪於蕪湖。蕪湖縣，屬丹陽郡。瑜有一女、二男，權爲長子登娶其女；爲，于僞翻。長，知兩翻。以其男循爲騎都尉，妻以女；胤爲興業都尉，妻以宗女。妻，七細翻。

初，瑜見友於孫策，太夫人又使權以兄奉之。是時權位爲將軍，諸將、賓客爲禮尚簡，而瑜獨先盡敬，便執臣節。程普頗以年長，數陵侮瑜，瑜折節下之，長，知兩翻。數，所角翻。折，而設翻。下，遐稼翻。終不與校。普後自敬服而親重之，乃告人曰：「與周公瑾交，若飲醇醪，不覺自醉。」酒不澆爲醇。醪，滓汁酒。

權以魯肅爲奮武校尉，代瑜領兵，令程普領南郡太守。魯肅勸權以荊州借劉備，與共拒曹操，權從之。爲孫、劉爭荊州張本。考異曰：肅傳曰：「曹公聞權以土地業備，方作書，落筆於地。」恐操不至於是，今不取。乃分豫章爲番陽郡，番，蒲何翻。分長沙爲漢昌郡；鄱陽，今饒州地。沈約志，長沙郡有吳昌縣，漢末之漢昌也，吳更名。至隋，廢吳昌入羅縣；唐武德八年，又省羅縣入湘陰。則知吳立漢昌郡，在唐岳州湘陰縣界。復以程普領江夏太守，復，扶又翻。魯肅爲漢昌太守，屯陸口。水經，江水左逕烏林南，又東，右岸得蒲磯口，卽陸口也。水出下雋縣西三山溪，入蒲圻縣北，逕呂蒙城西；孫權征長沙、零、桂所鎮也。

初，權謂呂蒙曰：「卿今當塗掌事，當塗，猶言當路也。不可不學！」蒙辭以軍中多務。權曰：「孤豈欲卿治經爲博士邪！但當涉獵，見往事耳。師古曰：涉，若涉水；獵，若獵獸。言歷覽之，不專精也。治，直之翻。卿言多務，孰若孤？孤常讀書，自以爲大有所益。」蒙乃始就學。及魯肅過尋陽，與蒙論議，大驚曰：「卿今者才略，非復吳下阿蒙！」蒙曰：「士別三日，卽更刮目相待，大兄何見事之晚乎！」肅遂拜蒙母，結友而別。

劉備以從事龐統守耒陽令，耒陽縣，屬桂陽郡。宋白曰：郡國志云：鰲山口，卽耒陽縣。耒，盧對翻。在縣不治，免官。魯肅遺備書曰：「龐士元非百里才也，使處治中、別駕之任，始當展其驥足耳！」遺，于季翻。處，昌呂翻。百官志：司隸校尉，從事史十二人：功曹從事，主選署及衆事；別駕從事，校部，行部則奉引，錄衆事。州牧則改功曹從事爲治中從事。杜佑曰：別駕從事史，從刺史行部，別乘一乘傳車，故謂之別駕。治中從事史，居中治事，主衆曹。功曹，主選用。諸葛亮亦言之。備見統，與善譚，大器之，善譚者，劇論當世事也。譚，與談同。遂用統爲治中，親待亞於諸葛亮，與亮並爲軍師中郎將。

6 初，蒼梧士燮爲交趾太守。交州刺史朱符爲夷賊所殺，州郡擾亂，燮表其弟壹領合浦太守，䵋領九眞太守，䵋，胡悔翻，又于鄙翻。武領南海太守。燮體器寬厚，中國士人多往依之。雄長一州，偏在萬里，威尊無上，天下殺亂，燮雄據偏州，人但知威尊，無復知有天子也。長，知兩翻。出入儀衞甚盛，震服百蠻。

朝廷遣南陽張津爲交州刺史。津好鬼神事，常著絳帕頭，好，呼到翻。著，陟略翻。帕，莫白翻。項安世家說：頭巾，一名𢄂，音隖；一名帕。陸游曰：袹頭者，巾幘之類，猶今言幞頭。韓文公云「以紅袹首」，已爲失之，東坡云「絳袹蒙頭讀道書」，增一「蒙」字，其誤尤甚。鼓琴、燒香，讀道書，云可以助化，爲其將區景所殺，區，烏侯翻，姓也，又虧于翻。據史，自賈琮以前，皆爲交趾刺史，未得爲交州。晉志，永和九年，交趾太守周敞求立爲州，朝議不許，即拜敞爲交趾刺史。建安八年，張津爲刺史，士燮爲交趾太守，共表立爲州，乃拜津爲交州牧。十五年，移居番禺。劉表遣零陵賴恭代津爲刺史。姓譜：賴爲楚所滅，子孫以國爲氏。風俗通：漢有交趾太守賴先。是時蒼梧太守史璜死，表又遣吳巨代之。朝廷賜燮璽書，以燮爲綏南中郎將，董督七郡，領交趾太守如故。【章：甲十一行本「故」下有「後」字；乙十一行本同；孔本，「後」字作空格。】巨與恭相失，巨舉兵逐恭，恭走還零陵。

孫權以番陽太守臨淮步騭爲交州刺史，姓譜：晉有步揚，食采於步，因氏焉。番，蒲荷翻。騭，職日翻。士燮率兄弟奉承節度。吳巨外附內違，騭誘而斬之，誘，音酉。威聲大震。權加燮左將軍，燮遣子入質。質，音致。由是嶺南始服屬於權。

十六年（辛卯、二一一）

1春，正月，以曹操世子丕爲五官中郎將，置官屬，爲丞相副。漢五官中郎將，主五官郎而已，未嘗置官屬也；領屬光祿勳，未嘗爲丞相副也。

2三月，操遣司隸校尉鍾繇討張魯，使征西護軍夏侯淵等將兵出河東，與繇會。淵之族，操所自出也；付以西征先驅之任，以資序未得爲征西將軍，故以護軍爲名。倉曹屬高柔諫曰：公府倉曹，主倉穀事；有掾，有屬。「大兵西出，韓遂、馬超疑爲襲己，必相扇動。宜先招集三輔，三輔苟平，漢中可傳檄而定也。」操不從。

關中諸將果疑之，操舍關中而遠征張魯，伐虢取虞之計也。蓋欲討超、遂而無名，先張討魯之勢以速其反，然後加兵耳。馬超、韓遂、侯選、程銀、楊秋、李堪、張橫、梁興、成宜、馬玩等十部皆反，其衆十萬，屯據潼關；潼關，在弘農華陰縣。水經註曰：河在關內南流，潼激關山，因謂之潼關；晉所謂桃林之塞，秦所謂陽華是也。操遣安西將軍曹仁督諸將拒之，晉百官志曰：四安起於魏初。謂安東、安西、安南、安北四將軍也。敕令堅壁勿與戰。命五官將丕留守鄴，以奮武將軍程昱參丕軍事，沈約曰：奮武將軍，始於漢末。門下督廣陵徐宣爲左護軍，門下督，督將之居門下者。留統諸軍，樂安國淵爲居府長史，統留事。姓譜：齊有國氏，世爲上卿。又鄭七穆子國之後，爲國氏。秋，七月，操自將擊超等。將，卽亮翻；下同。議者多言：「關西兵習長矛，非精選前鋒，不可當也。」操曰：「戰在我，非在賊也。賊雖習長矛，將使不得以刺，諸君但觀之。」在我而不在敵，故可以制勝，此未易與常人言也。刺，七亦翻；下同。

八月，操至潼關，與超等夾關而軍。操急持之，而潛遣徐晃、朱靈以步騎四千人渡蒲阪津，據河西爲營，蒲阪津，在蒲阪縣西。河西卽唐之蒲津關。考異曰：晃傳曰：「太祖至潼關，恐不得渡，召問晃。晃曰：『公盛兵於此，而賊不復別守蒲阪，知其無謀也。今假臣精兵渡蒲阪津，爲軍先置以截其裏，賊可禽也。』太祖曰：『善。』」按武帝紀，潛遣二將渡蒲阪，皆太祖之謀，而晃傳云皆晃之策。蓋陳氏各欲稱其功美，不相顧耳。閏月，操自潼關北渡河。兵衆先渡，操獨與虎士百餘人留南岸斷後。斷，丁管翻。馬超將步騎萬餘人攻之，矢下如雨，操猶據胡牀不動。許褚扶操上船，船工中流矢死，中，竹仲翻。褚左手舉馬鞍以蔽操，右手刺船。校尉丁斐，放牛馬以餌賊，賊亂，取牛馬，操乃得渡；遂自蒲阪渡西河，循河爲甬道而南。超等退拒渭口，前書，渭水至船司空入河。後漢省船司空，屬華陰縣。渭口之東，卽潼關也。操乃多設疑兵，潛以舟載兵入渭，爲浮橋，夜，分兵結營於渭南。超等夜攻營，伏兵擊破之。超等屯渭南，遣使求割河以西請和，操不許。九月，操進軍，悉渡渭。超等數挑戰，又不許；固請割地，求送任子，賈詡以爲可僞許之。操復問計策，數，所角翻。挑，徒了翻。復，扶又翻。詡曰：「離之而已。」操曰：「解！」解，戶買翻，曉也。

韓遂請與操相見，操與遂有舊，於是交馬語移時，遂與樊稠交馬語，而得以斃稠；與曹操交馬語，乃以自斃。然後知遂之所以遇稠者，非用數也。若馬超等之疑遂，則猶李傕之疑稠耳。不及軍事，但說京都舊故，拊手歡笑。時秦、胡觀者，前後重沓，重，直龍翻。操笑謂之曰：「爾欲觀曹公邪？亦猶人也，非有四目兩口，但多智耳！」既罷，超等問遂：「公何言？」遂曰：「無所言也。」超等疑之。他日，操又與遂書，多所點竄，如遂改定者；超等愈疑遂。二者皆所以離之也。考異曰：許褚傳曰：「太祖與韓遂、馬超等會語，左右皆不得從，唯將褚。超負其力，陰欲前突太祖，素聞褚勇，疑從騎是褚，乃問曰：『公有虎侯者安在？』太祖顧指褚，褚瞋目眄之，超不敢動。」按時超不與遂同在彼，故疑此說妄也。操乃與克日會戰，克日者，剋定其日也。先以輕兵挑之，挑，徒了翻。戰良久，乃縱虎騎夾擊，大破之，斬成宜、李堪等。遂、超奔涼州，楊秋奔安定。

諸將問操曰：「初，賊守潼關，渭北道缺，缺，謂缺而不備。不從河東擊馮翊而反守潼關，引日而後北渡，何也？」操曰：「賊守潼關，若吾入河東，賊必引守諸津，則西河未可渡，吾故盛兵向潼關；賊悉衆南守，西河之備虛，故二將得擅取西河；然後引軍北渡，賊不能與吾爭西河者，以二將之軍也。二將，徐晃、朱靈也。將，即亮翻。連車樹柵，爲甬道而南，既爲不可勝，兵法：先爲不可勝以待敵之可勝。且以示弱。渡渭爲堅壘，虜至不出，所以驕之也；故賊不爲營壘而求割地。吾順言許之，所以從其意，使自安而不爲備，因畜士卒之力，一旦擊之，所謂疾雷不及掩耳。淮南子之言。兵之變化，固非一道也。」

始，關中諸將每一部到，操輒有喜色。諸將問其故，操曰：「關中長遠，若賊各依險阻，征之，不一二年不可定也。今皆來集，其衆雖多，莫相歸服，軍無適主，適，丁歷翻。一舉可滅，爲功差易，吾是以喜。」當此之時，關西之兵最爲精強，而破於操者，法制不一也。易，以豉翻。

冬，十月，操自長安北征楊秋，圍安定。秋降，降，戶江翻。復其爵位，使留撫其民。

十二月，操自安定還，留夏侯淵屯長安。以議郎張既爲京兆尹。既招懷流民，興復縣邑，百姓懷之。

遂、超之叛也，弘農、馮翊縣邑多應之，河東民獨無異心；操與超等夾渭爲軍，軍食一仰河東。仰，牛向翻。及超等破，餘畜尚二十餘萬斛，畜，讀曰蓄。操乃增河東太守杜畿秩中二千石。

3 扶風法正爲劉璋軍議校尉，軍議校尉，使之議軍事。蓋時議必推正之善謀，璋能官之而不能用耳。璋不能用，又爲其州里俱僑客者所鄙，正邑邑不得志。僑，寄也，寓也。鄙，薄也。邑邑，不樂之意。益州別駕張松與正善，自負其才，忖璋不足與有爲，忖，度也，思也。忖，寸本翻。常竊歎息。松勸璋結劉備，璋曰：「誰可使者？」松乃舉正。璋使正往，正辭謝，佯爲不得已而行。還，爲松說備有雄略，爲，于僞翻。密謀奉戴以爲州主。

會曹操遣鍾繇向漢中，璋聞之，內懷恐懼。松因說璋曰：說，輸芮翻。「曹公兵無敵於天下，若因張魯之資以取蜀土，誰能禦之！劉豫州，使君之宗室而曹公之深讎也，使，疏吏翻。善用兵，若使之討魯，魯必破矣。魯破，則益州強，曹公雖來，無能爲也！今州【章：甲十一行本「州」下有「中」字；乙十一行本同；孔本同；張校同。】諸將龐羲、李異等，皆恃功驕豪，據裴松之註，龐羲免璋諸子於難，而李異殺趙韙，故各恃功。欲有外意。謂其意欲附外也。不得豫州，則敵攻其外，民攻其內，必敗之道也！」璋然之，遣法正將四千人迎備。主簿巴西黃權諫曰：譙周巴記曰：劉璋分巴郡墊江已上爲巴西郡。「劉左將軍有驍名，曹操表備爲左將軍，故稱之。驍，堅堯翻。今請到，欲以部曲遇之，則不滿其心；欲以賓客禮待，則一國不容二君，若客有泰山之安，則主有累卵之危。不若閉境以待時清。」璋不聽，出權爲廣漢長。廣漢縣，屬廣漢郡。長，知兩翻。從事廣漢王累，自倒懸於州門以諫，璋一無所納。

法正至荊州，陰獻策於劉備曰：「以明將軍之英才，乘劉牧之懦弱；張松，州之股肱，別駕，州之上佐，故曰股肱。響應於內；以取益州，猶反掌也。」考異曰：韋曜吳書曰：「備前見張松，後得法正，皆厚以恩德接納，盡其殷勤之歡。因問蜀中闊狹，兵器府庫，人馬衆寡，及諸要害道里遠近；松等具言之。」按劉璋、劉備傳，松未嘗先見備，吳書誤也。備疑未決。龐統言於備曰：「荊州荒殘，人物殫盡，東有孫車騎，備表權爲車騎將軍，故以稱之。北有曹操，難以得志。今益州戶口百萬，土沃財富，誠得以爲資，大業可成也！」備曰：「今指與吾爲水火者，曹操也。言水火者，以其性相反也。操以急，吾以寬；操以暴，吾以仁；操以譎，吾以忠：譎，古穴翻。每與操反，事乃可成耳。今以小利而失信義於天下，柰何？」統曰：「亂離之時，固非一道所能定也。且兼弱攻昧，尚書仲虺之言。逆取順守，前書陸賈曰：「湯、武逆取而順守之。」古人所貴。若事定之後，封以大國，何負於信！今日不取，終爲人利耳。」備以爲然。乃留諸葛亮、關羽等守荆州，以趙雲領留營司馬，留營司馬，掌留營軍事也。備將步卒數萬人入益州。

孫權聞備西上，上，時掌翻。遣舟船迎妹；而夫人欲將備子禪還吳，張飛、趙雲勒兵截江，乃得禪還。

劉璋敕在所供奉備，備入境如歸，前後贈遺以巨億計。遺，于季翻。備至巴郡，巴郡太守嚴顏拊心歎曰：「此所謂『獨坐窮山，放虎自衞』者也。」備自江州北由墊江水詣涪。巴郡，治江州。墊江縣，屬巴郡。涪縣，屬廣漢郡。墊江水，蓋卽涪內水也。庾仲雍曰：江州縣對二水口，右則涪內水，左則蜀外水。墊，音疊。涪，音浮。賢曰：涪縣故城，今綿州城。墊江縣，唐之合州。璋率步騎三萬餘人，車乘帳幔，乘，繩證翻。幔，莫半翻，幕也。精光耀日，往會之。張松令法正白備，便於會襲璋。備曰：「此事不可倉卒！」卒，讀曰猝。龐統曰：「今因會執之，則將軍無用兵之勞而坐定一州也。」備曰：「初入他國，恩信未著，此不可也。」璋推備行大司馬，領司隸校尉；備亦推璋行鎭西大將軍，領益州牧。晉百官志曰：四鎭通於柔遠。謂鎭東、鎭西、鎭南、鎭北四將軍也。所將吏士，更相之適，之，往也。更，工衡翻。歡飲百餘日。璋增備兵，厚加資給，使擊張魯，又令督白水軍。白水關，在廣漢白水縣，劉璋置軍屯守，卽楊懷、高沛之軍也。杜佑曰：梁州金牛縣，漢葭萌縣地，縣南有故白水關。備幷軍三萬餘人，車甲、器械、資貨甚盛。璋還成都，備北到葭萌，葭萌縣，屬廣漢郡。賢曰：葭萌，今利州益昌縣。應劭曰：葭，音家。師古曰：萌，音氓。蜀王封其弟葭萌於此，因以名邑。先主改曰漢壽。未卽討魯，厚樹恩德以收衆心。

十七年（壬辰、二一二）

1 春，正月，曹操還鄴。詔操贊拜不名，入朝不趨，劍履上殿，如蕭何故事。

2 操之西征也，河間民田銀、蘇伯反，扇動幽、冀。五官將丕欲自討之，功曹常林曰：據林傳，時爲五官將功曹。「北方吏民，樂安厭亂，樂，音洛。服化已久，守善者多；銀、伯犬羊相聚，不能爲害。方今大軍在遠，外有強敵，將軍爲天下之鎮，謂留守鄴也。輕動遠舉，雖克不武。」乃遣將軍賈信討之，應時克滅。餘賊千餘人請降，議者皆曰：「公有舊法，圍而後降者不赦。」降，戶江翻。程昱曰：「此乃擾攘之際，權時之宜。今天下略定，不可誅之；縱誅之，宜先啓聞。」議者皆曰：「軍事有專無請。」昱曰：「凡專命者，謂有臨時之急耳。今此賊制在賈信之手，故老臣不願將軍行之也。」丕曰：「善。」卽白操，操果不誅。既而聞昱之謀，甚悅，曰：「君非徒明於軍計，又善處人父子之間。」以勸丕不專殺也。處，昌呂翻。

故事：破賊文書，以一爲十；國淵上首級，皆如其實數，國淵時統留事。上，時掌翻。操問其故，淵曰：「夫征討外寇，多其斬獲之數者，欲以大武功，聳民聽也。河間在封域之內，銀等叛逆，雖克捷有功，淵竊恥之。」操大悅。

3夏，五月，癸未，誅衞尉馬騰，夷三族。騰詣鄴見上卷十三年。

4六月，庚寅晦，日有食之。

5秋，七月，螟。

6馬超等餘衆屯藍田，夏侯淵擊平之。

鄜賊梁興鄜縣，前漢屬左馮翊，後漢省。師古曰：鄜，音敷。寇略馮翊，諸縣恐懼，皆寄治郡下，議者以爲當移就險阻。左馮翊鄭渾曰：「興等破散，藏竄山谷，雖有隨者，率脅從耳。今當廣開降路，降，戶江翻；下同。宣諭威信，而保險自守，此示弱也。」乃聚吏民，治城郭，爲守備，治，直之翻。募民逐賊，得其財物婦女，十以七賞。民大悅，皆願捕賊；賊之失妻子者皆還，求降，渾責其得他婦女，然後還之。於是轉相寇盜，黨與離散。又遣吏民有恩信者分布山谷告諭之，出者相繼；乃使諸縣長吏各還本治，以安集之。長，知兩翻。興等懼，將餘衆聚鄜城，操使夏侯淵助渾討之，遂斬興，餘黨悉平。渾，泰之弟也。鄭泰，見用於董卓而欲圖卓者也。

7九月，庚戌，立皇子熙爲濟陰王，懿爲山陽王，邈爲濟北王，敦爲東海王。時許靖在蜀，聞立諸王，曰：「將欲翕之，必姑張之；將欲奪之，必姑與之。其孟德之謂乎。」濟，子禮翻。

8 初，張紘以秣陵山川形勝，勸孫權以爲治所；及劉備東過秣陵，亦勸權居之。權於是作石頭城，徙治秣陵，改秣陵爲建業。秣陵，屬丹陽郡，本金陵也，秦始皇改；孫權改曰建業；後避晉愍帝諱，改曰建康。石頭城，在今建康城西二里。金陵志：石頭城去臺城九里，南合秦淮水。張舜民曰：石頭城者，天生城壁，有如城然，在清涼寺北覆舟山上。江行自北來者，循石頭城，轉入秦淮。陸游曰：龍灣望石頭山，不甚高，然峭立江中，繚繞如垣牆。清涼寺距石頭里餘，西望宣化渡及歷陽諸山。宋白曰：晉平吳，分爲二邑，自淮水南爲秣陵，北爲建業。江表傳：紘謂權曰：「秣陵，楚武王所置，名爲金陵；地勢岡阜連石頭。昔秦始皇東巡，經此縣，望氣者云，金陵地形，有王者都邑之氣，故掘斷連岡，改名秣陵。今處所具存，宜爲都邑。」獻帝春秋又載權曰：「秣陵有小江百餘里，可以安大船，吾方理水軍，當移據之。」又據晉書郗隆傳，隆爲揚州刺史，鎮秣陵。齊王冏檄令赴討趙王倫，隆停檄不下。時王邃鎮石頭，隆軍西赴邃者甚衆。隆遣從事於牛渚禁之，不得止。將士奉邃攻殺隆。則石頭在牛渚西。詳考是事，秣陵軍將赴邃，欲自牛渚而西勤王也；石頭自在牛渚東。

9 呂蒙聞曹操欲東兵，說孫權夾濡須水口立塢。說，輸芮翻。賢曰：濡須，水名，在今和州歷陽縣西南。孫權夾水立塢，狀如偃月。杜佑曰：濡須水，在歷陽西南百八十里。余據濡須水出巢湖，在今無爲軍北二十五里，濡須塢在今巢縣東南四十里。諸將皆曰：「上岸擊賊，上，時掌翻。洗足入船，何用塢爲！」蒙曰：「兵有利鈍，戰無百勝，如有邂逅，敵步騎蹙人，不暇及水，其得入船乎？」權曰：「善！」遂作濡須塢。

10冬，十月，曹操東擊孫權。董昭言於曹操曰：「自古以來，人臣匡世，未有今日之功；有今日之功，未有久處人臣之勢者也。處，昌呂翻；下同。今明公恥有慙德，樂保名節；樂，音洛。然處大臣之勢，使人以大事疑己，誠不可不重慮也。」重，直用翻。乃與列侯諸將議，以丞相宜進爵國公，九錫備物，以彰殊勳。賢曰：禮含文嘉曰：九錫，一曰車馬，二曰衣服，三曰樂器，四曰朱戶，五曰納陛，六曰虎賁百人，七曰斧鉞，八曰弓矢，九曰秬鬯。謂之九錫，錫，予也；九錫皆如其德。左傳曰：分魯公以大路、大旂、夏后氏之璜、封父之繁弱、祝宗、卜史、備物典策。荀彧以爲：「曹公本興義兵以匡朝寧國，朝，直遙翻。秉忠貞之誠，守退讓之實；君子愛人以德，記檀弓，曾子曰：君子之愛人也以德，細人之愛人也以姑息。不宜如此。」操由是不悅。及擊孫權，表請彧勞軍于譙，勞，力到翻。因輒留彧，以侍中、光祿大夫、持節、參丞相軍事。輒，言專輒也。操軍向濡須，彧以疾留壽春，飲藥而卒。彧傳云：操饋之食，發視，乃空器也，於是飲藥而卒。考異曰：陳志彧傳曰：「以憂薨。」范書彧傳曰：「操饋之食，發視，乃空器也，於是飲藥而卒。」孫盛魏氏春秋亦同。按彧之死，操隱其誅。陳壽云以憂卒，蓋闕疑也。今不正言其飲藥，恐後世爲人上者，謂隱誅可得而行也。彧行義修整而有智謀，好推賢進士，故時人皆惜之。行，下孟翻。好，呼到翻。

臣光曰：孔子之言仁也重矣，自子路、冉求、公西赤門人之高第，令尹子文、陳文子諸侯之賢大夫，皆不足以當之，而獨稱管仲之仁，豈非以其輔佐齊桓，大濟生民乎！

論語：孟武伯問：「子路仁乎？」子曰：「不知也。」又問。子曰：「由也，千乘之國，可使治其賦也，不知其仁也。」「求也何如？」曰：「求也，千室之邑，百乘之家，可使爲之宰也，不知其仁也。」「赤也何如？」曰：「赤也，束帶立於朝，可使與賓客言也，不知其仁也。」子張問曰：「令尹子文，三仕爲令尹，無喜色；三已之，無愠色。舊令尹之政，必以告新令尹。何如？」子曰：「忠矣。」曰：「仁矣乎？」曰：「未知，焉得仁？」「崔子弒齊君，陳文子有馬十乘，棄而違之，至於他邦，則曰猶吾大夫崔子也，違之，之一邦，則又曰猶吾大夫崔子也，違之。何如？」子曰：「清矣。」曰：「仁矣乎？」曰：「未知，焉得仁？」子貢曰：「管仲非仁者與？桓公殺公子糾，不能死，又相之。」子曰：「管仲相桓公，霸諸侯，一匡天下，民到于今受其賜；微管仲，吾其被髮左衽矣！豈若匹夫匹婦之爲諒也，自經於溝瀆而莫之知也！」子路曰：「桓公殺公子糾，召忽死之，管仲不死。曰：未仁乎？」子曰：「桓公九合諸侯，不以兵車，管仲之力也！如其仁！如其仁！」齊桓之行若狗彘，管仲不羞而相之，行，下孟翻。相，息亮翻。其志蓋以非桓公則生民不可得而濟也。漢末大亂，羣生塗炭，自非高世之才不能濟也。然則荀彧捨魏武將誰事哉！

齊桓之時，周室雖衰，未若建安之初也。建安之初，四海蕩覆，尺土一民，皆非漢有。荀彧佐魏武而興之，舉賢用能，訓卒厲兵，決機發策，征伐四克，遂能以弱爲強，化亂爲治，治，直吏翻。十分天下而有其八，其功豈在管仲之後乎！管仲不死子糾而荀彧死漢室，其仁復居管仲之先矣！復，扶又翻。

而杜牧乃以爲「彧之勸魏武取兗州則比之高、光，官渡不令還許則比之楚、漢，及事就功畢，乃欲邀名於漢代，譬之教盜穴牆發匱而不與同挈，得不爲盜乎！」臣以爲孔子稱「文勝質則史」，見論語。凡爲史者記人之言，必有以文之。然則比魏武於高、光、楚、漢者，史氏之文也，豈皆彧口所言邪！用是貶彧，非其罪矣。且使魏武爲帝，則彧爲佐命元功，與蕭何同賞矣；彧不利此而利於殺身以邀名，豈人情乎！

11 十二月，有星孛于五諸侯。晉天文志曰：五諸侯五星，在東井北。又太微南蕃，左執法東北一星曰謁者，謁者東北三星曰三公，三公北三星曰九卿，九卿西五星曰內五諸侯，內侍天子，不之國也。孛，蒲內翻。

12 劉備在葭萌，龐統言於備曰：「今陰選精兵，晝夜兼道，徑襲成都，劉璋既不武，又素無豫備，大軍卒至，卒，讀曰猝。一舉便定，此上計也。楊懷、高沛，璋之名將，各杖強兵，據守關頭，卽白水關頭也。聞數有牋諫璋，數，所角翻。使發遣將軍還荊州。將軍遣與相聞，說荊州有急，欲還救之，並使裝束，外作歸形，此二子既服將軍英名，又喜將軍之去，計必乘輕騎來見將軍，因此執之，進取其兵，乃向成都，此中計也。退還白帝，白帝，卽巴東魚復縣城也。公孫述據成都，自稱白帝，改魚復曰白帝城。連引荊州，徐還圖之，此下計也。若沈吟不去，沈，持林翻。將致大困，不可久矣。」備然其中計。

及曹操攻孫權，權呼備自救。備貽璋書曰：「孫氏與孤本爲脣齒，而關羽兵弱，今不往救，則曹操必取荊州，轉侵州界，州界，謂益州界。其憂甚於張魯。魯自守之賊，不足慮也。」因求益萬兵及資糧，璋但許兵四千，其餘皆給半。備因激怒其衆曰：「吾爲益州征強敵，師徒勤瘁，瘁，秦醉翻。而積財吝賞，何以使士大夫死戰乎！」張松書與備及法正曰：「今大事垂立，如何釋此去乎！」松兄廣漢太守肅，恐禍及己，因發其謀。於是璋收斬松，敕關戍諸將文書皆勿復得與備關通。復，扶又翻。備大怒，召璋白水軍督楊懷、高沛，責以無禮，斬之；責其無客主之禮也。勒兵徑至關頭，并其兵，進據涪城。此用龐統之中計也。

十八年（癸巳、二一三）

1春，正月，曹操進軍濡須口，號步騎四十萬，攻破孫權江西營，大江東北流，故自歷陽至濡須口皆謂之江西，而建業謂之江東。獲其都督公孫陽。權率衆七萬禦之，相守月餘。操見其舟船器仗軍伍整肅，歎曰：「生子當如孫仲謀；孫權，字仲謀。如劉景升兒子，豚犬耳！」權爲牋與操，說：「春水方生，公宜速去。」別紙言：「足下不死，孤不得安。」操語諸將曰：語，牛倨翻。「孫權不欺孤。」乃徹軍還。

2庚寅，詔幷十四州，復爲九州。十四州，司、豫、冀、兗、徐、青、荆、揚、益、梁、雍、幷、幽、交也。復爲九州者，割司州之河東、河內、馮翊、扶風及幽、幷二州皆入冀州；涼州所統，悉入雍州，又以司州之京兆入焉；又以司州之弘農、河南入豫州，交州幷入荆州，則省司、涼、幽、幷而復禹貢之九州矣。此曹操自領冀州牧，欲廣其所統以制天下耳。

3 夏，四月，曹操至鄴。

4 初，曹操在譙，恐濱江郡縣爲孫權所略，欲徙令近內，近，其靳翻。以問揚州別駕蔣濟，曰：「昔孤與袁本初對軍官渡，徙燕、白馬民，民不得走，賊亦不敢鈔。事見六十三卷建安五年。今欲徙燕縣、白馬縣，皆屬東郡。燕，春秋之南燕國也。賢曰：燕故城今滑州胙城縣。鈔，楚交翻。燕，於賢翻。淮南民，何如？」對曰：「是時兵弱賊強，不徙必失之。自破袁紹以來，明公威震天下，民無他志，人情懷土，實不樂徙，樂，音洛。懼必不安。」操不從。既而民轉相驚，自廬江、九江、蘄春、廣陵，戶十餘萬皆東渡江，蘄春縣，本屬江夏郡。沈約曰：吳立蘄春郡。此據吳志書之也。蘄，音祈。江西遂虛，合肥以南，惟有皖城。皖縣，屬廬江郡。賢曰：今舒州懷寧縣。師古曰：皖，音胡管翻。濟後奉使詣鄴，使，疏吏翻。操迎見，大笑曰：「本但欲使避賊，乃更驅盡之！」拜濟丹陽太守。丹陽郡已屬孫權，濟不得之郡也。

5 五月，丙申，以冀州十郡封曹操爲魏公，時以冀州之河東、河內、魏郡、趙國、中山、常山、鉅鹿、安平、甘陵、平原凡十郡爲魏國。以丞相領冀州牧如故。又加九錫：大輅、戎輅各一，玄牡二駟；袞冕之服，赤舄副焉；毛萇曰：赤舄，人君之盛屨也；釋舄，複履也。鄭玄曰：複下曰舄。鄭衆曰：舄有三等，赤舄爲上，冕服之舄。軒縣之樂，六佾之舞；周禮：樂縣之位，王宮縣，諸侯軒縣。鄭衆曰：宮縣，四面縣；軒縣，去其一面。縣，讀曰懸。舞佾之數，天子八，諸侯六。杜預曰：八佾，八八六十四人；六佾，六六三十六人。

服虔曰：天子八八，諸侯六八，大夫四八，士二八。宋傳隆曰：鄭伯納晉悼公女樂二八，晉以一八賜魏絳。此樂以八人爲列之證也。佾，音逸。朱戶以居；納陛以登；虎賁之士三百人；鈇、鉞各一；彤弓一，彤矢百，玈弓十，玈矢千；玈與盧同，黑色也。秬鬯一卣，珪、瓚副焉。

6 大雨水。

7 益州從事廣漢鄭度聞劉備舉兵，謂劉璋曰：「左將軍懸軍襲我，兵不滿萬，士衆未附，軍無輜重，重，直用翻。野穀是資，其計莫若盡驅巴西、梓潼民內、涪水以西，梓潼縣，屬廣漢郡，漢武帝元鼎元年置，以縣倚梓林而枕潼水爲名；建安二十二年，劉備分立梓潼郡。班志，梓潼有五婦山，馳水所出，南入涪。應劭曰：涪水出廣漢，南入漢。水經曰：涪水出廣漢涪縣西北，東至廣漢與梓潼水合，又西南流，又南入于墊江。註云：涪水出廣漢屬國剛氏道徼外；梓潼水即五婦水也，同入于墊江，即所謂內水也。其倉廩野穀，一皆燒除，高壘深溝，靜以待之。彼至，請戰，勿許，久無所資，不過百日，必將自走，走而擊之，此必禽耳。」劉備聞而惡之，惡，烏路翻。以問法正。正曰：「璋終不能用，無憂也。」璋果謂其羣下曰：「吾聞拒敵以安民，未聞動民以避敵也。」不用度計。

璋遣其將劉璝、冷苞、張任、鄧賢、吳懿等拒備，皆敗，退保緜竹；璝，姑回翻，又胡隈翻。冷，魯杏翻，姓也。按本或作「泠」，泠，音魯經翻。緜竹縣，屬廣漢郡；唐屬漢州；九域志，在州東北九十三里。懿詣軍降。降，戶江翻；下同。璋復遣護軍南陽李嚴、江夏費觀督緜竹諸軍，復，扶又翻；下同。夏，戶雅翻。費，父沸翻。嚴、觀亦率其衆降於備。備軍益強，分遣諸將平下屬縣。劉璝、張任與璋子循退守雒城，雒縣，屬廣漢郡，雒水所出；唐爲漢州治所。備進軍圍之。任勒兵出戰於鴈橋，鴈江，在雒縣南，曾有金鴈，故名爲鴈橋。軍敗，任死。

8 秋，七月，魏始建社稷、宗廟。

9 魏公操納三女爲貴人。自此以後，曹操不書姓而冠以國。操三女，長憲，次節，次華；節後立爲皇后。

10 初，魏公操追馬超至安定，聞田銀、蘇伯反，引軍還。參涼州軍事楊阜言於操曰：「超有信、布之勇，甚得羌、胡心；若大軍還，不設備，隴上諸郡非國家之有也。」隴西、南安、漢陽、永陽，皆隴上諸郡也。獻帝起居注，初平四年，分漢陽、上郡爲永陽。操還，超果率羌、胡擊隴上諸郡縣，郡縣皆應之，惟冀城奉州郡以固守。冀縣，屬漢陽郡，郡及涼州刺史治焉。

超盡兼隴右之衆，張魯復遣大將楊昂助之，復，扶又翻。凡萬餘人，攻冀城，自正月至八月，救兵不至。刺史韋康遣別駕閻溫出，告急於夏侯淵，夏侯淵時屯長安。外圍數重，重，直龍翻。溫夜從水中潛出。明日，超兵見其迹，遣追獲之。超載溫詣城下，使告城中云：「東方無救。」隴右在西方，操在關東，故曰東方。溫向城大呼曰：「大軍不過三日至，勉之！」呼，火故翻。城中皆泣，稱萬歲。超雖怒，猶以攻城久不下，徐徐更誘溫，冀其改意。誘，音酉。溫曰：「事君有死無二，而卿乃欲令長者出不義之言乎！」超遂殺之。

已而外救不至，韋康及太守欲降。降，戶江翻。楊阜號哭諫曰：「阜等率父兄子弟以義相勵，有死無二，以爲使君守此城，號，戶刀翻。爲，于僞翻。今柰何棄垂成之功，陷不義之名乎！」刺史、太守不聽，開城門迎超。超入，遂殺刺史、太守，自稱征西將軍、領并州牧、督涼州軍事。

魏公操使夏侯淵救冀，未到而冀敗。淵去冀二百餘里，超來逆戰，淵軍不利。氐王千萬反應超，屯興國，氐王千萬，略陽清水氐種也，其後是爲仇池之楊。興國，城名。淵引軍還。

會楊阜喪妻，就超求假以葬之。喪，息浪翻。假，居訝翻，休假也。求假，猶古之請告請急也。阜外兄天水姜敍爲撫夷將軍，擁兵屯歷城。水經註，歷城在西縣，去仇池一百二十里，後改爲建安城。杜佑曰：歷城，在今同谷郡西七里，去仇池九十里。宋白曰：晉置仇池郡於歷城。今爲成州。阜見敍及其母，歔欷悲甚。歔，音虛；欷，許既翻，又音希，泣餘聲也。敍曰：「何爲乃爾？」阜曰：「守城不能完，君亡不能死，亦何面目以視息於天下！目之視物，一出入息之頃，則一瞬。馬超背父叛君，虐殺州將，背，蒲妹翻。將，即亮翻。豈獨阜之憂責，一州士大夫皆蒙其恥。君擁兵專制而無討賊心，此趙盾所以書弑君也。趙盾，晉卿趙宣子也。左傳，趙穿攻靈公於桃園，宣子未出山而復，太史書曰：「趙盾弑其君。」以示於朝。宣子曰：「不然。」對曰：「子爲正卿，亡不越境，反不討賊，非子而誰！」超強而無義，多釁，易圖耳。」易，以豉翻。敍母慨然曰：「咄！伯奕，韋使君遇難，亦汝之負，豈獨義山哉！

咄，當沒翻。姜敍，字伯奕；楊阜，字義山。負，罪負也。難，乃旦翻。人誰不死，死於忠義，得其所也。但當速發，勿復顧我；我自爲汝當之，復，扶又翻。爲，于僞翻。不以餘年累汝也。」累，力瑞翻。敍乃與同郡趙昂、尹奉、武都李俊等合謀討超，又使人至冀，結安定梁寬、南安趙衢使爲內應。超取趙昂子月爲質，質，音致。昂謂妻異曰：據皇甫謐列女傳，異，士氏女也。「吾謀如是，事必萬全，當柰月何？」異厲聲應曰：「雪君父之大恥，喪元不足爲重，喪，息浪翻。況一子哉！」

九月，阜與敍進兵，入鹵城，鹵城，當在西縣、冀縣之間。昂、奉據祁山，以討超。水經註：祁山，在嶓冢之西七十許里，山上有城，極爲險固，漢水逕其南。又曰：祁山，在上邽西南二百四十里。杜佑曰：祁山，在今同谷郡長道縣東十里。余據今西和州長道縣南十里有祁山，古來南北一岈，有萬餘家。諸葛亮表言「祁山去沮五百里，有人萬戶」者，此也。超聞之，大怒，趙衢因譎說超，使自出擊之。譎，古穴翻。說，輸芮翻。超出，衢與梁寬閉冀城門，盡殺超妻子。超進退失據，乃襲歷城，得敍母。敍母罵之曰：「汝背父之逆子，殺君之桀賊，背父，謂馬騰在鄴，不顧而反；殺君，謂殺韋康也。背，蒲妹翻。天地豈久容汝，而不早死，敢以面目視人乎！」超殺之，又殺趙昂之子月。楊阜與超戰，身被五創。超兵敗，遂南奔張魯。被，皮義翻。創，初良翻。考異曰：楊阜傳云「十七年九月」，武帝紀「十八年超在漢陽，復因羌、胡爲害。十九年正月，趙衢等討超，超奔漢中。」按姜敍九月起兵，超卽應出討，超出，衢等卽應閉門，不應至來年正月。蓋魏史書捷音到鄴之月耳。楊阜傳誤也。魯以超爲都講祭酒，魯爲五斗米道，自號師君。其來學者，初名鬼卒，後號祭酒，各領部衆。都講祭酒者，魯使學者都習老子五千文，置都講祭酒，位次師君。欲妻之以女。妻，七細翻。或謂魯曰：「有人若此，不愛其親，焉能愛人！」焉，於虔翻。魯乃止。操封討超之功，侯者十一人，賜楊阜爵關內侯。

11冬，十一月，魏初置尚書、侍中、六卿；以荀攸爲尚書令，涼茂爲僕射，涼，姓；茂，名。毛玠、崔琰、常林、徐奕、何夔爲尚書，魏置五曹尚書，吏部、左民、客曹、五兵、度支。王粲、杜襲、衞覬、和洽爲侍中，自是以後，侍中遂以四人爲定員。鍾繇爲大理，大理，漢廷尉之職。王脩爲大司農，袁渙爲郎中令，行御史大夫事，郎中令，漢光祿勳之職。陳羣爲御史中丞。時以御史大夫爲三公，以中丞爲御史臺主。

袁渙得賞賜，皆散之，家無所儲，乏則取之於人，不爲皦察之行，皦，吉了翻。行，下孟翻。然時人皆服其清。時有傳劉備死者，羣臣皆賀，惟渙獨否。

魏公操欲復肉刑，令曰：「昔陳鴻臚以爲死刑有可加於仁恩者，臚，陵如翻。御史中丞能申其父之論乎？」陳羣父紀爲漢大鴻臚。陳羣對曰：「臣父紀以爲漢除肉刑而增加於笞，事見十五卷文帝十三年。本興仁惻而死者更衆，所謂名輕而實重者也。名輕則易犯，易，以豉翻。實重則傷民。且殺人償死，合於古制；至於傷人，或殘毀其體，而裁剪毛髮，非其理也。若用古刑，使淫者下蠶室，盜者刖其足，則永無淫放穿踰之姦矣。下，遐稼翻。刖，音月。穿者，穿穴隙；

踰者，踰垣牆。夫三千之屬，周穆王作甫刑，墨罰之屬千，劓罰之屬千，剕罰之屬五百，宮罰之屬三百，大辟之罰其屬二百，五刑之屬三千。雖未可悉復，若斯數者，時之所患，宜先施用。漢律所殺殊死之罪，仁所不及也，其餘逮死者，可易以肉刑。如此，則所刑之與所生足以相貿矣。貿，易也。今以笞死之法易不殺之刑，是重人支體而輕人軀命也。」當時議者，唯鍾繇與羣議同，餘皆以爲未可行。操以軍事未罷，顧衆議而止。

何茲全標點容肇祖聶崇岐覆校

資治通鑑卷第六十七

翰林學士兼侍讀學士朝散大夫右諫議大夫知制誥判尚書都省兼提舉萬壽觀公事上護軍河内郡開國侯食邑一千三百户賜紫金魚袋臣　司馬光　奉敕編集
後　學　天　台　胡三省　音　註

漢紀五十九起閼逢敦牂(甲午),盡柔兆涒灘(丙申),凡三年。

孝獻皇帝壬

建安十九年(甲午、二一四)

1春,馬超從張魯求兵,北取涼州,魯遣超還圍祁山。姜敍【章:甲十一行本「敍」下有「等」字;乙十一行本同;孔本同。】告急於夏侯淵,諸將議欲須魏公操節度。淵曰:「公在鄴,反覆四千里,比報,敍等必敗,非救急也。」比,必寐翻。遂行,使張郃督步騎五千爲前軍。郃,古合翻,又曷閤翻。超敗走。韓遂在顯親,顯親縣屬漢陽郡,班志無之,蓋光武所置,以封竇友。賢曰:顯親故城,在今秦州成紀縣東。淵欲襲取之,遂走。淵追至略陽城,去遂三十餘里,諸將欲攻之,或言當攻興國氐。魏略曰：建安中，興國氐王阿貴，百頃氐王千萬，各有部落萬餘，從馬超爲亂。超破之後，阿貴爲夏侯淵所攻滅，千萬南入蜀。淵以爲：「遂兵精，興國城固，攻不可卒拔，不如擊長離諸羌。水經註：瓦亭水，南逕隴西成紀縣，東歷長離川，謂之長離水；燒當等羌居之。卒，讀曰猝。長離諸羌多在遂軍，必歸救其家。若捨羌獨守則孤，謂遂若捨羌而不救，獨擁兵自守，則其勢孤。救長離則官兵得與野戰，必可虜也。」淵乃留督將守輜重，重，直用翻。自將輕兵到長離，攻燒羌屯，遂果救長離。諸將見遂兵衆，欲結營作塹乃與戰。塹，七豔翻。淵曰：「我轉鬬千里，今復作營塹，則士衆罷敝，不可復用。復，扶又翻。罷，讀曰疲。賊雖衆，易與耳。」易，以豉翻。乃鼓之，大破遂軍，進圍興國。氐王千萬奔馬超，餘衆悉降。轉擊高平、屠各，皆破之。屠，直如翻。

2 三月，詔魏公操位在諸侯王上，改授金璽、赤紱、遠游冠。漢制：諸侯王金印、赤紱、遠游冠。董巴曰：遠游冠，制如通天，高九寸，正豎，頂少邪，乃直下爲鐵卷梁，有展筩横之於前，無山述。

3 夏，四月，旱。五月，雨水。

4 初，魏公操遣廬江太守朱光屯皖，皖，戶板翻。大開稻田。呂蒙言於孫權曰：「皖田肥美，若一收孰，彼衆必增；收孰，謂稻成熟而收之也。有糧則可以增衆。孰，古熟字通。宜早除之。」閏月，權親攻皖城。諸將欲作土山，添攻具，呂蒙曰：「治攻具及土山，必歷日乃成；治，直之翻。城備既脩，外救必至，不可圖也。且吾乘雨水以入，若留經日，水必向盡，還道艱難，蒙竊危之。今觀此城，不能甚固，以三軍鋭氣，四面並攻，不移時可拔；及水以歸，全勝之道也。」權從之。蒙薦甘寧爲升城督，寧手持練，身緣城，爲士卒先；蒙以精鋭繼之，手執枹鼓，枹，音膚。士卒皆騰踊。侵晨進攻，食時破之，獲朱光及男女數萬口。既而張遼至夾石，夾石在今安慶府桐城縣北四十七里，今名西峽山。聞城已拔，乃退。權拜呂蒙爲廬江太守，守，式又翻。還屯尋陽。

諸葛亮留關羽守荆州，與張飛、趙雲將兵泝流克巴東。譙周巴記曰：初平六年，趙韙分巴郡安漢以下爲永寧郡。建安六年，劉璋以永寧爲巴東郡。唐夔州、開州之地也。至江州，破巴郡太守嚴顔，生獲之。飛呵顔曰：呵，虎何翻。「大軍既至，何以不降，而敢拒戰！」顔曰：「卿等無狀，侵奪我州。我州但有斷頭將軍，無降將軍也！」降，戶江翻；下同。我州，謂益州也。飛怒，令左右牽去斫頭。顔容止不變，曰：「斫頭便斫頭，何爲怒邪！」飛壯而釋之，引爲賓客。分遣趙雲從外水定江陽、犍爲，江陽縣，本屬犍爲郡，劉璋分立江陽郡；唐爲瀘州。犍爲郡，唐爲資、簡、嘉、眉之地。今渝州亦漢巴郡地也，對二水口，右則涪内水，左則蜀外水。自渝上合州至綿州者，謂之内水；自渝上戎、瀘至蜀者，謂之外水。犍，居言翻。飛定巴西、德陽。譙周巴記：建安六年，劉璋分巴郡墊江以上爲巴西。德陽縣屬廣漢郡，唐遂州地。

劉備圍雒城且一年，龐統爲流矢所中，卒。法正牋與劉璋，爲陳形勢強弱，中，竹仲翻。

卒，子恤翻。爲，于僞翻。且曰：「左將軍從舉兵以來，舊心依依，實無薄意。蓋時人以璋倚備爲用，備反襲璋，議備之薄也。愚以爲可圖變化，以保尊門。」尊門，謂璋家門。璋不答。雒城潰，備進圍成都。諸葛亮、張飛、趙雲引兵來會。

馬超知張魯不足與計事，又魯將楊昂等數害其能，超內懷於邑。數，所角翻。師古曰：於邑，短氣貌，讀並如字。又，於，音烏；邑，音烏合翻。備使建寧督郵李恢往說之，蜀志：後主建興三年，改益州郡爲建寧郡。恢此時蓋爲益州郡督郵，史因後改郡名而書之耳。說，輸芮翻；下同。超遂從武都逃入氐中，密書請降於備。備使人止超，而潛以兵資之。超到，令引軍屯城北，城中震怖。怖，普布翻。

備圍城數十日，使從事中郎涿郡簡雍入說劉璋。簡，姓也。魯有大夫簡叔。蜀志曰：簡雍姓耿，後音訛爲簡。時城中尚有精兵三萬人，穀帛支一年，吏民咸欲死戰。璋言：「父子在州二十餘年，靈帝中平五年，劉焉牧益州，至是二十七年。無恩德以加百姓。百姓攻戰三年，肌膏草野者，以璋故也，膏，古報翻。何心能安！」遂開城，與簡雍同輿出降，降，戶江翻。羣下莫不流涕。備遷璋于公安，盡歸其財物，佩振威將軍印綬。曹公先加璋振威將軍，故仍佩其印綬。

備入成都，置酒，大饗士卒。取蜀城中金銀，分賜將士，還其穀帛。凡城中公私所有金銀，悉取以分賜將士，至於穀帛，則各還所主也。備領益州牧，以軍師中郎將諸葛亮爲軍師將軍，益州太守此益州太守非漢武帝所開置之益州郡也。武帝所置之益州郡，劉蜀爲南中地宅。蓋劉璋置益州太守與蜀郡太守並治成都郭下。南郡董和爲掌軍中郎將，並署左將軍府事，署府事者，總錄軍府事也。偏將軍馬超爲平西將軍，晉百官志：四平，立於喪亂。謂平東、平西、平南、平北四將軍也。軍議校尉法正爲蜀郡太守、揚武將軍，裨將軍南陽黃忠爲討虜將軍，從事中郎麋竺爲安漢將軍，漢大將軍府有從事中郎，職參謀議。簡雍爲昭德將軍，北海孫乾爲秉忠將軍，安漢、昭德、秉忠，皆備所置將軍號也。廣漢長黃權爲偏將軍，長，知兩翻。汝南許靖爲左將軍長史，龐羲爲司馬，龐，皮江翻。李嚴爲犍爲太守，犍，居言翻。費觀爲巴郡太守，費，父沸翻。山陽伊籍爲從事中郎，零陵劉巴爲西曹掾，掾，俞絹翻。廣漢彭羕爲益州治中從事。羕，餘亮翻。

初，董和在郡，清儉公直，爲民夷所愛信，蜀中推爲循吏，故備舉而用之。備之自新野奔江南也，事見六十五卷十三年。荆楚羣士從之如雲，而劉巴獨北詣魏公操。操辟爲掾，遣招納長沙、零陵、桂陽。會備略有三郡，巴事不成，欲由交州道還京師。時諸葛亮在臨蒸，沈約曰：吳立衡陽郡，臨蒸縣屬焉。蓋吳所置也。水經註：蒸水出衡陽重安縣西邵陵縣界耶薑山，東北流過臨蒸縣北，東注于湘，謂之蒸口。以書招之，巴不從，備深以爲恨。巴遂自交趾入蜀依劉璋。及璋迎備，巴諫曰：「備，雄人也，入必爲害。」既入，巴復諫曰：復，扶又翻。「若使備討張魯，是放虎於山林也。」璋不聽，巴閉門稱疾。備攻成都，令軍中曰：「有害巴者，誅及三族。」及得巴，甚喜。

是時益州郡縣皆望風景附，獨黃權閉城堅守，須璋稽服，乃降。稽，音啓；言稽顙服從也。降，戶江翻；下同。於是董和、黃權、李嚴等，本璋之所授用也；璋以和爲益州太守，權爲府主簿，嚴爲護軍。吳懿、費觀等，璋之婚親也；璋兄瑁娶吳懿妹，璋母費氏。彭羕，璋之所擯棄也；羕仕益州不過書佐，人毀之於璋，髡鉗爲徒隸。劉巴，宿昔之所忌恨也；備皆處之顯任，處，昌呂翻。盡其器能，有志之士，無不競勸，益州之民，是以大和。初，劉璋以許靖爲蜀郡太守。成都將潰，靖謀踰城降備，備以此薄靖，不用也。法正曰：「天下有獲虛譽而無其實者，許靖是也。許靖與弟劭並有高名，汝南月旦評，二人者爲之也。然今主公始創大業，主公之稱，始於東都。改明公稱主公，尊事之爲主也。天下之人，不可戶說，不可戶戶而說之也。說，如字。宜加敬重，以慰遠近之望。」備乃禮而用之。

成都之圍也，備與士衆約：「若事定，府庫百物，孤無預焉。」及拔成都，士衆皆捨干戈赴諸藏，藏，徂浪翻。競取寶物。軍用不足，備甚憂之，劉巴曰：「此易耳。易，以豉翻。但當鑄直百錢，直百錢，一錢直百也。杜佑曰：蜀鑄直百錢，文曰「直百」。亦有勒爲五銖者，大小稱兩如一焉，並徑七分，重四銖。平諸物價，令吏爲官市。」備從之。數月之間，府庫充實。

時議者欲以成都名田宅分賜諸將。趙雲曰：「霍去病以匈奴未滅，無用家爲。事見十九卷武帝元狩四年。今國賊非但匈奴，未可求安也。須天下都定，各反桑梓，都定，猶言皆定也。桑梓，謂其故鄉祖父之所樹者。詩云：維桑與梓，必恭敬止。歸耕本土，乃其宜耳。益州人民，初罹兵革，田宅皆可歸還，令安居復業，然後可役調，調，徒弔翻。得其歡心；不宜奪之，以私所愛也。」備從之。

備之襲劉璋也，留中郎將南郡霍峻守葭萌城。張魯遣楊昂誘峻求共守城。峻曰：「小人頭可得，城不可得！」昂乃退。後璋將扶禁、向存等帥萬餘人由閬水上，扶，姓；禁，名。帥，讀曰率。閬水卽西漢水，禹貢所謂「嶓冢導漾，東流爲漢」者也。水經註：漾水出隴西氐道縣嶓冢山，謂之西漢水；東南至廣漢白水縣西，又東南至葭萌縣，又東南過巴郡閬中縣與閬水會。水出閬陽縣而東，逕其縣南，又東注漢水。昔劉璋攻霍峻於葭萌也，自此水上。又東南入漢州江津縣東南入于江。余據此水，今謂之嘉陵江。攻圍峻，且一年。峻城中兵纔數百人，伺其怠隙，選精銳出擊，大破之，斬存。伺，相吏翻。備既定蜀，乃分廣漢爲梓潼郡，唐梓州之地。宋白曰：綿州巴西縣，本漢涪縣，屬廣漢郡。華陽國志：漢元初二年，廣漢自繩鄉移治涪，後治雒；劉備立梓潼郡，以縣屬焉。隋改爲巴西縣。唐梓州治郪，天寶方改爲梓潼郡。以峻爲梓潼太守。

法正外統都畿，備都成都，以蜀郡爲都畿。內爲謀主，一餐之德、睚眦之怨，無不報復，餐，千安翻。睚，五懈翻。眦，士懈翻。擅殺毀傷己者數人。或謂諸葛亮曰：「法正太縱橫，橫，戶孟翻。將軍宜啓主公，抑其威福。」亮曰：「主公之在公安也，北畏曹操之強，東憚孫權之逼，近則懼孫夫人生變於肘腋。事見上卷十四年。法孝直爲之輔翼，令翻然翺翔，不可復制。謂迎備入益州也。復，扶又翻。如何禁止孝直，使不得少行其意邪！」法正，字孝直。少，詩沼翻。

諸葛亮佐備治蜀，頗尚嚴峻，人多怨歎者。治，直之翻。法正謂亮曰：「昔高祖入關，約法三章，秦民知德。事見九卷高帝元年。今君假借威力，跨據一州，初有其國，未垂惠撫；且客主之義，宜相降下，下，遐稼翻。願緩刑弛禁以慰其望。」以亮等初至爲客，益州人士則主也。亮曰：「君知其一，未知其二。秦以無道，政苛民怨，匹夫大呼，呼，火故翻。天下土崩；高祖因之，可以弘濟。弘，大也。劉璋暗弱，自焉以來，焉，璋父也。有累世之恩，文法羈縻，互相承奉，德政不舉，威刑不肅。蜀土人士，專權自恣，君臣之道，漸以陵替。寵之以位，位極則賤；順之以恩，恩竭則慢。所以致敝，實由於此。吾今威之以法，法行則知恩；限之以爵，爵加則知榮。榮恩並濟，上下有節，爲治之要，於斯而著矣。」孔子曰：政寬則濟之以猛，孔明其知之。治，直吏翻。

劉備以零陵蔣琬爲廣都長。長，知兩翻。備嘗因游觀，奄至廣都，見琬衆事不治，時又沈醉。沈，持林翻。沈醉，言爲酒所沈滯也。備大怒，將加罪戮。諸葛亮請曰：「蔣琬社稷之器，非百里之才也。其爲政以安民爲本，不以脩飾爲先，願主公重加察之。」重，直用翻，言再三加察也。備雅敬亮，乃不加罪，倉卒但免官而已。

6 秋，七月，魏公操擊孫權，留少子臨菑侯植守鄴。少，詩照翻。考異曰：植傳云：「太祖戒之曰：『吾昔爲頓丘令，年二十三，思此時所行，無悔於今。今汝年亦二十三矣。』」又云：「植，太和六年薨，年三十一。」按植今年年二十三，則死時當年四十一矣。本傳誤也。操爲諸子高選官屬，爲，于僞翻。以邢顒爲植家丞；顒防閑以禮，無所屈撓，顒，魚容翻。防，隄也。閑，闌也。防以制水，閑以制獸，皆禁止之義也。撓，奴教翻。由是不合。庶子劉楨美文辭，植親愛之。漢制：列侯置家丞、庶子各一人，主侍侯，使理家事。楨，音貞。楨以書諫植曰：「君侯採庶子之春華，忘家丞之秋實，爲上招謗，其罪不小，愚實懼焉。」

7 魏尚書令荀攸卒。攸深密有智防，智以料事，防以保身。自從魏公操攻討，常謀謨帷幄，時人及子弟莫知其所言。操嘗稱：「荀文若之進善，不進不休；荀公達之去惡，不去不止。」去惡之去，羌呂翻。荀彧，字文若；荀攸，字公達。又稱：「二荀令之論人，久而益信，吾沒世不忘。」彧爲漢尚書令，攸爲魏尚書令。

8 初，枹罕宋建因涼州亂，自號河首平漢王，枹罕縣，前漢屬金城郡，後漢屬隴西郡。枹，音膚。賜支河首在金城河關之西，建自以居河上流，故以爲號。改元，置百官，三十餘年。冬，十月，魏公操使夏侯淵自興國討建，圍枹罕，拔之，斬建。淵別遣張郃等渡河，入小湟中，湟水源出西海鹽池之西北，東至金城允吾縣入河。夾湟兩岸之地，通謂之湟中。又有湟中城，在西平、張掖之間，小月氏之地也，故謂之小湟中。河西諸羌皆降，降，戶江翻。隴右平。

9 帝自都許以來，守位而已，左右侍衛莫非曹氏之人者。議郎趙彥常爲帝陳言時策，魏公操惡而殺之。爲，于僞翻。惡，烏路翻。操後以事入見殿中，帝不任其懼，見，賢遍翻；下同。任，音壬，勝也；不任，猶言不勝也。因曰：「君若能相輔，則厚；不爾，幸垂恩相捨。」操失色，俛仰求出。舊儀：三公領兵，朝見，令虎賁執刃挾之。以其領兵，懼其爲變，故防之也。朝，直遙翻，下同。見，賢遍翻。操出，顧左右，汗流浹背；浹，即協翻。自後不復朝請。復，扶又翻。

董承女爲貴人，操誅承，求貴人殺之。帝以貴人有姙，姙，如林翻，孕也。累爲請，不能得。爲，于僞翻。伏皇后由是懷懼，乃與父完書，言曹操殘逼之狀，賊人者謂之殘。逼，言其逼上也。令密圖之，完不敢發。至是，事乃泄，董承誅事見六十三卷五年。操大怒，十一月，使御史大夫郗慮持節策收皇后璽綬，郗，丑之翻。璽，斯氏翻。綬，音受。以尚書令華歆爲副，勒兵入宮，收后。后閉戶，藏壁中。歆壞戶發壁，就牽后出。華子魚有名稱於時，與邴原、管寧號三人爲一龍，歆爲龍頭，原爲龍腹，寧爲龍尾。歆所爲乃爾；邴原亦爲操爵所縻；高尚其事，獨管寧耳。當時頭尾之論，蓋以名位言也。嗚呼！壞，音怪。時帝在外殿，引慮於坐，坐，徂臥翻。后被髮、徒跣、行泣，過訣曰：「不能復相活邪？」被，皮義翻。復，扶又翻。帝曰：「我亦不知命在何時！」顧謂慮曰：「郗公，漢御史大夫，三公也，故以呼之。天下寧有是邪！」遂將后下暴室，以幽死；下，遐稼翻。所生二皇子，皆酖殺之，兄弟及宗族死者百餘人。

10 十二月，魏公操至孟津。

11 操以尚書郎高柔爲理曹掾。理曹，漢公府無之，蓋操所置。掾，俞絹翻。舊法：軍征士亡，考竟其妻子。考覈而窮竟之也。而亡者猶不息。操欲更重其刑，并及父母、兄弟，柔啓曰：「士卒亡軍，誠在可疾，疾，惡也。書曰：爾毋忿疾于頑。然竊聞其中時有悔者。愚謂乃宜貸其妻子，一可使誘其還心。誘，音酉。正如前科，固已絕其意望；而猥復重之，復，扶又翻，下同。柔恐自今在軍之士，見一人亡逃，誅將及己，亦且相隨而走，不可復得殺也。此重刑非所以止亡，乃所以益走耳！」操曰：「善！」即止不殺。

二十年（乙未、二一五）

1 春，正月，甲子，立貴人曹氏爲皇后；魏公操之女【張：「女」上脫「中」字。】也。

2 三月，魏公操自將擊張魯，將自武都入氐，武都，本白馬氐所居之地，武帝開以爲郡。氐人塞道，塞，悉則翻。遣張郃、朱靈等攻破之。郃，古合翻，又曷閤翻。夏，四月，操自陳倉出散關至河池，陳倉縣，屬右扶風，唐岐州，寶雞縣是。大散關，在其西南。河池縣，屬武都郡。余據大散關在今鳳州梁泉縣。氐王竇茂衆萬餘人，恃險不服，五月，攻屠之。西平、金城諸將麴演、蔣石等共斬送韓遂首。漢末分金城爲西平郡。

3 初，劉備在荊州，周瑜、甘寧等數勸孫權取蜀。數，所角翻。權遣使謂備曰：使，疏吏翻。

「劉璋不武，不能自守，若使曹操得蜀，則荊州危矣。今欲先攻取璋，次取張魯，一統南方，雖有十操，無所憂也。」備報曰：「益州民富地險，劉璋雖弱，足以自守。今暴師於蜀、漢，轉運於萬里，欲使戰克攻取，舉不失利，此孫、吳所難也。孫、吳，謂孫武、吳起也。議者見曹操失利於赤壁，謂其力屈，無復遠念；復，扶又翻。今操三分天下已有其二，將欲飲馬於滄海，觀兵於吳會，吳會，謂吳地爲一都會。會，讀如字。一說，吳、會，謂吳、會稽二郡之地。會，音工外翻。何肯守此坐須老乎！而同盟無故自相攻伐，借樞於操，樞者，門戶所由以運動也。言操欲搖動吳、蜀而未得其樞，若自相攻伐，是借之以可動之樞也。使敵乘其隙，非長計也。且備與璋託爲宗室，冀憑威靈以匡漢朝。朝，直遙翻。今璋得罪於左右，備獨悚懼，非所敢聞，願加寬貸。」權不聽，遣孫瑜率水軍住夏口。備不聽軍過，謂瑜曰：「汝欲取蜀，吾當被髮入山，不失信於天下也。」言宗室被攻而不能救，無面目以立於天下也。被，皮義翻。使關羽屯江陵，張飛屯秭歸，秭歸縣，屬南郡，唐之歸州。諸葛亮據南郡，南郡，本治江陵，吳得荊州，置南郡於江南；晉平吳，以江陵爲南郡，以江南之南郡爲南平郡。亮所據蓋江南之南郡也。備自住孱陵。孱，應劭音踐；師古士連翻。權不得已召瑜還。及備西攻劉璋，權曰：「猾虜，乃敢挾詐如此！」備留關羽守江陵，魯肅與羽鄰界；羽數生疑貳，肅常以歡好撫之。數，所角翻。好，呼到翻。

及備已得益州，權令中司馬諸葛瑾從備求荊州諸郡。時權署置諸將有別部司馬；則中司馬者，蓋中軍司馬也。瑾自長史轉中司馬，位任蓋不輕矣。瑾，渠吝翻。備不許，曰：「吾方圖涼州，涼州定，乃盡以荆州相與耳。」權曰：「此假而不反，乃欲以虚辭引歲也。」謂延引歲時也。孟子曰：久假而不歸，焉知其非有也。遂置長沙、零陵、桂陽三郡長吏。長，知兩翻。關羽盡逐之。權大怒，遣呂蒙督兵二萬以取三郡。

蒙移書長沙、桂陽，皆望風歸服，惟零陵太守郝普城守不降。降，戶江翻；下同。劉備聞之，自蜀親至公安，遣關羽爭三郡。孫權進住陸口，爲諸軍節度；使魯肅將萬人屯益陽以拒羽；益陽縣屬長沙郡。應劭曰：在益水之陽。輿地志：今潭州安化縣，本漢益陽縣。杜佑曰：潭州益陽縣，漢故城在今縣東。宋白曰：益陽故城在今益陽縣東八十里，其城魯肅所築。飛書召呂蒙，使捨零陵急還助肅。蒙得書，祕之，夜，召諸將授以方略；晨，當攻零陵，顧謂郝普故人南陽鄧玄之曰：「郝子太聞世間有忠義事，亦欲爲之，而不知時也。郝普，字子太。郝，呼各翻。今左將軍在漢中爲夏侯淵所圍，關羽在南郡，至尊身自臨之。彼方首尾倒縣，縣，讀曰懸。救死不給，豈有餘力復營此哉！今吾計力度慮而以攻此，復，扶又翻。度，徒洛翻；下同。曾不移日而城必破，城破之後，身死，何益於事，而令百歲老母戴白受誅，豈不痛哉！度此家不得外問，此家，謂郝普也。謂援可恃，故至於此耳。君可見之，爲陳禍福。」爲，于僞翻。玄之見普，具宣蒙意；普懼而出降。蒙迎，執其手與俱下船，語畢，出書示之，因拊手大笑。普見書，知備在公安而羽在益陽，慙恨入地。蒙留孫河，委以後事，考異曰：按孫河已死，或他人同姓名耳。即日引軍赴益陽。

魯肅欲與關羽會語，諸將疑恐有變，議不可往。肅曰：「今日之事，宜相開譬。劉備負國，是非未決，羽亦何敢重欲干命！」乃邀羽相見，各駐兵馬百步上，但諸將軍單刀俱會。肅因責數羽以不返三郡，數，所具翻。羽曰：「烏林之役，左將軍身在行間，戮力破敵，即謂赤壁之戰也。行，戶剛翻。豈得徒勞，無一塊土，而足下來欲收地邪！」塊，苦潰翻。肅曰：「不然。始與豫州覲於長阪，事並見六十五卷十三年。豫州之衆不當一校，校，戶教翻。計窮慮極，志勢摧弱，圖欲遠竄，謂欲投吳巨也。望不及此。主上矜愍豫州之身無有處所，不愛土地士民之力，使有所庇廕以濟其患；而豫州私獨飾情，愆德墮好。私獨，謂私其一己之所獨也。墮，讀曰隳。好，呼到翻；下同。今已藉手於西州矣，謂得益州，有以藉手也。又欲翦幷荆州之土，斯蓋凡夫所不忍行，而況整領人物之主乎！」羽無以答。會聞魏公操將攻漢中，考異曰：備傳云「曹公定漢中」，孫權傳云「入漢中」，按操以七月入漢中，備未應即聞之，而八月權已攻合肥，蓋聞曹公兵始欲向漢中，即引兵還耳。劉備懼失益州，使使求和於權。權令諸葛瑾報命，更尋盟好。遂分荆州，以湘水爲界：長沙、江夏、桂陽以東屬權，南郡、零陵、武陵以西屬備。班志，湘水出零陵陽海山，至酃入江，過郡二，行二千五百三十里。吳、蜀分荆州，長沙、桂陽、零陵、武陵以湘水爲界耳；南郡、江夏各自依其郡界。夏，戶雅翻。諸葛瑾每奉使至蜀，使，疏吏翻。與其弟亮但公會相見，退無私面。

4 秋，七月，魏公操至陽平。水經註：瀘水發武都氐中，南逕張魯城東。城因峭嶺，周迴五里；東臨峻谷，杳然百尋；西、北二面，連峯接崖，莫究其極；從南爲盤道，登陟二里有餘。庾仲雍謂山爲白馬塞，東對白馬城，一名陽平關。瀘水南流入沔，謂之瀘口。或曰：陽平關，即今興元百牢關是也。杜佑曰：陽平關，在漢中褒城縣西北。張魯欲舉漢中降，降，戶江翻；下同。其弟衞不肯，率衆數萬人拒關堅守，橫山築城十餘里。初，操承涼州從事及武都降人之辭，說「張魯易攻，易，以豉翻。陽平城下南北山相遠，遠，于願翻。不可守也」，信以爲然。及往臨履，不如所聞，乃歎曰：「他人商度，度，徒洛翻。少如人意。」少，詩沼翻。攻陽平山上諸屯，山峻難登，既不時拔，士卒傷夷者多，軍食且盡，操意沮，便欲拔軍截山而還。沮，在呂翻。截山者，防其追尾也。還，從宣翻，又如字；下同。遣大將軍夏侯惇、將軍許褚呼山上兵還。會前軍夜迷惑，誤入張衞別營，營中大驚退散。侍中辛毗、主簿劉曄等在兵後，語惇、褚，語，牛倨翻。言「官兵已據得賊要屯，賊已散走」，猶不信之。惇前自見，乃還白操，進兵攻衞，衞等夜遁。考異曰：武帝紀曰：「公至陽平，張魯使弟衞等據關，攻之不拔，乃引還。賊守備解散，公乃密遣解𢷾等乘險夜襲，大破之。」劉曄傳曰：「太祖欲還，令曄督後諸軍。曄策魯可克，馳白太祖，不如致攻，遂進兵，魯乃奔走。」郭頒世語：「魯遣五官掾降，弟衞拒王師不得進。魯走巴中。軍糧盡，太祖將還。西曹掾郭諶曰：『魯已降，留使既未反，衞雖不同，偏攜可攻。縣軍深入以進必克，退必不免。』太祖疑之。夜有野麋數千，突壞衞營，軍大驚，高祚等誤與衞衆遇，衞以爲大軍見掩，遂降。」魏名臣奏載楊暨表曰：「武皇帝征張魯，以十萬之衆，身親臨履。張衛之守，蓋不足言。地險守易，雖有精兵虎將，勢不能施。對兵三日，欲抽軍還。天祚大魏，魯守自壞，因以定之。」又載董昭表。其「承涼州」以下，皆昭表所述，必得實。今從之。

張魯聞陽平已陷，欲降，閻圃曰：「今以迫往，功必輕；不如依杜濩赴朴胡，杜濩，賨邑侯也。朴胡，巴七姓夷王也。余據板楯蠻渠帥有羅、朴、督、鄂、度、夕、龔七姓，不輸租賦，此所謂七姓夷王也。其餘戶歲入賨錢，口四十，故有賨侯。孫盛曰：朴，音浮；濩，音戶。與相拒，然後委質，質，如字。功必多。」乃奔南山入巴中。今興元府，古漢中之地也。興元之南有大行路，通於巴州。其路險峻，三日而達于山頂。其絕高處謂之「孤雲、兩角，去天一握。」孤雲、兩角，二山名也；今巴州漢巴郡宕渠縣之北界也。三巴之地，此居其中，謂之中巴。巴之北境有米倉山，下視興元，實孔道也。左右欲悉燒寶貨倉庫，魯曰：「本欲歸命國家，而意未得達。今之走避銳鋒，非有惡意。寶貨倉庫，國家之有。」遂封藏而去。操入南鄭，南鄭縣，漢中郡治所。甚嘉之。又以魯本有善意，遣人慰喻之。

丞相主簿司馬懿言於操曰：「劉備以詐力虜劉璋，蜀人未附，而遠爭江陵，此機不可失也。今克漢中，益州震動，進兵臨之，勢必瓦解。聖人不能違時，亦不可失時也。」操曰：「人苦無足，既得隴，復望蜀邪！」光武詔岑彭等曰：「人苦不知足，既得隴，復望蜀。」劉曄曰：「劉備，人傑也，有度而遲；得蜀日淺，蜀人未恃也。今破漢中，蜀人震恐，其勢自傾。以公之神明，因其傾而壓之，無不克也。若少緩之，諸葛亮明於治國而爲相，關羽、張飛勇冠三軍而爲將，少，詩沼翻。治，直之翻。相，息亮翻。冠，古玩翻。將，卽亮翻；下同。蜀民旣定，據險守要，則不可犯矣。今不取，必爲後憂。」操不從。居七日，蜀降者說「蜀中一日數十驚，守將雖斬之而不能安也。」考異曰：劉曄傳云「備雖斬之」，按備傳云：「備下公安，聞曹公定漢中，乃還。」如此，則備時猶在公安也。操問曄曰：「今尚可擊不？」不，讀曰否。曄曰：「今已小定，未可擊也。」七日之間，何以遽謂之小定？曄蓋窺覘備之守蜀有不可犯者，故爲此言以對操焉耳。乃還。以夏侯淵爲都護將軍，都護將軍，以盡護諸將而立號；光武始以命賈復。督張郃、徐晃等守漢中；以丞相長史杜襲爲駙馬都尉，留督漢中事。襲綏懷開導，百姓自樂出徙洛、鄴者八萬餘口。樂，音洛。

八月，孫權率衆十萬圍合肥。時張遼、李典、樂進將七千餘人屯合肥；魏公操之征張魯也，爲敎與合肥護軍薛悌，署函邊曰：「賊至，乃發。」及權至，發敎，敎曰：「若孫權至者，張、李將軍出戰，樂將軍守，護軍勿得與戰。」操以遼、典勇銳，使之戰；樂進持重，使之守；薛悌文吏也，使勿得與戰。諸將以衆寡不敵，疑之。張遼曰：「公遠征在外，比救至，彼破我必矣。比，必寐翻。是以敎指及其未合逆擊之，折其盛勢，以安衆心，然後可守也。」進等莫對。遼怒曰：「成敗之機，在此一戰。諸君若疑，遼將獨決之。」欲獨出戰也。李典素與遼不睦，慨然曰：「此國家大事，顧君計何如耳，吾可以私憾而忘公義乎！請從君而出。」於是遼夜募敢從之士，得八百人，椎牛犒饗。犒，苦到翻。明旦，遼被甲持戟，先登陷陳，殺數十人，斬二大將，大呼自名，陳，讀曰陣。呼，火故翻。衝壘入至權麾下。權大驚，不知所爲，走登高冢，以長戟自守。遼叱權下戰，權不敢動，望見遼所將衆少，乃聚圍遼數重。少，詩沼翻。重，直龍翻。遼急擊圍開，將麾下數十人得出。餘衆號呼曰：「將軍棄我乎？」號，戶高翻。遼復前【章：甲十一行本「前」作「還」；乙十一行本同；退齋校同。】突圍，拔出餘衆。復，扶又翻；下同。權人馬皆披靡，無敢當者。披，普靡翻。自旦戰至日中，吳人奪氣。乃還脩守備，衆心遂安。

權守合肥十餘日，城不可拔，徹軍還。兵皆就路，權與諸將在逍遙津北，水經註：合肥東有逍遙津，水上舊有梁。張遼覘望知之，覘，丑廉翻，又丑豔翻。即將步騎奄至。甘寧與呂蒙等力戰扞敵，凌統率親近扶權出圍，復還與遼戰，左右盡死，身亦被創，度權已免，乃還。被，皮義翻。創，初良翻。度，徒洛翻。權乘駿馬上津橋，上，時掌翻。橋南已徹，丈餘無板；親近監谷利在馬後，親近監，官也。谷，姓也；利，名也。江表傳曰：谷利者，本左右給使也，以謹直爲親近監。使權持鞍緩控，控，卽馬鞚。利於後著鞭以助馬勢，著，陟略翻。遂得超渡。賀齊率三千人在津南迎權，權由是得免。

權入大船宴飲，賀齊下席涕泣曰：「至尊人主，常當持重，今日之事，幾致禍敗。羣下震怖，幾，居希翻。怖，普布翻。若無天地，願以此爲終身之誡！」權自前收其淚曰：「大慙，權慙謝賀齊也。謹已刻心，非但書紳也。」論語：子張問於孔子，以孔子之言書諸紳。故以答賀齊。

6 九月，巴、賨夷帥朴胡、杜濩、任約，各舉其衆來附。賨，藏宗翻。帥，所類翻。於是分巴郡，以胡爲巴東太守，濩爲巴西太守，約爲巴郡太守，皆封列侯。後三人皆爲劉備所破。

7 冬，十月，始置名號侯以賞軍功。魏書曰：置名號爵十八級，關中侯爵十七級，皆金印、紫綬。又置關內外侯十六級，銅印、龜紐、墨綬。皆不食租。裴松之曰：今之虛封，蓋自此始。

8 十一月，張魯將家屬出降。降，戶江翻；下同。魏公操逆拜魯鎮南將軍，待以客禮，封閬中侯，賢曰：閬中縣，屬巴郡，今隆州。余據隆州後避唐玄宗諱改爲閬州。杜佑曰：閬中，今閬州城。閬，音浪。邑萬戶。封魯五子及閻圃等皆爲列侯。

習鑿齒論曰：閻圃諫魯勿王，事見六十四卷建安六年。而曹公追封之，將來之人，孰不思順！塞其本源而末流自止，塞，悉則翻。其此之謂歟！若乃不明於此而重焦爛之功，此引前書徐福焦頭爛額事，見二十五卷漢宣帝地節四年。豐爵厚賞止於死戰之士，則民利於有亂，俗競於殺伐，阻兵杖力，杖，除兩翻。干戈不戢矣。曹公之此封，可謂知賞罰之本矣。

9 程銀、侯選、龐悳皆隨魯降。程銀、侯選，關中部帥也；龐悳，馬超將也：渭南、冀城之敗，皆奔張魯。悳，古德字。魏公操復銀、選官爵，拜悳立義將軍。

10 張魯之走巴中也，黃權言於劉備曰：「若失漢中，則三巴不振，此爲割蜀之股臂也。」三巴，巴東、巴西、巴郡也。備乃以權爲護軍，率諸將迎魯；魯已降，權遂擊朴胡、杜濩、任約，破之。魏公操使張郃督諸軍徇三巴，欲徙其民於漢中，進軍宕渠。宕渠縣，本屬巴郡，時屬巴西郡。賢曰：宕渠故城，在今渠州流江縣東北。杜佑曰：俗號車騎城是也。宋白曰：宕渠城，漢車騎將軍馮緄增修，俗名車騎城。師古曰：宕，音徒浪翻。劉備使巴西太守張飛與郃相拒，五十餘日，飛襲擊郃，大破之。郃走還南鄭，備亦還成都。

操徙出故韓遂、馬超等兵五千餘人，使平難將軍殷署等督領，平難將軍，曹氏所置。難，乃旦翻。以扶風太守趙儼爲關中護軍。操使儼發千二百兵助漢中守禦，殷署督送之，行者不樂。樂，音洛。儼護送至斜谷口，斜，余遮翻。谷，音浴，又古祿翻。還，未至營，署軍叛亂。儼自隨步騎百五十人，皆叛者親黨也，聞之，各驚，被甲持兵，被，皮義翻。不復自安。復，扶又翻。儼徐喻以成敗，慰勵懇切，皆慷慨曰：「死生當隨護軍，不敢有二！」前到諸營，各召料簡諸姦結叛者料，音聊，量度也，理也。八百餘人，散在原野。儼下令：惟取其造謀魁率治之，率，讀曰帥，所類翻。治，直之翻。餘一不問；郡縣所收送皆放遣，乃卽相率還降。儼密白：「宜遣將詣大營，大營，謂操營也。將，讀如字，送也。請舊兵鎭守關中。」魏公操遣將軍劉柱將二千人往，當須到乃發遣。俄而事露，諸營大駭，不可安諭。不可以言語諭之使安帖也。儼遂宣言：「當差留新兵之溫厚者千人，鎭守關中，差，初皆翻，擇也。其餘悉遣東。」遣之東赴操營。便見主者內諸營兵名籍，立差別之。主者，主兵籍者也。差，初皆翻，擇也，又初加翻，言以等差別異之也。別，彼列翻，分也，異也。留者意定，與儼同心，其當去者亦不敢動。儼一日盡遣上道，上，時掌翻。因使所留千人分布羅落之。分布於行者之間，羅列而遮落之也。東兵尋至，東兵，劉柱所將之兵也。乃復脅諭，復，扶又翻。并徒千人，令相及共東。凡所全致二萬餘口。

二十一年（丙申、二一六）

1 春，二月，魏公操還鄴。

2 夏，五月，進魏公操爵爲王。

初，中尉崔琰薦鉅鹿楊訓於操，中尉，秦官，漢因之，至武帝改爲執金吾。今操復置中尉，實則漢執金吾之職也。操禮辟之。及操進爵，訓發表稱頌功德。或笑訓希世浮僞，謂琰爲失所舉。琰從訓取表草視之，與訓書曰：「省表，事佳耳。省，悉景翻。時乎，時乎！會當有變時。」琰本意，譏論者好譴呵而不尋情理也。好，呼到翻。時有與琰宿不平者，白琰「傲世怨謗，意旨不遜」，以「會當有變」爲意旨不遜。操怒，收琰付獄，髡爲徒隸。前白琰者復白之云：「琰爲徒，對賓客虬須直視，虬須，卷鬚也；直視者，目不他矚也。復，扶又翻，下同。若有所瞋。」瞋，昌眞翻，怒目也。遂賜琰死。

尙書僕射毛玠傷琰無辜，心不悅。人復白玠怨謗，操收玠付獄，侍中桓階、和洽皆爲之陳理，爲，于僞翻。操不聽。階求按實其事。王曰：「言事者白，玠不但謗吾也，乃復爲崔琰觖望。觖有二音：音窺瑞翻者，望也，言有所覬望也；音古穴翻者，怨望也。此當從入聲。此捐君臣恩義，妄爲死友怨歎，死友，言其背公而相爲死也。爲，于僞翻。殆不可忍也。」洽曰：「如言事者言，玠罪過深重，非天地所覆載。覆，敷又翻。臣非敢曲理玠以枉大倫也，孟子曰：內則父子，外則君臣，人之大倫也。以玠歷年荷寵，荷，下可翻。剛直忠公，爲衆所憚，不宜有此。然人情難保，要宜考覈，兩驗其實。今聖恩不忍致之于理，更使曲直之分不明。」分，扶問翻。操曰：「所以不考，欲兩全玠及言事者耳。」洽對曰：「玠信有謗主之言，當肆之市朝；論語：子服景伯曰：吾力猶能肆諸市朝。應劭曰：大夫以上尸諸朝，士以下尸諸市。朝，直遥翻。若玠無此言，言事者加誣大臣以誤主聽，不加檢覈，臣竊不安。」操卒不窮治，卒，子恤翻。治，直之翻；下同。玠遂免黜，終於家。

是時西曹掾沛國丁儀用事，玠之獲罪，儀有力焉；羣下畏之側目。尚書僕射何夔及東曹屬東莞徐奕東莞縣屬琅邪國，春秋之鄆邑也；晉置東莞郡；唐密州莒縣即其地也。莞，姑丸翻。獨不事儀，儀譖奕，出爲魏郡太守，操旣居鄴，建安十七年，割河内之蕩陰、朝歌、林慮，東郡之衛國、頓丘、東武陽、發干，鉅鹿之癭陶、曲陽、南和，廣平之廣平、任，趙國之襄國、邯鄲、易陽，以益魏郡。十八年，分置東、西都尉。此以自相府掾屬補郡爲出。賴桓階左右之得免。左右，讀曰佐佑。尚書傅選謂何夔曰：「儀已害毛玠，子宜少下之。」夔曰：「爲不義，適足害其身，焉能害人！少，詩沼翻。下，遐稼翻。焉，於虔翻。且懷姦佞之心，立於明朝，其得久乎！」爲丁儀被誅張本。朝，直遥翻。

崔琰從弟林，從，才用翻。嘗與陳羣共論冀州人士，稱琰爲首，羣以智不存身貶之。林曰：「大丈夫爲有邂逅耳，邂，下懈翻。逅，戶茂翻。卽如卿諸人，良足貴乎！」

3 五月，己亥朔，日有食之。

4 代郡烏桓三大人皆稱單于，代郡烏桓單于：其一曰普廬，其二曰無臣氏，其三則未之聞也。恃力驕恣，太守不能治。魏王操以丞相倉曹屬裴潛爲太守，漢公府有倉曹，有掾，有屬，主倉穀事。欲授以精兵。潛曰：「單于自知放橫日久，橫，戶孟翻。今多將兵往，必懼而拒境，少將則不見憚，宜以計謀圖之。」遂單車之郡，單于驚喜。潛撫以恩威，單于讋服。讋，質涉翻。

5 初，南匈奴久居塞內，南匈奴自光武建武二十六年卽入居塞內。與編戶大同而不輸貢賦。議者恐其戶口滋蔓，浸難禁制，宜豫爲之防。秋，七月，南單于呼廚泉入朝于魏，朝，直遙翻。魏王操因留之於鄴，使右賢王去卑監其國。監，古銜翻；下同。單于歲給綿、絹、錢、穀如列侯，子孫傳襲其號。分其衆爲五部，各立其貴人爲帥，分爲左、右、前、後、中五部，分居幷州諸郡，而監國者居平陽。帥，所類翻。選漢人爲司馬以監督之。

6 八月，魏以大理鍾繇爲相國。

7 冬，十月，魏王操治兵擊孫權；十一月，至譙。

何茲全標點容肇祖聶崇岐覆校

資治通鑑卷第六十八

翰林學士兼侍讀學士朝散大夫右諫議大夫知制誥判尚書都省兼提舉萬壽觀公事上護軍河内郡開國侯食邑一千三百戶賜紫金魚袋臣　司馬光　奉敕編集
後　學　天　台　胡三省　音　註

漢紀六十 起彊圉作噩（丁酉），盡屠維大淵獻（己亥），凡三年。

孝獻皇帝癸

建安二十二年（丁酉、二一七）

1春，正月，魏王操軍居巢，居巢縣，屬廬江郡，春秋之巢國。宋白曰：今無爲軍，本巢縣之無爲鎮，曹操攻吳，築城於此，無功而退，因號無爲城。臨濡須水上壖地，秦、漢爲居巢，春秋但名巢，辭有詳略耳。考異曰：孫權傳，曹公次居巢，攻濡須，並在去冬。今從魏武紀。孫權保濡須，二月，操進攻之。孫權所保者，十七年所築濡須塢也。

初，右護軍蔣欽屯宣城，宣城縣，屬丹陽郡。賢曰：故城在今宣州南陵縣東。蕪湖令徐盛收欽屯吏，表斬之。蕪湖縣，屬丹陽郡，春秋吳鳩茲之地。宋白曰：以其地卑，畜水非深，而生蕪藻，故曰蕪湖。及權在濡須，欽與呂蒙持諸軍節度，欽每稱徐盛之善。權問之，欽曰：「盛忠而勤強，有膽略器用，好萬人督也。今大事未定，臣當助國求才，豈敢挾私恨以蔽賢乎？」權善之。

三月，操引軍還，留伏波將軍夏侯惇都督曹仁、張遼等二十六軍屯居巢。晉志曰：光武建武初，征伐四方，始置督軍御史，事竟，罷。建安中，魏武爲相，始遣大將軍督之，二十一年，命夏侯惇督二十六軍是也。蕭子顯曰：漢順帝時，御史中丞馮赦討九江賊，督揚、徐二州軍事。何、徐宋志云起魏武，王珪之職儀云起光武，並非也。權令都尉徐詳詣操請降，操報使脩好，誓重結婚。降，戶江翻。使，疏吏翻。好，呼到翻。重，直龍翻。權留平虜將軍周泰督濡須；平虜將軍，蓋孫氏創置。朱然、徐盛等皆在所部，以泰寒門，不服。寒門，言所出微也。權會諸將，大爲酣樂，命泰解衣，權手自指其創痕，樂，音洛。創，初良翻。問以所起，泰輒記昔戰鬬處以對。畢，使復服；權把其臂流涕曰：「幼平，周泰，字幼平。卿爲孤兄弟，爲，于僞翻。戰如熊虎，不惜軀命，被創數十，被，皮義翻。膚如刻畫，孤亦何心不待卿以骨肉之恩，委卿以兵馬之重乎！」周泰傳：權住宣城，忽略不治圍落。山賊卒至，權始上馬，賊鋒刃已交。泰投身衞權，身被十二創。是日，微泰，權幾危。又從討黃祖，拒曹公，攻曹仁，皆有功，故委之。坐罷，住駕，使泰以兵馬道從，坐，才臥翻。道，讀曰導。從，才用翻。鳴鼓角作鼓吹而出；樂纂曰：司馬法：軍中之樂，鼓笛爲上，使聞之者壯勇而樂和；細絲、高竹不可用也，慮悲聲感人，士卒思歸之故也。唐紹曰：鼓吹之樂，以爲軍容。昔黃帝涿鹿有功，以爲警衞。劉昫曰：鼓吹，本軍旅之音，馬上奏之。自漢以來，北狄之樂，總歸鼓吹署。余按漢制，萬人將軍給鼓吹。吹，昌瑞翻。於是盛等乃服。

2 夏，四月，詔魏王操設天子旌旗，出入稱警蹕。

3 六月，魏以軍師華歆爲御史大夫。華，戶化翻。

4 冬，十月，命魏王操冕十有二旒，乘金根車，駕六馬，設五時副車。董巴輿服志曰：金根車：輪皆朱班重牙，貳轂兩轄。金薄繆龍，爲輿倚較，文虎伏軾。龍首銜軛，左右吉陽筩，鸞雀立衡。樻文畫輈，羽蓋華蚤。建大旂十二旃，畫日月升龍。駕六馬，象鑣鏤錫，金鍐、方釳，插翟尾，朱兼樊纓，赤罽易茸，金就十有二。左纛，以氂牛尾爲之，在左騑馬軛上，大如斗。是爲德車。五時車，安、立亦皆如之，各如方色。白馬者，朱其髦尾爲朱鬣云。所御駕六；餘皆駕四。後從爲副車。晉志：五時安、立車，亦建旗十二，各隨車色。立車則正豎其旗，安車則邪注。鍐，亡范〔祖叢〕翻。釳，許乙翻，鐵孔也。鍐，馬首飾。

5 魏以五官中郎將丕爲太子。

初，魏王操娶丁夫人，無子；妾劉氏，生子昂；卞氏生四子，丕、彰、植、熊。王使丁夫人母養昂；昂死於穰，事見六十二卷建安二年。丁夫人哭泣無節，操怒而出之，以卞氏爲繼室。植性機警，多藝能，才藻敏贍，操愛之。操欲以女妻丁儀，妻，七細翻。丕以儀目眇，眇者，一目小。諫止之。儀由是怨丕，與弟黃門侍郎廙晉百官志：給事黃門侍郎，秦官也，漢以後並因之，與侍中俱管門下衆事，無員；及晉，置員四人。廙，逸職翻，又羊至翻。及丞相主簿楊脩，數稱臨菑侯植之才，數，所角翻。勸操立以爲嗣。脩，彪之子也。操以函密訪於外，尚書崔琰露版答曰：露板，不封也。「春秋之義，立子以長。春秋公羊傳曰：立嫡以長不以賢，立子以貴不以長。長，知兩翻。加五官將仁孝聰明，宜承正統，將，即亮翻。琰以死守之。」植，琰之兄女壻也。尚書僕射毛玠曰：「近者袁紹以嫡庶不分，覆宗滅國。廢立大事，非所宜聞。」東曹掾邢顒曰：「以庶代宗，先世之戒也，願殿下深察之。」掾，俞絹翻。顒，魚容翻。丕使人問太中大夫賈詡以自固之術。詡曰：「願將軍恢崇德度，躬素士之業，朝夕孜孜，不違子道，如此而已。」丕從之，深自砥礪。他日，操屏人問詡，屏，必郢翻。詡嘿然不對。操曰：「與卿言，而不答，何也？」詡曰：「屬有所思，屬，之欲翻；下右屬同。故不即對耳。」操曰：「何思？」詡曰：「思袁本初、劉景升父子也。」袁紹父子事見六十四卷六年、七年；劉表父子事見六十五卷十三年。操大笑。

操嘗出征，丕、植並送路側，植稱述功德，發言有章，左右屬目，操亦悅焉。丕悵然自失，濟陰吳質耳語曰：「王當行，流涕可也。」及辭，丕涕泣而拜，操及左右咸歔欷，濟，子禮翻。歔，音虛。欷，音希，又許既翻。於是皆以植多華辭而誠心不及也。植既任性而行，不自雕飾，五官將御之以術，矯情自飾，宮人左右並爲之稱說，爲，于僞翻。故遂定爲太子。

左右長御賀卞夫人曰：漢皇后宮有旁側長御。「將軍拜太子，丕爲五官將，故稱之爲將軍。天下莫不喜，夫人當傾府藏以賞賜。」藏，徂浪翻。夫人曰：「王自以丕年大，故用爲嗣。我但當以免無教導之過爲幸耳，亦何爲當重賜遺乎！」遺，于季翻。長御還，具以語操，語，牛倨翻。操悅，曰：「怒不變容，喜不失節，故最爲難。」

太子抱議郎辛毗頸而言曰：「辛君知我喜不？」不，讀曰否。毗以告其女憲英，憲英歎曰：「太子，代君主宗廟、社稷者也。代君，不可以不戚；主國，不可以不懼。宜戚而【章：甲十一行本「而」作「宜」；乙十一行本同。】懼，而反以爲喜，何以能久！魏其不昌乎！」女子之智識，有男子不能及者。

久之，臨菑侯植乘車行馳道中，開司馬門出。漢令乙：騎乘車馬行馳道中，已論者沒入車馬被具。又宮衞令：出入司馬門者皆下。是司馬門猶可得而出入也。若魏制，則司馬門惟車駕出乃開耳。操大怒，公車令坐死。由是重諸侯科禁，而植寵日衰。植妻衣繡，操登臺見之，以違制命，還家賜死。以違制命罪植妻，則當時蓋禁衣錦繡也。衣，於既翻。

6 法正說劉備曰：說，輸芮翻。「曹操一舉而降張魯，定漢中，降，戶江翻。不因此勢以圖巴、蜀，而留夏侯淵、張郃屯守，郃，古合翻，又曷閤翻。身遽北還，此非其智不逮，而力不足也，必將內有憂偪故耳。今策淵、郃才略，不勝國之將帥，舉衆往討，必可克之。克之之日，廣農積穀，觀釁伺隙，上可以傾覆寇敵，尊奬王室；中可以蠶食雍、涼，廣拓境土；晉志曰：漢改周之雍州爲涼州，以地處西方，常寒涼也。地勢西北邪出，在南山之間，南隔西羌，西通西域，于時號爲斷匈奴右臂。獻帝時，涼州數亂，河西五郡，去州隔遠，乃別立雍州。末又依古典爲九州，乃令關右盡爲雍州。魏時復分以爲涼州。雍，於用翻。下可以固守要害，爲持久之計。此蓋天以與我，時不可失也。」備善其策，乃率諸將進兵漢中，遣張飛、馬超、吳蘭等屯下辨。下辨縣，屬武都郡。賢曰：今成州同谷縣。師古曰：辨，音步見翻，又步莧翻。魏王操遣都護將軍曹洪拒之。

7 魯肅卒，孫權以從事中郎彭城嚴畯代肅，畯，音俊。督兵萬人鎮陸口。衆人皆爲畯喜，爲，于僞翻。畯固辭以「樸素書生，不閑軍事」，閑，習也。發言懇惻，至于流涕。權乃以左護軍虎威將軍呂蒙兼漢昌太守以代之。虎威將軍，蓋孫權置。沈約志，曹魏置四十號將軍，虎威第三十四。衆嘉嚴畯能以實讓。

8 定威校尉吳郡陸遜定威校尉，亦權創置。言於孫權曰：「方今克敵寧亂，非衆不濟；而山寇舊惡，依阻深地。舊惡，謂自舊爲惡者。夫腹心未平，難以圖遠，可大部伍，取其精銳。」言可大爲部伍，擇取精銳也。權從之，以爲帳下右部督。會丹陽賊帥費棧作亂，費，父沸翻，姓也。棧，士限翻。扇動山越。權命遜討棧，破之。遂部伍東三郡，東三郡，丹陽、新都、會稽也。強者爲兵，羸者補戶，羸，倫爲翻。得精卒數萬人；宿惡盪除，盪，徒朗翻。所過肅清，還屯蕪湖。會稽太守淳于式表「遜枉取民人，愁擾所在。」言遜之所在，民人皆愁擾也。遜後詣都，言次，稱式佳吏，孫權時都秣陵。言次，謂言論之次，猶今云語次。權曰：「式白君，而君薦之，何也？」遜對曰：「式意欲養民，是以白遜；若遜復毀式以亂聖聽，不可長也。」權曰：「此誠長者之事，顧人不能爲耳。」復，扶又翻。長，知兩翻。

9 魏王操使丞相長史王必典兵督許中事。魏王操猶領漢丞相而居鄴，故以必爲長史典兵督許。時關羽強盛，京兆金禕覩漢祚將移，乃與少府耿紀、司直韋晃、司直，卽丞相司直。禕，吁韋翻。太醫令吉本、風俗通：吉，周尹吉甫之後。漢有漢中太守吉恪。本子邈、邈弟穆等謀殺必，挾天子以攻魏，南引關羽爲援。

二十三年（戊戌、二一八）

1 春，正月，吉邈等率其黨千餘人，夜攻王必，燒其門，射必中肩，射，食亦翻。中，竹仲翻。帳下督扶必奔南城。許昌之南城也。會天明，邈等衆潰，必與潁川典農中郎將嚴匡共討斬之。潁川典農中郎將屯田許下。

2 三月，有星孛于東方。孛，蒲內翻。

3 曹洪將擊吳蘭，張飛屯固山，聲言欲斷軍後，斷，丁管翻；下同。衆議狐疑。騎都尉曹休曰：漢武帝置三都尉，騎都尉其一也。「賊實斷道者，當伏兵潛行；今乃先張聲勢，此其不能，明矣。宜及其未集，促擊蘭，蘭破，飛自走矣。」洪從之，進，擊破蘭，斬之。三月，張飛、馬超走。情見勢屈，宜其走也。休，魏王族子也。

4 夏，四月，代郡、上谷烏桓無臣氏等反。先是，魏王操召代郡太守裴潛爲丞相理曹掾，先，悉薦翻。掾，于絹翻。操美潛治代之功，治，直之翻。潛曰：「潛於百姓雖寬，於諸胡爲峻。今繼者必以潛爲治過嚴而事加寬惠。治，直吏翻。彼素驕恣，過寬必弛；既弛，【章：甲十一行本「弛」下有「又」字；乙十一行本同；張校同。】將攝之以法，攝，持也，整也。此怨叛所由生也。以勢料之，代必復叛。」後魏陸俟治高車，與潛異世而同轍。復，扶又翻。於是操深悔還潛之速。後數十日，三單于反問果至。操以其子鄢陵侯彰行驍騎將軍，鄢陵縣，屬潁川郡。驍騎將軍，始於漢武帝，以命李廣。陸德明曰：鄢，謁晚翻，又於建翻。漢書作「傿」。師古曰：音偃。使討之。彰少善射御，膂力過人。少，詩照翻。操戒彰曰：「居家爲父子，受事爲君臣，動以王法從事，爾其戒之！」

劉備屯陽平關，夏侯淵、張郃、徐晃等與之相拒。備遣其將陳式等絕馬鳴閣道，馬鳴閣，在今利州昭化縣。徐晃擊破之。張郃屯廣石，廣石，當在巴、漢之間。備攻之不能克，急書發益州兵。諸葛亮以問從事犍爲楊洪，洪曰：「漢中，益州咽喉，犍，居言翻。咽，音煙。存亡之機會，若無漢中，則無蜀矣。此家門之禍也，發兵何疑。」時法正從備北行，亮於是表洪領蜀郡太守；衆事皆辦，遂使卽眞。遂使之代法正。

初，犍爲太守李嚴辟洪爲功曹，嚴未去犍爲而洪已爲蜀郡；洪舉門下書佐何祗有才策，漢制：郡閣下及諸曹各有書佐，幹主文書。靈帝光和二年樊毅復華下民租口算碑載其上尚書奏牘，前書年、月、朔日，弘農太守臣毅頓首死罪上尚書，後書臣毅誠惶誠恐、頓首頓首、死罪死罪上尚書，後繫掾臣條，屬臣淮，書佐臣謀。洪尚在蜀郡，而祗已爲廣漢太守。是以西土咸服諸葛亮能盡時人之器用也。

秋，七月，魏王操自將擊劉備；九月，至長安。

6 曹彰擊代郡烏桓，身自搏戰，鎧中數箭，鎧，可亥翻。中，竹仲翻。意氣益厲；乘勝逐北，至桑乾之北，桑乾縣，屬代郡。宋白曰：今雲州東至桑乾督帳一百五十里。孟康曰：乾，音干。大破之，斬首、獲生以千數。時鮮卑大人軻比能軻比能本小種鮮卑，以勇健不貪，斷法平端，衆推之爲大人。將數萬騎觀望強弱，見彰力戰，所向皆破，乃請服，北方悉平。

7 南陽吏民苦繇役，繇，讀曰傜。苦於供給曹仁之軍也。冬，十月，宛守將侯音反。宛，於元翻。南陽太守東里袞鄭子產居東里，支子以爲氏。與功曹應余迸竄得出；音遣騎追之，飛矢交流，余以身蔽袞，被七創而死，被，皮義翻。創，初良翻。音騎執袞以歸。時征南將軍曹仁屯樊以鎮荆州，魏王操命仁還討音。功曹宗子卿說音曰：說，輸芮翻。「足下順民心，舉大事，遠近莫不望風；然執郡將，將，即亮翻。逆而無益，何不遣之！」音從之。子卿因夜踰城從太守收餘民圍音，會曹仁軍至，共攻之。

二十四年（己亥、二一九）

1 春，正月，曹仁屠宛，斬侯音，復屯樊。復，扶又翻。

2 初，夏侯淵戰雖數勝，數，所角翻。魏王操常戒之曰：「爲將當有怯弱時，不可但恃勇也。將當以勇爲本，行之以智計；但知任勇，一匹夫敵耳。」及淵與劉備相拒踰年，備自陽平南渡沔水，緣山稍前，營於定軍山。華陽國志曰：漢中沔陽縣有定軍山，北臨沔水。據法正傳：於定軍、興勢作營，則定軍山正在興勢也。今按興勢山在洋州興道縣西北二十里，去沔陽地里相遠，當從華陽國志。考異曰：備傳云：「於定軍山勢作營」，法正傳作「定軍、興勢」。今從黄忠傳。淵引兵爭之。法正曰：「可擊矣。」備使討虜將軍黄忠乘高鼓譟攻之，淵軍大敗，斬淵考異曰：淵傳曰：「備夜燒圍鹿角。淵使張郃護東圍，自將輕兵護南圍。備挑郃戰，郃軍不利。淵分兵半助郃，爲備所襲，戰死。」張郃傳曰：「備於走馬谷燒都圍，淵救火，從他道與備相遇，交戰，短兵接刃，淵遂沒。」今從劉備、黄忠、法正傳。及益州刺史趙顒。顒刺益州，操所命也。淵軍既敗，顒亦死。顒，魚容翻。張郃引兵還陽平。自廣石還陽平。是時新失元帥，軍中擾擾，不知所爲。督軍杜襲初，操東還，留襲督漢中軍事。帥，所類翻。與淵司馬太原郭淮收斂散卒，號令諸軍曰：「張將軍國家名將，劉備所憚；今日事急，非張將軍不能安也。」遂權宜推郃爲軍主。郃出，勒兵按陳，陳，讀曰陣；下同。諸將皆受郃節度，衆心乃定。明日，備欲渡漢水來攻；諸將以衆寡不敵，欲依水爲陳以拒之。郭淮曰：「此示弱而不足挫敵，非算也。不如遠水爲陳，引而致之，半濟而後擊之，備可破也。」既陳，備疑，不渡。淮遂堅守，示無還心。以狀聞於魏王操，操善之，遣使假郃節，復以淮爲司馬。

3 二月，壬子晦，日有食之。

4 三月，魏王操自長安出斜谷，軍遮要以臨漢中。斜谷道險，操恐爲備所邀截，先以軍遮要害之處，乃進臨漢中。或云：遮要，地名。劉備曰：「曹公雖來，無能爲也，我必有漢川矣。」乃斂衆拒險，終不交鋒。操運米北山下，黃忠引兵欲取之，過期不還。翊軍將軍趙雲將數十騎出營視之，翊軍將軍，備所創置也。值操揚兵大出，雲猝與相遇，遂前突其陳，且鬭且卻。魏兵散而復合，追至營下，雲入營，更大開門，偃旗息鼓。魏兵疑雲有伏，引去；雲雷鼓震天，雷，盧對翻。惟以勁弩於後射魏兵。射，而亦翻。魏兵驚駭，自相蹂踐，墮漢水中死者甚多。蹂，人九翻。備明旦自來，至雲營，視昨戰處，曰：「子龍一身都爲膽也！」言其膽大，能以孤軍亢操大兵。

操與備相守積月，魏軍士多亡。亡，逃亡也。夏，五月，操悉引出漢中諸軍還長安，劉備遂有漢中。

操恐劉備北取武都氐以逼關中，武都，本白馬氐地。問雍州刺史張既，既曰：「可勸使北出就穀以避賊，前至者厚其寵賞，則先者知利，後必慕之。」操從之，使既之武都，徙氐五萬餘落出居扶風、天水界。操蓋已棄武都而不有矣。諸氐散居秦川，苻氏亂華自此始。

武威顏俊、張掖和鸞、酒泉黃華、西平麴演等，各據其郡，自號將軍，更相攻擊。俊遣使送母及子詣魏王操爲質以求助。更，工衡翻。質，音致。操問張既，既曰：「俊等外假國威，內生傲悖，悖，蒲內翻，又蒲沒翻。計定勢足，後卽反耳。今方事定蜀，且宜兩存而鬭之，猶卞莊子之刺虎，坐收其斃也。」戰國策曰：卞莊子刺虎，管豎子止之曰：「兩虎方食牛，牛甘必爭鬭，則大者傷，小者亡。從傷刺之，一舉必有兩獲。」莊子然之，果獲二虎。刺，七亦翻。王曰：「善！」歲餘，鸞遂殺俊，武威王祕又殺鸞。

6 劉備遣宜都太守扶風孟達從秭歸北攻房陵，殺房陵太守蒯祺。張勃吳録曰：劉備分南郡立宜都郡，領夷道、狠山、夷陵三縣。房陵縣，本屬漢中郡。此郡疑劉表所置，使蒯祺守之；否則祺自立也。蒯，苦怪翻。又遣養子副軍中郎將劉封自漢中乘沔水下，統達軍，劉封，本羅侯寇氏之子，長沙劉氏之甥。備至荆州，以未有繼嗣，養之爲子。與達會攻上庸，上庸太守申耽舉郡降。上庸縣，屬漢中郡。賢曰：故城在今房州清水縣西。魏略曰：申耽初在西城、上庸間，聚衆數千家，與張魯通；又遣使詣曹公，公加其號爲將軍，使領上庸都尉。降，戶江翻。備加耽征北將軍，領上庸太守，以耽弟儀爲建信將軍、西城太守。西城縣，屬漢中郡，備亦分爲郡以授儀；唐爲金州。

7 秋，七月，劉備自稱漢中王，設壇場於沔陽，沔陽縣，屬漢中郡。陳兵列衆，羣臣陪位，讀奏訖，乃拜受璽綬，御王冠。璽，斯氏翻。綬，音受。王冠，遠遊冠也。因驛拜章，上還所假左將軍、宜城亭侯印綬。左將軍及宜城亭侯，皆操所表授也。上，時掌翻。立子禪爲王太子。拔牙門將軍義陽魏延爲鎮遠將軍，牙門、鎮遠，皆劉備創置將軍號。領漢中太守，以鎮漢川。魏文帝分南陽郡立義陽郡，又立義陽縣屬焉；此在延入蜀之後，史追書也。鎮遠將軍，蓋備所創置。宋白曰：義陽，唐爲申州，宋爲信陽軍。備還治成都，以許靖爲太傅，法正爲尚書令，關羽爲前將軍，張飛爲右將軍，馬超爲左將軍，黄忠爲後將軍，前、後、左、右將軍皆漢官。餘皆進位有差。遣益州前部司馬犍爲費詩即授關羽印綬，犍，居言翻。費，父沸翻。羽聞黄忠位與己並，怒曰：「大丈夫終不與老兵同列！」不肯受拜。詩謂羽曰：「夫立王業者，所用非一。昔蕭、曹與高祖少小親舊，少，詩照翻。而陳、韓亡命後至；論其班列，韓最居上，謂陳平、韓信自楚而來，韓信王而蕭、曹侯，故曰韓最居上。未聞蕭、曹以此爲怨。今漢中王以一時之功隆崇漢升；然意之輕重，寧當與君侯齊乎！言備以一時使忠與羽班，而意之輕重則不在此。曹操嘗表羽爲漢壽亭侯，故稱之爲君侯。且王與君侯譬猶一體，同休等戚，禍福共之；愚謂君侯不宜計官號之高下、爵禄之多少爲意也。僕一介之使，使，疏吏翻。銜命之人，君侯不受拜，如是便還，但相爲惜此舉動，爲，于僞翻。恐有後悔耳。」羽大感悟，遽即受拜。

8 詔以魏王操夫人卞氏爲王后。

9 孫權攻合肥。時諸州兵戍淮南。魏改漢九江郡爲淮南郡。揚州刺史溫恢謂兖州刺史裴潛曰：「此間雖有賊，然不足憂。今水潦方生，而子孝縣軍，無有遠備，曹仁，字子孝，時爲征南將軍。縣，讀曰懸。關羽驍猾，政恐征南有變耳。」驍，堅堯翻。已而關羽果使南郡太守麋芳守江陵，將軍傅〔衍〕士仁守公安，羽自率衆攻曹仁於樊。仁使左將軍于禁、立義將軍龐德等屯樊北。操以龐德自漢中來歸，故進號立義將軍。八月，大霖雨，漢水溢，平地數丈，于禁等七軍皆沒。禁與諸將登高避水，羽乘大船就攻之，禁等窮迫，遂降。降，戶江翻；下同。龐德在隄上，被甲持弓，箭不虛發，射必中也。龐，皮江翻。被，皮義翻。自平旦力戰，至日過中，羽攻益急；矢盡，短兵接，德戰益怒，氣愈壯，而水浸盛，吏士盡降。降，戶江翻；下同。德乘小船欲還仁營，水盛船覆，失弓矢，獨抱船覆水中，爲羽所得，立而不跪。示不屈伏。羽謂曰：「卿兄在漢中，魏略曰：德從兄柔在蜀。我欲以卿爲將，不早降何爲！」德罵羽曰：「豎子，何謂降也！魏王帶甲百萬，威振天下；汝劉備庸才耳，豈能敵邪！我寧爲國家鬼，不爲賊將也！」羽殺之。將，卽亮翻。魏王操聞之【章：甲十一行本「之」下有「流涕」二字；乙十一行本同；孔本同。】曰：「吾知于禁三十年，操收兵兗州，禁卽爲將。何意臨危處難，處，昌呂翻。難，乃旦翻。反不及龐德邪！」封德二子爲列侯。

羽急攻樊城，城得水，往往崩壞，衆皆恟懼。恟，許勇翻。或謂曹仁曰：「今日之危，非力所支，可及羽圍未合，乘輕船夜走。」汝南太守滿寵曰：「山水速疾，冀其不久。聞羽遣別將已在郟下，寵爲汝南太守，操令助曹仁屯樊城。郟縣，屬潁川郡。師古曰：郟，音夾。晉地理志，襄城郡復有郟縣，蓋東漢省而魏、晉復置縣也。自許以南，百姓擾擾，羽所以不敢遂進者，恐吾軍掎其後耳。掎，居蟻翻。今若遁去，洪河以南，非復國家有也，洪河，大河也。君宜待之。」仁曰：「善！」乃沈白馬與軍人盟誓，沈，持林翻。同心固守。城中人馬纔數千人，城不沒者數板。城高二尺爲一板。

羽乘船臨城，立圍數重，重，直龍翻。外內斷絕。羽又遣別將圍將軍呂常於襄陽。荆州刺史胡脩、南鄉太守傅方皆降於羽。水經註：漢建安中，割南陽右壤爲南鄉郡，屬荆州。

10 初，沛國魏諷有惑衆才，傾動鄴都，魏相國鍾繇辟以爲西曹掾。此魏相國府之西曹掾也。滎陽任覽，與諷友善；同郡鄭袤，袤，音茂。泰之子也，每謂覽曰：「諷姦雄，終必爲亂。」九月，諷潛結徒黨，與長樂衛尉陳禕謀襲鄴；樂，音洛。禕，吁韋翻。未及期，禕懼而告之。太子丕誅諷，連坐死者數千人，鍾繇坐免官。

11 初，丞相主簿楊脩與丁儀兄弟謀立曹植爲魏嗣，脩爲漢丞相主簿，操官屬也。五官將丕患之，以車載廢簏內朝歌長吳質，與之謀。長，知兩翻。脩以白魏王操，操未及推驗。丕懼，告質，質曰：「無害也。」明日，復以簏載絹以入，脩復白之，推驗，無人；推，按也。復，扶又翻。操由是疑焉。其後植以驕縱見疏，植乘車行馳道中，私開司馬門出，既得罪矣；曹仁爲關羽所圍，操欲遣植救仁，而植醉不能受命，於是益見疏。而植故連綴脩不止，脩亦不敢自絕。每當就植，慮事有闕，忖度操意，忖，寸本翻。度，徒洛翻。豫作答教十餘條，敕門下，「教出，隨所問答之」，於是教裁出，答已入；操怪其捷，推問，始泄。操亦以脩袁術之甥，惡之，惡，烏路翻。乃發脩前後漏泄言教，交關諸侯，以脩豫作答教，謂之漏泄；與植往來，謂之交關諸侯。收殺之。

12 魏王操以杜襲爲留府長史，駐關中。置留府於關中者，以備蜀也。關中營帥許攸帥，所類翻。

此又一許攸，非自袁紹來奔之許攸也。擁部曲不歸附，而有慢言，操大怒，先欲伐之。羣臣多諫「宜招懷攸，共討強敵；」操橫刀於厀，厀，與膝同。作色不聽。襲入欲諫，操逆謂之曰：「吾計已定，卿勿復言！」復，扶又翻。襲曰：「若殿下計是邪，臣方助殿下成之；若殿下計非邪，雖成，宜改之。殿下逆臣令勿言，何待下之不闓乎！」闓，開也，大也，明也。操曰：「許攸慢吾，如何可置！」置，捨也。襲曰：「殿下謂許攸何如人邪？」操曰：「凡人也。」襲曰：「夫惟賢知賢，惟聖知聖，凡人安能知非凡人邪！方今豺狼當路而狐狸是先，人將謂殿下避強攻弱；進不爲勇，退不爲仁。臣聞千鈞之弩，不爲鼷鼠發機；萬石之鍾，不以莛撞起音。三十斤爲鈞。千鈞之弩，言其重也。鼷鼠，小鼠也。說文曰：有螫毒者。或謂之甘鼠。陸佃埤雅曰：鼷鼠者，甘口，齧人及鳥獸皆不痛。博物志云：鼠之最小者。本草說鼷鼠極細，不可卒見。四斤〔鈞〕爲石，石，百二十斤也。莛，草莖也。東方朔曰：以莛撞鍾。是皆言力勢重者，不以輕觸而發動也。鼷，音奚。莛，音廷。撞，直江翻。今區區之許攸，何足以勞神武哉！」操曰：「善！」遂厚撫攸，攸卽歸服。

13 冬，十月，魏王操至洛陽。

14 陸渾民孫狼等作亂，陸渾縣，屬弘農郡，秦、晉遷陸渾之戎於此。宋白曰：陸渾，河南府伊陽縣地。師古曰：渾，音胡昆翻。殺縣主簿，南附關羽。羽授狼印，給兵，還爲寇賊，自許以南，往往遙應羽，羽威震華夏。夏，戶雅翻。魏王操議徙許都以避其鋭，丞相軍司馬司馬懿、西曹屬蔣濟言於操曰：「于禁等爲水所沒，非戰攻之失，於國家大計未足有損。劉備、孫權，外親內疏，關羽得志，權必不願也。可遣人勸權躡其後，許割江南以封權，則樊圍自解。」操從之。

初，魯肅嘗勸孫權以曹操尚存，宜且撫輯關羽，與之同仇，不可失也。及呂蒙代肅屯陸口，以爲羽素驍雄，有兼幷之心，驍，堅堯翻。且居國上流，其勢難久，密言於權曰：「今令征虜守南郡，孫皎時爲征虜將軍。潘璋住白帝，此卽甘寧據楚關之計也。蔣欽將游兵萬人循江上下，應敵所在，蒙爲國家前據襄陽，爲，于僞翻。如此，何憂於操，何賴於羽！且羽君臣矜其詐力，所在反覆，不可以腹心待也。今羽所以未便東向者，以至尊聖明，蒙等尚存也。今不於強壯時圖之，一旦僵仆，欲復陳力，其可得邪！」僵仆，謂死也。復，扶又翻。權曰：「今欲先取徐州，自廣陵以北，皆徐州之地。然後取羽，何如？」對曰：「今操遠在河北，撫集幽、冀，未暇東顧，餘【章：甲十一行本「餘」作「徐」；乙十一行本同。】土守兵，聞不足言，曹操審知天下之勢，慮此熟矣。此兵法所謂「城有所不守」也。往自可克。然地勢陸通，驍騎所騁，騁，丑郢翻。至尊今日取徐州，操後旬必來爭，雖以七八萬人守之，猶當懷憂。呂蒙自量吳國之兵力不足北向以爭中原者，知車騎之地，非南兵之所便也。不如取羽，全據長江，形勢益張，易爲守也。」權善之。易，以豉翻。

權嘗爲其子求昏於羽，爲，于僞翻。羽罵其使，不許昏；使，疏吏翻。權由是怒。及羽攻樊，呂蒙上疏曰：「羽討樊而多留備兵，必恐蒙圖其後故也。蒙常有病，乞分士衆還建業，以治疾爲名，治，直之翻。羽聞之，必撤備兵，盡赴襄陽。大軍浮江晝夜馳上，上，時掌翻。襲其空虛，則南郡可下而羽可禽也。」此南郡，謂江陵。遂稱病篤。權乃露檄召蒙還，露檄，欲使羽知之。陰與圖計。蒙下至蕪湖，定威校尉陸遜謂蒙曰：「關羽接境，如何遠下，後不當可憂也？」蒙曰：「誠如來言，然我病篤。」遜曰：「羽矜其驍氣，陵轢於人，轢，郎狄翻。始有大功，意驕志逸，但務北進，未嫌於我；有相聞病，必益無備，今出其不意，自可禽制。下見至尊，宜好爲計。」英雄之士所見略同，蒙所以知其意思深長也。蒙曰：「羽素勇猛，既難爲敵，且已據荆州，恩信大行，兼始有功，膽勢益盛，未易圖也。」兵事尚密，遜之言雖當蒙之心，蒙未敢容易爲遜言之。易，以豉翻。蒙至都，權問：「誰可代卿者？」蒙對曰：「陸遜意思深長，思，相吏翻。才堪負重，觀其規慮，終可大任；而未有遠名，非羽所忌，無復是過也。復，扶又翻；下同。若用之，當令外自韜隱，內察形便，然後可克。」權乃召遜，拜偏將軍、右部督，以代蒙。遜至陸口，爲書與羽，稱其功美，深自謙抑，爲盡忠自託之意。羽意大安，無復所嫌，稍撤兵以赴樊。果墮蒙計。遜具啓形狀，陳其可禽之要。

羽得于禁等人馬數萬，糧食乏絕，擅取權湘關米；吳與蜀分荆州，以湘水爲界，故置關。權聞之，遂發兵襲羽。權欲令征虜將軍孫皎與呂蒙爲左右部大督，征虜將軍，始於光武以命祭遵。蒙曰：「若至尊以征虜能，宜用之；以蒙能，宜用蒙。昔周瑜、程普爲左右部督，督兵攻江陵，雖事決於瑜，普自恃久將，將，即亮翻。且俱是督，遂共不睦，幾敗國事，此目前之戒也。」事見六十六卷建安十五年。幾，居希翻。敗，補邁翻。權寤，謝蒙曰：「以卿爲大督，命皎爲後繼可也。」

魏王操之出漢中也，使平寇將軍徐晃屯宛以助曹仁；平寇將軍，蓋亦曹操所置，考沈約志，不在四十號之數。及于禁陷沒，晃前至陽陵陂。關羽遣兵屯偃城，括地志：偃城，在襄州安養縣北三里，古郾子之國。晃既到，詭道作都塹，示欲截其後，羽兵燒屯走。詭道出偃城之後，通爲長塹，故曰都塹。晃得偃城，連營稍前。操使趙儼以議郎參曹仁軍事，與徐晃俱前，餘救兵未到；晃所督不足解圍，而諸將呼責晃，促救仁。儼謂諸將曰：「今賊圍素固，水潦猶盛，我徒卒單少，少，詩沼翻。而仁隔絕，不得同力，此舉適所以敝內外耳。當今不若前軍偪圍，遣諜通仁，使知外救，以勵將士。計北軍不過十日，尚足堅守，然後表裏俱發，破賊必矣。如有緩救之戮，余爲諸君當之。」爲，于僞翻。諸將皆喜。晃營距羽圍三丈所，作地道及箭飛書與仁，消息數通。消者，浸微浸滅之意；息者，漸生漸長之意。消息數通，則城內城外各知安否也。晃營迫羽圍如此而不能制，使呂蒙不襲取江陵，羽亦必爲操所破，而操假手於蒙者，欲使兩寇自敝，而坐收漁人、田父之功也。數，所角翻。

孫權爲牋與魏王操，請以討羽自效，及乞不漏，令羽有備。操問羣臣，羣臣咸言宜密之。董昭曰：「軍事尚權，期於合宜。宜應權以密，而內露之。羽聞權上，若還自護，圍則速解，便獲其利。可使兩賊相對銜持，以馬爲喻也。兩馬欲相踶齧，既加之銜勒，兩不能動矣，而欲鬬之氣未衰，相對銜持，則兩雖跳梁，力必自敝。上，時掌翻。坐待其敝。祕而不露，使權得志，非計之上。又，圍中將吏不知有救，計糧怖懼。計城中之糧不足以持久，則心懷怖懼也。怖，普布翻。儻有他意，爲難不小。難，乃旦翻。露之爲便。且羽爲人強梁，自恃二城守固，必不速退。」操曰：「善！」即敕徐晃以權書射著圍裏及羽屯中，射，而亦翻。著，直略翻。圍裏聞之，志氣百倍；羽果猶豫不能去。羽雖見權書，自恃江陵、公安守固，非權旦夕可拔；又因水勢結圍以臨樊城，有必破之勢，釋之而去，必喪前功，此其所以猶豫也。

魏王操自雒陽南救曹仁，羣下皆謂：「王不亟行，今敗矣。」侍中桓階獨曰：「大王以仁等爲足以料事勢不也？」不，讀曰否。曰：「能。」「大王恐二人遺力邪？」二人，謂曹仁、呂常也。曰：「不然。」「然則何爲自往？」曰：「吾恐虜衆多，而徐晃等勢不便耳。」階曰：「今仁等處重圍之中重，直龍翻，下同。而守死無貳者，誠以大王遠爲之勢也。夫居萬死之地，必有死爭之心。內懷死爭，外有強救，大王按六軍以示餘力，何憂於敗而欲自往？」操善其言，乃駐軍摩陂，據水經，摩陂在潁川郟縣，縱廣可一十五里。魏青龍元年，有龍見于陂，於是改曰龍陂。前後遣殷署、朱蓋等凡十二營詣晃。

關羽圍頭有屯，又別屯四冢，晃乃揚聲當攻圍頭屯而密攻四冢。【章：乙十一行本「冢」下有「羽見四冢」四字。】欲壞，自將步騎五千出戰；「自將」之上，有「羽」字文意乃明。晃擊之，退走。羽圍塹鹿角十重，重，直龍翻。晃追羽，與俱入圍中，破之，傅方、胡脩皆死，羽遂撤圍退，然舟船猶據沔水，襄陽隔絕不通。

呂蒙至尋陽，盡伏其精兵𦨴䑬中，𦨴，居侯翻。䑬，盧谷翻。博雅曰：𦨴䑬，舟也。使白衣搖櫓，作商賈人服，賈，音古。晝夜兼行，羽所置江邊屯候，盡收縛之，是故羽不聞知。屯候雖被收縛，使糜、傅無叛心，羽猶可得聞知也。糜芳、士仁素皆嫌羽輕己，羽之出軍，芳、仁供給軍資不悉相及，羽言「還，當治之」，治，直之翻。芳、仁咸懼。於是蒙令故騎都尉虞翻權以翻爲騎都尉，以謗徙丹陽。蒙請以自隨，時無官爵，故稱故官。爲書說仁，爲陳成敗，說，輸芮翻。爲，于僞翻。仁得書卽降。翻謂蒙曰：「此譎兵也，謂蒙以譎計行兵也。譎，古穴翻。當將仁行，留兵備城。」遂將仁至南郡。將，如字。糜芳城守，蒙以仁示之，芳遂開門出降。降，戶江翻；下同。蒙入江陵，釋于禁之囚，得關羽及將士家屬，皆撫慰之，約令軍中：「不得干歷人家，有所求取。」蒙麾下士，與蒙同郡人，取民家一笠以覆官鎧；覆，敷救翻。官鎧雖公，蒙猶以爲犯軍令，不可以鄉里故而廢法，遂垂涕斬之。於是軍中震慄，道不拾遺。蒙旦暮使親近存恤耆老，問所不足，疾病者給醫藥，飢寒者賜衣糧。羽府藏財寶，皆封閉以待權至。藏，徂浪翻。

關羽聞南郡破，卽走南還。還，從宣翻，又如字。曹仁會諸將議，咸曰：「今因羽危懼，可追禽也。」趙儼曰：「權邀羽連兵之難，邀，當作徼，徼幸也。難，乃旦翻。謂與曹仁連兵。欲掩制其後，顧羽還救，恐我乘其兩疲，故順辭求效，求效，猶言求自效也。或曰：巽順其辭以求成效。乘釁因變以觀利鈍耳。今羽已孤迸，言羽失根本，而勢孤奔迸也。更宜存之以爲權害。若深入追北，權則改虞於彼，將生患於我矣，虞，度也，防也；謂度羽不能爲害，則改其防羽之心而防操，則必爲操之患矣。王必以此爲深慮。」仁乃解嚴。趙儼之計，此戰國策士所謂兩利而俱存之之計也。解嚴，解所嚴兵，不復追羽也。是後陸遜敗劉備於峽中，收兵而還，不復追備，計亦出此。魏王操聞羽走，恐諸將追之，果疾敕仁如儼所策。

關羽數使人與呂蒙相聞，數，所角翻。蒙輒厚遇其使，使，疏吏翻。周游城中，家家致問，或手書示信。羽人還，私相參訊，訊，問也。咸知家門無恙，見待過於平時，故羽吏士無鬭心。呂蒙所以禽關羽者，攜之而已。恙，金亮翻。

會權至江陵，荊州將吏悉皆歸附；獨治中從事武陵潘濬稱疾不見，權遣人以牀就家輿致之，濬伏面著牀席不起，涕泣交横，哀哽不能自勝。著，直略翻。勝，音升。權呼其字與語，潘濬字承明。慰諭懇惻，使親近以手巾拭其面。濬起，下地拜謝，卽以爲治中，荊州軍事，一以諮之。郝普、麋芳、傅士仁之在吳，未有所聞也，而潘濬所以自見者，與陸遜、諸葛瑾班，識者當於此而觀人。武陵部從事樊伷誘導諸夷，圖以武陵附漢中王備。漢制：州牧、刺史部諸郡，各郡置部從事。伷，與胄同。誘，音酉。外白差督督萬人往討之，差，初佳翻，擇也。督，將也。權不聽；特召問濬，濬答：

「以五千兵往，足以擒伷。」權曰：「卿何以輕之？」濬曰：「伷是南陽舊姓，南陽之樊，光武之母黨，故謂之舊姓。頗能弄脣吻，而實無才略。今人以辨給觀人才，何其謬也！吻，武粉翻。口邊曰吻。臣所以知之者，伷昔嘗爲州人設饌，爲，于僞翻。饌，雛戀翻，又雛皖翻。比至日中，比，必寐翻。食不可得，而十餘自起，此亦侏儒觀一節之驗也。」侏儒，優人，以能諧笑取寵。觀其一節，足以驗其技。權大笑，卽遣濬將五千人往，果斬平之。權以呂蒙爲南郡太守，封孱陵侯，孱，仕連翻。賜錢一億，黃金五百斤；以陸遜領宜都太守。吳錄曰：蜀昭烈帝立宜都郡於西陵。卽夷陵也；唐爲峽州夷陵郡。

十一月，漢中王備所置宜都太守樊友委郡走，諸城長吏及蠻夷君長皆降於遜。長，知兩翻。遜請金、銀、銅印以假授初附，擊蜀將詹晏等，詹，姓也；周有詹父，楚有詹尹。及秭歸大姓擁兵者，皆破降之，前後斬獲、招納凡數萬計。權以遜爲右護軍、鎮西將軍，進封婁侯，屯夷陵，守峽口。婁縣，前漢屬會稽郡，後漢屬吳郡。范成大吳郡志：婁縣，今謂之崑山縣，東北三里有村落，名婁縣，蓋古婁縣治所也。峽口，西陵峽口也。宜都記曰：自黃牛灘東入西陵界，至峽口一百許里。山水紆曲，兩岸高山重嶂，非日中夜半，不見日月。

關羽自知孤窮，乃西保麥城。荆州記曰：南郡當陽縣東南有麥城。孫權使誘之，羽僞降，誘，音酉。降，戶江翻。立幡旗爲象人於城上，因遁走，兵皆解散，纔十餘騎。權先使朱然、潘璋斷其徑路，斷，丁管翻。十二月，璋司馬馬忠獲羽及其子平於章鄉，水經註：漳水出臨沮縣東荆山，南逕臨沮縣之漳鄉南，潘璋禽關羽於此。漳水又南逕當陽縣，又南逕麥城東。斬之，遂定荆州。

初，偏將軍吳郡全琮全，姓；琮，名。上疏陳關羽可取之計，權恐事泄，寢而不答；及已禽羽，權置酒公安，顧謂琮曰：「君前陳此，孤雖不相答，今日之捷，抑亦君之功也。」於是封琮陽華亭侯。權復以劉璋爲益州牧，駐秭歸，未幾，璋卒。劉備入益州，遷璋于公安，今爲權所得。幾，居豈翻。

呂蒙未及受封而疾發，權迎置於所館之側，所以治護者萬方。時有加鍼，權爲之慘慼。治，直之翻。爲，于僞翻。欲數見其顏色，數，所角翻。又恐勞動，常穿壁瞻之，見小能下食，則喜顧左右，【章：甲十一行本「右」下有「言笑」二字；乙十一行本同；孔本同；張校同；退齋校同。】不然則咄唶，咄，當沒翻，咨也。唶，子夜翻，嘆也。夜不能寐。病中瘳，爲下赦令，爲，于僞翻；下同。羣臣畢賀，已而，竟卒，年四十二。權哀痛殊甚，爲置守冢三百家。

權後與陸遜論周瑜、魯肅及蒙曰：「公瑾雄烈，膽略兼人，遂破孟德，開拓荆州，邈焉寡儔。子敬因公瑾致達於孤，孤與宴語，便及大略帝王之業，此一快也。事見六十三卷五年。後孟德因獲劉琮之勢，張言方率數十萬衆水步俱下，張言者，張大而言之。孤普請諸將，咨問所宜，無適先對；無適先對，猶言莫適先對也。適，音的。至張子布、秦文表秦松，字文表。俱言宜遣使脩檄迎之，子敬卽駮言不可，駮，異也；立異議以糾駮衆議之非。駮，北角翻。勸孤急呼公瑾，付任以衆，逆而擊之，此二快也。事見六十五卷十三年。後雖勸吾借玄德地，事見六十六卷十五年。是其一短，不足以損其二長也。周公不求備於一人，論語載周公語魯公之言。故孤忘其短而貴其長，常以比方鄧禹也。鄧禹建策以開光武中興之業，而其後不能定赤眉，故以肅比之。子明少時，呂蒙，字子明。少，詩照翻。孤謂不辭劇易，劇，艱也。易，以豉翻。果敢有膽而已；及身長大，長，知兩翻。學問開益，籌略奇至，可以次於公瑾，但言議英發不及之耳。圖取關羽，勝於子敬。子敬答孤書云：『帝王之起，皆有驅除，羽不足忌。』謂關羽之強，適足爲吳之驅除也。此子敬內不能辦，外爲大言耳，孤亦恕之，不苟責也。然其作軍屯營，不失令行禁止，部界無廢負，謂部界之內，無有廢職以爲罪負也。路無拾遺，其法亦美矣。」

孫權與于禁乘馬併行，併，讀曰並。虞翻呵禁曰：「汝降虜，降，戶江翻。何敢與吾君齊馬首乎！」抗鞭欲擊禁，抗，舉也。權呵止之。

孫權之稱藩也，魏王操召張遼等諸軍悉還救樊，未至而圍解。徐晃振旅還摩陂，操迎晃七里，置酒大會；王舉酒謂晃曰：「全樊、襄陽，將軍之功也。」亦厚賜桓階，以爲尚書。操嫌荊州殘民及其屯田在漢川者，此漢川，謂襄、樊上下，漢水左右之地也。皆欲徙之。司馬懿曰：「荊楚輕脆易動，易，以豉翻。關羽新破，諸爲惡者，藏竄觀望，徙其善者，既傷其意，將令去者不敢復還。」操曰：「是也。」是後諸亡者悉還出。

16魏王操表孫權爲票騎將軍，假節，領荆州牧，封南昌侯。南昌縣，屬豫章郡。票，匹妙翻。權遣校尉梁寓入貢，又遣朱光等歸，朱光爲權所獲，見上卷十九年。上書稱臣於操，稱說天命。操以權書示外曰：「是兒欲踞吾著爐火上邪！」著，直略翻。蓋言漢以火德王，權欲使操加其上也。然操必以權書示外者，正欲以觀衆心耳。侍中陳羣等皆曰：「漢祚已終，非適今日。殿下功德巍巍，羣生注望，注，猶屬望。故孫權在遠稱臣。此天人之應，異氣齊聲，殿下宜正大位，復何疑哉！」復，扶又翻。操曰：「若天命在吾，吾爲周文王矣。」文王三分天下有其二，以服事殷。

臣光曰：教化，國家之急務也，而俗吏慢之；風俗，天下之大事也，而庸君忽之。夫惟明智君子，深識長慮，然後知其爲益之大而收功之遠也。光武遭漢中衰，羣雄糜沸，奮起布衣，紹恢前緒，征伐四方，日不暇給，乃能敦尚經術，賓延儒雅，開廣學校，校，戸教翻。脩明禮樂，武功既成，文德亦洽。繼以孝明、孝章，遹追先志，遹，述也，遵也。遹，音聿。臨雍拜老，横經問道。自公卿、大夫至于郡縣之吏，咸選用經明行脩之人，行，下孟翻。虎賁衛士皆習孝經，賁，音奔。匈奴子弟亦遊大學，是以教立於上，俗成於下。其忠厚清脩之士，豈惟取重於搢紳，搢紳，謂搢笏、垂紳，在朝公卿、大夫也。亦見慕於衆庶；愚鄙汚穢之人，豈惟不容於朝廷，【章：甲十一行本「廷」作「廷」；乙十一行本同；熊校同。】亦見棄於鄉里。自三代既亡，風化之美，未有若東漢之盛者也。及孝和以降，貴戚擅權，嬖倖用事，嬖，卑義翻，又必計翻。賞罰無章，賄賂公行，賢愚渾殽，是非顛倒，可謂亂矣。然猶緜緜不至於亡者，上則有公卿、大夫袁安、楊震、李固、杜喬、陳蕃、李膺之徒面引廷爭，爭，讀曰諍。用公義以扶其危，下則有布衣之士符融、郭泰、范滂、許劭之流，立私論以救其敗，私論者，謂其不得預議於朝，而私立論於下，以矯朝議之失也。是以政治雖濁而風俗不衰，治，直吏翻。至有觸冒斧鉞，僵仆於前，而忠義奮發，繼起於後，隨踵就戮，視死如歸。夫豈特數子之賢哉？亦光武、明、章之遺化也。當是之時，苟有明君作而振之，則漢氏之祚猶未可量也。量，音良。不幸承陵夷頹敝之餘，重以桓、靈之昏虐，保養姦回，孔安國曰：回，邪也。重，直用翻。過於骨肉；殄滅忠良，甚於寇讎；積多士之憤，蓄四海之怒。於是何進召戎，董卓乘釁，袁紹之徒從而構難，難，乃旦翻。遂使乘輿播越，乘，繩證翻。宗廟丘墟，王室蕩覆，烝民塗炭，大命隕絕，不可復救。復，扶又翻。然州郡擁兵專地者，雖互相吞噬，猶未嘗不以尊漢爲辭。以魏武之暴戾強伉，伉，口浪翻。加有大功於天下，其蓄無君之心久矣，乃至沒身不敢廢漢而自立，豈其志之不欲哉？猶畏名義而自抑也。由是觀之，教化安可慢，風俗安可忽哉！

何茲全標點容肇祖聶崇岐覆校

資治通鑑卷第六十九

翰林學士兼侍讀學士朝散大夫右諫議大夫知制誥判尚書都省兼提舉萬壽觀公事上護軍河内郡開國侯食邑一千三百户賜紫金魚袋臣司馬光奉敕編集

後學天台胡三省音註

魏紀一

起上章困敦（庚子），盡玄黓攝提格（壬寅），凡三年。

操破袁尚，得冀州，遂居於鄴。鄴，漢之魏郡治所。魏，大名也；遂封爲魏公。又讖云：「代漢者當塗高。」當塗高者，魏也。文帝受漢禪，國遂號魏。

世祖文皇帝上

諱丕，字子桓，武王操長子也。謚法：學勤好問曰文。世祖，廟號也。禮，祖有功而宗有德。謚法：景物四方曰世；承命不遷曰世。靖民則法曰皇；明一德者曰皇；明一合道曰皇。德象天地曰帝；按道無爲曰帝。

黄初元年（庚子、二二〇）魏受漢禪，推五德之運，以土繼火。土色黄，故紀元曰黄初。是年十月受禪，方改元。

1春，正月，武王至洛陽；庚子，薨。魏王操謚曰武。王知人善察，難眩以僞。眩者，目無常主；難眩以僞，謂人不能亂其明。識拔奇才，不拘微賤，隨能任使，皆獲其用。與敵對陳，陳，讀曰陣。意思安閑，思，相吏翻。如不欲戰然；及至決機乘勝，氣勢盈溢。勳勞宜賞，不吝千金；

無功望施，施，式豉翻。分豪不與。豪，卽毫字。用法峻急，有犯必戮，或對之流涕，然終無所赦。雅性節儉，不好華麗。好，呼到翻。故能芟刈羣雄，幾平海內。曰「幾」者，以不能幷吳、蜀也。芟，所銜翻。幾，居希翻。

是時太子在鄴，軍中騷動。羣僚欲祕不發喪。諫議大夫賈逵以爲事不可祕，乃發喪。或言宜易諸城守，悉用譙、沛人。曹氏，沛國譙人，小見者以鄉人爲可信也。守，式又翻；下同。魏郡太守廣陵徐宣厲聲曰：「今者遠近一統，人懷效節，何必專任譙、沛，以沮宿衞者之心！」乃止。沮，在呂翻。青州兵擅擊鼓相引去；青州兵，獻帝初平三年操破黃巾所降者。衆人以爲宜禁止之，不從者討之。賈逵曰：「不可。」爲作長檄，令所在給其稟食。爲，于僞翻；下上爲、下爲同。稟，讀曰廩。食，如字。長檄，猶今軍行所至幫券也。鄢陵侯彰從長安來赴，操自漢中還師而東，彰定代而西迎操，因留彰長安。鄢，陸德明謁晚翻，又於建翻；師古音偃。問逵先王璽綬所在。璽，斯氏翻。綬，音受。逵正色曰：「國有儲副，先王璽綬，非君侯所宜問也。」凶問至鄴，太子號哭不已。號，戶刀翻。中庶子司馬孚諫曰：續漢志：太子中庶子，秩六百石，職如侍中。「君王晏駕，天下恃殿下爲命；當上爲宗廟，下爲萬國，柰何效匹夫孝也！」太子良久乃止，曰：「卿言是也。」時羣臣初聞王薨，相聚哭，無復行列。行，戶剛翻。孚厲聲於朝曰：朝，直遙翻。「今君王違世，天下震動，當早拜嗣君，以鎭萬國，而但哭邪！」乃罷羣臣，備禁衞，治喪事。孚，懿之弟也。治，直之翻。

羣臣以爲太子卽位，當須詔命。謂須待漢帝詔命也。尚書陳矯曰：「王薨于外，天下惶懼。太子宜割哀卽位，以繫遠近之望。且又愛子在側，愛子，謂鄢陵侯彰也。彼此生變，則社稷危矣。」卽具官備禮，一日皆辨。辨，與辦同，蜀本作「辦」。明旦，以王后令，策太子卽王位，大赦。漢帝尋遣御史大夫華歆奉策詔，授太子丞相印、綬，魏王璽、綬，領冀州牧。華，戶化翻。於是尊王后曰王太后。

2 改元延康。此漢改元，魏志也。

3 二月，丁未朔，日有食之。

4 壬戌，以太中大夫賈詡爲太尉，御史大夫華歆爲相國，大理王朗爲御史大夫。

5 丁卯，葬武王于高陵。高陵，在鄴城西。操遺令曰：汝等時時登銅雀臺，望吾西陵墓田。魏紀載操令曰：規西門豹祠西原上爲陵。

6 王弟鄢陵侯彰等皆就國。臨菑監國謁者灌均，希指奏「臨菑侯植醉酒悖慢，劫脅使者。」時禁切藩侯，使謁者監其國；監，古銜翻。悖，蒲內翻，又蒲沒翻。王貶植爲安鄉侯，誅右刺姦掾沛國丁儀王莽置左右刺姦以督姦猾。光武中興，亦置刺姦將軍；然公府掾無其員也。魏、晉公府始有營軍、刺姦等員。掾，俞絹翻。及弟黃門侍郎廙幷其男口，幷男口誅之，絕其世也。廙，逸職翻，又羊至翻。皆植之黨也。

魚豢論曰：諺言：「貧不學儉，卑不學恭。」非人性分殊也，分，扶問翻。勢使然耳。假令太祖防遏植等在於疇昔，此賢之心，何緣有窺望乎！彰之挾恨，尚無所至；至於植者，豈能興難！難，乃旦翻。乃令楊脩以倚注遇害，丁儀以希意族滅，哀夫！

7 初置散騎常侍、侍郎各四人，散騎常侍，秦官也。秦置散騎，又置中常侍。散騎，騎從乘輿車後；中常侍得入禁中：皆以爲加官。漢東京初省散騎，而中常侍用宦者。至是初置散騎，合之於中常侍爲一官，曰散騎常侍，掌規諫，不典事；貂璫插右，騎而散從，後遂爲顯職。散騎侍郎，自魏至晉與散騎常侍、侍中、黃門侍郎共平尚書奏事，江左乃罷。其宦人爲官者不得過諸署令；謂左・右・中尚方、中黃、左・右藏、左校、甄官、奚官、黃門、掖庭、永巷、御府、鉤盾、中藏府、內者等署也。爲金策，藏之石室。時當選侍中、常侍，王左右舊人諷主者，便欲就用，不調餘人。調，徒弔翻。司馬孚曰：「今嗣王新立，當進用海內英賢，如何欲因際會，自相薦舉邪！官失其任，得者亦不足貴也。」遂他選。

8 尚書陳羣，以天朝選用不盡人才，天朝，謂漢朝也。朝，直遙翻。乃立九品官人之法；州、郡皆置中正以定其選，擇州郡之賢有識鑒者爲之，區別人物，第其高下。九品中正自此始。九品，上上、上中、上下、中上、中中、中下、下上、下中、下下也。別，彼列翻。

9 夏，五月，戊寅，漢帝追尊王祖太尉曰太王，王祖，漢太尉曹嵩也。夫人丁氏曰太王后。

10 王以安定太守鄒岐爲涼州刺史。西平麴演結旁郡作亂以拒岐；張掖張進執太守杜通，酒泉黄華不受太守辛機，皆自稱太守以應演；誅韓遂者麴演也；蓋威行涼部久矣，故進等皆應之。武威三種胡復叛。種，章勇翻。復，扶又翻。武威太守毌丘興毌丘，複姓也。告急於金城太守、護羌校尉扶風蘇則，則將救之，郡人皆以爲賊勢方盛，宜須大軍。時將軍郝昭、魏平先屯金城，受詔不得西渡。金城與武威、張掖、酒泉隔河。則乃見郡中大吏及昭等謀曰：「今賊雖盛，然皆新合，或有脅從，未必同心；因釁擊之，善惡必離，離而歸我，我增而彼損矣。既獲益衆之實，且有倍氣之勢，率以進討，破之必矣。若待大軍，曠日彌久，善人無歸，必合於惡，善惡既合，勢難卒離。卒，讀曰猝。雖有詔命，違而合權，專之可也。」昭等從之，乃發兵救武威，降其三種胡，降，戶江翻；下同。與毌丘興擊張進於張掖。麴演聞之，將步騎三千迎則，辭來助軍，實欲爲變，則誘而斬之，誘，音酉。出以徇軍，其黨皆散走。則遂與諸軍圍張掖，破之，斬進；黄華懼，乞降。據裴松之註，華即後爲兗州刺史奏王淩者也。事見七十五卷邵陵厲公嘉平三年。河西平。

初，敦煌太守馬艾卒官，敦，徒門翻。卒，子恤翻；下同。郡人推功曹張恭行長史事；恭遣其子就詣朝廷請太守。會黄華、張進叛，欲與敦煌幷勢，執就，劫以白刃；就終不回，私與恭疏曰：「大人率厲敦煌，忠義顯然，豈以就在困厄之中而替之哉！今大軍垂至，但當促兵以掎之耳。掎，舉綺翻。從後牽曰掎，又云，偏引曰掎。願不以下流之愛，使就有恨於黄壤也。」論語曰：君子惡居下流，天下之惡皆歸焉。謂下流當惡居而不當愛也。一曰：流，輩也；牽於父子之愛，而廢君臣之義，是常人之流下一等見識，故曰下流之愛。恭卽引兵攻酒泉，別遣鐵騎二百及官屬，緣酒泉北塞，東迎太守尹奉。黃華欲救張進，而西顧恭兵，恐擊其後，故不得往而降。就卒平安，奉得之郡，詔賜恭爵關內侯。

11 六月，庚午，王引軍南巡。

12 秋，七月，孫權遣使奉獻。

13 蜀將軍孟達屯上庸，與副軍中郎將劉封不協；封侵陵之，達率部曲四千餘家來降。達有容止才觀，觀，工玩翻。王甚器愛之，引與同輦，以達爲散騎常侍、建武將軍，封平陽亭侯。合房陵、上庸、西城三郡爲新城，蜀分三郡見上卷漢獻帝建安二十四年。以達領新城太守，委以西南之任。行軍長史劉曄曰：時魏王引軍南巡，以曄爲長史。「達有苟得之心，而恃才好術，好，呼到翻。必不能感恩懷義。新城與孫、劉接連，蜀之漢中，吳之宜都，皆與新城接連。若有變態，爲國生患。」王不聽。爲孟達叛魏張本。爲，于僞翻。遣征南將軍夏侯尚、右將軍徐晃與達共襲劉封。上庸太守申耽叛封來降，封破，走還成都。

初，封本羅侯寇氏之子，漢中王初至荆州，以未有繼嗣，養之爲子。諸葛亮慮封剛猛，易世之後，終難制御，勸漢中王因此際除之；遂賜封死。

14 武都氐王楊僕率種人內附。種，章勇翻。

15 甲午，王次于譙，大饗六軍及譙父老于邑東，設伎樂百戲，伎，巨綺翻。吏民上壽，日夕而罷。

孫盛曰：三年之喪，自天子達于庶人。故雖三季之末，謂三代之季也。七雄之敝，秦、趙、韓、魏、齊、楚、燕爲戰國七雄。猶未有廢衰斬於旬朔之間，釋麻杖於反哭之日者也。麻，絰也。居父喪苴杖。禮：既葬而反哭。檀弓曰：反哭升堂，反諸其所作也。反哭之弔也，哀之至也；反而亡焉，失之矣，於是爲甚。衰，倉回翻。逮于漢文，變易古制，事見十五卷文帝後七年。人道之紀，一旦而廢，固已道薄於當年，風頹於百代矣。魏王既追漢制，替其大禮，處莫重之哀處，昌呂翻。而設饗宴之樂，居貽厥之始而墮王化之基，夏書曰：有典有則，貽厥子孫。墮，讀曰隳。及至受禪，顯納二女，獻帝之禪也，冊詔魏王曰：漢承堯運，有傳聖之義；釐降二女以嬪于魏。是以知王齡之不遐，卜世之期促也。

16 王以丞相祭酒賈逵爲豫州刺史。豫州，統潁川、汝陰、汝南、梁國、沛郡、譙郡、魯郡、弋陽、安豐等郡。晉地理志曰：魏武分沛郡立譙郡，分汝南立汝陰郡，合陳郡於梁國。沈約志曰：弋陽縣，本屬汝南，魏文帝分立郡，又分廬江爲安豐郡。是時天下初定，刺史多不能攝郡。攝，總錄也。逵曰：「州本以六條詔書察二千石以下，舉漢制也。故其狀皆言嚴能鷹揚，有督察之才，不言安靜寬仁，有愷悌之德也。

今長吏慢法，盜賊公行，州知而不糾，天下復何取正乎！」復，扶又翻。其二千石以下，阿縱不如法者，皆舉奏免之。外修軍旅，內治民事，治，直之翻。興陂田，通運渠，吏民稱之。王曰：「逵真刺史矣。」布告天下，當以豫州爲法；賜逵爵關內侯。

17 左中郎將李伏、太史丞許芝表言：「魏當代漢，見於圖緯，其事衆甚。」據獻帝傳，李伏引孔子玉板，許芝引春秋漢含孳、玉板讖、佐助期、孝經中黃讖、易運期讖。羣臣因上表勸王順天人之望，時勸進者，辛毗、劉曄、傅巽、衞臻、桓階、陳矯、陳羣、蘇林、董巴；繼之者，司馬懿、鄭渾、羊祕、鮑勛。王不許。

冬，十月，乙卯，漢帝告祠高廟，使行御史大夫張音持節奉璽綬詔册，禪位于魏。王三上書辭讓，乃爲壇於繁陽，時南巡至潁川潁陰縣，築壇於曲蠡之繁陽亭。述征記曰：其地在許南七十里。東有臺，高七丈，方五十步；南有壇，高二丈，方三十步，卽受終之壇也。是年以繁陽爲繁昌縣。辛未，升壇受璽綬，卽皇帝位，考異曰：陳志云：「丙午，行至曲蠡，漢帝禪位。庚午，升壇卽祚。」袁紀亦云：「庚午魏王卽位。」按獻帝紀，乙卯始發禪册，二十九日登壇受命。又文帝受禪碑至今尚在，亦云辛未受禪。陳志、袁紀誤也。范書云：「魏遣使求璽綬，曹皇后不與，如此數輩，后乃呼使者，以璽抵軒下，因涕泣橫流曰：『天不祚爾！』左右皆莫能仰視。」按此乃前漢元后事，且璽綬無容在曹后之所，此說妄也。燎祭天地、嶽瀆，改元，大赦。

十一月，癸酉，奉漢帝爲山陽公，山陽縣，屬河內郡。行漢正朔，用天子禮樂；封公四子爲列侯。追尊太王曰太皇帝；武王曰武皇帝，廟號太祖；尊王太后曰皇太后。以漢諸侯王爲崇德侯，列侯爲關中侯。羣臣封爵、增位各有差。改相國爲司徒，御史大夫爲司空。漢獻帝建安十三年罷三公官，今復舊。山陽公奉二女以嬪于魏。

帝欲改正朔，侍中辛毗曰：「魏氏遵舜、禹之統，應天順民；至於湯、武，以戰伐定天下，乃改正朔。孔子曰：『行夏之時，』左氏傳曰：『夏數爲得天正，』何必期於相反！」帝善而從之。自是之後，遂皆以建寅爲正。傳，直戀翻。時羣臣並頌魏德，多抑損前朝；朝，直遙翻。散騎常侍衞臻獨明禪授之義，稱揚漢美。帝數目臻曰：數，所角翻。「天下之珍，當與山陽共之。」帝欲追封太后父、母，尚書陳羣奏曰：「陛下以聖德應運受命，創業革制，當永爲後式。按典籍之文，無婦人分土命爵之制。在禮典，婦因夫爵。禮記：婦人無爵，從夫之爵。秦違古法，漢氏因之，非先王之令典也。」帝曰：「此議是也，其勿施行。」仍著定制，藏之臺閣。臺閣，尚書中藏故事之處。

18 十二月，初營洛陽宮。戊午，帝如洛陽。裴松之曰：按諸書記，是時帝居北宮，以建始殿朝羣臣，門曰承明。陳思王植詩「謁帝承明廬」是也。至明帝時，始於漢南宮崇德殿處起太極、昭陽諸殿。魏略曰：漢火行也。火忌水，故「洛」去「水」而加「隹」。魏於行次爲土。土，水之牡也；水得土而流，土得水而柔。故除「隹」加「水」，變「雒」爲「洛」。

19 帝謂侍中蘇則曰：「前破酒泉、張掖，西域通使敦煌，使，疏吏翻。敦，徒門翻。獻徑寸大珠，可復求市益得不？」復，扶又翻。不，讀曰否。則對曰：「若陛下化洽中國，德流沙幕，卽不求自至。求而得之，不足貴也。」帝嘿然。

20帝召東中郎將蔣濟爲散騎常侍。時有詔賜征南將軍夏侯尚曰：「卿腹心重將，重將，卽亮翻。特當任使，作威作福，殺人活人。」尚以示濟。濟至，帝問以所聞見，對曰：「未有他善，但見亡國之語耳。」帝忿然作色而問其故，濟具以答，因曰：「夫『作威作福』，書之明誡。書洪範曰：臣無有作威作福，臣而有作威作福，其害于而家，凶于而國。天子無戲言，古人所愼；惟陛下察之！」帝卽遣追取前詔。

21帝欲徙冀州士卒家十萬戶實河南。時營洛陽，故欲徙冀州士卒家以實之。時天旱蝗，民饑，羣司以爲不可，而帝意甚盛。侍中辛毗與朝臣俱求見，見，賢遍翻。帝知其欲諫，作色以待之，皆莫敢言。毗曰：「陛下欲徙士家，其計安出？」帝曰：「卿謂我徙之非邪？」毗曰：「誠以爲非也。」帝曰：「吾不與卿議也。」毗曰：「陛下不以臣不肖，置之左右，廁之謀議之官，侍中，於周爲常伯之任，在天子左右，備切問近對，拾遺補闕。安能不與臣議邪！臣所言非私也，乃社稷之慮也，安得怒臣！」帝不答，起入內；毗隨而引其裾，帝遂奮衣不還，良久乃出，曰：「佐治，卿持我何太急邪！」辛毗，字佐治。治，直吏翻。毗曰：「今徙，既失民心，又無以食也，故臣不敢不力爭。」帝乃徙其半。帝嘗出射雉，顧羣臣曰：「射雉樂哉！」毗對曰：「於陛下甚樂，於羣下甚苦。」帝默然，後遂爲之稀出。射，而亦翻。樂，音洛。爲，于僞翻。

二年（辛丑、二二一）考異曰：陳志，「正月，乙亥，朝日于東郊。」裴松之以爲朝日在二月，按二月辛丑朔，無乙亥。

1 春，正月，以議郎孔羨爲宗聖侯，奉孔子祀。漢平帝元始元年，封褒成君孔霸曾孫均爲褒成侯，奉孔子祀；王莽敗，失國。光武建武十三年，復封均子志爲褒成侯。志子損，和帝永元四年徙封褒亭侯，世世相傳，至獻帝初國絕。魏封孔子二十一世孫羨爲宗聖侯，邑百戶。晉封二十三世孫震爲奉聖亭侯。後魏封二十七世孫乘爲崇聖大夫；孝文太和十九年幸魯，又改封二十八世孫珍爲崇聖侯。北齊改封三十一世孫□爲恭聖侯。周武帝平齊，改封鄒國公。隋文帝仍舊封鄒國公；煬帝改封爲紹聖侯。唐太宗貞觀十一年，封孔子裔孫倫爲褒聖侯。

2 三月，加遼東太守公孫恭車騎將軍。恭，公孫度次子，康之弟也。

3 初復五銖錢。漢獻帝初平元年，董卓壞五銖錢，今復之。

4 蜀中傳言漢帝已遇害，於是漢中王發喪制服，諡曰孝愍皇帝。羣下競言符瑞，勸漢中王稱尊號。前部司馬費詩上疏曰：時費詩爲益州前部司馬。費，父沸翻。「殿下以曹操父子偪主簒位，故乃羈旅萬里，糾合士衆，將以討賊。今大敵未克而先自立，恐人心疑惑。昔高祖與楚約，先破秦者王之。王，于況翻。及屠咸陽，獲子嬰，猶懷推讓；推，吐雷翻。況今殿下未出門庭，便欲自立邪！愚臣誠不爲殿下取也。」爲，于僞翻。王不悅，左遷詩爲部永昌從事。爲益州刺史部從事，部永昌郡。夏，四月，丙午，漢中王即皇帝位於武擔之南，蜀本紀曰：武都有丈夫化爲女子，顏色美好，蓋山精也。蜀王娶以爲妻，不習水土，疾病欲歸國。蜀王留之，無幾物故。蜀王發卒之武都擔土，於成都郭中葬，蓋地數畝，高十丈，號曰武擔也。裴松之曰：按武擔山在成都西北，蓋以乾位在西北，故就之以卽祚。杜佑曰：武擔山在蜀郡西。大赦，改元章武。以諸葛亮爲丞相，許靖爲司徒。

臣光曰：天生烝民，其勢不能自治，必相與戴君以治之。治，直之翻。苟能禁暴除害以保全其生，賞善罰惡使不至於亂，斯可謂之君矣。溫公之説，正祖周書所謂「撫我則后，虐我則讎」之意。白虎通曰：君者，羣也；羣下之所歸心也。是以三代之前，海内諸侯，何啻萬國，黄帝置左右大監，監于萬國。禹會諸侯於塗山，執玉帛者萬國。有民人、社稷者，通謂之君。合萬國而君之，立法度，班號令，而天下莫敢違者，乃謂之王。王德旣衰，強大之國能帥諸侯以尊天子者，則謂之霸。帥，讀曰率。故自古天下無道，諸侯力爭，或曠世無王者，固亦多矣。如共工氏在伏羲、神農之間，秦在周、漢之間，皆謂之霸而不王，所謂曠世無王也；又如有窮之於夏，共和之於周，亦曠世而無王也。秦焚書坑儒，漢興，學者始推五德生、勝，以秦爲閏位，在木火之間，霸而不王，於是正閏之論興矣。孟康曰：秦推五勝，以周爲火，用水勝之。漢儒以庖犧繼天而王，爲百王首，德始於木。共工氏霸九域，雖有水德，在木火之間，非其序也，故霸而不王。神農氏以火承木，故爲炎帝。神農氏沒，黄帝氏作，火生土，故爲土德。少昊，黄帝之子，土生金，故爲金德。少昊之衰，顓頊受之，金生水，故爲水德。顓頊之所建，帝嚳受之，水生木，故爲木德。高辛氏衰，天下歸堯，木生火，故爲火德。堯嬗舜，火生土，故爲土德。舜嬗禹，土生金，故爲金德。湯伐桀纘禹，金生水，故爲水德。周伐商，水生木，故爲木德。漢伐秦繼周，木生火，故爲火德。共工及秦不在五德相生之正運，故曰閏位。及漢室顛覆，三國鼎跱。晉氏失馭，五胡雲擾。宋、魏以降，南、北分治，各有國史，互相排黜，南謂北爲索虜，北爲【章：甲十六行本「爲」作「謂」；乙十一行本同；熊校同。】南爲島夷。索虜者，以北人辮髮，謂之索頭也。島夷者，以東南際海，土地卑下，謂之島中也。朱氏代唐，四方幅裂，朱邪入汴，比之窮、新，唐莊宗自以爲繼唐，比朱梁於有窮篡夏、新室篡漢。運曆年紀，皆棄而不數，此皆私己之偏辭，非大公之通論也。臣愚誠不足以識前代之正閏，竊以爲苟不能使九州合爲一統，皆有天子之名而無其實者也。雖華夏【章：甲十六行本「夏」作「夷」；乙十一行本同；張校同。】仁暴，大小強弱，或時不同，夏，戶雅翻。要皆與古之列國無異，豈得獨尊獎一國謂之正統，而其餘皆爲僭僞哉！若以自上相授受者爲正邪，則陳氏何所受？【章：甲十六行本「受」作「授」；乙十一行本同。】拓跋氏何所受？若以居中夏者爲正邪，夏，戶雅翻。則劉、石、慕容、苻、姚、赫連所得之土，皆五帝、三王之舊都也。若以有道德者爲正邪，則蕞爾之國，必有令主，蕞，徂外翻，小貌。三代之季，豈無僻王！是以正閏之論，自古及今，未有能通其義，確然使人不可移奪者也。臣今所述，止欲敍國家之興衰，著生民之休戚，使觀者自擇其善惡得失，以爲勸戒，非若春秋立褒貶之法，撥亂世反諸正也。正閏之際，非所敢知，但據其功業之實而言之。周、秦、漢、晉、隋、唐，皆嘗混壹九州，傳祚於後，子孫雖微弱播遷，猶承祖宗之業，有紹復之望，四方與之爭衡者，皆其故臣也，故全用天子之制以臨之。其餘地醜德齊，醜，類也；言地之廣狹相類也。莫能相壹，名號不異，本非君臣者，皆以列國之制處之，處，昌呂翻。彼此均敵，無所抑揚，庶幾不誣事實，近於至公。近，其靳翻。然天下離析之際，不可無歲、時、月、日以識事之先後。識，音誌。據漢傳於魏而晉受之，晉傳于宋以至於陳而隋取之，唐傳於梁以至於周而大宋承之，故不得不取魏、宋、齊、梁、陳、後梁、後唐、後晉、後漢、後周年號，以紀諸國之事，「魏」下當有「晉」字。非尊此而卑彼，有正閏之辨也。昭烈之於漢，雖云中山靖王之後，而族屬疏遠，不能紀其世數名位，亦猶宋高祖稱楚元王後，宋高祖，彭城人，自謂漢楚元王交二十一世孫；蓋以彭城楚都，故其苗裔家於此地也。南唐烈祖稱吳王恪後，南唐初欲祖吳王恪，或請祖鄭王元懿。唐主命考二王苗裔，以吳王孫禕有功，禕子峴爲丞相，遂祖吳王。是非難辨，故不敢以光武及晉元帝爲比，使得紹漢氏之遺統也。溫公紀年之意，具於此論。

5 孫權自公安徙都鄂，更名鄂曰武昌。更，工衡翻。

6 五月，辛巳，漢主立夫人吳氏爲皇后。后，偏將軍懿之妹，故劉璋兄瑁之妻也。瑁，莫報翻。立子禪爲皇太子。娶車騎將軍張飛女爲皇太子妃。

7 太祖之入鄴也，入鄴見六十四卷漢建安十年。帝爲五官中郎將，見袁熙妻中山甄氏美而悅之，甄，之人翻。太祖爲之聘焉，爲，于僞翻。生子叡。及卽皇帝位，安平郭貴嬪有寵，據陳壽志，郭嬪，安平廣宗人。漢廣宗縣屬鉅鹿郡。晉志：廣宗始屬安平。蓋魏氏割度也。六宮置貴嬪始此。孔穎達曰：嬪，婦人之美稱，可賓敬也。嬪，毗賓翻。甄夫人留鄴不得見，失意，有怨言，郭貴嬪譖之，帝大怒，六月，丁卯，遣使賜夫人死。爲明帝立、郭太后以憂崩張本。

8 帝以宗廟在鄴，武王之封魏王，建宗廟於鄴。祀太祖於洛陽建始殿，如家人禮。建始殿，帝所起，以建國之始命名。父爲士，子爲天子，祭以天子；安有用家人禮者哉！

9 戊辰晦，日有食之。有司奏免太尉，仍東漢中世之制也。詔曰：「災異之作，以譴元首，而歸過股肱，豈禹、湯罪己之義乎！左傳，臧文仲曰：禹、湯罪己，其興也勃焉。其令百官各虔厥職。後有天地之眚，勿復劾三公。」復，扶又翻。

10 漢主立其子永爲魯王，理爲梁王。晉書地理志：劉備以郡國封建諸王，或遙采嘉名，不由檢其土地所出，孫權亦取中州嘉號封建諸王。自此迄於南北朝，大率類此。

11 漢主恥關羽之沒，將擊孫權。翊軍將軍趙雲曰：「國賊，曹操，非孫權也。若先滅魏，則權自服。今操身雖斃，子丕篡盜，當因衆心，早圖關中，居河、渭上流以討凶逆，關東義士必裹糧策馬以迎王師。不應置魏，先與吳戰。兵勢一交，不得卒解，非策之上也。」趙雲之言，可謂知所先後矣。卒，讀曰猝。羣臣諫者甚衆，漢主皆不聽。廣漢處士秦宓處，昌呂翻。宓，莫必翻，通作密。不應州郡辟命，故曰處士。陳天時必無利，坐下獄幽閉，然後貸出。貸，原也，赦也。下，遐稼翻。

初，車騎將軍張飛，雄壯威猛亞於關羽；羽善待卒伍而驕於士大夫，飛愛禮君子而不恤軍人。漢主常戒飛曰：「卿刑殺既過差，差，次也。過差，猶今人言過次也。又日鞭檛健兒而令在左右，檛，陟加翻，箠也。此取禍之道也。」飛猶不悛。悛，丑緣翻，改也。漢主將伐孫權，飛當率兵萬人自閬中會江州。閬中縣，屬巴西郡。此亦由內水下江州也。杜佑曰：漢江州縣故城在巴縣西。臨發，其帳下將張達、范彊殺飛，以其首順流奔孫權。漢主聞飛營都督有表，曰：「噫，飛死矣！」表當自飛上，而都督越次上之，故知其必死也。凡用兵，必觀人事，既失關羽，又喪張飛，兵可以無出矣。

陳壽評曰：關羽、張飛皆稱萬人之敵，爲世虎臣。羽報效曹公，事見六十三卷獻帝建安五年。飛義釋嚴顏，事見六十七卷建安十九年。並有國士之風。然羽剛而自矜，飛暴而無恩，以短取敗，理數之常也。

12 秋，七月，漢主自率諸軍擊孫權，權遣使求和於漢。南郡太守諸葛瑾遺漢主牋曰：遺，于季翻。「陛下以關羽之親，何如先帝？時蜀人傳漢帝已遇害，因稱之爲先帝。荆州大小，孰與海內？俱應仇疾，誰當先後？若審此數，易於反掌矣。」漢主不聽。諸葛瑾之言，天下之公也。使漢主因此與吳解仇繼好，魏氏其旰食乎！易，以豉翻。時或言瑾別遣親人與漢主相聞者，權曰：「孤與子瑜，有死生不易之誓，子瑜之不負孤，猶孤之不負子瑜也。」然謗言流聞於外，陸遜表明瑾必無此，宜有以散其意。權報曰：「子瑜與孤從事積年，恩如骨肉，深相明究。其爲人，非道不行，非義不言。玄德昔遣孔明至吳，蓋謂亮至吳求救時也。孤嘗語子瑜曰：語，牛倨翻。『卿與孔明同產，且弟隨兄，於義爲順，何以不留孔明？孔明若留從卿者，孤當以書解玄德，意自隨人耳。』意，料度也。權自言料度備意，必當相從。子瑜答孤言：『弟亮已失身於人。委質定分，質，如字。分，扶問翻。義無二心。弟之不留，猶瑾之不往也。』其言足貫神明，今豈當有此乎！前得妄語文疏，即封示子瑜，幷手筆與之。孤與子瑜，可謂神交，非外言所間。間，古莧翻。知卿意至，輒封來表以示子瑜，使知卿意。」觀孫權君臣之間，推誠相與，讒間不行於其間，所以能保有江東也。

漢主遣將軍吳班、馮習攻破權將李異、劉阿等於巫，巫縣，漢屬南郡；吳初屬宜都郡，後孫休分立建平郡，巫屬焉。賢曰：巫故城在今夔州巫山縣北。杜佑曰：巫，歸州巴東縣是。又曰：巫山縣，楚之巫郡，漢爲巫縣，故城在今縣北，晉置建平郡於此。進兵秭歸，兵四萬餘人。武陵蠻夷皆遣使往請兵。權以鎮西將軍陸遜爲大都督、假節，督將軍朱然、潘璋、宋謙、韓當、徐盛、鮮于丹、孫桓等五萬人拒之。孫權始命呂蒙爲大督以取關羽，今又復命陸遜爲大都督以拒劉備。大都督之號蓋昉此。

13 皇弟鄢陵侯彰、宛侯據、魯陽侯宇、譙侯林、贊侯袞、襄邑侯峻、弘農侯幹、壽春侯彪、歷城侯徽、平輿侯茂皆進爵爲公；鄢，謁晚翻，又於建翻，又音偃。宛，於元翻。魯陽縣，屬南陽郡。譙縣、酇縣，屬譙郡。襄邑，屬陳留郡。壽春，屬淮南郡。歷城，屬濟南郡。平輿，屬汝南郡。應劭曰：輿，音預。安鄉侯植改封甄城侯。植以見忌貶侯，今乃改封縣侯。甄城屬東郡。蜀本作「鄄城」，當從之。鄄，音絹。

14 築陵雲臺。據水經註，陵雲臺在洛陽城中，金市之東。

15 初，帝詔羣臣令料劉備當爲關羽出報孫權否，爲，于僞翻；下同。衆議咸云：「蜀小國耳，名將唯羽；羽死軍破，國內憂懼，無緣復出。」復，扶又翻。侍中劉曄獨曰：「蜀雖陿弱，陿，卽狹字。而備之謀欲以威武自強，勢必用衆以示有餘。且關羽與備，義爲君臣，恩猶父子；羽死，不能爲興軍報敵，於終始之分不足矣。」分，扶問翻。

八月，孫權遣使稱臣，卑辭奉章，幷送于禁等還。權破南郡得于禁事，見上卷獻帝建安二十四年。朝臣皆賀，朝，直遙翻。劉曄獨曰：「權無故求降，降，戶江翻；下同。必內有急。權前襲殺關羽，劉備必大興師伐之。外有強寇，衆心不安，又恐中國往乘其釁，故委地求降，一以卻中國之兵，二假中國之援，以強其衆而疑敵人耳。劉曄之言，曲盡權之情僞。天下三分，中國十有其八。吳、蜀各保一州，約而言之，謂吳保揚，蜀保益也。阻山依水，有急相救，此小國之利也；今還自相攻，天亡之也，宜大興師，徑渡江襲之。蜀攻其外，我襲其內，吳之亡不出旬日【章：甲十六行本「日」作「月」；乙十一行本同；孔本同；張校同。】矣。吳亡則蜀孤，若割吳之半以與蜀，蜀固不能久存，況蜀得其外，我得其內乎！」帝曰：「人稱臣降而伐之，疑天下欲來者心，不若且受吳降而襲蜀之後也。」對曰：「蜀遠吳近，又聞中國伐之，便還軍，不能止也。今備已怒，興兵擊吳，聞我伐吳，知吳必亡，將喜而進與我爭割吳地，必不改計抑怒救吳也。」抑，按止也。帝不聽，遂受吳降。若魏用劉曄之言，吳其殆矣。

于禁須髮皓白，形容憔顇，顇，與悴同，秦醉翻。見帝，泣涕頓首。帝慰諭以荀林父、孟明視故事，晉大夫荀林父與楚戰，敗于邲，晉景公復用之以取赤狄。秦大夫孟明爲晉禽于殽，秦穆公復用之以霸西戎。父，音甫。拜安遠將軍，安遠將軍號，亦前此未有也。令北詣鄴謁高陵。帝使豫於陵屋畫關羽戰克、龐德憤怒、禁降伏之狀。畫，古畫字通。禁見，慙恚發病死。恚，於避翻。

臣光曰：于禁將數萬衆，敗不能死，生降於敵，既而復歸；文帝廢之可也，殺之可也，乃畫陵屋以辱之，斯爲不君矣！賞慶刑威曰君。

16 丁巳，遣太常邢貞奉策卽拜孫權爲吳王，加九錫。卽，就也。劉曄曰：「不可。先帝征伐天下，十兼其八，威震海内；陛下受禪卽眞，德合天地，聲暨四遠。權雖有雄才，故漢票騎將軍、南昌侯耳，票騎、南昌，操挾漢而命之也，事見上卷漢建安二十四年。官輕勢卑；士民有畏中國心，不可强迫與成所謀也。强，其兩翻。不得已受其降，可進其將軍號，封十萬戶侯，不可卽以爲王也。夫王位去天子一階耳，其禮秩服御相亂也。漢自景、武以後，裁削藩王，不使與京師同制。自曹操爲魏王，加九錫，禮秩服御與天子相亂矣。彼直爲侯，江南士民未有君臣之分。分，扶問翻。我信其僞降，就封殖之，封，增土以培之。殖，養之使蕃茂也。崇其位號，定其君臣，是爲虎傅翼也。傳，讀曰附。權既受王位，卻蜀兵之後，外盡禮以事中國，使其國內皆聞，內爲無禮以怒陛下；陛下赫然發怒，興兵討之，乃徐告其民曰：『我委身事中國，不愛珍貨重寶，隨時貢獻，不敢失臣禮，而無故伐我，必欲殘我國家，俘我人民、以爲僕妾。』吳民無緣不信其言也。信其言而感怒，上下同心，戰加十倍矣。」又不聽。史言帝再不聽劉曄之言，爲後伐吳無功張本。諸將以吳內附，意皆縱緩，獨征南大將軍夏侯尚益修攻守之備。山陽曹偉，素有才名，此山陽郡也，屬兗州。聞吳稱藩，以白衣與吳王交書求賂，欲以交結京師，帝聞而誅之。

17 吳又城武昌。既城石頭，又城武昌，此吳人保江之根本也。

18 初，帝欲以楊彪爲太尉，彪辭曰：「嘗爲漢朝三公，朝，直遙翻。值世衰亂，不能立尺寸之益，若復爲魏臣，復，扶又翻。於國之選，亦不爲榮也。」帝乃止。冬，十月，己亥，公卿朝朔旦，幷引彪，待以客禮；賜延年杖、詩：其檉其椐。傳云：椐，樻。孫炎云：樻，腫節，可以作杖。陸璣疏云：節中腫，以扶老；今人以爲馬鞭及杖，弘農共北山甚有之。陸曰：卽今靈壽杖是也。師古曰：木似竹，有枝節，長不過八九尺，圍三四寸，自然有合杖制，不煩削治。陳藏器云：生劍南山谷，圓長皮紫，作杖，令人延年益壽。馮几，使著布單衣、皮弁以見；馮，讀曰憑。著，直略翻。見，賢遍翻。拜光祿大夫，秩中二千石；漢制：光祿大夫比二千石。晉志曰：光祿大夫，漢置，無定員，多以爲拜假賻贈之使及監護喪事。魏氏以來，轉復優重，不復以爲使命之官。其諸公告老者，皆家拜此位；及在朝顯職，復用加之。朝見，位次三公；朝，直遙翻。

見，賢遍翻。又令門施行馬，魏、晉之制，三公及位從公，門施行馬。程大昌曰：行馬者，一木橫中，兩木互穿，以施四角，施之於門，以爲約禁也。周禮謂之梐枑，今官府前叉子是也。置吏卒，以優崇之。年八十四而卒。楊彪有愧於龔勝多矣。

19 以穀貴，罷五銖錢。復五銖錢無幾何而罷。

20 涼州盧水胡治元多等反，河西大擾。帝召鄒岐還，以京兆尹張既爲涼州刺史，遣護軍夏侯儒、將軍費曜等繼其後。費，父沸翻。胡七千餘騎逆拒既於鸇陰口，鸇陰縣，前漢屬安定郡，後漢屬武威郡。鸇陰口，鸇陰河口也。既揚聲軍從鸇陰，乃潛由且次出武威。二漢志，武威有揟次縣。孟康曰：揟，音子如翻。次，音咨。即且次也。胡以爲神，引還顯美。顯美縣，前漢屬張掖郡；後漢及魏、晉屬武威郡。既已據武威，曜乃至，儒等猶未達。既勞賜將士，勞，力到翻。欲進軍擊胡，諸將皆曰：「士卒疲倦，虜衆氣銳，難與爭鋒。」既曰：「今軍無見糧，見，賢遍翻。當因敵爲資。若虜見兵合，退依深山，追之則道險窮餓，兵還則出候寇鈔，鈔，楚交翻。如此，兵不得解，所謂一日縱敵，患在數世也。」左傳，先軫曰：「一日縱敵，數世之患也。」遂前軍顯美。十一月，胡騎數千，因大風欲放火燒營，將士皆恐。既夜藏精卒三千人爲伏，使參軍成公英督千餘騎挑戰，姓譜：衞成公之後爲成公氏，余不敢謂之傳信。敕使陽退；胡果爭奔之，因發伏截其後，首尾進擊，大破之，斬首獲生以萬數，河西悉平。

後西平麴光反，殺其郡守。諸將欲擊之，既曰：「唯光等造反，郡人未必悉同；若便以軍臨之，吏民、羌、胡必謂國家不別是非，別，彼列翻。更使皆相持著，著，直略翻。此爲虎傅翼也。爲，于僞翻。傅，讀曰附。光等欲以羌、胡爲援，今先使羌、胡鈔擊，鈔，楚交翻。重其賞募，所虜獲者，皆以畀之。外沮其勢，沮，在呂翻。內離其交，必不戰而定。」乃移檄告諭諸羌，爲光等所詿誤者原之；詿，古賣翻。能斬賊帥送首者當加封賞。帥，所類翻。於是光部黨斬送光首，其餘皆安堵如故。

21 邢貞至吳，吳人以爲宜稱上將軍，九州伯，王制九州，其一州爲天子之縣內，八州八伯。不當受魏封。吳王曰：「九州伯，於古未聞也。昔沛公亦受項羽封爲漢王，事見九卷漢高帝元年。蓋時宜耳，復何損邪！」復，扶又翻；後同。遂受之。吳王出都亭候貞，貞入門，不下車。張昭謂貞曰：「夫禮無不敬，法無不行。而君敢自尊大，豈以江南寡弱，無方寸之刃故乎！」貞卽遽下車。中郎將琅邪徐盛忿憤，顧謂同列曰：「盛等不能奮身出命，爲國家幷許、洛，吞巴、蜀，爲，于僞翻。而令吾君與貞盟，不亦辱乎！」因涕泣橫流。貞聞之，謂其徒曰：「江東將相如此，非久下人者也。」觀貞此言，善覘國者也。使還之日，嘗以復於魏主否？然觀貞以張昭之言而下車，則其氣已奪矣。

吳主【章：甲十六行本「主」作「王」；乙十一行本同；下均同。】遣中大夫南陽趙咨入謝。帝問曰：「吳主何等主也？」對曰：「聰明、仁智、雄略之主也。」帝問其狀，對曰：「納魯肅於凡品，是其聰也；拔呂蒙於行陳，是其明也；行，戶剛翻。陳，讀曰陣。獲于禁而不害，是其仁也；取荆州兵不血刃，是其智也；據三州虎視於天下，三州：荆、揚、交也。是其雄也；屈身於陛下，是其略也。」帝曰：「吳王頗知學乎？」咨曰：「吳王浮江萬艘，艘，蘇刀翻。帶甲百萬，任賢使能，志存經略，雖有餘閒，博覽書傳，傳，直戀翻。歷史籍，采奇異，【張：「奇異」作「微奥」。】不效書生尋章摘句而已。」帝好文章，故趙咨以此言譏之。「摘」，蜀本作「擿」。帝曰：「吳可征否？」對曰：「大國有征伐之兵，小國有備禦之固。」此二語本之管子。帝曰：「吳難魏乎？」對曰：「帶甲百萬，江、漢爲池，何難之有！」帝曰：「吳如大夫者幾人？」對曰：「聰明特達者，八九十人；如臣之比，車載斗量，不可勝數。」量，音良。勝，音升。

帝遣使求雀頭香、大貝、明珠、象牙、犀角、玳瑁、孔雀、翡翠、鬬鴨、長鳴雞於吳。本草以香附子爲雀頭香。此物處處有之，非珍也，恐別是一物。貝，質白如玉，紫點爲文，皆行列相當。明珠，出合浦，大者徑寸。象出交趾，雄者有兩長牙，長丈餘。犀亦出交趾，惟通天犀最貴，角有白理如線，置米羣雞中，雞往啄米，見犀輒驚卻，南人呼爲駭雞犀。玳瑁狀如龜，腹背甲有烘點，其大者如盤盂。諸蕃志：瑇瑁形如龜、黿，背甲十三片，黑白班文間錯，邊欄缺齧如鋸。無足而有四鬣，前長後短，以鬣棹水而行。鬣與首斑文如甲。老者甲厚而黑白分明，少者甲薄而花字模糊。世傳鞭血成斑者，妄也。孔雀，生羅州，雄者尾金翠色，光耀可愛。埤雅曰：博物志云：孔雀尾多變色，或紅或黃，諭如雲霞，其色不定。人拍其尾則舞。尾有金翠，五年而後成。始生三年，金翠尚小。初春乃生，三四月後復凋，與花萼俱衰榮。人採其尾以飾扇拂，生取則金翠之色不滅。南人取其尾者，握刀蔽于叢竹潛隱之處，伺過，急斬其尾，若不卽斷，回首一顧，金翠無復光彩。每欲小棲，先擇置尾之地。故欲生捕，候雨甚則往擒之，尾霑而重，不能高翔，人雖至，且愛其尾，不復騫揚也。翡翠，大小一如雀，雄赤曰翡，雌青曰翠，羽可爲飾。鴨馴狎，能鬬者難得。長鳴雞者，其鳴聲長也。吳羣臣曰：「荆、揚二州，貢有常典。禹別九州，任土作貢，此常典也。魏所求珍玩之物，非禮也，宜勿與。」吳王曰：「方有事於西北，謂與蜀相距，復須備魏也。江表元元，恃主爲命。彼所求者，於我瓦石耳，孤何惜焉！且彼在諒闇之中闇，音陰。而所求若此，寧可與言禮哉！」皆具以與之。史言帝爲敵國所窺。

22 吳王以其子登爲太子，妙選師友：以南郡太守諸葛瑾之子恪、綏遠將軍張昭之子休、沈約志，四十號將軍，綏遠第十四。大理吳郡顧雍之子譚、偏將軍廬江陳武之子表皆爲中庶子，入講詩書，出從騎射，騎，奇寄翻。謂之四友。登接待僚屬，略用布衣之禮。

23 十二月，帝行東巡。

24 帝欲封吳王子登爲萬戶侯，吳王以登年幼，上書辭不受；復遣西曹掾吳興【章：甲十六行本「興」作「郡」；乙十一行本同；孔本同。】沈珩入謝，姓譜：沈姓出吳興，本自周文王第十子聃季，食采於沈，卽汝南平輿沈亭是也，子孫以國爲氏。及楚莊王之子公子貞封於沈鹿，其後有沈尹戌、沈諸梁。珩，音行。并獻方物。帝問曰：「吳嫌魏東向乎？」珩曰：「不嫌。」曰：「何以？」曰：「信恃舊盟，言歸于好，好，呼到翻。是以不嫌；若魏渝盟，自有豫備。」又問：「聞太子當來，寧然乎？」珩曰：「臣在東朝，朝不坐，宴不與，吳在江東，故曰東朝。「朝不坐宴不與」，記檀弓記尹商陽之言。朝，直遙翻。若此之議，無所聞也。」帝善之。

吳王於武昌臨釣臺水經，武昌有樊山，北背大江，江上有釣臺。飲酒，大醉，使人以水灑羣臣醉者，以水灑之醒，然後能飲。曰：「今日酣飲，惟醉墮臺中，乃當止耳！」張昭正色不言，出外，車中坐。王遣人呼昭還入，謂曰：「爲共作樂耳，樂，音洛；下同。公何爲怒乎？」昭對曰：「昔紂爲糟丘酒池，長夜之飲，紂以酒爲池，糟丘足以望七里，一鼓而牛飲者三千人。懸肉爲林，使男女倮逐於其間，爲長夜之飲。當時亦以爲樂，不以爲惡也。」王默然慙，遂罷酒。

吳王與羣臣飲，自起行酒，虞翻伏地，陽醉不持；王去，翻起坐。翻爲是者，所以諫也。王大怒，手劍欲擊之，手劍，手援劍也。記曰：子手弓。手，守又翻。侍坐者莫不惶遽。坐，徂臥翻。惟大司農劉基起抱王，諫曰：「大王以三爵之後，手殺善士，雖翻有罪，天下孰知之！古者，臣侍君宴，不過三爵，懼其失節也。且大王以能容賢蓄衆，故海內望風；今一朝棄之，可乎！」王曰：「曹孟德尚殺孔文舉，事見六十五卷漢獻帝建安十三年。孤於虞翻何有哉！」基曰：「孟德輕害士人，天下非之。大王躬行德義，欲與堯、舜比隆，何得自喻於彼乎？」翻由是得免。王因敕左右：「自今酒後言殺，皆不得殺。」基，繇之子也。劉繇爲孫策所襲，走死。

25 初，太祖既克蹋頓，事見六十五卷漢獻帝建安十二年。蹋，徒臘翻。而烏桓浸衰，鮮卑大人步度根、軻比能、素利、彌加、厥機等因閻柔上貢獻，求通市，通關市，以其土物與中國互市也。上，時掌翻。太祖皆表寵以爲王。軻比能本小種鮮卑，種，章勇翻。以勇健廉平爲衆所服，由是能威制諸部，最爲強盛。徒勇健而不廉平，未必能制諸部也。自雲中、五原以東抵遼水，皆爲鮮卑庭，軻比能與素利、彌加割地統御，各有分界。分，扶問翻。軻比能部落近塞，近，其靳翻。中國人多亡叛歸之；素利等在遼西、右北平、漁陽塞外，道遠，故不爲邊患。帝以平虜校尉牽招爲護鮮卑校尉，南陽太守田豫爲護烏桓校尉，使鎮撫之。

三年（壬寅、二二二）

1 春，正月，丙寅朔，日有食之。

2 庚午，帝行如許昌。晉志曰：漢獻帝都許，魏受禪，徙都洛陽。許宮室、武庫存焉，改爲許昌。

3 詔曰：「今之計、孝，計、孝，上計吏及孝廉也。古之貢士也；若限年然後取士，是呂尚、周晉不顯於前世也。呂尚，年八十餘，文王以爲師。周太子晉，少有令名。其令郡國所選，勿拘老幼；儒通經術，吏達文法，到皆試用。有司糾故不以實者。」故不以實，謂用意爲姦欺者。

4 二月，鄯善、龜茲、于闐王各遣使奉獻。鄯，上扇翻。龜茲，音丘慈。闐，徒賢翻，又徒見翻。是後西域復通，置戊己校尉。漢自安帝以後，未嘗不欲通西域，訖不能通。今雖置戊己校尉，亦不能如漢之屯田車師也。復，扶又翻。

5 漢主自秭歸將進擊吳，治中從事黃權諫曰：「吳人悍戰，而水軍沿流，進易退難。悍，下罕翻，下旰翻。易，以豉翻。臣請爲先驅以當寇，陛下宜爲後鎮。」漢主不從，以權爲鎮北將軍，使督江北諸軍；爲漢主兵敗、權不能自反張本。自率諸將，自江南緣山截領，領，古嶺字通。軍於夷道猇亭。裴松之曰：猇，許交翻。夷道縣，漢屬南郡，吳屬宜都郡。吳將皆欲迎擊之。將，即亮翻。陸遜曰：「備舉軍東下，鋭氣始盛；且乘高守險，難可卒攻。卒，讀曰猝。攻之縱下，猶難盡克，若有不利，損我大勢，非小故也。今但且獎厲將士，廣施方略，以觀其變。若此間是平原曠野，當恐有顛沛交逐之憂；今緣山行軍，勢不得展，自當罷於木石之間，徐制其敝耳。」罷，讀曰疲。魏人言陸議見兵勢，正由此耳。諸將不解，解，古買翻，曉也。以爲遜畏之，各懷憤恨。

漢人自佷山通武陵，佷山縣，前漢屬武陵郡；後漢屬南郡；吳屬宜都郡。孟康曰：佷，音桓。唐峽州辰陽縣有佷山。佷，音銀。杜佑曰：峽州長楊縣，漢佷山縣。余按：唐志「辰陽」，誤也，當作「長陽」。使侍中襄陽馬良以金錦賜五谿諸蠻夷，授以官爵。爲馬良不得還蜀張本。

6 三月，乙丑，立皇子齊公叡爲平原王，皇弟鄢陵公彰等皆進爵爲王。甲戌，立皇子霖爲河東王。

7 甲午，帝行如襄邑。

8夏，四月，戊申，立鄄城侯植爲鄄城王。鄄，音絹。是時，諸侯王皆寄地空名而無其實；王國各有老兵百餘人以爲守衞，隔絕千里之外，不聽朝聘，爲設防輔監國之官以伺察之；防輔者，言防其爲非而輔之以正也。監國，卽監國謁者也。朝，直遥翻。爲，于僞翻。雖有王侯之號而儕於匹夫，儕，士皆翻。皆思爲布衣而不能得。法既峻切，諸侯王過惡日聞；獨北海王袞謹慎好學，好，呼到翻。未嘗有失。文學、防輔相與言曰：晉百官志：王國置師友、文學各一人。防輔不書者，魏氏防制藩國過差，晉武帝懲其失而不置也。「受詔察王舉措，有過當奏，有善亦宜以聞。」遂共表稱陳袞美。袞聞之，大驚懼，責讓文學曰：「脩身自守，常人之行耳，行，下孟翻。而諸君乃以上聞，是適所以增其負累也。累，力瑞翻。且如有善，何患不聞，而遽共如是，是非所以爲益也。」袞之言，漢北海王睦之故智也。

9癸亥，帝還許昌。

10五月，以江南八郡爲荆州，江北諸郡爲郢州。既以孫權爲荆州牧，統江南八郡，故以江北諸郡置郢州。吳自立，則郢州廢矣。

11漢人自巫峽建平連營至夷陵界，水經註，巫峽首尾一百六十里。巫縣屬建平郡，則巫峽正在建平郡界，至夷陵則爲宜都郡界。然孫休永安三年始分宜都立建平郡，此時未有建平也，史追書耳。杜佑曰：吳建平，今巴東郡。立數十屯，以馮習爲大督，張南爲前部督，自正月與吳相拒，至六月不決。漢主遣吳班將數千人於平地立營，吳將帥皆欲擊之，陸遜曰：「此必有譎，且觀之。」譎，古穴翻。漢主知其計不行，乃引伏兵八千從谷中出，遜曰：「所以不聽諸君擊班者，揣之必有巧故也。」揣，初委翻。遜上疏於吳王曰：「夷陵要害，國之關限，自三峽下夷陵，連山疊嶂，江行其中，迴旋湍激。至西陵峽口，始漫爲平流。夷陵正當峽口，故以爲吳之關限。雖爲易得，亦復易失。易，以豉翻。復，扶又翻；下同。失之，非徒損一郡之地，荆州可憂，今日爭之，當令必諧。備干天常，不守窟穴而敢自送，臣雖不材，憑奉威靈，以順討逆，破壞在近，無可憂者。臣初嫌之水陸俱進，今反捨船就步，處處結營，察其布置，必無他變。伏願至尊高枕，不以爲念也。」枕，職任翻。

閏月，遜將進攻漢軍，諸將並曰：「攻備當在初，今乃令入五六百里，相守經七八月，其諸要害皆已固守，擊之必無利矣。」遜曰：「備是猾虜，更嘗事多，更，工衡翻。其軍始集，思慮精專，未可干也。今住已久，不得我便，兵疲意沮，計不復生。掎角此寇，左傳：晉人角之，諸戎掎之。角者，當前與之角；掎者，從後掎其足也。沮，在呂翻。掎，居蟻翻。正在今日。」乃先攻一營，不利，諸將皆曰：「空殺兵耳！」遜曰：「吾已曉破之之術。」乃敕各持一把茅，以火攻，拔之；一爾勢成，言一拔營之頃，而兵之勝勢成也。一爾，猶言一如此也。通率諸軍，同時俱攻，斬張南、馮習及胡王沙摩柯等首，破其四十餘營。漢將杜路、劉寧等窮逼請降。降，戶江翻；下同。漢主升馬鞍山，今峽州夷陵縣有馬鞍山。陳兵自繞，遜督促諸軍，四面蹙之，土崩瓦解，死者萬數。漢主夜遁，驛人自擔燒鐃鎧斷後，僅得入白帝城，漢主初連兵入夷陵界，沿路置驛，以達于白帝。及兵敗，諸軍潰散，惟驛人自擔所棄鐃鎧，燒之于隘以斷後，僅得脫也。據水經註：燒鎧斷道處，地名石門，在秭歸縣西。杜佑曰：歸州巴東縣有石門山，劉備斷道處。鐃，尼交翻，如鈴，無舌而有秉。周禮，以金鐃止鼓。軍中所用也。斷，丁管翻。其舟船、器械，水、步軍資，一時略盡，尸骸塞江而下。塞，悉則翻。漢主大慙恚曰：「吾乃爲陸遜所折辱，豈非天耶！」依險行兵，敵扼其衝，情見勢屈；敵乘其懈，至於失師，此非天也。將軍義陽傅肜爲後殿，魏文帝分南陽郡立義陽郡，又立義陽縣屬焉。此在肜入蜀之後，史追書也。肜，余中翻。殿，丁練翻。兵衆盡死，肜氣益烈。吳人諭之使降，肜罵曰：「吳狗，安有漢將軍而降者！」遂死之。從事祭酒程畿泝江而退，從事祭酒，諸從事之長也。衆曰：「後追將至，宜解舫輕行。」舫，甫妄翻。方舟曰舫；又，並兩舟曰舫。畿曰：「吾在軍，未習爲敵之走也。」亦死之。言擐甲執兵以臨敵，固欲就死，未嘗習走也。

初，吳安東中郎將孫桓別擊漢前鋒於夷道，夷道縣，漢屬南郡，吳屬宜都郡。爲漢所圍，求救於陸遜，遜曰：「未可。」諸將曰：「孫安東，公族，見圍已困，柰何不救？」遜曰：「安東得士衆心，城牢糧足，無可憂也。待吾計展，欲不救安東，安東自解。」及方略大施，漢果奔潰。桓後見遜曰：「前實怨不見救；定至今日，言至今日而事始定。乃知調度自有方耳！」調，徒弔翻。

初，遜爲大都督，諸將或討逆時舊將，討逆，謂孫策也。或公室貴戚，各自矜持，【章：甲十六行本「持」作「恃」；乙十一行本同；張校同。】不相聽從。遜按劍曰：「劉備天下知名，曹操所憚，今在疆界，此強對也。強對，猶言強敵。諸君並荷國恩，荷，下可翻。當相輯睦，共翦此虜，上報所受，高爵厚祿，受恩多矣；總兵扞敵，受任重矣；皆當有以上報。而不相順，何也？僕雖書生，受命主上，國家所以屈諸君使相承望者，以僕尺寸可稱，能忍辱負重故也。忍辱，言能容諸將；負重，則自任也。各在其事，豈復得辭！復，扶又翻。軍令有常，不可犯也！」言將行軍法也。及至破備，計多出遜，諸將乃服。吳王聞之曰：「公何以初不啓諸將違節度者邪？」對曰：「受恩深重，此諸將或任腹心，或堪爪牙，或是功臣，皆國家所當與共克定大事者，臣竊慕相如、寇恂相下之義以濟國事。」相如事見四卷周赧王三十六年。寇恂事見四十卷漢光武建武二年。王大笑稱善，加遜輔國將軍，晉職官志：輔國大將軍，位從公，其號蓋始於漢獻帝以命伏完，然猶未加大。領荆州牧，改封江陵侯。

初，諸葛亮與尚書令法正好尚不同，好，呼到翻。而以公義相取，亮每奇正智術。及漢主伐吳而敗，時正已卒，亮嘆曰：「孝直若在，必能制主上東行；就使東行，必不傾危矣。」觀孔明此言，不以漢主伐吳爲可，然而不諫者，以漢主怒盛而不可阻，且得上流，可以勝也。兵勢無常，在於觀變出奇，故曰孝直在必不傾危。漢主在白帝，徐盛、潘璋、宋謙等各競表言「備必可禽，乞復攻之。」復，扶又翻。吳王以問陸遜。遜與朱然、駱統上言曰：「曹丕大合士衆，外託助國討備，內實有姦心，謹決計輒還。」曹公不追關羽，陸遜不再攻劉備，其所見同也。以智遇智，三國所以鼎立歟！

初，帝聞漢兵樹柵連營七百餘里，謂羣臣曰：「備不曉兵，豈有七百里營可以拒敵者乎！『苞原隰險阻而爲軍者爲敵所禽』，此兵忌也。孫權上事今至矣。」上事，謂上奏言兵事也。上，時掌翻。後七日，吳破漢書到。

[12]秋，七月，冀州大蝗，饑。

[13]漢主既敗走，黃權在江北，道絕，不得還，八月，率其衆來降。降，戶江翻；下同。漢有司請收權妻子，漢主曰：「孤負黃權，權不負孤也。」以不能用權言也。待之如初。帝謂權曰：「君捨逆效順，欲追蹤陳、韓邪？」陳、韓謂韓信、陳平去楚歸漢。對曰：「臣過受劉主殊遇，降吳不可，還蜀無路，是以歸命。且敗軍之將，免死爲幸，何古人之可慕也！」帝善之，拜爲鎮南將軍，封育陽侯，自此以後，皆名號侯，不復註其國邑；其地名難知者，猶爲之註。加侍中，使陪乘。陪乘，猶驂乘也。乘，繩證翻。蜀降人或云漢誅權妻子，帝詔權發喪。權曰：「臣與劉、葛推誠相信，葛，謂諸葛孔明。明臣本志。竊疑未實，請須。」須，待也。後得審問，果如所言。馬良亦死於五谿。

[14]九月，甲午，詔曰：「夫婦人與政，亂之本也。與，讀曰豫。自今以後，羣臣不得奏事太后，后族之家不得當輔政之任，又不得橫受茅土之爵。橫，戶孟翻。以此詔傳之後世，若有背

違，背，蒲妹翻。天下共誅之。」下太后每見外親，不假以顏色，常言：「居處當節儉，處，昌呂翻。不當望賞、念自佚也。外舍當怪吾遇之太薄，后妃謂其外家爲外舍。吾自有常度故也。吾事武帝四五十年，行儉日久，不能自變爲奢。有犯科禁者，吾且能加罪一等耳，言罪加於常人犯法者一等也。莫望錢米恩貸也。」

15 帝將立郭貴嬪爲后，中郎棧潛上疏曰：漢三署中郎及虎賁、羽林中郎，皆秩比六百石。魏文帝自五官中郎將登極，省五官將，惟左・右中郎及虎賁、羽林中郎。棧，仕限翻。丁度曰：姓也。何氏姓苑：棧姓出任城。棧潛，任城人也；蓋自潛始著。棧，士限翻。「夫后妃之德，盛衰治亂所由生也。是以聖哲愼立元妃，必取先代世族之家，擇其令淑，以統六宮，虔奉宗廟。易曰：『家道正而天下定。』易家人曰：夫夫婦婦而家道正，家道正而天下定矣。由內及外，先王之令典也。春秋書宗人釁夏云：『無以妾爲夫人之禮。』賈公彥曰：襄二十四年，公子荆之母嬖，將以爲夫人，使宗人釁夏獻其立夫人之禮。對曰：「無之。」公怒曰：「汝爲宗司，立夫人，國之大禮也，何故無之？」對曰：「周公、武公娶于薛，孝公、惠公娶于商，自桓以下娶于齊，此禮也則有；若以妾爲夫人，則固無其禮也。」公卒立之。齊桓誓命于葵丘，亦曰『無以妾爲妻』。見孟子。令後宮嬖寵，常亞乘輿。嬖，卑義翻，又博計翻。乘，繩證翻。若因愛登后，使賤人暴貴，臣恐後世下陵上替，開張非度，非度，猶言非法。亂自上起也。」帝不從。庚子，立皇后郭氏。

16初，吳王遣于禁護軍浩周、浩，姓也。姓譜：漢有青州刺史浩賞。軍司馬東里衮東里之先，以居里爲氏。詣帝，自陳誠款，辭甚恭慤。帝問周等：「權可信乎？」周以爲權必臣服，而衮謂其不可必服。帝悦周言，以爲有以知之，故立爲吳王，復使周至吳。復，扶又翻。周謂吳王曰：「陛下未信王遣子入侍，周以闔門百口明之。」吳王爲之流涕霑襟，爲，于僞翻。指天爲誓。周還而侍子不至，但多設虛辭。帝欲遣侍中辛毗、尚書桓階往與盟誓，并責任子，吳王辭讓不受。帝怒，欲伐之，劉曄曰：「彼新得志，上下齊心，而阻帶江湖，不可倉卒制也。」卒，讀曰猝。帝不從。

九月，命征東大將軍曹休、前將軍張遼、鎮東將軍臧霸出洞口，據張遼傳，帝遣遼與曹休至海陵，臨江與諸將破呂範。又據賀齊傳，齊督扶州以上至皖。黃武初，魏使曹休來伐，齊住新市，會洞口諸軍遭風流溺，賴齊未濟，諸將倚以爲勢，休等憚之，遂引軍還。又據王淩傳，遼等至廣陵臨江。蓋廣陵即海陵也。蕭子顯曰：南兗州刺史每以秋月出海陵觀濤，與京口對岸。又據晉書譙王尚之傳，桓玄攻尚之于歷陽，使馮該斷洞浦，焚舟艦。則洞口在歷陽江邊明矣。大將軍曹仁出濡須，上軍大將軍曹真、征南大將軍夏侯尚、左將軍張郃、右將軍徐晃圍南郡。郃，古合翻。吳建威將軍呂範督五軍，以舟軍拒休等，左將軍諸葛瑾、平北將軍潘璋、將軍楊粲救南郡，裨將軍朱桓以濡須督拒曹仁。

17冬，十月，甲子，表首陽山東爲壽陵，首陽山在洛陽東北。作終制，務從儉薄，不臧金玉，臧，讀曰藏。一用瓦器。令以此詔藏之宗廟，副在尚書、祕書、三府。其副本在尚書及祕書及三公府也。前「臧」字因舊史，後「藏」字用今字。

18 吳王以揚越蠻夷多未平集，乃卑辭上書，求自改厲；「若罪在難除，必不見置，當奉還土地民人，寄命交州以終餘年。」又與浩周書云：「欲爲子登求昏宗室；」爲，于僞翻。又云：「以登年弱，欲遣孫長緒、張子布隨登俱來。」孫邵，字長緒，吳王稱尊號，以邵爲丞相。帝報曰：「朕之與君，大義已定。豈樂勞師遠臨江、漢。樂，音洛。若登身朝到，夕召兵還耳。」於是吳王改元黃武，吳改元黃武，亦以五德之運，承漢爲土德也。臨江拒守。

帝自許昌南征，復郢州爲荆州。是年二月置郢州，吳畔，復爲荆州。十一月，辛丑，帝如宛。宛，於元翻。曹休在洞口，自陳：「願將銳卒將，即亮翻。虎步江南，因敵取資，事必克捷，若其無臣，不須爲念。」帝恐休便渡江，驛馬止之。侍中董昭侍側，曰：「竊見陛下有憂色，獨以休濟江故乎？今者渡江，人情所難，就休有此志，勢不獨行，當須諸將。臧霸等既富且貴，無復他望，復，扶又翻。但欲終其天年，保守祿祚而已，何肯乘危自投死地，以求徼倖！徼，堅堯翻。苟霸等不進，休意自沮。沮，在呂翻。臣恐陛下雖有敕渡之詔，猶必沈吟，未便從命也。」沈，持林翻。頃之，會暴風吹吳呂範等船，緪纜悉斷，緪，古杏翻；纜，盧瞰翻；皆索也，所以維舟者也。直詣休等營下，斬首獲生以千數，吳兵迸散。迸，北孟翻。帝聞之，敕諸軍促渡。軍未時進，吳救船遂至，收軍還江南。曹休使臧霸追之，不利，將軍尹盧戰死。

19 庚申晦，日有食之。

20 吳王使太中大夫鄭泉聘于漢，漢太中大夫宗瑋報之，吳、漢復通。

21 漢主聞魏師大出，遺陸遜書曰：「賊今已在江、漢，吾將復東，遺，于季翻。復，扶又翻；下同。將軍謂其能然否？」遜答曰：「但恐軍新破，創夷未復，始求通親；通親，謂通使而交親也。創，初良翻。復，如字。且當自補，未暇窮兵耳。若不推算，欲復以傾覆之餘遠送以來者，無所逃命。」

22 漢漢嘉太守黃元叛。漢嘉郡，本前漢青衣縣地，屬蜀郡；後漢順帝陽嘉二年，改爲漢嘉縣，屬蜀郡屬國，蜀分爲漢嘉郡。

23 吳將孫盛督萬人據江陵中洲，據潘璋傳，則江陵中洲卽百里洲也。其洲自枝江縣西至上明，東及江津。江津北岸，卽江陵故城。以爲南郡外援。

何茲全標點容肇祖聶崇岐覆校

資治通鑑卷第七十

翰林學士兼侍讀學士朝散大夫右諫議大夫知制誥判尚書都省兼提舉萬壽觀公事上護軍河內郡開國侯食邑一千三百戶賜紫金魚袋臣　司馬光　奉敕編集

後學天台　胡三省　音註

魏紀二

起昭陽單閼（癸卯），盡強圉協洽（丁未），凡五年。

世祖文皇帝下

黃初四年（癸卯、二二三）

1 春，正月，曹眞使張郃擊破吳兵，遂奪據江陵中洲。去年吳將孫盛據中洲。郃，古合翻，又曷閤翻。

2 二月，諸葛亮至永安。水經註：蜀先主爲吳所敗，退屯白帝，改白帝爲永安，巴東郡治也。

3 曹仁以步騎數萬向濡須，先揚聲欲東攻羨溪，羨溪在濡須東，而蜀本註以爲沙羨，誤矣。杜佑曰：羨溪在濡須東三十里。朱桓分兵赴之；去年吳王以朱桓爲濡須督。既行，仁以大軍徑進，桓聞之，追還羨溪兵，兵未到而仁奄至。時桓手下及所部兵在者纔五千人，諸將業業各有懼心，孔安國曰：業業，危懼意。桓喻之曰：「凡兩軍交對，勝負在將，將，卽亮翻。不在衆寡。諸君聞曹仁用兵行師，孰與桓邪？兵法所以稱『客倍而主人半』者，謂俱在平原無城隍之守，又謂士卒勇怯齊等故耳。今仁既非智勇，加其士卒甚怯，又千里步涉，人馬罷困。罷，讀曰疲。桓與諸君共據高城，南臨大江，北背山陵，背，蒲妹翻。以逸待勞，爲主制客，此百戰百勝之勢，雖曹丕自來，尚不足憂，況仁等邪！」桓乃偃旗鼓，外示虛弱以誘致仁。誘，音酉。仁遣其子泰攻濡須城，分遣將軍常雕、王雙等乘油船別襲中洲。油船，蓋以牛皮爲之，外施油以扞水。中洲者，桓部曲妻子所在也。蔣濟曰：「賊據西岸，列船上流，而兵入洲中，是爲自內地獄，內，與納同。危亡之道也。」仁不從，自將萬人留橐皋，橐皋，在廬江居巢縣，春秋會吳于橐皋，即其地。今曰柘皋，在濡須北。余按班志，橐皋縣屬九江郡。孟康音拓姑。杜預曰：橐皋在淮南逡遒縣東南。陸德明曰：橐，章夜翻，又音託。爲泰等後援。桓遣別將擊雕等而身自拒泰，泰燒營退；桓遂斬常雕，生虜王雙，臨陳殺溺死者千餘人。陳，讀曰陣。

初，呂蒙病篤，吳王問曰：「卿如不起，誰可代者？」蒙對曰：「朱然膽守有餘，愚以爲可任。」朱然者，九真太守朱治姊子也；本姓施氏，治養以爲子，時爲昭武將軍。昭武將軍，吳所置也。蒙卒，吳王假然節，鎮江陵。及曹真等圍江陵，破孫盛，吳王遣諸葛瑾等將兵往解圍，瑾，渠吝翻。夏侯尚擊卻之。江陵中外斷絕，城中兵多腫病，堪戰者裁五千人。真等起土山，鑿地道，立樓櫓臨城，弓矢雨注，將士皆失色；然晏如無恐意，呂蒙所謂膽守，於此見之。方厲吏士，伺間隙，伺，相吏翻。間，古莧翻。攻破魏兩屯。魏兵圍然凡六月，江陵令姚泰領兵備城北門，見外兵盛，城中人少，少，詩沼翻。穀食且盡，懼不濟，謀爲內應，然覺而殺之。

時江水淺陿，陿，與狹同。夏侯尚欲乘船將步騎入渚中安屯，渚，洲也，卽江陵之中洲也。作浮橋，南北往來，議者多以爲城必可拔。董昭上疏曰：「武皇帝智勇過人，而用兵畏敵，不敢輕之若此也。言行兵不敢履危道。夫兵好進惡退，好，呼到翻。惡，烏路翻。常然之數。平地無險，猶尚艱難，就當深入，還道宜利，兵有進退，不可如意。今屯渚中，至深也；浮橋而濟，至危也；一道而行，至陿也。三者，兵家所忌，而今行之。賊頻攻橋，誤有漏失，謂橋或爲敵所斷也。渚中精銳非魏之有，將轉化爲吳矣。臣私慼之，忘寢與食，慼，憂也。而議者怡然不以爲憂，豈不惑哉！加江水向長，長，知兩翻。一旦暴增，何以防禦！就不破賊，尚當自完，柰何乘危，不以爲懼！惟陛下察之。」帝卽詔尚等促出。吳人兩頭並前，魏兵一道引去，不時得泄，泄，去也。僅而獲濟。吳將潘璋已作荻筏，欲以燒浮橋，會尚退而止。後旬日，江水大漲，帝謂董昭曰：「君論此事，何其審也！」會天大疫，帝悉召諸軍還。

三月，丙申，車駕還洛陽。

初，帝問賈詡曰：「吾欲伐不從命以一天下，吳、蜀何先？」對曰：「攻取者先兵權，建本者尚德化。陛下應期受禪，撫臨率土，若綏之以文德而俟其變，則平之不難矣。吳、蜀雖蕞爾小國，依山阻水。劉備有雄才，諸葛亮善治國；蕞，徂外翻。治，直之翻。孫權識虛實，陸議見兵勢；陸議，卽陸遜。遜傳云：遜本名議。據險守要，汎舟江湖，皆難卒謀也。據險守要謂蜀，汎舟江湖謂吳。卒，讀曰猝。用兵之道，先勝後戰，量敵論將，量，音良。將，卽亮翻。故舉無遺策。臣竊料羣臣無備、權對，雖以天威臨之，未見萬全之勢也。昔舜舞干戚而有苗服，舜誕敷文德，舞干羽于兩階，七旬有苗格。臣以爲當今宜先文後武。」帝不納，軍竟無功。

4 丁未，陳忠侯曹仁卒。

5 初，黃元爲諸葛亮所不善，聞漢主疾病，懼有後患，故舉郡反，燒臨邛城。臨邛縣，漢屬蜀郡。蜀既分置漢嘉郡，則此時當屬漢嘉。邛，渠容翻。時亮東行省疾，省，悉景翻。成都單虛，元益無所憚。益州治中從事楊洪，啓太子遣將軍陳曶、鄭綽討元。曶，呼骨翻。衆議以爲元若不能圍成都，當由越巂據南中。南中，漢益州、永昌二郡之地。洪曰：「元素性凶暴，無他恩信，何能辦此！不過乘水東下，冀主上平安，面縛歸死；如其有異，奔吳求活耳。但敕曶、綽於南安峽口邀遮，卽便得矣。」元軍敗，果順江東下，曶、綽生獲，斬之。此順蜀青衣水東下也。水經註：青衣水出青衣縣西蒙山，東至蜀郡臨邛縣與沫水合，又東至犍爲南安縣入于江，所謂南安峽口也。

6 漢主病篤，命丞相亮輔太子，以尚書令李嚴爲副。漢主謂亮曰：「君才十倍曹丕，必能安國，終定大事。若嗣子可輔，輔之；如其不才，君可自取。」自古託孤之主，無如昭烈之明白洞達者。亮涕泣曰：「臣敢不竭股肱之力，效忠貞之節，繼之以死！」用晉荀息答獻公語意。漢主又爲詔敕太子曰：「人五十不稱夭，夭，於兆翻；短折曰夭。吾年已六十有餘，何所復恨，復，扶又翻。但以卿兄弟爲念耳。勉之，勉之！勿以惡小而爲之，勿以善小而不爲！惟賢惟德，可以服人。汝父德薄，不足效也。自漢以下，所以詔敕嗣君者，能有此言否？汝與丞相從事，事之如父。」夏，四月，癸巳，漢主殂於永安，年六十三。謚曰昭烈。謚法：昭德有勞曰昭，有功安民曰烈。

丞相亮奉喪還成都，以李嚴爲中都護，留鎮永安。

五月，太子禪即位，時年十七。蜀後主諱禪，字公嗣。尊皇后曰皇太后，大赦，改元建興。封丞相亮爲武鄉侯，領益州牧，政事無巨細，咸決於亮。亮乃約官職，脩法制，以先主、孔明君臣之相得，而約官職脩法制乃行於輔後主之時，此易之戒浚恆也。發教與羣下曰：「夫參署者，集衆思，廣忠益也。參署，謂所行之事，參其同異，署而行之也。若遠小嫌，難相違覆，曠闕損矣。違，異也；覆，審也。難於違異，難於覆審，則事有曠闕損矣。遠，于願翻。違覆而得中，猶棄敝蹻而獲珠玉。蹻，訖約翻，屐也，草履也。然人心苦不能盡，惟徐元直處茲不惑。又，董幼宰參署七年，徐庶，字元直。董和，字幼宰。處，昌呂翻。事有不至，至于十反，來相啓告。此所謂相違覆也。苟能慕元直之十一，幼宰之勤渠，有忠於國，則亮可以少過矣。」少，詩沼翻。又曰：「昔初交州平，亮躬耕隴畝，與崔州平、徐庶等友善。州平，崔烈子，均之弟也。屢聞得失；後交元直，勤見啓誨；前參事於幼宰，每言則盡；後從事於偉度，數有諫止。數，所角翻。雖資性鄙暗，不能悉納，然與此四子終始好合，好，呼到翻。亦足以明其不疑於直言也。」偉度者，亮主簿義陽胡濟也。

亮嘗自校簿書，主簿楊顒直入，顒，魚容翻。諫曰：「爲治有體，治，直吏翻。上下不可相侵。請爲明公以作家譬之：爲，于僞翻。今有人，使奴執耕稼，婢典炊爨，雞主司晨，犬主吠盜，牛負重載，載，才再翻。馬涉遠路；私業無曠，所求皆足，雍容高枕，枕，職任翻。飲食而已。忽一旦盡欲以身親其役，不復付任，復，扶又翻。勞其體力，爲此碎務，形疲神困，終無一成。豈其智之不如奴婢雞狗哉？失爲家主之法也。是故古人稱『坐而論道，謂之王公；作而行之，謂之士大夫。』周官考工記之言。故丙吉不問橫道死人而憂牛喘，丙吉相漢宣帝，嘗出逢清道，羣鬬者死傷橫道，吉過之不問。前行逢人逐牛，牛喘吐舌。吉使騎吏問：「逐牛行幾里矣？」掾史謂丞相前後失問。吉曰：「民鬬相殺傷，長安令、京兆尹職也。方春少陽用事，未可大熱，恐牛近行，用暑故喘，此時氣失節，有所傷害。三公調和陰陽，職當憂，是以問之。」掾史乃服，以吉知大體。陳平不肯知錢穀之數，云『自有主者』，事見十三卷漢文帝元年。彼誠達於位分之體也。分，扶問翻。今明公爲治，乃躬自校簿書，流汗終日，不亦勞乎！」亮謝之。及顒卒，亮垂泣三日。

7 六月，甲戌，任城威王彰卒。諡法：猛以強果曰威；服叛定功曰威。

8 甲申，魏壽肅侯賈詡卒。魏壽，亭名。諡法：剛德克就曰肅；執心決斷曰肅。

9 大水。

10 吴賀齊襲蘄春，虜太守晉宗以歸。蘄春縣，漢屬江夏郡；吴分立蘄春郡，即蘄陽也，東晉避諱改焉。水經：蘄水出江夏蘄春縣北山。註云：即蘄山也，西南流逕蘄山，又南對蘄陽，會于大江，亦謂之蘄河口。據賀齊傳：晉宗，吴將也，叛降魏，還爲蘄春太守，齊襲而虜之。

11 初，益州郡耆帥雍闓殺太守正昂，因士燮以求附於吴，耆，渠伊翻，長也，老也。今嵊、剡之間，猶謂閭里之長曰耆。帥，所類翻。雍，於用翻，姓也。闓，音開，又可亥翻。闓自交州道求附於吴。正，姓也。秦有正先。又執太守成都張裔以與吴，吴以闓爲永昌太守。永昌功曹呂凱、府丞王伉伉，口浪翻。率吏士閉境拒守，闓不能進，使郡人孟獲誘扇諸夷，誘，音酉。諸夷皆從之；牂柯太守朱褒、越巂夷王高定皆叛應闓。牂柯，音臧哥。巂，音髓。諸葛亮以新遭大喪，皆撫而不討，務農殖穀，閉關息民，閉越巂之靈關也。民安食足而後用之。

12 秋，八月，丁卯，以廷尉鍾繇爲太尉，治書執法高柔代爲廷尉。漢宣帝幸宣室，齋居決事，令侍御史二人治書侍側，後因別置，謂之治書侍御史。及魏又置治書執法，掌奏劾，而治書侍御史掌律令，二官俱置。及晉唯置治書侍御史四人。治，直之翻。是時三公無事，又希與朝政，與，讀曰預。柔上疏曰：「公輔之臣，皆國之棟梁，民所具瞻；詩曰：赫赫師尹，民具爾瞻。而置之三事，不使知政，古者謂三公爲三事。詩曰：三事大夫。謂三公也。遂各偃息養高，偃息，言偃臥以自安也。鮮有進納，鮮，息淺翻。誠非朝廷崇用大臣之義，大臣獻可替否之謂也。左傳：齊晏子曰：君所謂可而有否焉，臣獻其否以成其可；君所謂否而有可焉，臣獻其可而去其否。古者刑政有疑，輒議於槐、棘之下。周禮：朝士掌外朝之法，面三槐，三公位焉；左九棘，孤卿大夫位焉。鄭註云：樹棘以爲位者，取其赤心而外刺，象以赤心三刺也。槐之言懷也；懷來人於此，欲與之謀。王制曰：成獄辭，史以獄成告于正，正聽之；正以獄成告于大司寇，大司寇聽之于棘木之下；大司寇以獄之成告于王，王命三公參聽之。自今之後，朝有疑議及刑獄大事，宜數以咨訪三公。朝，直遥翻；下同。數，所角翻。三公朝朔、望之日，又可特延入講論得失，博盡事情，庶有補起天聽，光益大化。」帝嘉納焉。

13 辛未，帝校獵于滎陽，遂東巡。九月，甲辰，如許昌。

14 漢尚書義陽鄧芝言於諸葛亮曰：「今主上幼弱，初卽尊位，宜遣大使重申吳好。」使，疏吏翻；下同。申，亦重也；所以申固盟約也。重，直用翻。好，呼到翻；下同。亮曰：「吾思之久矣，未得其人耳，今日始得之。」芝問：「其人爲誰？」亮曰：「卽使君也。」乃遣芝以中郎將脩好於吳。冬，十月，芝至吳，時吳王猶未與魏絕，狐疑，不時見芝。芝乃自表請見曰：「臣今來，亦欲爲吳，非但爲蜀也。」爲，于僞翻。吳王見之，曰：「孤誠願與蜀和親，然恐蜀主幼弱，國小勢偪，爲魏所乘，不自保全耳。」芝對曰：「吳、蜀二國，四州之地。四州，荆、揚、梁、益也。大王命世之英，諸葛亮亦一時之傑也。蜀有重險之固，重險，謂外有斜、駱、子午之險，內有劍閣之險也。

重，直龍翻。吳有三江之阻。韋昭曰：三江，吳松江、錢塘江、浦陽江也。吳地記云：松江東北行七十里得三江口，東北入海爲婁江，東南入海爲東江，并松江爲三江。合此二長，共爲脣齒，進可并兼天下，退可鼎足而立，此理之自然也。大王今若委質於魏，質，如字。魏必上望大王之入朝，朝，直遙翻。下求太子之內侍，若不從命，則奉辭伐叛，蜀亦順流見可而進，如此，江南之地非復大王之有也。」吳王默然良久曰：「君言是也。」遂絕魏，專與漢連和。

15 是歲，漢主立妃張氏爲皇后。后，張飛之女也。

五年（甲辰、二二四）

1 春，二【章：甲十六行本「二」作「三」；乙十一行本同。】月，帝自許昌還洛陽。

2 初平以來，學道廢墜。夏，四月，初立太學；置博士，依漢制設五經課試之法。博士課試之法，始於漢武帝，事見十九卷元朔五年。平帝時，歲課甲科四十人爲郎中，乙科二十人爲太子舍人，丙科四十人補文學掌故。東都五經立十四博士，皆以家法敎授。古文尚書、毛詩、穀梁、左氏春秋雖不立學官，然皆擢高第爲講郎，給事近署。順帝增甲乙之科，員各十人。

3 吳王使輔義中郎將吳郡張溫聘于漢，自是吳、蜀信使不絕。使，疏吏翻。時事所宜，吳主常令陸遜語諸葛亮；語，牛倨翻。又刻印置遜所，王每與漢主及諸葛亮書，常過示遜，過，工禾翻。輕重、可否有所不安，每令改定，以印封之。釋名曰：印，信也，所以封物以爲驗也；亦曰因也，封物相因付也。

漢復遣鄧芝聘于吳，復，扶又翻。吳主謂之曰：「若天下太平，二主分治，不亦樂乎？」樂，音洛。芝對曰：「天無二日，土無二王。孟子載孔子之言。如幷魏之後，大王未深識天命，君各茂其德，臣各盡其忠，將提枹鼓，則戰爭方始耳。」枹，音膚。吳王大笑曰：「君之誠款乃當爾邪！」

4 秋，七月，帝東巡，如許昌。帝欲大興軍伐吳，侍中辛毗諫曰：「方今天下新定，土廣民稀，而欲用之，臣誠未見其利也。先帝屢起銳師，臨江而旋。今六軍不增於故，而復脩之，此未易也。脩之，謂脩怨也。左傳曰：將脩先君之怨。復，扶又翻。易，以豉翻。今日之計，莫若養民屯田，十年然後用之，則役不再舉矣。」帝曰：「如卿意，更當以虜遺子孫邪？」遺，于季翻；下同。對曰：「昔周文王以紂遺武王，惟知時也。」帝不從，留尚書僕射司馬懿鎭許昌。八月，爲水軍，親御龍舟，循蔡、潁，浮淮如壽春。魏收地形志：陳留扶溝縣有蔡河。水經：蔡河自陳留浚儀東南流而入於潁。潁水出潁川陽城縣少室山，東南流至新陽，與蔡河合，又東南至愼縣東南，入于淮。九月，至廣陵。

吳安東將軍徐盛建計，植木衣葦，爲疑城假樓，自石頭至于江乘，植木於內，以蘆葦遮其外，爲疑城假樓。今淮甸諸郡城敵樓，皆以蘆葦遮護之。江乘縣屬丹陽郡，吳省爲典農都尉治，其地在建業東北。衣，於既翻。聯緜相接數百里，一夕而成；又大浮舟艦於江。艦，戶黯翻。

時江水盛長，長，知兩翻。帝臨望，歎曰：「魏雖有武騎千羣，無所用之，未可圖也。」騎，奇寄翻。帝御龍舟，會暴風漂蕩，幾至覆沒。幾，居希翻。帝問羣臣：「權當自來否？」咸曰：「陛下親征，權恐怖，必舉國而應。怖，普布翻。又不敢以大衆委之臣下，必當自來。」劉曄曰：「彼謂陛下欲以萬乘之重牽己，而超越江湖者在於別將，乘，繩證翻。將，卽亮翻；下同。必勒兵待事，未有進退也。」大駕停住積日，吳王不至，帝乃旋師。是時，曹休表得降賊辭：「孫權已在濡須口。」降，戶江翻；下同。中領軍衞臻曰：晉百官志曰：漢建安四年，魏武丞相府置中領軍。文帝踐阼，始置領軍將軍，置長史、司馬；江左以後，資重者爲領軍將軍，資輕者爲中領軍。沈約志曰：領軍掌內軍，漢武帝置中壘校尉，掌北軍營。光武省，置北軍中候，監五校營。魏武爲丞相，相府自置領軍，非漢官也。文帝以領軍主五校、中壘、武衞三營。晉武帝初，省；使中軍將軍羊祜統二衞、前、後、左、右、驍騎七軍，卽領軍之任也。祜遷，復置北軍中候。懷帝永嘉中，又改曰中領軍。「權恃長江，未敢亢衡，亢，與抗同。此必畏怖僞辭耳！」考核降者，果守將所作也。

吳張溫少以俊才有盛名，少，詩照翻。顧雍以爲當今無輩，諸葛亮亦重之。溫薦引同郡暨豔爲選部尚書。暨，居乙翻，姓也。葉夢得石林燕語曰：元豐五年，黃冕仲榜，唱名，有暨陶者，主司初以洎音呼之，三呼不應。蘇子容時爲試官，神宗顧蘇，蘇曰：「當以入聲呼之。」果出應。上曰：「何以知爲入聲？」蘇言：「三國志，吳有暨豔。陶恐其後。」遂問陶鄉貫。曰：「崇安人。」上喜曰：「果吳人也。」漢置四曹尚書，其一曰常侍曹，主丞相、御史、公卿事。光武改常侍爲吏部曹，主選舉祠祀。靈帝以梁鵠爲選部尚書，魏復改選部爲吏部。吳蓋循東都之制。豔好爲清議，好，呼到翻。彈射百僚，覈奏三署，三署，謂五官、左、右三署郎也。射，食亦翻。率皆貶高就下，降損數等，其守故者，十未能一；其居位貪鄙，志節汙卑者，皆以爲軍吏，置營府以處之；處，昌呂翻。多揚人闇昧之失以顯其謫。謫，罰也。同郡陸遜、遜弟瑁及侍御史朱據皆諫止之。瑁與豔書曰：「夫聖人嘉善矜愚，論語，子游曰：君子嘉善而矜不能。瑁，音冒。忘過記功，以成美化。加今王業始建，將一大統，此乃漢高棄瑕錄用之時也。謂棄其瑕玷而錄其材用。若令善惡異流，貴汝、潁月旦之評，漢末，汝南許劭與從兄靖，俱有高名，好共覈論鄉黨人物，每月輒更其品題，故汝南俗有月旦評。誠可以厲俗明教，然恐未易行也。易，以豉翻。宜遠模仲尼之汎愛，論語載孔子之言曰：汎愛衆，而親仁。近則郭泰之容濟，郭泰善人倫，而不爲危言覈論。獎拔士人，成名者甚衆，而不絕左原、賈淑之險惡，所謂容濟也。庶有益於大道也。」據謂豔曰：「天下未定，舉清厲濁，足以沮勸；沮，在呂翻。若一時貶黜，懼有後咎。」豔皆不聽。於是怨憤盈路，爭言豔及選曹郎徐彪專用私情，憎愛不由公理；豔、彪皆坐自殺。坐自殺，謂賜死也。溫素與豔、彪同意，亦坐斥還本郡以給廝吏，廝，音斯，賤也。卒於家。始，溫方盛用事，餘姚虞俊歎曰：「張惠恕才多智少，餘姚縣，屬會稽郡，在今越州上虞縣東。張溫，字惠恕。華而不實，怨之所聚，有覆家之禍；吾見其兆矣。」無幾何而敗。幾，居豈翻。

6 冬，十月，帝還許昌。

7 十一月，戊申晦，日有食之。

8鮮卑軻比能誘步度根兄扶羅韓殺之，誘，音酉。步度根由是怨軻比能，更相攻擊。更，工衡翻。步度根部衆稍弱，將其衆萬餘落保太原、鴈門；是歲，詣闕貢獻。步度根，檀石槐之孫也。而軻比能衆遂強盛，出擊東部大人素利，護烏丸校尉田豫乘虛掎其後；掎，魚豈翻。軻比能使別帥瑣奴拒豫，帥，所類翻。豫擊破之。軻比能由是攜貳，數爲邊寇，幽、并苦之。數，所角翻。

六年（乙巳、二二五）

1春，二月，詔以陳羣爲鎮軍大將軍，隨車駕董督衆軍，錄行尚書事；司馬懿爲撫軍大將軍，留許昌，督後臺文書。魏、晉之制，大將軍不開府者，品秩第二，其祿與特進同，置長史、司馬、主簿、諸曹官屬。行尚書，謂尚書之隨駕者；後臺，謂尚書臺之留許昌者也。三月，帝行如召陵，通討虜渠；召陵縣，漢屬汝南郡；晉志屬潁川郡。賢曰：召陵故城在今豫州郾城縣東，通討虜渠以伐吳也。召，讀曰邵。乙巳，還許昌。

2并州刺史梁習討軻比能，大破之。

3漢諸葛亮率衆討雍闓，參軍馬謖送之數十里。謖，所六翻。亮曰：「雖共謀之歷年，今可更惠良規。」謖曰：「南中恃其險遠，不服久矣；雖今日破之，明日復反耳。復，扶又翻；下同。今公方傾國北伐以事強賊，彼知官勢內虛，漢俗謂天子爲縣官，亦謂爲國家。官勢，猶言國勢也。其叛亦速。若殄盡遺類以除後患，既非仁者之情，且又不可倉卒也。卒，讀曰猝。夫用兵之道，攻心爲上，攻城爲下，心戰爲上，兵戰爲下，願公服其心而已。」此馬謖所以爲善論軍計也。亮納其言。謖，良之弟也。

4 辛未，帝以舟師復征吳，羣臣大議。宮正鮑勛諫曰：據勛傳，宮正，即御史中丞也。「王師屢征而未有所克者，蓋以吳、蜀脣齒相依，憑阻山水，有難拔之勢故也。往年龍舟飄蕩，隔在南岸，事見上。聖躬蹈危，臣下破膽，此時宗廟幾至傾覆，幾，居希翻。爲百世之戒。今又勞兵襲遠，日費千金，兵法曰：興師十萬，日費千金。中國虛耗，令【章：甲十六行本「令」作「今」；乙十一行本同；退齋校同。】黠虜玩威，國語，祭公謀父曰：先王耀德不觀兵。夫兵戢而時動，動則威，觀則玩，玩則無震。黠，下八翻。臣竊以爲不可。」帝怒，左遷勛爲治書執法。勛，信之子也。鮑信從武帝戰死。夏，五月，戊申，帝如譙。

5 吳丞相北海孫邵卒。初，吳當置丞相，衆議歸張昭，吳王曰：「方今多事，職大者責重，非所以優之也。」及邵卒，百僚復舉昭，吳王曰：「孤豈爲子布有愛乎！爲，于僞翻。領丞相事煩，而此公性剛，所言不從，怨咎將興，非所以益之也。」六月，以太常顧雍爲丞相、平尚書事。雍爲人寡言，舉動時當，當，丁浪翻。吳王嘗歎曰：「顧君不言，言必有中。」至飲宴歡樂之際，中，竹仲翻。樂，音洛；下同。左右恐有酒失，而雍必見之，是以不敢肆情。吳王亦曰：「顧公在坐，坐，徂臥翻。使人不樂。」其見憚如此。初領尚書令，封陽遂鄉侯；拜侯還寺，寺，官舍也。而家人不知，後聞，乃驚。及爲相，其所選用文武將吏，各隨能所任，心無適莫。適，音的。心之所主爲適，心之所否爲莫。時訪逮民間及政職所宜，輒密以聞，若見納用，則歸之於上；不用，終不宣泄；宣，明也，布也。泄，漏也。吳王以此重之。然於公朝有所陳及，辭色雖順而所執者正；軍國得失，自非面見，口未嘗言。王常令中書郎中書郎，魏曰通事郎，晉爲中書侍郎。詣雍有所咨訪，若合雍意，事可施行，即相與反覆究而論之，爲設酒食；爲，于僞翻；下同。如不合意，雍即正色改容，默然不言，無所施設。郎退告王，王曰：「顧公歡悅，是事合宜也；其不言者，是事未平也。孤當重思之。」重，直用翻。江邊諸將，各欲立功自效，多陳便宜，有所掩襲。王以訪雍。雍曰：「臣聞兵法戒於小利，此等所陳，欲邀功名而爲其身，非爲國也。爲，于僞翻。陛下宜禁制，苟不足以曜威損敵，所不宜聽也。」王從之。

6 利成郡兵蔡方等反，利成縣，漢屬東海郡，魏武始分置利成郡。殺太守徐質，推郡人唐咨爲主，詔屯騎校尉任福等討平之。任，音壬。咨自海道亡入吳，吳人以爲將軍。

7 秋，七月，立皇子鑒爲東武陽王。

8 漢諸葛亮至南中，所在戰捷。亮由越巂入，巂，音髓。斬雍闓及高定。使庲降督益州李恢由益州入，裴松之曰：訊之蜀人云：庲降，地名，去蜀二千餘里。時未有寧州，號爲南中，立此職以總攝之；晉泰始中，始分爲寧州平夷縣，屬牂柯郡。余據蜀志，庲降督住平夷，蓋僑治，非庲降之本地也。至馬忠爲庲降督，乃自平夷移住建寧味縣，後遂爲寧州治所。門下督巴西馬忠由牂柯入，擊破諸縣，復與亮合。牂柯，音臧哥。復，如字，又扶又翻。孟獲收閭餘衆以拒亮。獲素爲夷、漢所服，亮募生致之，既得，使觀於營陳之間，陳，讀曰陣；下同。問曰：「此軍何如？」獲曰：「向者不知虛實，故敗。今蒙賜觀營陳，若祇如此，卽定易勝耳。」易，以豉翻；下同。亮笑，縱使更戰。七縱七禽而亮猶遣獲，獲止不去，曰：「公，天威也，南人不復反矣！」復，扶又翻。亮遂至滇池。滇池縣屬益州郡。池周回二百餘里，水源深廣，而末更淺狹，有似倒流，故謂之滇池。滇，音顛。益州、永昌、牂柯、越巂四郡皆平，亮卽其渠率而用之。卽，就也。渠，大也。渠率，大率也。率，與帥同，音所類翻。或以諫亮，亮曰：「若留外人，則當留兵，兵留則無所食，一不易也；加夷新傷破，父兄死喪，留外人而無兵者，必成禍患，二不易也；又，夷累有廢殺之罪，喪，息浪翻。易，以豉翻；下同。殺，讀曰弒；殺其郡將，是亦弒也。自嫌釁重，若留外人，終不相信，三不易也。今吾欲使不留兵，不運糧，而綱紀粗定，夷、漢粗安故耳。」粗，坐五翻。亮於是悉收其俊傑孟獲等以爲官屬，出其金、銀、丹、漆、耕牛、戰馬以給軍國之用。自是終亮之世，夷不復反。復，扶又翻。

9 八月，帝以舟師自譙循渦入淮。水經：陰溝水，出河南陽武縣蒗蕩渠，東南至沛爲渦水，渦水東逕譙郡，又東南至下邳淮陰縣入于淮。杜佑曰：亳州治譙縣，有渦水。渦音戈。尚書蔣濟表言水道難通，帝不從。冬，十月，如廣陵故城，廣陵故城謂之蕪城，今其處不可考。臨江觀兵，戎卒十餘萬，旌旗數百里，有渡江之志。吳人嚴兵固守。時天寒，冰，舟不得入江。帝見波濤洶湧，洶，許拱翻。歎曰：「嗟乎，固天所以限南北也！」遂歸。孫韶遣將高壽等率敢死之士五百人，於逕路夜要帝，要，一遙翻。帝大驚。壽等獲副車、羽蓋以還。還，從宣翻，又如字；下同。於是戰船數千皆滯不得行，議者欲就留兵屯田，蔣濟以爲：「東近湖，北臨淮，若水盛時，賊易爲寇，不可安屯。」近，其靳翻。易，以豉翻。帝從之，車駕卽發。還，到精湖，據蔣濟傳，精湖在山陽；山陽在下邳淮陰縣界，今楚州山陽縣。水稍盡，盡留船付濟。船連延在數百里中，濟更鑿地作四五道，蹴船令聚；豫作土豚目錄作「土塍」；廣韻作「土坉」，註云：以草裹土築城及鎮水也。遏斷湖水，斷，丁管翻。皆引後船，一時開遏入淮中，乃得還。

10 十一月，東武陽王鑒薨。

11 十二月，吳番陽賊彭綺攻沒郡縣，衆數萬人。番，蒲河翻。

七年（丙午、二二六）

1 春，正月，壬子，帝還洛陽，謂蔣濟曰：「事不可不曉。吾前決謂分半燒船於山陽湖中，謂到精湖，水盡，船不得過，欲分半船也。宋白曰：楚州山陽縣本射陽縣地，晉義熙置山陽郡及山陽縣，以境內有地名山陽，因以爲名。戴延之西征記：山陽，津名。卿於後致之，略與吾俱至譙。又每得所陳，實入吾意。自今討賊計畫，善思論之。」

2 漢丞相亮欲出軍漢中，前將軍李嚴當知後事，移屯江州，留護軍陳到駐永安，而統屬於嚴。

3 吳陸遜以所在少穀，少，詩沼翻。表令諸將增廣農畝。吳王報曰：「甚善！令孤父子親受田，車中八牛，以爲四耦，耒廣五寸爲伐，二伐爲耦。漢制，后稷始甽田，以二耜爲耦。註云：并兩耜而耕也。雖未及古人，亦欲令與衆均等其勞也。」

4 帝之爲太子也，郭夫人弟有罪，魏郡西部都尉鮑勛治之；漢獻帝建安十八年，魏武分魏郡置東、西部都尉；後以東部都尉立陽平郡，西部都尉立廣平郡，謂之三魏，皆屬司州。治，直之翻；下同。太子請，不能得，由是恨勛。及卽位，勛數直諫，數，所角翻。帝益忿之。帝伐吳還，屯陳留界。勛爲治書執法，太守孫邕見出，過勛；見，賢遍翻。過，古禾翻。時營壘未成，但立標埒，標，表也。埒，說文曰，庳垣也；又封道曰埒。埒，龍輟翻。邕邪行，不從正道，軍營令史劉曜欲推之，勛以塹壘未成，解止不舉。塹，七豔翻。帝聞之，詔曰：「勛指鹿作馬，用趙高事。收付廷尉。」廷尉法議，「正刑五歲」，法議，引法而議也。正，結正也。五歲刑，髡鉗爲城旦舂。三官駮，「依律，罰金二斤」，三官，廷尉正、監、平也。駮，北角翻。帝大怒曰：「勛無活分，分，扶問翻。而汝等欲縱之！收三官已下付刺姦，當令十鼠同穴！」鍾繇、華歆、陳羣、辛毗、高柔、衞臻等並表勛父信有功於太祖，事見五十九卷漢獻帝初平元年，六十卷二年、三年。華，戶化翻。求請勛罪，帝不許。高柔固執不從詔命，帝怒甚，召柔詣臺，召詣尚書臺也。遣使者承指至廷尉誅勛。勛死，乃遣柔還寺。

票騎將軍都陽侯曹洪，家富而性吝嗇，票，匹妙翻。帝在東宮，嘗從洪貸絹百匹，不稱意，恨之；遂以舍客犯法，下獄當死，稱，尺證翻。下，遐稼翻。羣臣並救，莫能得。卞太后責怒帝曰：「梁、沛之間，非子廉無有今日。」曹洪，字子廉。洪脫武帝事見五十九卷初平元年。又謂郭后曰：「令曹洪今日死，吾明日敕帝廢后矣！」於是郭后泣涕屢請，乃得免官，削爵土。

5 初，郭后無子，帝使母養平原王叡；以叡母甄夫人被誅，事見上卷元年。故未建爲嗣。叡事后甚謹，后亦愛之。帝與叡獵，見子母鹿，帝親射殺其母，命叡射其子；射，而亦翻。叡泣曰：「陛下已殺其母，臣不忍復殺其子。」復，扶又翻。帝卽放弓矢，爲之惻然。爲，于僞翻。夏，五月，帝疾篤，乃立叡爲太子。丙辰，召中軍大將軍曹眞、鎮軍大將軍陳羣、撫軍大將軍司馬懿，沈約志曰：中軍將軍，漢武帝以公孫敖爲之，時爲雜號。鎮軍、撫軍，皆始於此。中、鎮、撫三號，比四鎮。晉志，諸大將軍開府位從公者，爲武官公，皆著武冠，平上黑幘。並受遺詔輔政。丁巳，帝殂。年四十。通鑑書法，天子奄有四海者書「崩」，分治者書「殂」。惟東晉諸帝，以先嘗混一，書「崩」。說文曰：殂，往死也。

陳壽評曰：文帝天資文藻，下筆成章，博聞強識，才藝兼該。若加之曠大之度，勵以公平之誠，邁志存道，克廣德心，則古之賢主，何遠之有哉！

6 太子卽皇帝位，尊皇太后曰太皇太后，皇后曰皇太后。

初，明帝在東宮，不交朝臣，不問政事，惟潛思書籍；思，相吏翻。卽位之後，羣下想聞風采。居數日，獨見侍中劉曄，語盡日，衆人側聽，曄既出，問：「何如？」曰：「秦始皇、漢孝武之儔，才具微不及耳。」

帝初蒞政，陳羣上疏曰：「夫臣下雷同，是非相蔽，國之大患也。若不和睦則有讎黨，左傳：晉郤芮曰：有黨必有讎。有讎黨則毀譽無端，毀譽無端則眞僞失實，譽，音余。此皆不可不深察也。」

7 癸未，追謚甄夫人曰文昭皇后。甄，之人翻。

8 壬辰，立皇弟蕤爲陽平王。蕤，如隹翻。

9 六月，戊寅，葬文帝于首陽陵。葬於洛陽東北首陽山，因以名陵。

10 吳王聞魏有大喪，秋，八月，自將攻江夏郡，太守文聘堅守。文聘時屯石陽。祝穆曰：魏初定荆州，屯沔陽爲重鎭。晉立沔陽縣，江夏郡自上昶移理焉。今臨嶂山在漢陽軍西六十里，晉沔陽縣治也，意石陽即此地。夏，户雅翻。朝議欲發兵救之。朝，直遥翻。帝曰：「權習水戰，所以敢下船陸攻者，冀掩不備也。今已與聘相拒；夫攻守勢倍，終不敢久也。」先是，朝廷遣治書侍御史荀禹慰勞邊方，先，悉薦翻。治，直之翻。勞，力到翻。禹到江夏，發所經縣兵及所從步騎千人乘山舉火，乘，登也。吳王遁走。

11 辛巳，立皇子冏爲清河王。

12 吳左將軍諸葛瑾等寇襄陽，司馬懿擊破之，斬其部將張霸；曹眞又破其別將於尋陽。

此江北之尋陽，漢故縣地。

13吳丹陽、吳、會山民復爲寇，吳、會，吳郡、會稽也。會，工外翻。復，扶又翻。攻沒屬縣。吳王分三郡險地爲東安郡，三郡，豫章、丹陽、新都也。吳錄曰：東安郡治富春。或曰：三郡，丹陽、吳、會稽也。項安世家說曰：丹楊，以多赤柳，在丹楊山。晉書、南史並用「楊」字。若丹陽則今江陵府枝江縣，楚之始封。余按二漢志，丹陽郡，本秦鄣郡，漢武帝更名丹陽郡。若丹陽縣，班志註誤，誠如項氏所云。晉、宋以後，以丹陽郡爲丹陽尹，治秣陵。二漢之丹楊郡，治宛陵。宛陵，晉、宋屬宣城郡。治所既異漢、魏之時，自當依二漢志爲丹陽郡。以綏南將軍全琮領太守。綏南將軍，吳所創置。琮至，明賞罰，招誘降附，誘，音酉。降，戶江翻。數年，得萬餘人。吳王召琮還牛渚，罷東安郡。

14冬，十月，清河王冏卒。

15吳陸遜陳便宜，勸吳王以施德緩刑，寬賦息調。調，徒弔翻。又云：「忠讜之言，讜，音黨，善言也。不能極陳；求容小臣，數以利聞。」求，猶乞也。數，所角翻。王報曰：「書載『予違汝弼』，而云不敢極陳，何得爲忠讜哉！」舜曰：予違汝弼，汝無面從，退有後言。讜，音黨。於是令有司盡寫科條，使郎中褚逢齎以就遜及諸葛瑾，意所不安，令損益之。

16十二月，以鍾繇爲太傅，曹休爲大司馬，都督揚州如故，晉志曰：黃初三年，始置都督諸州軍事。曹眞爲大將軍，華歆爲太尉，王朗爲司徒，陳羣爲司空，司馬懿爲票騎大將軍。華，戶化翻。票，匹妙翻。歆讓位於管寧，帝不許。徵寧爲光祿大夫，敕青州給安車吏從，以禮發遣，寧，北海朱虛人，青州所部。從，才用翻。寧復不至。復，扶又翻。

17是歲，吳交趾太守士燮卒，吳王以燮子徽爲安遠將軍，領九眞太守，以校尉陳時代燮。交州刺史呂岱以交趾絕遠，表分海南三郡爲交州，以將軍戴良爲刺史；海東四郡爲廣州，岱自爲刺史；海南三郡，交趾、九眞、日南也。海東四郡，蒼梧、南海、鬱林、合浦也。遣良與時南入。而徽自署交趾太守，發宗兵拒良，自漢末之亂，南方之人率宗黨相聚爲兵以自衞。良留合浦。交趾栢鄰，【章：甲十六行本「栢」作「桓」；乙十一行本同；孔本同；熊校同；下同。】燮舉吏也，叩頭諫徽，使迎良。徽怒，笞殺鄰，鄰兄治合宗兵擊，不克。呂岱上疏請討徽，督兵三千人，晨夜浮海而往。或謂岱曰：「徽藉累世之恩，爲一州所附，未易輕也。」易，以豉翻。岱曰：「今徽雖懷逆計，未知吾之卒至；卒，讀曰猝。若我潛軍輕舉，掩其無備，破之必也。稽留不速，使得生心，嬰城固守，七郡百蠻，雲合響應，雖有智者，誰能圖之！」遂行，過合浦，過，工禾翻。與良俱進。岱以燮弟子輔爲師友從事，師友從事者，署爲從事，而待以師友之禮。遣往說徽。說，輸芮翻。徽率其兄弟六人出降，降，戶江翻。岱皆斬之。

孫盛論曰：夫柔遠能邇，莫善於信。呂岱師友士輔，使通信誓；徽兄弟肉袒，推心委命，岱因滅之以要功利，要，讀曰邀。君子是以知呂氏之祚不延者也。呂岱子孫無聞。

18 徼大將甘醴及栢治率吏民共攻岱，岱奮擊，破之。於是除廣州，復爲交州如故。岱進討九眞，斬獲以萬數；又遣從事南宣威命，暨徼外扶南、林邑、堂明諸王，各遣使入貢於吳。扶南在海大灣中，北距日南七千里。林邑國本漢象林縣地，直交趾海行三千里。堂明卽道明國，在眞臘北。徼，吉弔翻。

烈祖明皇帝上之上 諱叡，字元仲，文帝長子也。謚法：照臨四方曰明。

太和元年（丁未、二二七）

1 春，吳解煩督胡綜、據綜傳，劉備下白帝，權以見兵少，使綜料諸縣，得六千人，立解煩兩部督。督，督將也。番陽太守周魴擊彭綺，生獲之。番，蒲何翻。魴，音房。

初，綺自言舉義兵，爲魏討吳，爲，于僞翻。議者以爲因此伐吳，必有所克。帝以問中書令太原孫資，沈約志：魏武帝爲王，置祕書令，典尙書奏事。文帝黃初初，改爲中書令，置監。資曰：「番陽宗人，前後數有舉義者，數，所角翻。衆弱謀淺，旋輒乖散。昔文皇帝嘗密論賊形勢，言洞浦殺萬人，得船千數，數日間，船人復會；事見上卷文帝黃初三年。江陵被圍歷月，被，皮義翻。權裁以千數百兵住東門，而其土地無崩解者；是其法禁上下相維之明驗也。以此推綺，懼未能爲權腹心大疾也。」至是，綺果敗亡。

2 二月，立文昭皇后寢園於鄴。甄后賜死於鄴，因葬焉。王朗往視園陵，見百姓多貧困，而帝方營脩宮室，朗上疏諫曰：「昔大禹欲拯天下之大患，故先卑其宮室，儉其衣食；論語：孔子曰：禹卑宮室，菲飲食，而盡力乎溝洫。句踐欲廣其禦兒之疆，亦約其身以及家，儉其家以施國；句，音鉤。國語：句踐既獲成於吳，其地北至于禦兒。非其身之所種則不食；非其夫人之所織則不衣。十年不收於國，卒以報吳。禦兒，吳、越分界之所，今嘉興府卽其地，今有語兒鄉。施，弋智翻。漢之文、景欲恢弘祖業，故割意於百金之臺，昭儉於弋綈之服；事見十五卷漢文帝後七年。霍去病中才之將，猶以匈奴未滅，不治第宅。事見十九卷漢武帝元狩四年。治，直之翻。明卹遠者略近，事外者簡內也。今建始之前，足用列朝會；崇華之後，足用序內官；華林、天淵，足用展遊宴。建始、崇華二殿，皆在洛陽北宮。水經註：穀水逕洛陽故城北，東歷大夏門下，枝分渠水，東入華林園，又東爲天淵池。世語曰：魏武自漢中還洛陽，起建始殿，近漢濯龍祠。朝，直遙翻。華，如字。若且先成象魏，象魏，觀闕也。象者，法象也；魏者，高巍也。脩城池，其餘一切須豐年，專以勤耕農爲務，習戎備爲事，則民充兵強而寇戎賓服矣。」

3 三月，蜀丞相亮率諸軍北駐漢中，使長史張裔、參軍蔣琬統留府事。臨發，上疏曰：「先帝創業未半而中道崩殂，今天下三分，益州疲敝，此誠危急存亡之秋也。然侍衞之臣不懈於內，忠志之士忘身於外者，蓋追先帝之殊遇，欲報之於陛下也。誠宜開張聖聽，以光先帝遺德，恢弘志士之氣；不宜妄自菲薄，引喻失義，以塞忠諫之路也。塞，悉則翻。宮中、府中，俱爲一體，蜀後主建興元年命亮開府治事。所謂府中，蓋丞相府也。陟罰臧否，不宜異同。否，皮鄙翻。若有作姦犯科科，律條也。及爲忠善者，宜付有司論其刑賞，以昭陛下平明之理，不宜偏私，使內外異法也。觀孔明所謂兩不宜，則後主之爲君可知矣。侍中、侍郎郭攸之、費禕、董允等，時攸之、禕爲侍中，允爲黄門侍郎。費，父沸翻。禕，吁韋翻。此皆良實，志慮忠純，是以先帝簡拔以遺陛下。遺，于季翻。愚以爲宮中之事，事無大小，悉以咨之，然後施行，必能裨補闕漏，有所廣益。將軍向寵，向，式亮翻，姓也。性行淑均，行，下孟翻。曉暢軍事，試用於昔日，先帝稱之曰能，是以衆議舉寵爲督。愚以爲營中之事，悉以咨之，必能使行陳和睦，優劣得所。行，戶剛翻。陳，讀曰陣。

親賢臣，遠小人，此先漢所以興隆也；親小人，遠賢臣，此後漢所以傾頹也。遠，于願翻。先帝在時，每與臣論此事，未嘗不歎息痛恨於桓、靈也。侍中、尚書、長史、參軍，此悉端良、死節之臣，願陛下親之，信之，則漢室之隆，可計日而待也。

臣本布衣，躬耕南陽，苟全性命於亂世，不求聞達於諸侯。先帝不以臣卑鄙，猥自枉屈，三顧臣於草廬之中，諮臣以當世之事；事見六十五卷漢獻帝建安十二年。由是感激，遂許先帝以驅馳。後值傾覆，受任於敗軍之際，奉命於危難之間，事見上卷文帝黄初四年。難，乃旦翻。爾來二十有一年矣。自建安十二年至是年，凡二十一年。先帝知臣謹慎，故臨崩寄臣以大事也。受命以來，夙夜憂歎，恐託付不效，以傷先帝之明。故五月渡瀘，水經註：犍爲朱提縣西八十里，有瀘津水，廣六七百步，深十數丈，多瘴氣，鮮有行者。益州記曰：瀘水兩峯有殺氣，暑月舊不行，故武侯以夏渡爲難。賢曰：瀘水，一名若水，出旄牛徼外，經朱提至僰道入江，在今嶲州南。特有瘴氣，三月、四月經之必死，五月以後行者得無害。故諸葛亮表云「五月渡瀘」，言其艱苦也。深入不毛。地不生草木爲不毛。今南方已定，甲兵已足，當獎率三軍，北定中原，庶竭駑鈍，駑，音奴。攘除姦凶，興復漢室，還于舊都，此臣所以報先帝，而忠陛下之職分也。分，扶問翻。至於斟酌損益，進盡忠言，則攸之、禕、允之任也。願陛下託臣以討賊興復之效，不效，則治臣之罪以告先帝之靈，治，直之翻。責攸之、禕、允等之慢以章其咎。陛下亦宜自謀，以諮諏善道，諏，遵須翻。諮事爲諏。察納雅言，雅，正也。深追先帝遺詔，臣不勝受恩感激。今當遠離，勝，音升。離，力智翻。臨表涕零，不知所言。」遂行，屯于沔北陽平石馬。水經註：沔水逕白馬戍南，謂之白馬城，一名陽平關。又有白馬山，山石似馬，望之逼眞。後魏分沔陽置嶓冢縣，屬華陽郡；隋罷郡，置白馬鎮於古諸葛城，縣治不改；大業二年，改嶓冢爲西縣；縣，唐屬梁州。

亮辟廣漢太守姚伷爲掾，伷，音冑。掾，丞相掾也，音于絹翻。伷並進文武之士，亮稱之曰：「忠益者莫大於進人，進人者各務其所尚。今姚掾並存剛柔以廣文武之用，可謂博雅矣。願諸掾各希此事以屬其望。」希，慕也。鄭氏周禮註：屬，合也。

帝聞諸葛亮在漢中，欲大發兵就攻之，以問散騎常侍孫資，資曰：「昔武皇帝征南鄭，取張魯，陽平之役，危而後濟，事見六十七卷建安二十年。又自往拔出夏侯淵軍。事見六十八卷建安二十四年。數言『南鄭直爲天獄，中斜谷道爲五百里石穴耳，』言其深險，喜出淵軍之辭也。又，武皇帝聖於用兵，察蜀賊棲於山巖，視吳虜竄於江湖，皆橈而避之，數，所角翻。斜，余遮翻。谷，音浴。橈，奴教翻，曲也，屈也。不責將士之力，不爭一朝之忿，誠所謂見勝而戰，知難而退也。今若進軍就南鄭討亮，道既險阻，計用精兵及轉運、鎮守南方四州，遏禦水賊，凡用十五六萬人，四州，荆、徐、揚、豫也。必當復更有所發興，復，扶又翻。天下騷動，費力廣大，此誠陛下所宜深慮。夫守戰之力，力役參倍。但以今日見兵見，賢遍翻。分命大將據諸要險，威足以震攝強寇，鎮靜疆埸，埸，音亦。將士虎睡，百姓無事。數年之間，中國日盛，吳、蜀二虜必自罷敝。」罷，讀曰疲。帝乃止。

4 初，文帝罷五銖錢，事見六十九卷黄初元年。使以穀帛爲用，人間巧僞漸多，競濕穀以要利，薄絹以爲市，雖處以嚴刑，不能禁也。要，一遙翻。處，昌呂翻。司馬芝等舉朝大議，朝，直遙翻。以爲：「用錢非徒豐國，亦所以省刑，今不若更鑄五銖爲便。」夏，四月，乙亥，復行五銖錢。

5 甲申，初營宗廟於洛陽。

6 六月，以司馬懿都督荆、豫州諸軍事，率所領鎮宛。宛，於元翻。

7 冬，十二月，立貴嬪河内毛氏爲皇后。后，典虞工卒毛嘉之女也。初，帝爲平原王，納河内虞氏爲妃；及即位，虞氏不得立爲后，太皇卞太后慰勉焉。虞氏曰：「曹氏自好立賤，未有能以義舉者也。武帝立卞后，文帝立郭后，皆非正室。好，呼到翻。然后職內事，君聽外政，禮記昏義：古者，天子后立六宮、三夫人、九嬪、二十七世婦、八十一御妻，以聽天下之內治，以明章婦順，故天下內和而家理。天子立六官、三公、九卿、二十七大夫、八十一元士，以聽天下之外治，以明章天下之男教，故外和而國治。其道相由而成；苟不能以善始，未有能令終者也，殆必由此亡國喪祀矣！」喪，息浪翻。虞氏遂絀還鄴宮。絀，敕律翻。

8 初，太祖、世祖皆議復肉刑，以軍事不果。太祖議復肉刑事見六十六卷漢獻帝建安十八年。其後文帝臨饗羣臣，詔謂大理欲復肉刑，此誠聖王之法，公卿當共善議。議未定，會有軍事，復寢。及帝即位，太傅鍾繇上言：「宜如孝景之令，其當棄市欲斬右趾者，許之；其黥、劓、左趾、宮刑者，劓，魚器翻。自如孝文易以髡笞，可以歲生三千人。」詔公卿已下議，司徒朗以爲：「肉刑不用已來，歷年數百；今復行之，恐所減之文未彰於萬民之目，而肉刑之問已宣於寇讎之耳，非所以來遠人也。今可按繇所欲輕之死罪，使減死髡刑，嫌其輕者，可倍其居作之歲數，魏制，髡刑居作五歲。內有以生易死不訾之恩，外無以刖易釱駭耳之聲。」訾，津私翻。釱，大計翻。在頸曰鉗，在足曰釱。臣瓚曰：漢文帝除肉刑，以完易髡，以笞代劓，以釱左右趾代刖。議者百餘人，與朗同者多。帝以吳、蜀未平，且寢。

是歲，吳昭武將軍韓當卒，其子綜淫亂不軌，懼得罪，閏月，將其家屬、部曲來奔。為韓綜為吳所禽張本。

10 初，孟達既為文帝所寵，又與桓階、夏侯尚親善；及文帝殂，階、尚皆卒，卒，子恤翻。達心不自安。諸葛亮聞而誘之，誘，音酉。達數與通書，陰許歸蜀；數，所角翻。達與魏興太守申儀有隙，魏興，蜀之西城郡也，文帝改曰魏興。儀密表告之。達聞之，惶懼，欲舉兵叛；司馬懿以書慰解之，達猶豫未決，懿乃潛軍進討。諸將言：「達與吳、漢交通，宜觀望而後動。」懿曰：「達無信義，此其相疑之時也。當及其未定促決之。」乃倍道兼行，八日到其城下。吳、漢各遣偏將向西城安橋、木闌塞以救達，水經註：魏興安陽縣西北，有高橋溪口，文水入漢之口也。漢水又東逕西城縣故城南，又東逕木蘭塞南，右岸有城，名陵城，周回數里；左岸壘石數十行，重壘數十里，中謂之木蘭塞。蓋吳兵向安橋而蜀兵向木蘭塞也。晏類要云：伎陵城，在金州洵陽縣。庾雍漢水記：即木蘭塞，蜀軍救孟達之所。懿分諸將以距之。初，達與亮書曰：「宛去洛八百里，司馬懿時屯宛。去吾一千二百里。聞吾舉事，當表上天子，比相反覆，一月間也，上，時掌翻。比，必寐翻。則吾城已固，諸軍足辦。吾所在深險，司馬公必不自來；諸將來，吾無患矣。」及兵到，達又告亮曰：「吾舉事八日而兵至城下，何其神速也！」

資治通鑑卷第七十一

翰林學士兼侍讀學士朝散大夫右諫議大夫知制誥判尚書都省兼提舉萬壽觀公事柱國河内郡開國侯食邑一千三百戶食實封二百戶賜紫金魚袋臣　司馬光　奉敕編集
後　學　天　台　胡三省　音　註

魏紀三 起著雍涒灘（戊申），盡上章閹茂（庚戌），凡三年。

烈祖明皇帝上之下

太和二年（戊申、二二八）

1 春，正月，司馬懿攻新城，旬有六日，拔之，斬孟達。申儀久在魏興，擅承制刻印，多所假授；懿召而執之，歸于洛陽。歸儀于京師也。

2 初，征西將軍夏侯淵之子楙尚太祖女清河公主，此女欲以妻丁儀，文帝止之，以妻楙。楙，音茂。文帝少與之親善，少，詩照翻。及卽位，以爲安西將軍，都督關中，鎭長安，使承淵處。淵鎭長安見六十六卷漢獻帝建安十六年。諸葛亮將入寇，與羣下謀之。丞相司馬魏延曰：漢丞相有長史而無司馬，是時用兵，故置司馬。

「聞夏侯楙，主壻也，怯而無謀。今假延精兵五千，負糧五千，直從褒中出，循秦嶺而東，當子午而北，褒中縣，屬漢中郡。子午道，王莽所通，事見三十六卷平帝元始五年。安帝延光四年，順帝罷子午道，通褒斜路。三秦記曰：子午，長安正南山名。秦嶺谷，一名樊川。余按今洋州東百六十里有子午谷。郡縣志曰：舊子午道在金州安康縣界，梁將軍王神念以緣山避水，橋梁百數，多有毀壞，乃別開乾路，更名子午道，則今路是也。不過十日，可到長安。楙聞延奄至，必棄城逃走。長安中惟御史、京兆太守耳。時遣督軍御史與京兆太守共守長安。晉志曰：文帝受禪，改漢京兆尹爲太守。守，式又翻。橫門邸閣與散民之穀，足周食也。魏置邸閣於橫門以積粟。民聞兵至必逃散，可收其穀以周食。橫，音光。比東方相合聚，尚二十許日，比，必寐翻。而公從斜谷來，斜，余遮翻。谷，音浴，又古祿翻。亦足以達。如此，則一舉而咸陽以西可定矣。」亮以爲此危計，不如安從坦道，可以平取隴右，十全必克而無虞，故不用延計。由今觀之，皆以亮不用延計爲怯。凡兵之動，知敵之主，知敵之將。亮之不用延計者，知魏主之明略，而司馬懿輩不可輕也。亮欲平取隴右，且不獲如志，況欲乘險僥倖，盡定咸陽以西邪！

亮揚聲由斜谷道取郿，班志：斜水出衙嶺山北，至郿入渭，褒水沿山，則斜谷之路可知矣。郿，師古音媚。郿故城，陳倉縣東北十五里故郿城是。使鎭東將軍趙雲、揚武將軍鄧芝爲疑兵，據箕谷；今興元府褒縣北十五里有箕山，鄭子眞隱於此，趙雲、鄧芝所據，卽此谷也。又據後漢書馮異傳：箕谷當在陳倉之南，漢中之北。帝遣曹眞都督關右諸軍軍郿。亮身率大軍攻祁山，戎陳整齊，陳，讀曰陣。號令明肅。

始，魏以漢昭烈既死，數歲寂然無聞，是以略無備豫；謂不豫爲之備也。而卒聞亮出，卒，讀曰猝。朝野恐懼，於是天水、南安、安定皆叛應亮，魏分隴右置秦州，天水南安屬焉。漢靈帝中平四年，分漢陽之獂道立南安郡。漢陽郡至晉方改爲天水，史追書也。安定郡，屬雍州。杜佑曰：南安今隴西郡隴西縣。關中響震，朝臣未知計所出，帝曰：「亮阻山爲固，今者自來，正合兵書致人之術，兵法曰：善戰者致人。帝姑以此言安朝野之心耳。破亮必也。」乃勒兵馬步騎五萬，遣右將軍張郃督之，西拒亮。郃，古合翻，又曷閤翻。丁未，帝行如長安。親帥師繼郃之後以張聲勢。如，往也。

初，越巂太守馬謖，才器過人，好論軍計，好，呼到翻。諸葛亮深加器異；漢昭烈臨終，謂亮曰：「馬謖言過其實，不可大用，君其察之！」亮猶謂不然，以謖爲參軍，每引見談論，自晝達夜。以孔明之明略，所以待謖者如此，亦足以見其善論軍計矣。觀孔明南征之時，謖陳攻心之論，豈悠悠坐談者所能及哉！及出軍祁山，亮不用舊將魏延、吳懿等爲先鋒，而以謖督諸軍在前，與張郃戰于街亭。續漢志：漢陽略陽縣有街泉亭，前漢之街泉縣也，省入略陽。杜佑曰：街泉亭在隴縣。又曰：平凉郡界有街泉亭，馬謖爲張郃所敗處。又考五代史志，漢川郡西縣有街亭山、嶓冢山、漢水，則隋之西縣，蓋兼得隴西之獂道、漢陽之西縣矣。又按郡國縣道記：梁州之西縣，本名白馬城，又曰濜口城，後魏正始中，立嶓冢縣，隋始改曰西縣。此非續漢志漢陽之西縣也。

謖違亮節度，舉措煩擾，舍水上山，不下據城。郃傳言謖依阻南山。舍，讀曰捨。上，時掌翻。

張郃絶其汲道，擊，大破之，士卒離散。亮進無所據，乃拔西縣千餘家還漢中。續漢志：西縣，前漢屬隴西郡，後漢屬漢陽郡，有嶓冢山、西漢水。收謖下獄，殺之。亮自臨祭，爲之流涕，下，遐稼翻。爲，于僞翻。撫其遺孤，恩若平生。殺之者，王法也，恩之者，故人之情不忘也。蔣琬謂亮曰：「昔楚殺得臣，文公喜可知也。左傳：晉文公及楚子玉得臣戰于城濮，楚師敗績。晉入楚軍三日穀，文公猶有憂色，曰：「得臣猶在，憂未歇也。」及楚殺得臣，然後喜可知也。杜預曰：謂喜見於顏色。天下未定而戮智計之士，豈不惜乎！」觀此，則蔣琬亦重謖矣。亮流涕曰：「孫武所以能制勝於天下者，用法明也；孫子始計篇曰：法令孰行。言法令行者必勝也，故其教吳宮美人兵，必殺吳王寵姬二人以明其法。是以揚干亂法，魏絳戮其僕。左傳：晉悼公合諸侯，其弟揚干亂行，魏絳戮其僕。悼公謂魏絳能以刑佐民，使佐新軍。四海分裂，兵交方始，若復廢法，何用討賊邪！」

謖之未敗也，裨將軍巴西王平連規諫謖，謖不能用；及敗，衆盡星散，惟平所領千人鳴鼓自守，張郃疑其有伏兵，不往逼也，於是平徐徐收合諸營遺迸，率將士而還。據王平傳：平所識不過十字。觀其收馬謖敗散之兵，拒曹爽猝至之師，則用兵方略，固不在於多識字也。迸，北孟翻。還，從宣翻，又如字。亮既誅馬謖及將軍李盛，奪將軍黄襲等兵，平特見崇顯，加拜參軍，統五部兼當營事，既總統五部兵，時亮屯漢中，又使之兼當營屯之事。進位討寇將軍，封亭侯。後漢之制，列侯有縣侯、鄉侯、亭侯。亮上疏請自貶三等，漢主以亮爲右將軍，行丞相事。

是時趙雲、鄧芝兵亦敗於箕谷，雲斂衆固守，故不大傷，雲亦坐貶爲鎭軍將軍。據晉書職官志：鎭軍將軍在四征、四鎭將軍之上。今趙雲自鎭東將軍貶鎭軍將軍，蓋蜀漢之制，以鎭東爲專鎭方面，而以鎭軍爲散號，故爲貶也。亮問鄧芝曰：「街亭軍退，兵將不復相錄，錄，收拾也。將，卽亮翻；下同。復，扶又翻。箕谷軍退，兵將初不相失，何故？」芝曰：「趙雲身自斷後，斷，丁管翻。軍資什物，略無所棄，兵將無緣相失。」雲有軍資餘絹，亮使分賜將士，雲曰：「軍事無利，何爲有賜，其物請悉入赤岸庫，水經註：褒水西北出衙嶺山，東南逕大石門，歷故棧道下谷，俗謂「千梁無柱」也。諸葛亮與兄瑾書曰：「前趙子龍退軍，燒壞赤崖閣道緣谷一百餘里，其閣梁一頭入山腹，一頭立柱於水中。今水大而急，不得安柱。」又云：「頃大水暴出，赤崖以南，橋閣悉壞。」時趙子龍與鄧伯苗一戍赤崖屯田，一戍赤崖口，但得緣崖與伯苗相聞而已。後亮死于五丈原，魏延先退而焚之，卽是道也。赤崖卽赤岸，蜀置庫於此，以儲軍資。須十月爲冬賜。」須，待也。亮大善之。

或勸亮更發兵者，亮曰：「大軍在祁山、箕谷，皆多於賊，而不破賊，乃爲賊所破，此病不在兵少也，在一人耳。謂兵之勝敗在將也。少，詩沼翻。今欲減兵省將，將，卽亮翻。明罰思過，校變通之道於將來；若不能然者，雖兵多何益！自今已後，諸有忠慮於國者，但勤攻吾之闕，則事可定，賊可死，功可蹻足而待矣。」蹻，巨嬌翻。於是考微勞，甄壯烈，甄，稽延翻，察也，別也。引咎責躬，布所失於境內，厲兵講武，以爲後圖，戎士簡練，民忘其敗矣。善敗者不亡，此之謂也。姜維之敗，則不可復振矣。

亮之出祁山也，天水參軍姜維詣亮降。降，戶江翻。亮美維膽智，辟爲倉曹掾，續漢志：丞相倉曹掾，主倉穀事。使典軍事。考異曰：孫盛雜語曰：「維詣諸葛亮，與母相失。後得母書，令求當歸。維曰：『良田百頃，不在一畝，但有遠志，不在當歸也。』」按維粗知學術，恐不至此。今不取。

曹眞討安定等三郡，皆平。眞以諸葛亮懲於祁山，後必出從陳倉，乃使將軍郝昭等守陳倉，治其城。杜佑曰：漢陳倉故城，在今縣東二十里。治，直之翻。

3 夏，四月，丁酉，帝還洛陽。

4 帝以燕國徐邈爲涼州刺史。晉志曰：涼州，蓋以其地處西方，常寒涼也。地勢西北邪出在南山之間，南隔西羌，西通西域，統金城、西平、武威、張掖、西郡、酒泉、敦煌、西海等郡。邈務農積穀，立學明訓，進善黜惡，與羌、胡從事，不問小過；若犯大罪，先告都【章：甲十六行本「都」作「部」；乙十一行本同；孔本同；熊校同。】帥，使知應死者，乃斬以徇。帥，所類翻。由是服其威信，州界肅清。

5 五月，大旱。

6 吳王使鄱陽太守周魴密求山中舊族名帥爲北方所聞知者，所謂山越宗帥也。魴，符方翻。帥，所類翻。令譎挑揚州牧曹休。魏揚州止得漢之九江、廬江二郡地，而江津要害之地，多爲吳所據。譎，古穴翻。挑，徒了翻。魴曰：「民帥小醜，不足杖任，事或漏泄，不能致休。乞遣親人齎牋以誘休，言被譴懼誅，欲以郡降北，誘，音酉。降，戶江翻。求兵應接。」吳王許之。時頻有郎官詣魴詰問諸事，郎官，尚書郎也。詰，去吉翻。魴因詣郡門下，鄱陽郡門下。下髮謝。吳王之詰，周魴之謝，皆所以譎曹休也。休聞之，率步騎十萬向皖以應魴；皖，戶板翻；下同。帝又使司馬懿向江陵，懿督諸軍屯宛，使向江陵。賈逵向東關，東關，卽濡須口，亦謂之柵江口，有東、西關；東關之南岸，吳築城，西關之北岸，魏置柵。後諸葛恪於東關作大堤以遏巢湖，謂之東興堤，卽其地也。三道俱進。

秋，八月，吳王至皖，以陸遜爲大都督，假黃鉞，親執鞭以見之；此猶古之王者遣將跪而推轂之意也。以朱桓、全琮爲左右督，琮，徂宗翻。各督三萬人以擊休。休知見欺，而恃其衆，欲遂與吳戰。朱桓言於吳王曰：「休本以親戚見任，非智勇名將也。今戰必敗，敗必走，走當由夾石、挂車。元豐九域志：舒州桐城縣北有挂車鎭，有挂車嶺，鎭因嶺而得名。此兩道皆險阨，若以萬兵柴路，柴路，謂以柴塞路也。則彼衆可盡，休可生虜。臣請將所部以斷之，斷，丁管翻。若蒙天威，得以休自效，便可乘勝長驅，進取壽春，割有淮南，以規許、洛，漢末都許，有許昌宮；魏時都洛。魏略曰：文帝改長安、譙、許昌、鄴、洛陽爲五都，立石表，西界宜陽，北循太行，東北界陽平，南循魯陽，東界郯，爲中都之地。此萬世一時，不可失也！」言歷萬世，惟有此一時機會可乘耳。權以問陸遜，遜以爲不可，乃止。

尚書蔣濟上疏曰：「休深入虜地，與權精兵對，而朱然等在上流，乘休後，臣未見其利也。」前將軍滿寵上疏曰：「曹休雖明果而希用兵，今所從道，背湖旁江，易進難退，背，蒲妹翻。旁，步浪翻。易，以豉翻。此兵之絓地也。絓，古賣翻，罥也。言其地險，師行由之，爲所罥挂，進退不可也。孫子地形篇曰：地形有通者，有挂者。我可以往，彼可以來曰通。可以往，難以返曰挂。若入無彊口，無彊口，在夾石東南。宜深爲之備！」寵表未報，休與陸遜戰于石亭。時吳王在皖口，遣遜等與休戰于石亭，則其地當在今舒州懷寧、桐城二縣之間。遜自爲中部，令朱桓、全琮爲左右翼，三道並進，衝休伏兵，因驅走之，追亡逐北，徑至夾石，斬獲萬餘，牛馬騾驢車乘萬兩，軍資器械略盡。休蓋未嘗整陳交戰而敗也。兩，音亮。乘，繩證翻。

初，休表求深入以應周魴，帝命賈逵引兵東與休合。按逵傳，逵自豫州進兵，取西陽以向東關，休自壽春向皖。西陽在皖之西，而東關又在皖之東，今與休合，蓋使合兵向東關也。逵曰：「賊無東關之備，必并軍於皖，休深入與賊戰，必敗。」乃部署諸將，水陸並進，行二百里，獲吳人，言休戰敗，吳遣兵斷夾石。斷，丁管翻；下同。諸將不知所出；或欲待後軍，逵曰：「休兵敗於外，路絕於內，進不能戰，退不得還，安危之機，不及終日。賊以軍無後繼，故至此，今疾進，出其不意，此所謂『先人以奪其心』也，左傳：軍志曰：先人有奪人之心。先，悉薦翻。賊見吾兵必走。若待後軍，賊已斷險，兵雖多何益！」乃兼道進軍，多設旗鼓爲疑兵。吳人望見逵軍，驚走，驚走者，斷夾石之軍耳。休乃得還。逵據夾石，以兵糧給休，休軍乃振。初，逵與休不善，逵與休不善。文帝黃初中，欲假逵節，休曰：「逵性剛，易侮諸將，不可爲督。」遂止。及休敗，賴逵以免。

7 九月，乙酉，立皇子穆爲繁陽王。

8 長平壯侯曹休上書謝罪，帝以宗室不問。敗軍者必誅，焉可以宗室而不問邪！休慙憤，疽發於背，庚子，卒。帝以滿寵都督揚州以代之。

9 護烏桓校尉田豫擊鮮卑鬱築鞬，鬱築鞬妻父軻比能救之，以三萬騎圍豫於馬城。馬城縣，漢屬代郡，魏、晉省，蓋城邑殘破，已棄爲荒外之地矣。鞬，居言翻。上谷太守閻志，柔之弟也，素爲鮮卑所信，自漢建安時，閻柔已護烏桓，故其兄弟爲二虜所信。往解諭之，乃解圍去。

10 冬，十一月，蘭陵成侯王朗卒。

11 漢諸葛亮聞曹休敗，魏兵東下，關中虛弱，欲出兵擊魏，羣臣多以爲疑。因祁山之敗，疑魏不可伐。亮上言於漢主曰：「先帝深慮以漢、賊不兩立，王業不偏安，故託臣以討賊。以先帝之明，量臣之才，固當知臣伐賊，才弱敵強；然不伐賊，王業亦亡，惟坐而待亡，孰與伐之！是故託臣而弗疑也。臣受命之日，寢不安席，食不甘味，思惟北征，宜先入南，故五月渡瀘，深入不毛。瀘，魯都翻。臣非不自惜也，顧王業不可偏全於蜀都，故冒危難以奉先帝之遺意也，難，乃旦翻；下同。而議者以爲非計。今賊適疲於西，又務於東，疲於西，謂郿縣、祁山之師；務於東，謂江陵東關、石亭之師也。兵法乘勞，此進趨之時也。謹陳其事如左：高帝明並日月，謀臣淵深，然涉險被創，被，皮義翻。創，初良翻。危然後安。今陛下未及高帝，謀臣不如良、平，而欲以長計取勝，坐定天下，此臣之未解一也。解，讀曰懈，言未敢懈怠也；後皆同。劉繇、王朗各據州郡，論安言計，動引聖人，羣疑滿腹，衆難塞胸，今歲不戰，明年不征，使孫策坐大，遂并江東。此臣之未解二也。難，乃旦翻。坐大，言坐致強大也。策破劉繇事見六十一卷漢獻帝興平二年。破王朗事見六十二卷建安元年。曹操智計殊絶於人，其用兵也，髣髴孫、吳；以操之善用兵，亮謂之髣髴孫、吳，孫、吳固未易才也。然困於南陽，險於烏巢，危於祁連，偪於黎陽，幾敗伯山，殆死潼關，然後僞定一時耳；困於南陽，謂攻穰爲張繡所敗也。險於烏巢，謂攻袁紹將淳于瓊時也。偪於黎陽，謂攻袁譚兄弟時也。幾敗伯山，謂與烏桓戰於白狼山時也。殆死潼關，謂與馬超戰時也。危於祁連，當考；或曰圍袁尚於祁山時也。僞定者，言雖定一時之功，而有心於篡漢，故曰僞。幾，居希翻。況臣才弱，而欲以不危定之，此臣之未解三也。曹操五攻昌霸不下，四越巢湖不成，任用李服而李服圖之，委夏侯而夏侯敗亡；昌霸，昌俙也。操累攻不下，後命于禁擊斬之。四越巢湖不成，謂攻孫權也。李服，蓋王服也，與董承謀殺操被誅。夏侯，謂夏侯淵守漢中爲先主所敗也。先帝每稱操爲能，猶有此失，況臣駑下，何能必勝！此臣之未解四也。駑下者，自謙以馬爲喻，若駑駘下乘也。自臣到漢中，中間期年耳，然喪趙雲、陽羣、馬玉、閻芝、丁立、白壽、劉郃、鄧銅等及曲長、屯將七十餘人，喪，息浪翻。郃，古合翻；又曷閤翻。曲長，一曲之長也。軍行有部，部下有曲，曲各有長。長，丁丈翻。屯將，將屯者也。將，卽亮翻。突將、無前、將，卽亮翻。賨叟、青羌、散騎、武騎一千餘人，蜀兵謂之叟，賨叟，巴賨之兵也。青羌，亦羌之一種。散騎、武騎，當時騎兵分部之名。賨，藏宗翻。騎，奇寄翻。皆數十年之內，糾合四方之精銳，非一州之所有；若復數年，則損三分之二，復，扶又翻。當何以圖敵！此臣之未解五也。言不戰而將士耗損已如此也。今民窮兵疲，而事不可息，事不可息，則住與行，勞費正等，而不及虛圖之，亮意欲及魏與吳連兵未解，乘虛而圖之也。欲以一州之地與賊支久，此臣之未解六也。支，持也；支久，猶言持久也。夫難平者事也，昔先帝敗軍於楚，當此時，曹操拊手，謂天下已定。然後先帝東連吳、越，事見六十五卷漢獻帝建安十三年。拊手，乘快之意發見於外者也。西取巴、蜀，事見六十七卷建安十九年。舉兵北征，夏侯授首，事見六十八卷建安二十四年。此操之失計而漢事將成也。然後吳更違盟，關羽毀敗，事見六十八卷建安二十四年。此兩然後之然，轉語之辭，與他文然後之義不同。秭歸蹉跌，曹丕稱帝。事見六十九卷黃初元年、三年。凡事如是，難可逆見。臣鞠躬盡力，死而後已，至於成敗利鈍，非臣之明所能逆覩也。」自祁山之敗，亮益知魏人情僞，故其所言如此。

十二月，亮引兵出散關，圍陳倉，陳倉已有備，亮不能克。曹眞使郝昭先守，故亮不能克。此下申言昭守亮攻，客主相持之事，通鑑書法類如此。亮使郝昭鄉人靳詳於城外遙說昭，靳，居焮翻。說，輸芮翻；下同。昭於樓上應之曰：「魏家科法，卿所練也；科，條也。練，習也。我之爲人，卿所知也。我受國恩多而門戶重，卿無可言者，但有必死耳。卿還謝諸葛，便可攻也。」詳以昭語告亮，亮又使詳重說昭，重，直用翻。言「人兵不敵，空【章：甲十六行本「空」上有「無爲」二字；乙十一行本同；孔本同；張校同。】自破滅。」昭謂詳曰：「前言已定矣，我識卿耳，箭不識也。」詳乃去。亮自以有衆數萬，而昭兵纔千餘人，又度東救未能便到，魏兵救陳倉者自東來，故曰東救。度，徒洛翻。乃進兵攻昭，起雲梯衝車以臨城，昭於是以火箭逆射其梯，射，而亦翻；下同。梯然，梯上人皆燒死；昭又以繩連石磨壓其衝車，磨，莫臥翻，石磑也。衝車折。折，而設翻。亮乃更爲井闌百尺以射城中，以木交構若井闌狀。以土丸塡塹，塹，七豔翻。欲直攀城，昭又於內築重牆。重，直用翻。亮又爲地突，地突，地道也。欲踊出於城裏，昭又於城內穿地橫截之。晝夜相攻拒二十餘日。

曹眞遣將軍費耀等救之。帝召張郃于方城，時郃將兵伐吳，屯于方城。續漢志曰：葉縣南有長山曰方城，屈完所謂「楚國方城以爲城」者，卽此也。使擊亮。帝自幸河南城，置酒送郃，河南城在洛陽城西。問郃曰：「遲將軍到，遲，直利翻，待也。亮得無已得陳倉乎！」郃知亮深入無穀，屈指計曰：「比臣到，亮已走矣。」比，必寐翻。郃晨夜進道，未至，亮糧盡，引去；將軍王雙追之，亮擊斬雙。詔賜昭爵關內侯。攻者不足，守者有餘。尚論其才，則全城卻敵者，其才非優於攻者也，客主之勢異耳。故曰用兵之術，攻城最下。

12 初，公孫康卒，子晃、淵等皆幼，官屬立其弟恭。恭劣弱，不能治國，淵旣長，治，直之翻。長，知兩翻。脅奪恭位，上書言狀。侍中劉曄曰：「公孫氏漢時所用，公孫度守遼東，見五十九卷獻帝初平元年。遂世官相承，古者世爵不世官；爵，謂公侯伯子男，官，謂卿大夫也。今謂之世官者，以公孫氏所據之地，漢遼東太守之職守耳，子孫相襲，是世官也。水則由海，陸則阻山，外連胡夷，絕遠難制，而世權日久；今若不誅，後必生患。若懷貳阻兵，然後致誅，於事爲難；不如因其新立，有黨有仇，有黨故能奪恭位，與之爲仇者，則恭之黨也。先其不意，以兵臨之，先，悉薦翻。開設賞募，可不勞師而定也。」帝不從，拜淵楊烈將軍、遼東太守。爲公孫淵叛魏張本。

13吳王以揚州牧呂範爲大司馬，印綬未下而卒。下，遐稼翻。初，孫策使範典財計，時吳王年少，少，詩照翻。私從有求，範必關白，不敢專許，當時以此見望。望，責望也，怨望也。吳王守陽羨長，陽羨縣，前漢屬會稽郡，後漢屬吳郡。賢曰：故城在今常州義興縣南。長，知兩翻。有所私用，策或料覆，料，音聊。覆，審救也。功曹周谷輒爲傅著簿書，爲，于僞翻。傅，讀曰附。著，直略翻。使無譴問，王臨時悅之。及後統事，以範忠誠，厚見信任，以谷能欺更簿書，不用也。周世宗之待周美，我朝太祖之重竇儀，事亦類此。更，工衡翻。

三年（己酉、二二九）

1春，漢諸葛亮遣其將陳戒攻武都、陰平二郡，陰平道，前漢屬廣漢郡，後漢屬廣漢屬國都尉，魏分置陰平郡，唐爲文州。雍州刺史郭淮引兵救之。禹貢：黑水西河爲雍州。以其四山之地，故以雍名焉；亦謂西北之位，陽所不及，陰陽雍閼。周都豐、鎬，雍州爲王畿；平王東遷，雍州爲秦地。漢武置十三州，以雍州之西偏爲涼州，其餘並屬司隸。光武都洛，關中復置雍州，尋罷，復以司隸統三輔。獻帝興平元年，河西爲河寇所隔，置雍州以統河西諸郡。至魏，以河西置涼州，以隴右爲雍州。及晉，以隴右置秦州，而雍州統京兆、馮翊、扶風、安定、北地、新平、武都、陰平。雍，於用翻。亮自出至建威，水經註：漢水西南逕祁山軍南，西流與建安川水合。建安水導源建威西北山，東逕建威城南，又東逕西縣、歷城南。祝穆曰：天下之大川，以漢名者二，班固謂之東漢、西漢，而黎州之漢水源於飛越嶺者不與焉。固之所謂東漢，則禹貢之漾漢，其源出於今興元之西縣嶓冢山，逕洋、金、房、均、襄、郢復至漢陽入江者是也。西漢則蘇代所謂「漢中之甲，輕舟出於巴，乘夏水下漢四日而至五渚」者，其源出於西和州徼外，徑階沔川與嘉陵水會，俗謂之西漢；又逕大安軍、利、劍、閬、果、合與涪水會，至渝州入江。淮退，亮遂拔二郡以歸；漢主復策拜亮爲丞相。

2 夏，四月，丙申，吳王卽皇帝位，大赦，改元黃龍。時夏口、武昌並言黃龍見，權遂以改元。百官畢會，吳主歸功周瑜。綏遠將軍張昭，舉笏欲褒贊功德，未及言，沈約志：魏置將軍四十號，綏遠第十四。吳主曰：「如張公之計，今已乞食矣。」歸功周瑜，以能拒曹公而成三分之業也。乞食，謂張昭欲迎曹公也。事見六十五卷漢獻帝建安十三年。昭大慙，伏地流汗。吳主追尊父堅爲武烈皇帝，兄策爲長沙桓王，立子登爲皇太子，封長沙桓王子紹爲吳侯。

以諸葛恪爲太子左輔，張休爲右弼，顧譚爲輔正，陳表爲翼正都尉，輔正及翼正都尉皆吳自創置之。而謝景、范愼、羊衜等皆爲賓客，衜，古道字。於是東宮號爲多士。太子使侍中胡綜作賓友目，目者，因其人之才品爲之品題也。曰：「英才卓越，超踰倫匹，則諸葛恪；精識時機，達幽究微，則顧譚；凝辯宏達，言能釋結，則謝景；凝，堅定也。宏，闊遠也。達，明通也。好辯者每不能堅定其所守，故以能凝辯而證據宏遠。明通者可以釋難疑之糾結也。究學甄微，游夏同科，則范慎。」究，窮竟也。甄，察別也。夏，戶雅翻。羊衜私駮綜曰：「元遜才而疏，子嘿精而狠，叔發辯而浮，孝敬深而陿。」諸葛恪，字元遜；顧譚，字子嘿；謝景，字叔發；范慎，字孝敬。狠，戶墾翻。陿，與狹同。衜卒以此言爲恪等所惡，卒，子恤翻。惡，烏路翻。其後四人皆敗，如衜所言。

吳主使以並尊二帝之議往告于漢。漢人以爲交之無益而名體弗順，宜顯明正義，絕其盟好。天無二日，土無二王，古今之正義也。好，呼到翻。丞相亮曰：「權有僭逆之心久矣，國家所以略其釁情者，求掎角之援也。釁，隙也。情，欲也。左傳：戎子駒支對范宣子曰：「殽之師，晉禦其上，戎亢其下，秦師不復，我諸戎實然，譬如捕鹿，晉人角之，諸戎掎之，與晉踣之。」杜預註曰：掎其足也。今若加顯絕，讎我必深。當更移兵東戍，與之角力，須并其土，乃議中原。彼賢才尚多，將相輯穆，未可一朝定也。頓兵相守，坐而須老，須，待也。使北賊得計，非算之上者。北賊，謂魏也。昔孝文卑辭匈奴，先帝優與吳盟，事並見前。優，饒也，今人猶謂寬假爲優饒。皆應權通變，深思遠益，非若匹夫之忿者也。言所計者大也。今議者咸以權利在鼎足，不能并力，且志望已滿，無上岸之情，謂孫權之志在保江，不能上岸而北向也。上，時掌翻。推此，皆似是而非也。何者？其智力不侔，故限江自保；權之不能越江，猶魏賊之不能渡漢，言魏不能渡漢而圖江陵也，此漢，班志所謂東漢水也。非力有餘，而利不取也。

若大軍致討，彼高當分裂其地以爲後規，下當略民廣境，示武於內，非端坐者也。言蜀若破魏，吳亦將分功。若就其不動而睦於我，我之北伐，無東顧憂，河南之衆不得盡西，此之爲利，亦已深矣。言蜀與吳和，則雖傾國北伐，不須東顧以備吳，而魏河南之衆，欲留備吳，不得盡西以抗蜀兵也。權僭逆之罪，未宜明也。」乃遣衛尉陳震使於吳，賀稱尊號。吳主與漢人盟，約中分天下，以豫、青、徐、幽屬吳，兗、冀、幷、涼屬漢，其司州之土，以函谷關爲界。漢武帝置司隸校尉，所部三輔、三河諸郡，其界西得雍州之京兆、扶風、馮翊三郡，北得冀州之河東、河內二郡，東得豫州之河南、弘農二郡，位望隆乎牧伯，銀印青綬，在十三部刺史之上。後漢省朔方刺史以隸幷州，合司隸於十三部之數。魏以司隸所部河東、河南、河內、弘農並冀州之平陽，合五郡置司州，以三輔還屬雍州。此言司州以函谷關爲界，以漢司隸所部分之也。

張昭以老病上還官位及所統領，上，時掌翻。更拜輔吳將軍，更，工衡翻。班亞三司，改封婁侯，婁，古縣也，前漢屬會稽郡，東漢分屬吳郡，今蘇州崑山縣地。吳以封昭，非眞國於婁而君國子民也。食邑萬戶。昭每朝見，見，賢遍翻；下同。辭氣壯厲，義形於色，曾已直言逆旨，「已」，當作「以」，古已、以字通。中不進見。後漢使來，使，疏吏翻；下同。稱漢德美，而羣臣莫能屈，吳主歎曰：「使張公在坐，坐，徂臥翻。彼不折則廢，安復自誇乎！」折，屈也。李奇曰：廢，失氣也。晉灼曰：廢，不收也。復，扶又翻；下同。明日，遣中使勞問，勞，力到翻。因請見昭，昭避席謝，吳主跪止之。昭坐定，仰曰：「昔太后、桓王不以老臣屬陛下，而以陛下屬老臣，太后，謂權母吳氏也。屬，之欲翻。是以思盡臣節以報厚恩，而意慮淺短，違逆盛旨。然臣愚心所以事國，志在忠益畢命而已；若乃變心易慮以偷榮取容，此臣所不能也！」吳主辭謝焉。

3 元城哀王禮卒。

4 六月，癸卯，繁陽王穆卒。

5 戊申，追尊高祖大長秋曰高皇帝，大長秋，漢宦者曹騰也。夫人吳氏曰高皇后。

6 秋，七月，詔曰：「禮，王后無嗣，擇建支子以繼大宗，嫡子之出相承爲宗子，庶子之出爲支子。支，岐出也。則當纂正統而奉公義，何得復顧私親哉！漢宣繼昭帝後，加悼考以皇號；事見二十五卷元康元年。哀帝以外藩援立，而董宏等稱引亡秦，惑誤時朝，朝，直遙翻。既尊恭皇，立廟京都，又寵藩妾，使比長信，敍昭穆於前殿，昭，讀曰佋，如遙翻。並四位於東宮，僭差無度，人神弗祐，而非罪師丹忠正之諫，用致丁、傅焚如之禍。序昭穆於前殿，謂定陶恭皇與元帝序昭穆也。東宮，謂太后宮。四位，謂丁、傅、趙后與元后並稱太后，事具見三十四卷、三十五卷。自是之後，相踵行之。謂漢安帝尊父清河孝王爲孝德皇，桓帝尊祖河間孝王爲孝穆皇，父蠡吾侯志爲孝崇皇，靈帝尊祖河間王淑爲孝元皇，父解瀆亭侯萇爲孝仁皇，其妃皆尊爲后也。昔魯文逆祀，罪由夏父；宋國非度，譏在華元。春秋：文公二年，大事于太廟，躋僖公；逆祀也。於是夏父弗忌爲宗伯，且明見曰：「吾見新鬼大，舊鬼小，先大後小，順也。躋聖賢，明也。」君子以爲失禮。禮無不順。祀，國之大事也，而逆之，可謂禮乎！成公二年，宋文公卒，始厚葬，用蜃炭，益車馬，始用殉，重器備。君子謂華元於是乎不臣。華，戶化翻。其令公卿有司，深以前世行事爲戒，後嗣萬一有由諸侯入奉大統，則當明爲人後之義；敢爲佞邪導諛時君，妄建非正之號，以干正統，謂考爲皇，稱妣爲后，則股肱大臣，誅之無赦。其書之金策，藏之宗廟，著于令典！」帝無子，知必以支孽爲後，故豫下此詔，以約飭爲人子爲人臣者。

7 九月，吳主遷都建業，皆因故府，不復增改，復，扶又翻。留太子登及尚書九官於武昌，九官，九卿也。使上大將軍陸遜輔太子，并掌荆州及豫章三郡事，董督軍國。吳於大將軍之上復置上大將軍。三郡，豫章、鄱陽、廬陵也。三郡本屬揚州，而地接荆州，又有山越，易相扇動，故使遜兼掌之。南陽劉廙嘗著先刑後禮論，廙，羊職翻，又羊至翻。同郡謝景稱之於遜，遜呵之曰：「禮之長於刑久矣；長，知兩翻。廙以細辯而詭先聖之教，詭，異也，戾也。君今侍東宮，宜遵仁義以彰德音，若彼之談，不須講也！」

太子與西陵都督步騭書，吳保江南，凡邊要之地皆置督，獨西陵置都督，以國之西門統攝要重也。杜佑曰：西陵，今夷陵郡。騭，之日翻。求見啓誨，騭於是條于時事業在荆州界者及諸僚吏行能以報之，行，下孟翻。因上疏獎勸曰：「臣聞人君不親小事，使百官有司各任其職，故舜命九賢，則無所用心，不下廟堂而天下治也。舜命九官：禹作司空，宅百揆，契作司徒，棄后稷，皋陶作士，益作朕虞，垂共工，夷作秩宗，龍作納言，夔典樂。治，直吏翻。故賢人所在，折衝萬里，晏子春秋曰：晉平公欲攻齊，使范昭觀焉，景公觴之。范昭曰：「願請君之棄爵。」景公曰：「諾。」已飲，晏子命徹尊更之。范昭歸，以報晉平公曰：「齊未可伐也，吾欲恥其君而晏子知之。」仲尼聞之曰：「起於尊俎之間，而折衝千里之外。」漢何武上封事曰：「虞有宮之奇，晉獻不寐；衞青在位，淮南寢謀。故賢人立朝，折衝厭難，勝於無形。」信國家之利器，崇替之所由也。願明太子重以經意，則天下幸甚！」

張紘還吳迎家，道病卒。臨困，授子【章：甲十六行本「子」下有「靖」字；乙十一行本同；孔本同；張校同；退齋校同。】留牋留牋，猶今遺表也。曰：「自古有國有家者，咸欲脩德政以比隆盛世，至於其治，多不馨香，書君陳曰：至治馨香，感于神明。治，直吏翻；下同。非無忠臣賢佐也，由主不勝其情，弗能用耳。夫人情憚難而趨易，好同而惡異，易，以豉翻。好，呼到翻。惡，烏路翻。與治道相反。傳曰：『從善如登，從惡如崩』，言善之難也。人君承奕世之基，據自然之勢，操八柄之威，周禮天官：太宰以八柄詔王馭羣臣：一曰爵以馭其貴，二曰祿以馭其富，三曰予以馭其幸，四曰置以馭其行，五曰生以馭其福，六曰奪以馭其貧，七曰廢以馭其罪，八曰誅以馭其過。操，千高翻。甘易同之歡，易，以豉翻。無假取於人，而忠臣挾難進之術，吐逆耳之言，其不合也，不亦宜乎！離則有釁，言納忠而不合於上，則上下之情離，釁隙由此而生也。巧辯緣間，間，古莧翻。眩於小忠，戀於恩愛，賢愚雜錯，黜陟失序，其所由來，情亂之也。故明君寤之，求賢如飢渴，受諫而不厭，抑情損欲，以義割恩，則上無偏謬之授，下無希冀之望矣！」吳主省書，爲之流涕。省，悉景翻。爲，于僞翻。

8 冬，十月，改平望觀曰聽訟觀。水經註：平望觀在華林園東南，天淵池水逕觀南。觀，古玩翻。帝常言：「獄者，天下之性命也。」每斷大獄，常詣觀臨聽之。斷，丁亂翻。初，魏文侯師李悝著法經六篇，悝，苦回翻。漢藝文志：法家者流，李子三十二篇。註云：李悝相魏，富國強兵。今言法經六篇，蓋其書有經有解，若韓非子也。商君受之以相秦。蕭何定漢律，益爲九篇，後稍增至六十篇。又有令三百餘篇，決事比九百六卷，師古曰：比，以例相比況也。程大昌曰：古書皆卷，至唐始爲葉子，今書冊也。世有增損，錯糅無常，糅，女救翻，雜也。後人各爲章句，馬、鄭諸儒十有餘家，馬、鄭，馬融、鄭玄也。以至於魏，所當用者合二萬六千二百七十二條，七百七十三萬餘言，覽者益難。帝乃詔但用鄭氏章句。尚書衞覬奏曰：覬，音冀。「刑法者，國家之所貴重而私議之所輕賤；獄吏者，百姓之所縣命縣，讀曰懸。而選用者之所卑下。王政之敝，未必不由此也；請置律博士。」帝從之。晉職官志：律博士，屬廷尉。又詔司空陳羣、散騎常侍劉邵等刪約漢法，制新律十八篇，州郡令四十五篇，尚書官令、軍中令合百八十餘篇，州郡令，用之刺史、太守；尚書令，用之於國；軍中令，用之於軍。於正律九篇爲增，於旁章科令爲省矣。

9 十一月，洛陽廟成，元年，初營宗廟，至是而成。迎高、太、武、文四神主于鄴。高帝，漢大長秋曹騰；太帝，漢太尉曹嵩。裴松之曰：魏初唯立親廟，四祀四室而已，至景初元年，始定七廟之制。

10 十二月，雍丘王植徙封東阿。

11漢丞相亮徙府營於南山下原上，築漢城於沔陽，築樂城於成固。沔陽、成固二縣，皆屬漢中郡。水經註：沔水逕白馬戍城南，城卽陽平關也。又東逕武侯壘南，諸葛武侯所居也。又東逕沔陽故城南，城南對定軍山。又東過南鄭縣，又東過成固縣南。如此，則漢城在南鄭西，樂城在南鄭東也。又南鄭縣東南百八十里有梁州山，與孤雲兩角山相接，大山四圍，其中三十里許，甚平。或云：古梁州治也。杜佑曰：樂城在梁州西縣西南。杜佑曰：洋州興道縣，漢城固縣地，蜀之興勢。宋白曰：興勢，山名，在興道縣西北二十里洋州管下。西鄉縣，本成固縣地。

四年（庚戌、二三〇）

1春，吳主使將軍衞溫、諸葛直將甲士萬人，浮海求夷洲、亶洲，後漢書東夷傳曰：會稽海外有夷洲及亶洲，傳言秦始皇使徐福將童男女數千人入海，求蓬萊神仙不得，福懼誅，不敢還，遂止此洲，世世相承，有數萬家，人民時至會稽市。會稽東冶縣人有入海行，遭風流移至亶洲者，所在絕遠，不可往來。沈瑩臨海水土志曰：夷洲在臨海東，去郡二千里。土地無霜雪，草木不死，四面是山谿，地有銅鐵，唯用鹿骼爲矛以戰鬬，摩厲青石以作弓矢，取生魚肉雜貯大瓦器中，以鹽鹵之，歷月餘日，仍啖食之，以爲上肴也。今人相傳，倭人卽徐福止王之地，其國中至今廟祀徐福。欲俘其民以益衆，陸遜、全琮皆諫，以爲：「桓王創基，兵不一旅。今江東見衆，見，賢遍翻。自足圖事，不當遠涉不毛，萬里襲人，風波難測。又民易水土，必致疾疫，欲益更損，欲利反害。且其民猶禽獸，得之不足濟事，無之不足虧衆。」吳主不聽。

2尚書琅邪諸葛誕、中書郎南陽鄧颺等中書郎，卽通事郎。晉志曰：魏黃初初，中書既置監、令，又置通事郎，次黃門郎。黃門郎已署事過，通事乃署名，已署，奏以入，爲帝省讀，書可。及晉，改曰中書侍郎。颺，余章翻，又余亮翻。相與結爲黨友，更相題表，更，工衡翻。以散騎常侍夏侯玄等四人爲四聰，誕輩八人爲八達。玄，尚之子也。中書監劉放子熙，中書令孫資子密，吏部尚書衛臻子烈三人咸不及比，以其父居勢位，容之爲三豫。晉職官志曰：漢武帝遊宴後庭，始使宦者典事尚書，謂之中書謁者，置令、僕射。成帝改中書謁者令曰中謁者令，罷僕射。漢東京省中謁者令，而有中官謁者令，非其職也。魏武帝爲魏王，置祕書令，典尚書奏事；文帝黃初初，改爲中書，置監、令，以祕書左丞劉放爲中書監，右丞孫資爲中書令，監、令自此始。魏又改漢選部尚書曰吏部尚書。比，等比也，音毗寐翻。三豫者，容三人得豫於題品之中也。

行司徒事董昭資望輕未可爲公者爲行事。上疏曰：「凡有天下者，莫不貴尚敦樸忠信之士，深疾虛僞不眞之人者，以其毁教亂治，敗俗傷化也。治，直吏翻。敗，補邁翻。近魏諷伏誅建安之末，曹偉斬戮黃初之始。魏諷事見六十八卷建安二十四年。曹偉事見六十九卷黃初二年。伏惟前後聖詔，深疾浮僞，欲以破散邪黨，常用切齒；而執法之吏，皆畏其權勢，莫能糾擿，擿，他狄翻。毁壞風俗，壞，音怪。侵欲滋甚。竊見當今年少不復以學問爲本，少，詩照翻。專更以交游爲業；國士不以孝悌清脩爲首，乃以趨勢游利爲先。趨，七喻翻。合黨連羣，互相褒歎，以毁訾爲罰戮，訾，將此翻。用黨譽爲爵賞，附己者則歎之盈言，歎者，嗟歎而稱其美也。盈，溢也。歎美之過，溢於言辭，則爲溢美之言。不附者則爲作瑕釁。玉之病曰瑕，器之隙曰釁。至乃相謂：『今世何憂不度邪，但求人道不勤，羅之不博耳；言廣布黨友，則互爲羽翼，身安而無患，可以度世也。人何患其不己知，但當呑之以藥而柔調耳。』謂毁譽所加，彼誠好譽而惡毁，則其心柔服調順，於我無忤，如呑之以藥也。又聞或有使奴客名作在職家人，冒之出入，往來禁奧，交通書疏，有所探問。謂如職在尚書，出入禁省，則有令史，有主書，有蒼頭、盧兒爲之給使。今使奴客冒其名，以出入往來爲姦。凡此諸事，皆法之所不取，刑之所不赦，雖諷、偉之罪，無以加也！」帝善其言。二月，壬午，詔曰：「世之質文，隨教而變。謂殷尚質，周尚文，各隨教而變也。兵亂以來，經學廢絶，後生進趣，不由典謨。二典、三謨也。豈訓導未洽，將進用者不以德顯乎？其郎吏學通一經，才任牧民，博士課試，擢其高第者，亟用；其浮華不務道本者，罷退之！」郎吏，謂尚書郎也。於是免誕、颺等官。

3 夏，四月，定陵成侯鍾繇卒。

4 六月，戊子，太皇太后卞氏殂。秋七月，葬武宣皇后。

5 大司馬曹眞以「漢人數入寇，數，所角翻。請由斜谷伐之；斜，余遮翻。谷，音浴。諸將數道並進，可以大克。」帝從之，詔大將軍司馬懿泝漢水由西城入，與眞會漢中，諸將或由子午谷、或由武威入。「武威」恐當作「武都」，否則「建威」也。司空陳羣諫曰：「太祖昔到陽平攻張魯，事見六十七卷漢獻帝建安二十年。多收豆麥以益軍糧，魯未下而食猶乏。今既無所因，且斜谷阻險，難以進退，轉運必見鈔截，鈔，楚交翻。多留兵守要，則損戰士，不可不熟慮也！」帝從羣議。眞復表從子午道；復，扶又翻。羣又陳其不便，幷言軍事用度之計。詔以羣議下眞，眞據之遂行。詔以議下眞，將與之商度可否也。眞銳於出師，遂以詔爲據而行。下，遐稼翻。

6八月，辛巳，帝行東巡；乙未，如許昌。

7漢丞相亮聞魏兵至，次于成固赤坂以待之。赤坂在今洋州東二十里龍亭山，坂色正赤。魏兵泝漢水及從子午道入者，皆會于成固，故於此待之。召李嚴使將二萬人赴漢中，表嚴子豐爲江州都督，督軍典嚴後事。李嚴本都督江州，今赴漢中，令其子爲督軍以典後事。

會天大雨三十餘日，棧道斷絕，太尉華歆上疏曰：華，戶化翻。上，時掌翻。「陛下以聖德當成、康之隆，願先留心於治道，治，直吏翻。以征伐爲後事。爲國者以民爲基，民以衣食爲本。使中國無飢寒之患，百姓無離上之心，則二賊之釁可坐而待也！」魏以吳、蜀爲二賊。帝報曰：「賊憑恃山川，二祖勞於前世，猶不克平，二祖，謂太祖武皇帝、世祖文皇帝也。朕豈敢自多，謂必滅之哉！諸將以爲不一探取，探，他含翻。無由自敝，是以觀兵以闚其釁。若天時未至，周武還師，乃前事之鑒，朕敬不忘所戒。」

少府楊阜上疏曰：「昔武王白魚入舟，君臣變色，史記：周文王崩，武王奉文王木主東觀兵于孟津。武王渡河，中流，白魚躍入王舟。是時諸侯不期而會者八百，皆曰：「紂可伐矣。」武王曰：「汝未知天命，未可也。」乃還師。動得吉瑞，猶尚憂懼，況有災異而不戰竦者哉！今吳、蜀未平，而天屢降變，諸軍始進，便有天雨之患，稽閡山險，閡，與礙同。已積日矣。轉運之勞，擔負之苦，所費已多，若有不繼，必違本圖。傳曰：『見可而進，知難而退，左傳：隨武子之言。軍之善政也。』徒使六軍困於山谷之間，進無所略，退又不得，非王兵之道也。」王兵，王者之兵也。

散騎常侍王肅上疏曰：「前志有之：『千里饋糧，士有飢色，樵蘇後爨，師不宿飽，』前書李左車說陳餘之言，蓋前乎左車，已有是言矣。此謂平塗之行軍者也；又況於深入阻險，鑿路而前，則其爲勞必相百也。今又加之以霖雨，山坂峻滑，衆迫而不展，糧遠而難繼，實行軍者之大忌也。聞曹眞發已踰月而行裁半谷，謂子午谷之路，行纔及半也。治道功夫，戰士悉作。治，直之翻。是賊偏得以逸待勞，乃兵家之所憚也。言之前代，則武王伐紂，出關而復還；復，扶又翻。論之近事，則武、文征權，臨江而不濟；事見漢獻帝紀及魏文帝紀。豈非所謂順天知時，通於權變者哉！兆民知上聖以水雨艱劇之故，休而息之，後日有釁，乘而用之，則所謂悅以犯難，民忘其死者矣。」易兌卦彖辭。難，乃旦翻。肅，朗之子也。王朗爲公於黃初之初。

九月，詔曹眞等班師。班，還也。

8冬，十月，乙卯，帝還洛陽。時左僕射徐宣總統留事，漢成帝罷中書宦者，置尚書五人，一人爲僕射，四人分爲四曹，一曰常侍曹，二曰二千石曹，三曰民曹，四曰主客曹；後又置三公曹，是爲五曹。光武改常侍曹爲吏部曹，又置中都官曹，合爲六曹，並令僕二人，謂之八坐。後改吏部爲選部，魏又改選部爲吏部，又有左民、客曹、五兵、度支，凡五曹尚書、左右二僕射、一令爲八坐。帝還，主者奏呈文書。尚書諸曹，各有主者。還，從宣翻，又如字；下同。帝曰：「吾省與僕射省何異！」省，悉景翻。竟不視。

9 十二月，【章：甲十六行本「月」下有「辛未」二字；乙十一行本同；孔本同；張校同。】改葬文昭皇后于朝陽陵。帝以舊陵庳下改葬，朝陽陵亦在鄴。

10 吳主揚聲欲至合肥，征東將軍滿寵表召兗、豫諸軍皆集，吳尋退還，詔罷其兵。寵以爲：「今賊大舉而還，非本意也；此必欲僞退以罷吾兵，而倒還乘虛，掩不備也。」表不罷兵。上表言敵情，請不罷兵也。後十餘日，吳果更到合肥城，不克而還。

11 漢丞相亮以蔣琬爲長史。亮數外出，數，所角翻。琬常足食足兵，以相供給。亮每言：「公琰託志忠雅，蔣琬，字公琰。當與吾共贊王業者也。」

12 青州人隱蕃姓譜：隱，以謚爲氏。逃奔入吳，上書於吳主曰：「臣聞紂爲無道，微子先出；商紂無道，微子抱祭器而奔周。高祖寬明，陳平先入。事見九卷漢高帝二年。臣年二十二，委棄封域，歸命有道，賴蒙天靈，得自全致。言蒙天之靈，得自全而致身於吳也。臣至止有日，而主者同之降人，未見精別，此主者，謂主客之官。降，戶江翻。別，彼列翻。使臣微言妙旨，不得上達，於邑三歎，於邑，短氣貌，讀如本字。或曰：於，音烏。邑，烏合翻。曷惟其已！用詩人語。謹詣闕拜章，乞蒙引見。」見，賢遍翻。吳主卽召入，蕃進謝，答問及陳時務，甚有辭觀。言其敏於言辭，美於儀觀也。觀，古玩翻。侍中右領軍胡綜侍坐，吳置中領軍及左右領軍。坐，徂臥翻。吳主問何如？綜對曰：「蕃上書大語有似東方朔，巧捷詭辯有似禰衡，禰，乃禮翻。而才皆不及。」吳主又問：「可堪何官？」綜對曰：「未可以治民，治，直之翻。且試都輦小職。」國郡在輦轂下，故曰都輦。吳主以蕃盛語刑獄，用爲廷尉監。自漢以來，廷尉有正，有監，有平。左將軍朱據、廷尉郝普數稱蕃有王佐之才，數，所角翻。普尤與之親善，常怨歎其屈。於是蕃門車馬雲集，賓客盈堂，自衞將軍全琮等皆傾心接待；惟羊衜及宣詔郎豫章楊迪吳置宣詔郎，掌宣傳詔命。拒絕不與通。潘濬子翥，亦與蕃周旋，翥，章庶翻。杜預曰：周旋，相追逐也。饋餉之。濬聞，大怒，疏責翥曰：「吾受國厚恩，志報以命，言志在致命以報國恩。爾輩在都，當念恭順，親賢慕善。何故與降虜交，以糧餉之！降，戶江翻。在遠聞此，心震面熱，惆悵累旬。惆，丑鳩翻。疏到，急就往使受杖一百，促責所餉！」濬欲布其子之罪於國中以絕後禍也。使，疏吏翻。當時人咸怪之。頃之，蕃謀作亂於吳，事覺，亡走，捕得，伏誅。吳主切責郝普，普惶懼，自殺。朱據禁止，禁止者，雖未下之獄，使人守之，禁其不得出入，止不得與親黨交通也。鄭樵通志曰：禁止，謂禁入殿省也，符所屬行之。盤洲洪氏曰：魏、晉以來，三臺奏劾，則符光祿勳加禁止；解禁止亦如之。禁止者，身不得入殿省，光祿勳主殿門故也。歷時乃解。

13 武陵五谿蠻夷叛吳，吳主以南土清定，召交州刺史呂岱還屯長沙漚口。呂岱討交州，見上卷文帝黃初七年。

資治通鑑卷第七十二

翰林學士兼侍讀學士朝散大夫右諫議大夫知制誥判尚書都省兼提舉萬壽觀公事上護軍河內郡開國侯食邑一千三百戶食實封二百戶賜紫金魚袋臣　司馬光　奉敕編集

後　學　天　台　胡三省　音　註

魏紀四 起重光大淵獻（辛亥），盡閼逢攝提格（甲寅），凡四年。

烈祖明皇帝中之上

太和五年（辛亥、二三一）

1 春，二月，吳主假太常潘濬節，使與呂岱督軍五萬人討五溪蠻。濬姨兄蔣琬爲諸葛亮長史，同出爲姨，母之姊妹曰姨，妻之姊妹亦曰姨。若母之兄弟則當呼爲舅，此蓋妻之兄弟也。長，知兩翻。武陵太守衞旍奏濬遣密使與琬相聞，旍，與旌同。使，疏吏翻。欲有自託之計。吳主曰：「承明不爲此也。」潘濬，字承明。卽封旍表以示濬，而召旍還，免官。

2 衞溫、諸葛直軍行經歲，士卒疾疫死者什八九，亶洲絕遠，卒不可得至，卒，子恤翻。得夷洲數千人還。溫、直坐無功，誅。吳遣溫、直，見上卷上年。

3 漢丞相亮命李嚴以中都護署府事。蜀置左、右、中三都護。署府事，署漢中留府事也。嚴更名平。更，工衡翻。亮帥諸軍入寇，圍祁山，以木牛運。亮集曰：木牛者，方腹曲頭，一腳四足。頭入領中，舌著於腹，載多而行少，宜可大用，不可少使。特行者數十里，羣行者二十里也。曲者爲牛頭，雙者爲牛腳，橫者爲牛領，轉者爲牛足，覆者爲牛背，方者爲牛腹，垂者爲牛舌，曲者爲牛肋，刻者爲牛齒，立者爲牛角，細者爲牛鞅，攝者爲牛鞦軸。牛仰雙轅，人行六尺，牛行四步，載一歲糧，日行二十里，而人不大勞。帥，讀曰率。於是大司馬曹眞有疾，帝命司馬懿西屯長安，督將軍張郃、費曜、戴陵、郭淮等以禦之。郃，古合翻，又曷閤翻。費，父沸翻。

4 三月，邵陵元侯曹眞卒。

5 自十月不雨，至于是月。

6 司馬懿使費曜、戴陵留精兵四千守上邽，上邽縣，前漢屬隴西郡，後漢以來屬漢陽郡。餘衆悉出，西救祁山。張郃欲分兵駐雍、郿，雍、郿二縣皆屬扶風郡。雍，於用翻。郿，音媚，又音眉。懿曰：「料前軍能獨當之者，將軍言是也。若不能當而分爲前後，此楚之三軍所以爲黥布禽也。」事見十二卷漢高帝十一年。觀懿此言，蓋自知其才不足以敵亮矣。遂進。亮分兵留攻祁山，自逆懿于上邽。郭淮、費曜等徼亮，徼，讀曰邀。亮破之，因大芟刈其麥，芟，所銜翻。與懿遇於上邽之東。懿斂軍依險，兵不得交，亮引還。懿等尋亮後至于鹵城。張郃曰：「彼遠來逆我，請戰不得，謂我利在不戰，欲以長計制之也。且祁山知大軍已在近，人情自固，可止屯於此，分爲奇兵，示出其後，不宜進前而不敢偪，坐失民望也。今亮孤軍食少，少，詩沼翻。亦行去矣。」懿不從，故尋亮。有意爲之曰故。尋者，隨而躡其後。既至，又登山掘營，不肯戰。賈栩、魏平數請戰，數，所角翻。因曰：「公畏蜀如虎，柰天下笑何！」懿病之。懿實畏亮，又以張郃嘗再拒亮，名著關右，不欲從其計，及進而不敢戰，情見勢屈，爲諸將所笑。栩，況羽翻。諸將咸請戰。夏，五月，辛巳，懿乃使張郃攻無當監何平於南圍，無當，蓋蜀軍部之號，言其軍精勇，敵人無能當者；使平監護之，故名官曰無當監。南圍，蜀兵圍祁山之南屯。監，古暫翻。自按中道向亮。按，據也。懿分道進兵，欲以解祁山之圍，自據中道，與亮旗鼓相向也。亮使魏延、高翔、吳班逆戰，魏兵大敗，漢人獲甲首三千，懿還保營。

六月，亮以糧盡退軍，司馬懿遣張郃追之。郃進至木門，木門去今天水軍天水縣十里。水經註：籍水出上邽當亭西山，東歷當亭川，又東入上邽縣，左佩五水，右帶五水；木門谷之水其一也。導源南山，北流入籍水。與亮戰，蜀人乘高布伏，弓弩亂發，飛矢中郃右厀而卒。中，竹仲翻。厀，與膝同。卒，子恤翻。

7 秋，七月，乙酉，皇子殷生，大赦。

8 黃初以來，諸侯王法禁嚴切，【章：甲十六行本「切」下有「吏察之急」四字；乙十一行本同；孔本同。】至于親姻皆不敢相通問。東阿王植上疏曰：「堯之爲教，先親後疏，自近及遠。堯親九族，九族既睦，平章百姓；百姓昭明，協和萬邦。周文王刑于寡妻，至于兄弟，以御于家邦。詩大雅思齊之辭。

毛氏註曰：刑，法也，寡妻，嫡妻也。御，迎也。鄭氏曰：寡妻，寡有之妻，言賢也。御，治也。文王以禮法接待其妻，至于宗族，以此又能爲政治于家邦也。伏惟陛下資帝唐欽明之德，體文王翼翼之仁，惠洽椒房，恩昭九族，羣后百寮，番休遞上，上，時掌翻。李周翰曰：遞，迭也。言百寮宿衛以次休息，更遞上直。執政不廢於公朝，朝，直遙翻；下同。下情得展於私室，親姻之路通，慶弔之情展，誠可謂恕己治人，推惠施恩者矣。治，直之翻。至於臣者，人道絕緒，禁錮明時，臣竊自傷也。不敢乃望交氣類，易曰：同聲相應，同氣相求。此言志同道合者，謂疇昔文會之友也。脩人事，敍人倫，近且婚媾不通，兄弟乖絕，吉凶之問塞，塞，悉則翻。慶弔之禮廢，恩紀之違，甚於路人；隔閡之異，殊於胡、越。殊，絕也。閡，五慨翻。今臣以一切之制，一切，謂權宜也。一說：一切，謂不問可否，一切整齊之也。永無朝覲之望，至於注心皇極，皇極，宅中之位，人君居之。結情紫闥，神明知之矣。然天實爲之，謂之何哉！詩邶風北門之詩也。鄭氏曰：詩人事君無二志，故歸之於天。余謂植之意，蓋謂君者天也，天可違乎！退惟諸王常有戚戚具爾之心，詩曰：戚戚兄弟，莫遠具爾。爾，義與邇同。願陛下沛然垂詔，使諸國慶問，四節得展，四節，謂四時之節。展，舒也。以敍骨肉之歡恩，全怡怡之篤義。論語，孔子曰：兄弟怡怡。妃妾之家，膏沐之遺，歲得再通，呂延濟曰：膏，脂也。沐，甘漿之屬也。遺，于季翻。齊義於貴宗，等惠於百司，貴宗，謂貴戚及公卿之族也。百司，謂百官也。如此，則古人之所歎，風雅之所詠，復存於聖世矣！臣伏自惟省，無錐刀之用；思，惟也。省，悉景翻。及觀陛下之所拔授，若以臣爲異姓，竊自料度，不後於朝士矣。度，徒洛翻。若得辭遠游，戴武弁，解朱組，佩青紱，諸王冠遠游冠，佩朱紱。三都尉、諸侍中、常侍皆戴武弁，佩青紱。駙馬、奉車，趣得一號，安宅京室，駙馬、奉車都尉及騎都尉爲三都尉，皆漢武帝置，魏、晉以下多以宗室及外戚爲之。執鞭珥筆，出從華蓋，入侍輦轂，承答聖問，拾遺左右，珥，仍吏翻。珥筆，插筆也。古者侍臣持橐簪筆。華蓋，乘輿車上施之。魏、晉之制，侍中與散騎常侍，或乘輿御殿及出游幸、祭祀、治兵，侍中居左，常侍居右，備切問近對，拾遺補闕。乃臣丹誠之至願，不離於夢想者也。離，力智翻。遠慕鹿鳴君臣之宴，中詠常棣匪他之誡，詩鹿鳴，宴羣臣、嘉賓；常棣，燕兄弟也。其詩曰：凡今之人，莫如兄弟。所謂匪他也；又頍弁詩：豈伊異人，兄弟匪他。下思伐木友生之義，終懷蓼莪罔極之哀，伐木，燕朋友故舊，其詩曰：相彼鳥矣，猶求友聲，矧伊人矣，不求友生。蓼莪之詩曰：哀哀父母，生我劬勞。欲報之德，昊天罔極。知念其父母，必念其同氣矣。蓼，音六。每四節之會，塊然獨處，處，昌呂翻。左右惟僕隸，所對惟妻子，高談無所與陳，精義無所與展，未嘗不聞樂而拊心，臨觴而歎息也。臣伏以犬馬之誠不能動人，譬人之誠不能動天，崩城、隕霜，齊大夫杞梁戰死於莒城，其妻向城而哭，城爲之崩。鄒衍盡忠於君，燕惠王信讒而繫之，鄒子仰天而哭，正夏而天降霜。臣初信之，以臣心況，徒虛語耳！況，譬也。若葵藿之傾太陽，雖不爲回光，然向之者誠也。言葵藿草也，傾葉於日，日雖不爲回光，終是誠心向日也。爲，于僞翻。竊自比葵藿，若降天地之施，垂三光之明者，實在陛下。施，式智翻；下同。臣聞文子曰：『不爲福始，不爲禍先。』文子九篇。班固曰：文子，老子弟子。李周翰曰：福始禍先，謂諸王皆不表，植獨先表也。今之否隔，友于同憂，否隔，不通也。友于，兄弟也。否，皮鄙翻。而臣獨倡言者，實不願於聖世有不蒙施之物，欲陛下崇光被時雍之美，宣緝熙章明之德也！」光被時雍，言帝堯睦族之效。詩周頌曰：維清緝熙，文王之典。鄭氏箋曰：緝熙，光明也。故植以言文王之治。被，皮義翻。詔報曰：「蓋教化所由，各有隆敝，非皆善始而惡終也，事使之然。隆，崇也，謂立教之始，各有所崇，其流之敝，則事勢使之然也。惡，如字。今令諸國兄弟情禮簡怠，妃妾之家膏沐疏略，本無禁錮諸國通問之詔也；矯枉過正，下吏懼譴，以至於此耳。已敕有司，如王所訴。」

植復上疏曰：「昔漢文發代，疑朝有變，復，扶又翻。朝，直遙翻。宋昌曰：『內有朱虛、東牟之親，外有齊、楚、淮南、琅邪，此則磐石之宗，願王勿疑。』事見十三卷漢高后八年。臣伏惟陛下遠覽姬文二虢之援，虢仲虢叔，文王之母弟，文王咨于二虢，以成王業。中慮周成召、畢之輔，召公、畢公，周同姓也。二伯分治，輔成王以成太平之功。召，讀曰邵；下同。下存宋昌磐石之固。臣聞羊質虎皮，見草則悅，見豺則戰，忘其皮之虎也。揚子之言。今置將不良，有似於此。將，卽亮翻。故語曰：『患爲之者不知，知之者不得爲也。』昔管、蔡放誅，周、召作弼；成王幼，管叔、蔡叔以武庚畔。成王誅管叔，放蔡叔，以周公爲師，召公爲保，而相左右。叔魚陷刑，叔向贊國。左傳：晉邢侯與雍子爭田，久而無成。韓宣子使叔魚斷舊獄，罪在雍子。雍子納其女於叔魚，叔魚蔽罪於邢侯。邢侯怒，殺叔魚及雍子於朝。宣子問其罪於叔向，不以叔向爲私其親而從之決平也。三監之釁，臣自當之；二南之輔，求必不遠。華宗貴族藩王之中，必有應斯舉者。夫能使天下傾耳注目者，當權者是也，故謀能移主，威能懾下，懾，之涉翻。豪右執政，不在親戚，權之所在，雖疏必重，勢之所去，雖親必輕。蓋取齊者田族，非呂宗也；分晉者趙、魏，非姬姓也。齊太公姓呂；其後爲田成子所取，非呂族也。晉唐叔，姬姓；其後爲趙籍、魏斯、韓虔所分，此不言韓，以韓亦姬姓。惟陛下察之。苟吉專其位，凶離其患者，異姓之臣也。離，力智翻；下得離同。欲國之安，祈家之貴，存共其榮，歿同其禍者，公族之臣也。今反公族疏而異姓親，臣竊惑焉。今臣與陛下踐冰履炭，登山浮澗，寒溫燥濕，高下共之，豈得離陛下哉！不勝憤懣，勝，音升。懣，音悶。拜表陳情。若有不合，乞且藏之書府，不便滅棄，臣死之後，事或可思。若有毫氂少挂聖意者，乞出之朝堂，朝，直遙翻；下同。使夫博古之士，糾臣表之不合義者，如是則臣願足矣。」帝但以優文答報而已。植求自試，而但以優詔答之，終疑之也。

八月，詔曰：「先帝著令，不欲使諸王在京都者，謂幼主在位，母后攝政，防微以漸，關諸盛衰也。朕惟不見諸王十有二載，自文帝黄初元年遣植等就國，至是十二年。惟，思也。載，子亥翻。悠悠之懷，能不興思！其令諸王及宗室公侯各將適子一人朝明年正月，適，讀曰嫡。後有少主、母后在宮者，自如先帝令。」

9 漢丞相亮之攻祁山也，李平留後，主督運事。李平卽李嚴，改名曰平。會天霖雨，平恐運糧不繼，遣參軍狐忠、狐忠，卽馬忠也，少養外家，姓狐，名篤，後復姓馬，改名忠。此姓從先，名從後。姓譜：狐，周王子狐之後；又晉有狐突。督軍成藩喻指，呼亮來還；喻以後主指言運糧不繼。亮承以退軍。平聞軍退，乃更陽驚，說「軍糧饒足，何以便歸！」又欲殺督運岑述以解己不辦之責。又表漢主，說「軍僞退，欲以誘賊。」【章：甲十六行本「賊」下有「與戰」二字；乙十一行本同；孔本同；張校同；退齋校同。】此又欲解以上指喻亮之罪也。誘，音酉。亮具出其前後手筆書疏，本末違錯。平辭窮情竭，首謝罪負。首，式救翻。於是亮表平前後過惡，免官，削爵土，徙梓潼郡。平蓋嘗封侯也。復以平子豐爲中郎將、參軍事，出教敕之曰：敕，戒也。「吾與君父子勠力以奬漢室，表都護典漢中，委君於東關，東關謂江州。謂至心感動，終始可保，何圖中乖乎！若都護思負一意，思負，謂思其罪負也。一意，謂一意於爲國，無復詭變以自營也。君與公琰推心從事，否可復通，否，皮鄙翻。逝可復還也。詳思斯戒，明吾用心！」

亮又與蔣琬、董允書曰：「孝起前爲吾說正方腹中有鱗甲，李嚴，字正方。爲，于僞翻；下同。鄉黨以爲不可近。近，其靳翻。吾以爲鱗甲但不當犯之耳，不圖復有蘇、張之事出於不意，謂蘇秦、張儀捭闔其說，以反覆諸侯之間，今李平復爲之。復，扶又翻。可使孝起知之。」孝起者，衞尉南陽陳震也。

10冬，十月，吳主使中郎將孫布詐降以誘揚州刺史王淩，吳主伏兵於阜陵以俟之。阜陵縣，漢屬九江郡；魏改九江爲淮南郡。晉志曰：阜陵縣，漢明帝時淪爲麻湖。麻湖在今和州歷陽縣西三十里。杜佑曰：漢阜陵縣在滁州全椒縣南。布遣人告淩云：「道遠不能自致，乞兵見迎。」淩騰布書，騰，傳也，上也。請兵馬迎之。征東將軍滿寵以爲必詐，不與兵，而爲淩作報書曰：「知識邪正，欲避禍就順，去暴歸道，甚相嘉尚。今欲遣兵相迎，然計兵少則不足相衞，多則事必遠聞。聞，音問。且先密計以成本志，臨時節度其宜。」會寵被書入朝，被，皮義翻。朝，直遙翻。敕留府長史，「若淩欲往迎，勿與兵也。」淩於後索兵不得，索，山客翻。乃單遣一督將步騎七百人往迎之，布夜掩擊，督將迸走，死傷過半。迸，北孟翻。孫權自量其國之力，不足以斃魏，不過時於疆埸之間，設詐用奇，以誘敵人之來而陷之耳，非如孔明眞有用蜀以爭天下之心也。淩，允之兄子也。王允，獻帝時誅董卓。

先是淩表寵年過耽酒，不可居方任。方任，方面之任也。先，悉薦翻。帝將召寵，給事中郭謀曰：「寵爲汝南太守、豫州刺史漢建安中，武王操以寵爲汝南太守，太和三年，刺豫州，是年都督揚州。二十餘年，有勳方岳；自魏以下，以督州爲方岳之任，謂其職猶古之方伯、岳牧也。及鎭淮南，吳人憚之。若不如所表，將爲所闚，可令還朝，朝，直遙翻。問以東方事以察之。」帝從之。既至，體氣康強，帝慰勞遣還。勞，力到翻。

11十一月，戊戌晦，日有食之。

12 十二月，戊午，博平敬侯華歆卒。諡法：夙夜警戒曰敬；合善典法曰敬。華，戶化翻。

13 丁卯，吳大赦，改明年元曰嘉禾。會稽南始平言嘉禾生，故以改元。

六年（壬子、二三二）

1 春，正月，吳主少子建昌侯慮卒。太子登自武昌入省吳主，因自陳久離定省，子道有闕；記曲禮曰：凡爲人子之禮，冬溫而夏凊，昏定而晨省。省，悉景翻。離，力智翻。又陳陸遜忠勤，無所顧憂。乃留建業。

2 二月，詔改封諸侯王，皆以郡爲國。

3 帝愛女淑卒，帝痛之甚，追諡平原懿公主，立廟洛陽，葬於南陵，取甄后從孫黃與之合葬，甄，之人翻。從，才用翻。追封黃爲列侯，爲之置後，襲爵。爲，于僞翻；下同。帝欲自臨送葬，又欲幸許。司空陳羣諫曰：「八歲下殤，禮所不備，記檀弓曰：周人以殷人之棺槨葬長殤，以夏后氏之堲周葬中殤、下殤，以有虞氏之瓦棺葬無服之殤。鄭玄註云：略未成人。陸德明曰：十六至十九爲長殤，十二至十五爲中殤，八歲至十一爲下殤，七歲以下爲無服之殤，生未三月不爲殤。況未朞月，而以成人禮送之，加爲制服，舉朝素衣，朝夕哭臨，自古以來，未有此比。朝，直遙翻；下同。臨，力鴆翻。比，毗寐翻。而乃復自往視陵，復，扶又翻。親臨祖載。願陛下抑割無益有損之事，此萬國之至望也。又聞車駕欲幸許昌，二宮上下，皆悉居東，舉朝大小，莫不驚怪。或言欲以避衰，或言欲以便移殿舍，避衰，謂五行之氣，有王有衰，徙舍以避之也。今人謂之避災。便移殿舍，謂欲營繕宮室，故出幸許以便移殿舍也。或不知何故。臣以爲吉凶有命，禍福由人，移走求安，則亦無益。若必當移避，繕治金墉城西宮水經註：金墉城在洛陽城西北角。治，直之翻。及孟津別宮，皆可權時分止，何爲舉宮暴露野次，公私煩費，不可計量。量，音良。且吉士賢人，猶不妄徙其家，以寧鄉邑，使無恐懼之心，子思居於衛，有齊寇。或曰：「寇至，盍去諸？」子思曰：「如伋去，君誰與守！」况乃帝王萬國之主，行止動靜，豈可輕脫哉！」少府楊阜曰：「文皇帝、武宣皇后崩，陛下皆不送葬，所以重社稷，備不虞也；何至孩抱之赤子而送葬也哉！」帝皆不聽。三月，癸酉，行東巡。

4 吳主遣將軍周賀、校尉裴潛乘海之遼東，從公孫淵求馬。

初，虞翻性疏直，數有酒失，又好抵忤人，抵，觸也。數，所角翻。好，呼到翻。忤，五故翻。多見謗毁。吳主嘗與張昭論及神仙，翻指昭曰：「彼皆死人而語神仙，世豈有仙人也！」吳主積怒非一，遂徙翻交州。及周賀等之遼東，翻聞之，以爲五谿宜討；遼東絕遠，聽使來屬，尚不足取，今去人財以求馬，去，猶棄也。去，羌呂翻。既非國利，又恐無獲。欲諫不敢，作表以示呂岱，岱不報。爲愛憎所白，讒佞之人，有愛有憎，而無公是非，故謂之愛憎。白，陳奏也。復徙蒼梧猛陵。猛陵縣屬蒼梧郡。劉昫曰：唐梧州孟陵縣、藤州鐔津縣、龔州南平·武林·隋建三縣，皆漢猛陵縣地。復，扶又翻。

5 夏，四月，壬寅，帝如許昌。

6 五月，皇子殷卒。

7 秋，七月，以衞尉董昭爲司徒。

8 九月，帝行如摩陂，治許昌宮，起景福、承光殿。治，直之翻。

9 公孫淵陰懷貳心，數與吳通。數，所角翻。帝使汝南太守田豫督青州諸軍自海道，幽州刺史王雄自陸道討之。海道自東萊浮海，陸道自遼西渡遼水。散騎常侍蔣濟諫曰：「凡非相吞之國，不侵叛之臣，光武報竇融書曰：吾與爾，非相吞之國。左傳：戎子駒支對范宣子曰：爲不侵不叛之臣。不宜輕伐。伐之而不能制，是驅使爲賊也。故曰：『虎狼當路，不治狐狸。』治，直之翻。先除大害，小害自已。今海表之地，累世委質，質，如字。歲選計、孝，計、孝，謂每歲上計及舉孝廉也。不乏職貢，議者先之。先，悉薦翻。正使一舉便克，得其民不足益國，得其財不足爲富；儻不如意，是爲結怨失信也。」帝不聽。豫等往皆無功，詔令罷軍。

豫以吳使周賀等垂還，歲晚風急，必畏漂浪，東道無岸，當赴成山，成山無藏船之處，遂輒以兵屯據成山。賀等還至成山，班志：成山在東萊郡不夜縣；後漢省不夜縣。括地志：成山在萊州文登縣西北百九十里。遇風，豫勒兵擊賀等，斬之。吳主聞之，始思虞翻之言，乃召翻於交州。會翻已卒，以其喪還。還，從宣翻，又如字。

10 十一月，庚寅，陳思王植卒。謚法：追悔前過曰思。

11 十二月，帝還許昌宮。

12 侍中劉曄爲帝所親重。帝將伐蜀，朝臣內外皆曰「不可」。朝，直遙翻。曄入與帝議，則曰「可伐」；出與朝臣言，則曰「不可」。曄有膽智，言之皆有形。謂言蜀之可伐與不可伐，皆有勝負之形，可以動人之聽。中領軍楊暨，中領軍，主中壘、五校、武衛等三營。漢建安四年，魏武丞相府，自置中領軍；文帝踐阼，始置領軍將軍。其後以資重者爲領軍將軍，資輕者則爲中領軍。帝之親臣，又重曄，執不可伐之議最堅，每從內出，輒過曄，過，工禾翻。曄講不可之意。後暨與帝論伐蜀事，暨切諫，帝曰：「卿書生，焉知兵事！」焉，於虔翻；下同。暨謝曰：「臣言誠不足采，侍中劉曄，先帝謀臣，常曰蜀不可伐。」帝曰：「曄與吾言蜀可伐。」暨曰：「曄可召質也。」質，證也，驗也，對問也。詔召曄至，帝問曄，終不言。後獨見，見，賢遍翻；下同。曄責帝曰：「伐國，大謀也，臣得與聞大謀，與，讀曰預。常恐眯夢漏泄以益臣罪，眯，毋禮翻，一作「寐」。說文曰：寐而眯，厭。厭，讀曰魘。焉敢向人言之！夫兵詭道也，軍事未發，不厭其密。陛下顯然露之，臣恐敵國已聞之矣。」於是帝謝之。曄見出，責暨曰：「夫釣者中大魚，見，賢遍翻。中，竹仲翻。則縱而隨之，須可制而後牽，則無不得也。人主之威，豈徒大魚而已！子誠直臣，然計不足采，不可不精思也。」暨亦謝之。

或謂帝曰：「曄不盡忠，善伺上意所趨而合之，伺，相吏翻。趨，七喻翻。陛下試與曄言，皆反意而問之，若皆與所問反者，是曄常與聖意合也。每問皆同者，曄之情必無所逃矣。」言者謂曄善迎合上意，上若有所問，試反上意而問之，曄之對必與上所問者反，而與上意所向者合，每問皆然，則可以見曄迎合之情矣。帝如言以驗之，果得其情，從此疏焉。疏，與疎同。曄遂發狂，出爲大鴻臚，以憂死。侍中，在天子左右。大鴻臚，外朝官也。臚，陵如翻。

傅子曰：巧詐不如拙誠，信矣。晉傅玄著書，號傅子。以曄之明智權計，若居之以德義，行之以忠信，古之上賢，何以加諸！獨任才智，不敦誠愨，敦，厚也，崇尙也。內失君心，外困於俗，卒以自危，卒，子恤翻。豈不惜哉！

13 曄嘗譖尙書令陳矯專權，矯懼，以告其子騫。騫曰：「主上明聖，大人大臣，今若不合，不過不作公耳。」後數日，帝意果解。

尙書郎樂安廉昭以才能得幸，好抉擿羣臣細過以求媚於上。好，呼到翻。抉，一決翻，挑也。擿，他歷翻，發動也。黃門侍郎杜恕上疏曰：「伏見廉昭奏左丞曹璠以罰當關不依詔，坐判問。續漢志：尙書左右丞各一人，掌錄文書期會；左丞主吏民章報及騶伯史，右丞主假署印綬及紙筆墨諸財用庫藏。蔡質漢儀曰：左丞總典臺中綱紀，無所不統。魏、晉之制，左丞主臺內禁令，宗廟祠祀，朝儀禮制，選用署吏急假；右丞掌臺內庫藏、廬舍，凡諸器用之物及廩振人租布、刑獄、兵器，督錄遠道文書章表奏事。罰，罪罰也。關，白也。言有罪罰當關白，而不依詔書，故坐以判問。判，剖也，析也；問，責問也；剖析其事而責問之也。璠，孚袁翻。又云：『諸當坐者別奏。』廉昭又云諸當坐者，別奏，意欲并奏令僕坐之。尙書令陳矯自奏不敢辭罰，亦不敢陳理，志意懇惻。臣竊慼然爲朝廷惜之！爲，于僞翻。古之帝王所以能輔世長民者，長，知兩翻。莫不遠得百姓之懽心，近盡羣臣之智力。今陛下憂勞萬機，或親燈火，而庶事不康，刑禁日弛。原其所由，非獨臣不盡忠，亦其主不能使也。百里奚愚於虞而智於秦，韓信之言，見十卷漢高帝三年。豫讓苟容中行而著節智伯，豫讓事范、中行氏，智伯伐而滅之，移事智伯。後趙襄子滅智伯，豫讓漆身呑炭，必報襄子，五起而不中。人問豫讓，豫讓曰：「范、中行衆人遇我，我故衆人報之；智伯國士遇我，我故國士報之。」行，戶剛翻。斯則古人之明驗矣。若陛下以爲今世無良才，朝廷乏賢佐，豈可追望稷、契之遐蹤，契，息列翻。坐待來世之俊乂乎！今之所謂賢者，盡有大官而享厚祿矣，然而奉上之節未立，向公之心不一者，委任之責不專，而俗多忌諱故也。臣以爲忠臣不必親，親臣不必忠。今有疏者毀人而陛下疑其私報所憎，譽人而陛下疑其私愛所親，左右或因之以進憎愛之說，遂使疏者不敢毀譽，此言帝信其所親而疑其所疏，遂使在遠之臣不敢言，以至是非失其眞也。疏，與疎同。譽，音余。以至政事損益，亦皆有嫌。陛下當思所以闡廣朝臣之心，篤厲有道之節，有道，謂有道之士也。使之自同古人，垂名竹帛，反使如廉昭者擾亂其間，臣懼大臣將遂容身保位，坐觀得失，爲來世戒也。昔周公戒魯侯曰：『無使大臣怨乎不以。』以，用也；見論語。言不賢則不可爲大臣，爲大臣則不可不用也。書數舜之功，稱去四凶，共工、驩兜、鯀、三苗，世濟其惡，然後去之。數，所具翻。去，羌呂翻。不言有罪無問大小則去也。言小過當略而不問。今者朝臣不自以爲不能，以陛下爲不任也；不自以爲不知，以陛下爲不問也。知，讀曰智。陛下何不遵周公之所以用，大舜之所以去，使侍中、尚書坐則侍帷幄，行則從華輦，親對詔問，各陳所有，則羣臣之行皆可得而知，行，下孟翻。忠能者進，闇劣者退，誰敢依違而不自盡。以陛下之聖明，親與羣臣論議政事，使羣臣人得自盡，賢愚能否，在陛下之所用。以此治事，何事不辦；治，直之翻；下同。以此建功，何功不成！每有軍事，謂二邊有警急之時也。詔書常曰：『誰當憂此者邪？吾當自憂耳。』近詔又曰：『憂公忘私者必不然，但先公後私卽自辦也。』近詔，謂近日所下詔也。先，悉薦翻。後，戶遘翻。伏讀明詔，乃知聖思究盡下情，然亦怪陛下不治其本而憂其末也。爲治之本在於任賢，事之治不治，乃其末也。人之能否，實有本性，雖臣亦以爲朝臣不盡稱職也。稱，尺證翻。明主之用人也，使能者不敢遺其力，而不能者不得處非其任。處，昌呂翻。選舉非其人，未必爲有罪也；舉朝共容非其人，乃爲怪耳。朝，直遥翻。陛下知其不盡力而代之憂其職，知其不能也而教之治其事，豈徒主勞而臣逸哉，雖聖賢並世，終不能以此爲治也。爲治，直吏翻。陛下又患臺閣禁令之不密，人事請屬之不絕，屬，之欲翻；下同。作迎客出入之制，以惡吏守寺門，寺門，官寺之門也。斯實未得爲禁之本也。昔漢安帝時，少府竇嘉辟廷尉郭躬無罪之兄子，猶見舉奏，章劾紛紛。按范書：郭躬，章帝元和三年拜廷尉，和帝永元六年卒，不及安帝時。蓋躬死後，竇嘉方辟其兄子也。劾，戶槪翻，又戶得翻。近司隸校尉孔羨辟大將軍狂悖之弟，裴松之曰：按大將軍，司馬宣王也；晉書云：宣帝第五弟名通，爲司隸從事，疑恕所云狂悖者。悖，蒲內翻，又蒲沒翻。而有司嘿爾，望風希指，甚於受屬，屬，之欲翻。選舉不以實者也。嘉有親戚之寵，躬非社稷重臣，猶尚如此；以今況古，陛下自不督必行之罰以絕阿黨之原耳。出入之制，與惡吏守門，非治世之具也。治，直之翻。使臣之言少蒙察納，少，詩沼翻。何患於姦不削滅，而養若廉昭等乎！夫糾擿姦宄，忠事也；擿，他狄翻。然而世憎小人行之者，以其不顧道理而苟求容進也。若陛下不復考其終始，復，扶又翻。必以違衆迕世爲奉公，迕，五故翻。密行白人爲盡節；謂潛伺人之過失以白上，乃以爲盡節也。焉有通人大才而更不能爲此邪？焉，於虔翻。誠顧道理而弗爲耳。使天下皆背道而趨利，則人主之所最病者也，陛下將何樂焉！」背，蒲妹翻。趨，七喻翻；下同。樂，音洛。恕，畿之子也。建安中，畿守河東，有能名。

帝嘗卒至尚書門，卒，讀曰猝。尚書門，尚書臺門也。陳矯跪問帝曰：「陛下欲何之？」帝曰：「欲按行文書耳。」矯曰：「此自臣職分，非陛下所宜臨也。若臣不稱其職，則請就黜退，行，下孟翻。分，扶問翻。稱，尺證翻。陛下宜還。」帝慙，回車而反。帝嘗問矯：「司馬公忠貞，可謂社稷之臣乎？」矯曰：「朝廷之望也；社稷則未知也。」陳矯、賈逵皆忠於魏，而二人之子皆爲晉初佐命；豈但利祿之移人哉？非故家喬木而教忠不先也。

14 吳陸遜引兵向廬江；論者以爲宜速救之。滿寵曰：「廬江雖小，將勁兵精，將，卽亮翻。

守則經時。謂陸遜若以兵圍守，必經時而不能拔。又，賊舍船二百里來，句絕。舍，讀曰捨。後尾空絕，不來尚欲誘致，今宜聽其遂進，但恐走不可及耳。」乃整軍趨楊宜口，魏廬江郡治陽泉縣。續漢志：陽泉縣有陽泉湖，故陽泉鄉也，漢靈帝封黃琬爲侯國。水經註：陽泉水受決水，東北流，逕陽泉縣故城東，又西北入決水，謂之陽泉口。趨，七喻翻。吳人聞之，夜遁。

是時，吳人歲有來計。滿寵上疏曰：「合肥城南臨江湖，北遠壽春，魏揚州治壽春，距合肥二百餘里。遠，于願翻；下同。賊攻圍之，得據水爲勢；官兵救之，當先破賊大輩，然後圍乃得解。賊往甚易，易，以豉翻。而兵往救之甚難，宜移城內之兵，其西三十里，有奇險可依，更立城以固守，此爲引賊平地而掎其歸路，掎，居蟻翻。於計爲便。」護軍將軍蔣濟議以爲：「既示天下以弱，且望賊煙火而壞城，壞，音怪。此爲未攻而自拔；一至於此，劫略無限，必淮北爲守。」濟言望風移戍，吳必劫掠無限，將限淮以自守也。帝未許。寵重表曰：重，直用翻。「孫子言『兵者，詭道也，故能而示之不能，驕之以利，示之以懾，』懾，懼也。懾，之涉翻。此爲形實不必相應也。又曰：『善動敵者形之。』今賊未至而移城卻內，所謂形而誘之也。引賊遠水，遠，于願翻。擇利而動，舉得於外，則福生於內矣！」尚書趙咨以寵策爲長，趙咨蓋必黃初初自吳使于魏者也。文帝重其辯給，遂臣於魏。詔遂報聽。

青龍元年（癸丑、二三三）

1 春，正月，甲申，青龍見摩陂井中。二月，帝如摩陂觀龍，改元。自是改摩陂曰龍陂。

2 公孫淵遣校尉宿舒、姓譜：宿本風姓，伏羲之後，封於宿。風俗通：漢有鴈門太守宿詳。郎中令孫綜晉志：王國置郎中令，淵未封王，僭置之也。奉表稱臣於吳；吳主大悅，爲之大赦。爲，于僞翻。三月，吳主遣太常張彌、執金吾許晏、將軍賀達將兵萬人，金寶珍貨，九錫備物，乘海授淵，封淵爲燕王。舉朝大臣自顧雍以下皆諫，以爲「淵未可信而寵待太厚，但可遣吏兵護送舒、綜而已；」吳主不聽。張昭曰：「淵背魏懼討，背，蒲妹翻。遠來求援，非本志也。若淵改圖，欲自明於魏，兩使不反，使，疏吏翻。不亦取笑於天下乎！」吳主反覆難昭，難，乃旦翻。昭意彌切。吳主不能堪，按劍【章：甲十六行本「劍」作「刀」；乙十一行本同。】而怒曰：「吳國士人入宮則拜孤，出宮則拜君，孤之敬君亦爲至矣，而數於衆中折孤，數，所角翻。折，之舌翻。孤常恐失計。」失計，謂不能容昭而殺之也。昭孰視吳主古孰、熟字通。曰：「臣雖知言不用，每竭愚忠者，誠以太后臨崩，呼老臣於牀下，遺詔顧命之言故在耳。」事見六十五卷漢獻帝建安十二年。因涕泣橫流；吳主擲刀於地，與之對泣。然卒遣彌、晏往。卒，子恤翻。昭忿言之不用，稱疾不朝；朝，直遙翻。吳主恨之，土塞其門，塞，悉則翻。昭又於內以土封之。張昭事吳，有古大臣之節。

3 夏，五月，戊寅，北海王蕤卒。

4 閏月，庚寅朔，日有食之。

5 六月，洛陽宮鞠室災。鞠室者，畫地爲域以蹴鞠，因以名室。

6 鮮卑軻比能誘保塞鮮卑步度根與深結和親，步度根保塞，見七十卷文帝黃初五年。誘，音酉。自勒萬騎迎其累重於陘北。累，力瑞翻。重，直用翻。陘，音刑。陘北，陘嶺之北也，唐代州鴈門縣有東陘關、西陘州。荆【章：甲十六行本「荆」作「幷」；乙十一行本同；孔本同。】州刺史畢軌表輒出軍，以外威比能，內鎭步度根。帝省表曰：省，悉景翻。「步度根已爲比能所誘，有自疑心。今軌出軍，愼勿越塞過句注也。」漢靈帝末，羌胡大擾定襄、雲中、五原、朔方、上郡，並流徙分散。建安二十年，集塞下荒地，置新興郡，自陘嶺以北並棄之，故以句注爲塞。比詔書到，比，必寐翻。軌已進軍屯陰館，應劭曰：句注，山名，在鴈門陰館縣。杜佑曰：句注山，卽鴈門縣西陘嶺。句，伏儼音俱，包愷音鉤。遣將軍蘇尙、董弼追鮮卑。軻比能遣子將千餘騎迎步度根部落，與尙、弼相遇，戰於樓煩，陰館、樓煩二縣，漢皆屬鴈門郡，而晉志無之，蓋已棄之荒外矣。二將沒，步度根與泄歸泥部落皆叛出塞，泄歸泥，扶羅韓之子。與軻比能合寇邊。帝遣驍騎將軍秦朗將中軍討之，晉職官志：驍騎將軍、游擊將軍，並漢雜號將軍也，魏置爲中軍。軻比能乃走幕北，泄歸泥將其部衆來降。步度根尋爲軻比能所殺。

7 公孫淵知吳遠難恃，乃斬張彌、許晏等首，傳送京師，悉沒其兵資珍寶。卒如張昭之言。傳，直戀翻。冬，十二月，詔拜淵大司馬，封樂浪公。樂浪，音洛琅。

吳主聞之，大怒曰：「朕年六十，世事難易，靡所不嘗。嘗，試也。易，以豉翻。近爲鼠子所前卻，謂稱臣以誘吳使同前，既又斬其使以卻之也。令人氣踊如山。不自截鼠子頭以擲于海，無顔復臨萬國，復，扶又翻。就令顛沛，不以爲恨！」知其不可，而欲興忿兵也。

陸遜上疏曰：「陛下以神武之資，誕膺期運，破操烏林，事見六十五卷漢獻帝建安十三年。敗備西陵，事見六十九卷文帝黄初三年。敗，補邁翻。禽羽荆州，事見六十八卷建安二十四年。斯三虜者，當世雄傑，皆摧其鋒。聖化所綏，萬里草偃，言如風行而草偃也。方蕩平華夏，總一大猷。猷，道也，謀也。夏，戶雅翻。今不忍小忿而發雷霆之怒，違垂堂之戒，千金之子，坐不垂堂，以喻權不當自越海而加兵於遼東。輕萬乘之重，乘，繩證翻。此臣之所惑也。臣聞之，行萬里者不中道而輟足，圖四海者不懷細而害大。強寇在境，荒服未庭，陛下乘桴遠征，桴，芳無翻。編竹木渡水，大者曰栰，小者曰桴。必致闚𨵦，慼至而憂，悔之無及。若使大事時捷，則淵不討自服。今乃遠惜遼東衆之與馬，謂權所以遠惜遼東而不忍棄絕之者，以其民衆與其地產馬也。柰何獨欲捐江東萬安之本業而不惜乎！」

尚書僕射薛綜上疏曰：「昔漢元帝欲御樓船，薛廣德請刎頸以血染車。事見二十八卷永光元年。刎，武粉翻。何則？水火之險至危，非帝王所宜涉也。今遼東戎貊小國，貊，莫百翻。無城隍之固，備禦之術，器械銖鈍，銖者，十分黍之重，言其輕也。犬羊無政，往必禽克，誠如明詔。然其方土寒埆，埆，克角翻，墝瘠也。穀稼不殖，民習鞍馬，轉徙無常，卒聞大軍之至，自度不敵，卒，讀曰猝。度，徒洛翻。烏驚獸駭，長驅奔竄，一人匹馬，不可得見，雖獲空地，守之無益，此不可一也。加又洪流滉瀁，滉瀁，水深廣貌。滉，戶廣翻。瀁，以兩翻，又余亮翻。有成山之難，海行無常，風波難免，倏忽之間，人船異勢，雖有堯、舜之德，智無所施，賁、育之勇，力不得設，此不可二也。賁，音奔。加以鬱霧冥其上，鹹水蒸其下，善生流腫，轉相洿染，洿，烏故翻。流腫者，謂毒氣下流，足爲之腫，古人謂之重膇，今人謂之腳氣。凡行海者，稀無此患，此不可三也。天生神聖，當乘時平亂，康此民物。今逆虜將滅，海內垂定，乃違必然之圖，尋至危之阻，忽九州之固，肆一朝之忿，既非社稷之重計，又開闢以來所未嘗有，斯誠羣僚所以傾身側息，謂傾身而臥，側鼻而息，不得展布四體，安於偃仰也。食不甘味，寢不安席者也。」

選曹尚書陸瑁上疏曰：吳選曹尚書，卽魏選部尚書。瑁，音冒。「北寇與國，壤地連接，苟有間隙，間，古莧翻；下同。應機而至。夫所以爲越海求馬，曲意於淵者，爲赴目前之急，除腹心之疾也。爲，于僞翻。而更棄本追末，捐近治遠，治，直之翻。忿以改規，激以動衆，斯乃猾虜所願聞，非大吳之至計也。北寇、猾虜，皆謂魏也。又兵家之術，以功役相疲，勞逸相待，得失之間，所覺輒多。兵法：以逸待勞，又曰：逸則能勞之。言敵人用智以疲我，苦不自覺，比我覺知，則得失之間相去多矣。且沓渚去淵，道里尚遠，遼東郡有沓氏縣，西南臨海渚。應劭曰：沓，長答翻。又據陳壽志：景初三年，以遼東東沓縣吏民渡海，居齊郡界爲新沓縣，卽沓渚之民也。今到其岸，兵勢三分，使強者進取，次當守船，又次運糧，行人雖多，難得悉用。加以單步負糧，經遠深入，賊地多馬，邀截無常。若淵狙詐，與北未絕，動衆之日，脣齒相濟；此慮魏乘吳伐遼之間而南侵也。狙，千余翻。若實了然無所憑賴，了然，猶言曉然也。蜀本作「孑然」，文義尤長。孑，孤孑也，謂淵孤立孑然無援也。其畏怖遠迸，或難卒滅，怖，普布翻。迸，北孟翻。卒，讀曰猝。使天誅稽於朔野，山虜乘間而起，山虜，謂丹楊、豫章、鄱陽、廬陵、新都等郡山越也。「乘」，蜀本作「承」。間，古莧翻。恐非萬安之長慮也！」吳主未許。

瑁重上疏曰：重，直龍翻。「夫兵革者，固前代所以誅暴亂、威四夷也。然其役皆在姦雄已除，天下無事，從容廟堂之上，從，千容翻。以餘議議之耳。至於中夏鼎沸，九域盤互之時，盤互，謂各盤據而互爲敵也。夏，戶雅翻。率須深根固本，愛力惜費，未有正於此時舍近治遠，以疲軍旅者也。舍，讀曰捨。治，直之翻。昔尉佗叛逆，僭號稱帝，于時天下乂安，百姓康阜，然漢文猶以遠征不易，告喻而已。佗，徒河翻。事見十三卷漢文帝元年。易，以豉翻。今凶桀未殄，疆埸猶警，埸，音亦。未宜以淵爲先。願陛下抑威任計，暫寧六師，潛神嘿規，以爲後圖，天下幸甚！」吳主乃止。

吳主數遣人慰謝張昭，數，所角翻。昭固不起。吳主因出，過其門呼昭，過，工禾翻。昭辭疾篤。吳主燒其門，欲以恐之，恐，丘共翻。昭亦不出。吳主使人滅火，住門良久，昭諸子共扶昭起，吳主載以還宮，深自克責，昭不得已，然後朝會。朝，直遙翻。

初，張彌、許晏等至襄平，襄平縣，遼東郡治所，淵所都也。公孫淵欲圖之，乃先分散其吏兵，中使秦旦、張羣、杜德、黃強等及吏兵六十人置玄菟。中使，中節人使也。使，疏吏翻。陳壽曰：漢武帝開玄菟郡，治沃沮城；後爲夷貊所侵，徙郡句驪西北。菟，同都翻。玄菟在遼東北二百里，此非玄菟郡舊治也。太守王贊，領戶二百，旦等皆舍於民家，仰其飲食，仰，牛向翻。積四十許日。旦與羣等議曰：「吾人遠辱國命，自棄於此，與死無異。今觀此郡，形勢甚弱，若一旦同心，焚燒城郭，殺其長吏，爲國報恥，長，知兩翻。爲，于僞翻。然後伏死，足以無恨。孰與偷生苟活，長爲囚虜乎！」羣等然之。於是陰相結約，當用八月十九日夜發，其日中時，爲郡中張松所告，贊便會士衆，閉城門，旦、羣、德、強皆踰城得走。時羣病疽瘡著厀，疽，千余翻。著，直略翻。厀，與膝同。不及輩旅，德常扶接與俱，崎嶇山谷，崎，丘宜翻。嶇，音區。行六七百里，創益困，不復能前，創，初良翻；下同。臥草中，相守悲泣。羣曰：「吾不幸創甚，死亡無日，卿諸人宜速進道，冀有所達，空相守俱死於窮谷之中，何益也！」德曰：「萬里流離，死生共之，不忍相委。」委，棄也。於是推旦、強使前，推，吐雷翻。德獨留守羣，採菜果食之。食，讀曰飤。旦、強別數日，得達句麗，因宣吳主詔於句麗王位宮及其主簿，高句麗國，在遼東之東千里。位宮，漢高句麗王宮之曾孫也。宮生而開目能視，及長，勇壯，數犯漢邊。位宮生墮地，亦能開目視人。句麗呼相似爲「位」，以似其祖，故名曰位宮。句麗有相加、對盧、沛者、古鄒大加、主簿、優台、使者、帛衣、先人。「帛衣」，三國志作「皁衣」。句，音如字，又音駒。驪，力知翻。給言有賜，爲遼東所劫奪。給，徒亥翻。位宮等大喜，卽受詔，命使人隨旦還迎羣，【章：甲十六行本「羣」下有「德」字；乙十一行本同。】遣皁衣二十五人，送旦等還吳，奉表稱臣，貢貂皮千枚，鶡雞皮十具。郭璞註山海經曰：鶡雞似雉而大，青色，有毛角，鬭敵死乃止。鶡，何葛翻。旦等見吳主，悲喜不能自勝。勝，音升。吳主壯之，皆拜校尉。

8 是歲，吳主出兵欲圍新城，合肥新城也。以其遠水，積二十餘日，不敢下船。大船向岸，船高岸卑，故謂舍船就岸曰下船，以自船而下也。遠，于願翻。滿寵謂諸將曰：「孫權得吾移城，必於其衆中有自大之言，今大舉來，欲要一切之功，要，一遙翻。雖不敢至，必當上岸耀兵以示有餘。」上，時掌翻。乃潛遣步騎六千，伏肥水隱處以待之。吳主果上岸耀兵，寵伏兵卒起擊之，卒，讀曰猝。斬首數百，或有赴水死者。吳主又使全琮攻六安，亦不克。

9 蜀庲降都督張翼水經註：寧州建寧縣，故庲降都督屯，蜀後主建興三年，分益州郡置之。用法嚴峻，南夷豪帥劉胄叛。帥，所類翻。丞相亮以參軍巴西馬忠代翼，召翼令還。其人謂翼宜速歸卽罪。其人，謂召翼者也。卽，就也。翼曰：「不然，吾以蠻夷蠢動，不稱職，故還耳。稱，尺證翻。然代人未至，吾方臨戰場，當運糧積穀，爲滅賊之資，豈可以黜退之故而廢公家之務乎！」於是統攝不懈，懈，古隘翻。代到乃發。馬忠因其成基，破胄，斬之。

10 諸葛亮勸農講武，作木牛、流馬，亮集曰：流馬尺寸之數，肋長三尺五寸，廣三寸，厚二寸二分，左右同。前軸孔分墨去頭四寸，徑中二寸。前腳孔分墨去前軸孔四寸五分，廣一寸。前杠孔分墨去前腳孔分墨三寸七分，孔長二寸，廣一寸。後軸孔去前杠孔分墨一尺五分，大小與前同。後腳孔分墨去後軸孔三寸五分，大小與前同。後杠孔去後腳孔分墨二寸七分，後載剋去後杠孔分墨四寸五分。前杠長一尺八寸，廣二寸，厚一寸五分；後杠與等。板方，囊一板厚八分，長二尺七寸，高一尺六寸五分，廣一尺六寸。每枚受米二斛三斗，從上杠孔去肋下七寸，前後同。上杠孔去下杠孔分墨一尺三寸，孔長一寸五分，廣七分，八孔同。前後四腳廣二寸，厚一寸五分。形制如象軒，長四寸，徑面四寸三分，孔徑中二腳杠長二尺一寸，廣二寸五分，厚一寸四分，同杠耳。運米集斜谷口，治斜谷邸閣；息民休士，三年而後用之。按明年亮即出斜谷，所謂「息民休士，三年而後用之」，通自再攻祁山之後，至是凡三年也。斜，昌遮翻。谷，音浴，又古祿翻。

二年（甲寅、二三四）考異曰：唐太宗晉書景懷夏侯后傳，后以此年死。云「宣帝居上將之重，諸子並有雄才大略，后知帝非魏之純臣，而后既魏氏之甥，帝深忌之，遂以鴆崩。」按是時司馬懿方信任於明帝，未有不臣之迹，況其諸子乎！徒以魏甥之故，猥鴆其妻，都非事實，蓋甚之之辭。不然，師自以他故鴆之也。今不取。

1 春，二月，亮悉大衆十萬由斜谷入寇，遣使約吳同時大舉。

2 三月，庚寅，山陽公卒，獻帝自禪位至卒，十有四年，年五十四。帝素服發喪。

3 己酉，大赦。

4 夏，四月，大疫。

5 崇華殿災。是歲，復修改崇華曰九龍殿，引穀水過九龍前，爲玉井綺欄，蟾蜍含受，神龍吐出。

6 諸葛亮至郿，郿，音媚，又音眉。軍於渭水之南。司馬懿引軍渡渭，背水爲壘拒之，背，蒲妹翻。謂諸將曰：「亮若出武功，依山而東，誠爲可憂；若西上五丈原，水經註：五丈原在郿縣西，渭水逕其北。又亮與步騭書曰：原在武功西十里。上，時掌翻。諸將無事矣。」亮果屯五丈原。雍州刺史郭淮言於懿曰：雍，於用翻。「亮必爭北原，宜先據之。」議者多謂不然，淮曰：「若亮跨渭登原，連兵北山，隔絕隴道，搖盪民夷，盪，徒朗翻。此非國之利也。」懿乃使淮屯北原。塹壘未成，塹，七豔翻。漢兵大至，淮逆擊卻之。

亮以前者數出，數，所角翻。皆以運糧不繼，使己志不伸，乃分兵屯田爲久駐之基，耕者雜於渭濱居民之間，而百姓安堵，軍無私焉。

7 五月，吳主入居巢湖口，巢湖口即今栅江口也，在和州歷陽縣西南百五十里，水導源巢湖。裴松之曰：巢，祖了翻。今巢湖與焦湖通，焦，勦音近，故有勦音，今讀如字。向合肥新城，即太和六年滿寵所築新城也。華夷對境圖：魏合肥新城，今爲廬州謝步鎮。衆號十萬；又遣陸遜、諸葛瑾將萬餘人入江夏、沔口，向襄陽；瑾，渠吝翻。沔，彌兗翻。將軍孫韶、張承入淮，向廣陵、淮陰。六月，滿寵欲率諸軍救新城，殄夷將軍田豫曰：殄夷將軍，蓋魏所置，然不在沈約志所謂四十號將軍之數。「賊悉衆大舉，非圖小利，欲質新城以致大軍耳。質，音致。宜聽使攻城，挫其鋭氣，不當與爭鋒也。城不可拔，衆必罷怠；罷怠然後擊之，可大克也。罷，讀曰疲。若賊見計，言窺見吾所以待敵之計也。必不攻城，勢將自走。若使進兵，適入其計矣。」

時東方吏士皆分休，寵表請召中軍兵，并召所休將士，分休，猶番休也。須集擊之。散騎常侍廣平劉劭議以爲：「賊衆新至，心專氣銳，寵以少人自戰其地，少，詩沼翻。若便進擊，必不能制。寵請待兵，未有所失也，以爲可先遣步兵五千，精騎三千，先軍前發，先，悉薦翻。揚聲進道，震曜形勢。騎到合肥，疏其行隊，疏，讀曰疎。行，戶剛翻。多其旌鼓，曜兵城下，引出賊後，擬其歸路，要其糧道。賊聞大軍來，騎斷其後，必震怖遁走，要，一遙翻。斷，丁管翻。怖，普布翻。不戰自破矣。」帝從之。

寵欲拔新城守，致賊壽春，帝不聽，曰：「昔漢光武遣兵據略陽，終以破隗囂，事見四十二卷建武八年。先帝東置合肥，南守襄陽，西固祁山，賊來輒破於三城之下者，地有所必爭也。合肥、襄陽以備吳，祁山以備蜀也。縱權攻新城，必不能拔。敕諸將堅守，吾將自往征之，比至，恐權走也。」比，必寐翻。乃使征蜀護軍秦朗督步騎二萬助司馬懿禦諸葛亮，敕懿：「但堅壁拒守以挫其鋒，彼進不得志，退無與戰，久停則糧盡，虜略無所獲，則必走；走而追之，全勝之道也。」秋，七月，【章：甲十六行本「月」下有「壬寅」二字；乙十一行本同。】帝御龍舟東征。

滿寵募壯士焚吳攻具，射殺吳主之弟子泰；射，而亦翻。又吳吏士多疾病。帝未至數百里，疑兵先至。吳主始謂帝不能出，聞大軍至，遂遁，孫韶亦退。

陸遜遣親人韓扁奉表詣吳主，邏者得之。扁，補典翻，又音篇。邏，郎佐翻。諸葛瑾聞之甚懼，書與遜云：「大駕已還，賊得韓扁，具知吾闊狹，且水乾，宜當急去。」乾，音干。遜未答，方催人種葑、豆，葑，菜也；謂之蔓菁。豆，菽也。與諸將弈棋、射戲如常。瑾曰：「伯言多智略，陸遜，一名議，字伯言。其必當有以。」乃自來見遜。遜曰：「賊知大駕已還，無所復憂，得專力於吾。又已守要害之處，兵將意動，謂敵既知權還，料遜兵當退，已分守要害之處，欲以遮截遜所部兵，既無進取之氣，而有遮截之慮，則其意恐動，將至於或降或潰也。復，扶又翻。且當自定以安之，施設變術，然後出耳。今便示退，賊當謂吾怖，怖，普布翻。仍來相蹙，必敗之勢也。」乃密與瑾立計，令瑾督舟船，遜悉上兵馬以向襄陽城；上，時掌翻。魏人素憚遜名，遽還赴城。瑾便引船出，遜徐整部伍，張拓聲勢，步趣船，趣，七喻翻。魏人不敢逼。行到白圍，蓋立圍屯於白河口，因以爲名。託言住獵，潛遣將軍周峻、張梁等擊江夏、新市、安陸、石陽，新市、安陸二縣，皆屬江夏郡。魏初以文聘爲江夏太守，屯石陽，舟車湊焉，頗爲繁富。沈約曰：江夏曲陵縣本名石陽，晉武帝太康元年，改曰曲陵；宋明帝泰始六年，併曲陵入安陸縣。斬獲千餘人而還。

羣臣以爲司馬懿方與諸葛亮相守未解，車駕可西幸長安。帝曰：「權走，亮膽破，大軍足以制之，吾無憂矣。」遂進軍至壽春，錄諸將功，封賞各有差。

8 八月，壬申，葬漢孝獻皇帝于禪陵。帝王紀曰：禪陵在濁鹿城西北十里。賢曰：在今懷州脩武縣北二十五里。劉澄之地記曰：以漢禪魏，因以名焉。

9 辛巳，帝還許昌。

10 司馬懿與諸葛亮相守百餘日，亮數挑戰，數，所角翻。挑，徒了翻。懿不出。亮乃遺懿巾幗婦人之服；字書：幗，古獲翻，婦人喪冠也；又古對翻。據劉昭註補輿服志，公卿、列侯夫人紺繒幗。蓋婦人首飾之稱，不特喪冠也。遺，于季翻。懿怒，上表請戰，帝使衞尉辛毗杖節爲軍師以制之。護軍姜維謂亮曰：「辛佐治杖節而到，賊不復出矣。」治，直吏翻。復，扶又翻。亮曰：「彼本無戰情，所以固請戰者，以示武於其衆耳。將在軍，君命有所不受，孫武子及司馬穰苴之言也。將，卽亮翻。苟能制吾，豈千里而請戰邪！」

亮遣使者至懿軍，懿問其寢食及事之煩簡，不問戎事。懿所憚者亮也，問其寢食及事之煩簡，以覘壽命之久近耳，戎事何必問邪！使者對曰：「諸葛公夙興夜寐，罰二十以上，皆親覽焉；所噉食不至數升。」懿告人曰：「諸葛孔明食少事煩，其能久乎！」噉，徒濫翻。少，詩沼翻。

亮病篤，漢【章：甲十六行本「漢」下有「主」字；乙十一行本同。】使尚書僕射李福省侍，省，悉景翻。因諮以國家大計。福至，與亮語已，別去，已，竟也，語竟而別也。數日復還。復，扶又翻；下同。亮曰：「孤知君還意，近日言語雖彌日，有所不盡，更來求決耳。公所問者，公琰其宜也。」福謝：「前實失不諮請，如公百年後，誰可任大事者，故輒還耳。乞復請蔣琬之後，誰可任者？」亮曰：「文偉可以繼之。」又問其次，亮不答。費禕，字文偉。亮不答繼禕之人，非高帝「此後亦非乃所知」之意，蓋亦見蜀之人士無足以繼禕者矣。嗚呼！

是月，亮卒于軍中。長史楊儀整軍而出。百姓奔告司馬懿，懿追之。姜維令儀反旗鳴鼓，若將向懿者，懿斂軍退，不敢偪。猶恐亮未死也。於是儀結陳而去，陳，讀曰陣。入谷然後發喪。入斜谷也。百姓爲之諺曰：「死諸葛走生仲達。」司馬懿，字仲達。以當時百姓之諺觀之，時人之於孔明何如也！懿聞之，笑曰：「吾能料生，不能料死故也。」懿按行亮之營壘處所，歎曰：「天下奇才也！」方亮之出也，懿以爲若西上五丈原，諸將無事矣。及亮既死退軍，懿按行其營壘處所，以爲天下奇才。觀此，則知懿已料亮之必屯五丈原，而力不能制，姑爲此言以安諸將之心耳。行，下孟翻。追至赤岸，不及而還。還，從宣翻，又如字。

初，漢前軍師魏延，蜀置中軍師、前軍師、後軍師。勇猛過人，善養士卒。每隨亮出，輒欲請兵萬人，與亮異道會于潼關，如韓信故事，韓信請兵故事，見九卷漢高帝二年。亮制而不許。延常謂亮爲怯，歎恨己才用之不盡。楊儀爲人幹敏，亮每出軍，儀常規畫分部，籌度糧穀，不稽思慮，斯須便了，斯，此也；須，待也；言卽此待之，便可辦事。分，扶問翻。度，徒洛翻。軍戎節度，取辦於儀。延性矜高，當時皆避下之，下，遐稼翻。唯儀不假借延，延以爲至忿，有如水火。言不可同處也。亮深惜二人之才，不忍有所偏廢也。

費禕使吳，費，父沸翻。使，疏吏翻。吳主醉，問禕曰：「楊儀、魏延，牧豎小人也，雖嘗有鳴吠之益於時務，然既已任之，勢不得輕。若一朝無諸葛亮，必爲禍亂矣，諸君憒憒，憒，古對翻；釋云：心亂也。不知防慮於此，豈所謂貽厥孫謀乎！」禕對曰：「儀、延之不協，起於私忿耳，而無黥、韓難御之心也。黥布、韓信也。今方掃除強賊，混一函夏，夏，戶雅翻。功以才成，業由才廣，若捨此不任，防其後患，是猶備有風波而逆廢舟檝，非長計也。」檝，與楫同。

亮病困，與儀及司馬費禕等作身歿之後退軍節度，令延斷後，斷，讀曰短。姜維次之；若延不從命，軍便自發。亮固知延非儀所能令矣。亮卒，儀祕不發喪，令禕往揣延意指。揣，初委翻。延曰：「丞相雖亡，吾自見在。此魏延矜高之語也。見，賢遍翻。府親官屬，便可將喪還葬，府親官屬，謂長史以下也。吾當自率諸軍擊賊；云何以一人死廢天下之事邪！且魏延何人，當爲楊儀之所部勒，作斷後將乎！」將，即亮翻。自與禕共作行留部分，分，扶問翻。令禕手書與己連名，告下諸將。時禕爲亮司馬，延知儀必不己從，故因禕來，劫與共作行留處分。行，謂當從亮喪還者，留，謂當留拒敵者，延欲令禕手書處分之語，告其下諸將也。禕紿延曰：「當爲君還解楊長史，長史文吏，稀更軍事，紿，徒亥翻。爲，于僞翻。更，工衡翻。必不違命也。」禕出，奔馬而去。延尋悔之，已不及矣。尋，繼也，言繼時而悔也。

延遣人覘儀等，欲按亮成規，諸營相次引軍還，覘，丑廉翻。還，從宣翻，又如字；下同。延大怒，攙儀未發，攙，初銜翻。自後爭前曰攙，今人猶言攙先。率所領徑先南歸，所過燒絕閣道。延、儀各相表叛逆，一日之中，羽檄交至。漢主以問侍中董允、留府長史蔣琬，琬、允咸保儀而疑延。儀等令槎山通道，槎，仕下翻，邪斫木也。晝夜兼行，亦繼延後。延先至，據南谷口，南谷，即褒谷也。南谷曰褒，北谷曰斜，長四百七十里，同爲一谷。遣兵逆擊儀等，儀等令將軍何平於前禦延。何平，即王平也，本養外家何氏，後復姓王，此從其初姓。平叱先登曰：「公亡，身尚未寒，汝輩何敢乃爾！」延士衆知曲在延，莫爲用命，爲，于僞翻。皆散。延獨與其子數人逃亡，奔漢中，儀遣將馬岱追斬之，遂夷延三族。蔣琬率宿衛諸營北行赴難，難，乃旦翻。行數十里，延死問至，乃還。問，音訊也。始，延欲殺儀等，冀時論以己代諸葛輔政，故不降魏而南還擊儀，實無反意也。延雖無反意，使其輔政，是速蜀之亡也。降，戶江翻。

諸軍還成都，大赦，謚諸葛亮曰忠武侯。初，亮表於漢主曰：「成都有桑八百株，薄田十五頃，子弟衣食，自有餘饒，臣不別治生以長尺寸。治，直之翻。長，知兩翻。若臣死之日，不使內有餘帛，外有贏財，以負陛下。」卒如其所言。卒，子恤翻。

丞相長史張裔常稱亮曰：「公賞不遺遠，罰不阿近，爵不可以無功取，刑不可以貴勢免，此賢愚所以僉忘其身者也！」

陳壽評曰：諸葛亮之爲相國也，撫百姓，示儀軌，儀，度也。軌，法也。約官職，從權制，開誠心，布公道；盡忠益時者，雖讎必賞，犯法怠慢者，雖親必罰，服罪輸情者，雖重必釋，遊辭巧飾者，雖輕必戮，善無微而不賞，惡無纖而不貶；庶事精練，物理其本，言事事物物必從其本而治之。循名責實，虛僞不齒；終於邦域之內，咸畏而愛之，刑政雖峻而無怨者，以其用心平而勸戒明也。可謂識治之良才，管、蕭之亞匹矣。治，直吏翻。亞，次也。匹，偶也。

11 初，長水校尉廖立，廖，力弔翻，姓也。裴松之音理救翻。姓譜：廖姓，周文王子伯廖之後，後漢有廖湛。風俗通曰：古有廖叔安，左傳作飂，蓋其後也。自謂才名宜爲諸葛亮之副，常以職位游散，散，悉亶翻。怏怏怨謗無已，亮廢立爲民，徙之汶山。據立傳，廢徙汶山，後主初立之時也。汶山，漢武帝開爲郡，宣帝地節三年，合於蜀郡，蜀又分置汶山郡；唐爲茂州汶山縣。汶，音岷。及亮卒，立垂泣曰：「吾終爲左衽矣！」李平聞之，亦發病死。平廢徙，見上太和五年。平常冀亮復收己，得自補復，策後人不能故也。復，扶又翻。

習鑿齒論曰：昔管仲奪伯氏駢邑三百，沒齒而無怨言，聖人以爲難。見論語。鄭氏曰：小國之下大夫，采地方一成，其定稅三百家，故三百戶也。其實大國下大夫亦三百戶，故論語云：管仲奪伯氏駢邑三百。一成所以三百家者，一成九百夫，宮室、塗巷、山澤，三分去一，餘有六百夫，又不易再易，通率一家受二夫之田，是定稅三百家也。諸葛亮之使廖立垂泣，李嚴致死，豈徒無怨言而已哉！夫水至平而邪者取法，鑑至明而醜者忘怒；水鑑之所以能窮物而無怨者，以其無私也。水鑑無私，猶以免謗；況大人君子懷樂生之心，樂，音洛。流矜恕之德，法行於不可不用，刑加乎自犯之罪，爵之而非私，誅之而不怒，天下有不服者乎！

12 蜀人所在求爲諸葛亮立廟，漢主不聽；爲，于僞翻。百姓遂因時節私祭之於道陌上。步兵校尉習隆等姓譜：習，國名，後以爲姓。風俗通：漢有習響，爲陳相。上言：請近其墓，立一廟於沔陽，近，其靳翻。斷其私祀。斷，音短。漢主從之。

漢主以左將軍吳懿爲車騎將軍，假節，督漢中，代魏延也。以丞相長史蔣琬爲尚書令，總統國事，尋加琬行都護，假節，領益州刺史。時新喪元帥，喪，息浪翻。遠近危悚，琬出類拔萃，類，倫也。萃，聚也。處羣僚之右，處，昌呂翻。既無戚容，又無喜色，神守舉止，有如平日，由是衆望漸服。

吳人聞諸葛亮卒，恐魏承衰取蜀，增巴丘守兵萬人，此巴丘即巴陵也。今岳州巴陵縣有天岳山，臨大江，一名幕阜，前有培塿，謂之巴蛇冢，相傳以爲羿屠巴蛇於洞庭，其骨若陵，因謂之巴陵。一欲以爲救援，二欲以事分割。漢人聞之，亦增永安之守以防非常。漢主使右中郎將宗預使吳，使，疏吏翻。吳主問曰：「東之與西，譬猶一家，而聞西更增白帝之守，何也？」對曰：「臣以爲東益巴丘之戍，西增白帝之守，皆事勢宜然，俱不足以相問也。」吳主大笑，嘉其抗盡。謂抗言不爲吳屈，又盡情無所隱也。禮之亞於鄧芝。蜀先主殂，諸葛亮當國，始遣鄧芝使吳。

13吳諸葛恪以丹陽山險，民多果勁，雖前發兵，徒得外縣平民而已，陸遜先嘗部伍山越爲兵，事見六十八卷漢獻帝建安二十四年。其餘深遠，莫能禽盡，屢自求爲官出之，爲，于僞翻。三年可得甲士四萬。衆議咸以爲：「丹陽地勢險阻，與吳郡、會稽、新都、番陽四郡鄰接，會，工外翻。番，蒲何翻。周旋數千里，山谷萬重。重，直龍翻。其幽邃人民，未嘗入城邑，對長吏，長，知兩翻。皆仗兵野逸，白首於林莽；莽，莫補翻，又母黨翻；草深曰莽。逋亡宿惡，咸共逃竄。山出銅鐵，自鑄甲兵。俗好武習戰，好，呼到翻。高尚氣力；其升山越險，抵突叢棘，若魚之走淵，猿狖之騰木也。走，音奏。狖，余救翻。說文曰：狖，鼠屬，善旋。時觀間隙，間，古莧翻。出爲寇盜，每致兵征伐，尋其窟藏。其戰則蠭至，敗則鳥竄，自前世以來，不能羈也。」皆以爲難。恪父瑾聞之，亦以事終不逮，逮，及也；謂恪所出山民終不能及四萬之數也。歎曰：「恪不大興吾家，將赤吾族也！」恪盛陳其必捷，吳主乃拜恪撫越將軍，以招撫山越爲將軍號。領丹陽太守，使行其策。

14冬，十一月，洛陽地震。

15吳潘濬討武陵蠻，數年，斬獲數萬。自是羣蠻衰弱，一方寧靜。十一月，濬還武昌。太和五年，吳遣潘濬討武陵蠻。

王崇武標點容肇祖聶崇岐覆校

資治通鑑卷第七十三

翰林學士兼侍讀學士朝散大夫右諫議大夫知制誥判尚書都省兼提舉萬壽觀公事柱國河内郡開國侯食邑一千三百户食實封二百户賜紫金魚袋臣　司馬光　奉敕編集

後　學　天　台　胡三省　音註

魏紀五 起旃蒙單閼(乙卯)，盡強圉大荒落(丁巳)，凡三年。

烈祖明皇帝中之下

青龍三年(乙卯、二三五)

1 春，正月，戊子，以大將軍司馬懿爲太尉。

2 丁巳，皇太后郭氏殂。帝數問甄后死狀於太后，甄后死見六十九卷文帝之黄初二年。數，所角翻。甄，之人翻。由是太后以憂殂。

3 漢楊儀既殺魏延，事見上卷上年。自以爲有大功，宜代諸葛亮秉政；而亮平生密指，以儀狷狹，密指，蓋亮密以語諸僚佐，特儀不知耳。狷，吉掾翻。意在蔣琬。儀至成都，拜中軍師，無所統領，從容而已。從，千容翻。初，儀事昭烈帝爲尚書，琬時爲尚書郎。後雖俱爲丞相參軍、長史，儀每從行，當其勞劇；自謂年宦先琬，才能踰之，先，悉薦翻。於是怨憤形于聲色，歎咤之音發於五內，咤，叱稼翻，噴也。叱怒也。五內，五藏之內也。時人畏其言語不節，莫敢從也。惟後軍師費禕往慰省之，費，父沸翻。省，悉景翻。儀對禕恨望，前後云云。云云，師古曰：猶言如此如此也。又語禕曰：「往者丞相亡沒之際，吾若舉軍以就魏氏，處世寧當落度如此邪！語，牛倨翻。處，昌呂翻。度，徒洛翻。落度，失意也。令人追悔，不可復及！」復，扶又翻；下同。禕密表其言。漢主廢儀爲民，徙漢嘉郡。漢嘉縣，故青衣也；漢順帝陽嘉二年，改爲漢嘉，屬蜀郡屬國都尉。蜀郡屬國，安帝延光元年所置，蜀分爲漢嘉郡。儀至徙所，復上書誹謗，辭指激切；遂下郡收儀，上，時掌翻。下，遐稼翻。儀自殺。

4 三月，庚寅，葬文德皇后文德，郭后也。郭后謚曰德，甄后謚曰昭。

5 夏，四月，漢主以蔣琬爲大將軍、錄尚書事；費禕代琬爲尚書令。

6 帝好土功，好，呼到翻。既作許昌宮，事見上卷太和六年。又治洛陽宮，諸葛亮死，帝乃大興宮室。晉士燮所謂「釋楚爲外懼」者，此也。治，直之翻。起昭陽太極殿，水經註：明帝上法太極，於洛陽南宮起太極殿，卽漢崇德殿之故處。築總章觀，高十餘丈，舜有總章之訪，相傳以爲總章卽明堂也。觀，闕也，總章觀蓋在太極殿前。觀，古玩翻。高，居傲翻。力役不已，農桑失業。司空陳羣上疏曰：「昔禹承唐、虞之盛，猶卑宮室而惡衣服。況今喪亂之後，人民至少，喪，息浪翻。少，詩沼翻。比漢文、景之時，不過漢一大郡。漢自秦、項之爭，民死於兵者多矣，雖文、景與民休息，戶口蕃息，重以武帝窮奢極欲，又減其半。平帝元始之初，民戶一千三百二十三萬三千六百一十二，以班志考之，汝南一郡，戶四十六萬一千五百八十七。光武興於南陽，至永和元年，戶五十餘萬。三國虎爭，人衆之損，萬有一存，景元四年，與蜀通計民戶九十四萬三千二百四十三耳。當此之時，謂不過漢文、景時一大郡，非虛語也。加以邊境有事，將士勞苦，將，即亮翻。若有水旱之患，國家之深憂也。昔劉備自成都至白水，多作傳舍，典略曰：備鎮成都，拔魏延督漢中，於是起館舍，築亭障，從成都至白水關四百餘區。傳，株戀翻。興費人役，太祖知其疲民也。今中國勞力，亦吳、蜀之所願；此安危之機也，惟陛下慮之！」帝答曰：「王業、宮室，亦宜並立，滅賊之後，但當罷守禦耳，豈可復興役邪！復，扶又翻；下同。是固君之職，蕭何之大略也。」此指蕭何治未央宮事爲言。羣曰：「昔漢祖惟與項羽爭天下，羽已滅，宮室燒焚，是以蕭何建武庫、太倉，皆是要急，然高祖猶非其壯麗。羣因帝蕭何之言以陳善閉邪。蕭何事見十一卷高帝七年。今二虜未平，誠不宜與古同也。夫人之所欲，莫不有辭，況乃天王，莫之敢違。前欲壞武庫，謂不可不壞也；後欲置之，謂不可不置也。此皆指帝拒諫實事。壞，音怪。若必作之，固非臣下辭言所屈；若少留神，少，詩沼翻；下同。卓然回意，亦非臣下之所及也。漢明帝欲起德陽殿，鍾離意諫，即用其言，後乃復作之；殿成，謂羣臣曰：『鍾離尚書在，不得成此殿也。』夫王者豈憚一人，蓋爲百姓也。爲，于僞翻；下同。今臣曾不能少凝聖聽，凝，定也，停也；言帝不爲之留聽也。不及意遠矣。」帝乃爲之少有減省。

帝耽于內寵，婦官秩石擬百官之數，西漢婦官十四等，秩石視內外百官之數。魏武建國，始命王后其下五等，曰夫人、昭儀、倢伃、容華、美人。文帝增貴嬪、淑媛、脩容、順成、良人。明帝增淑妃、昭華、脩儀，除順成官。太和中，始復命夫人，登其位於淑妃之上。自夫人以下，爵凡十二等，貴嬪、夫人位次皇后，爵無所視；淑妃位視相國，爵比諸侯王；淑媛位視御史大夫，爵比縣公；昭儀比縣侯；昭華比鄉侯；脩容比亭侯；脩儀比關內侯；倢伃視中二千石；容華視眞二千石；美人視比二千石；良人視千石。自貴人以下至掖庭灑掃，凡數千人，灑，所賣翻；掃，素報翻；又並如字。選女子知書可付信者六人，以爲女尚書，使典省外奏事，處當畫可。漢東都之末，宮中有女尚書。處當，奏事有不合上意，區處其當而下之也。畫可，畫從其所奏。省，悉景翻。處，昌呂翻。廷尉高柔上疏曰：「昔漢文惜十家之資，不營小臺之娛；去病慮匈奴之害，不遑治第之事。治，直之翻。況今所損者非惟百金之費，所憂者非徒北狄之患乎！可粗成見所營立以充朝宴之儀，粗，坐五翻。見，賢遍翻。朝，直遙翻。訖罷作者，使得就農；二方平定，復可徐興。周禮，天子后妃以下百二十人，王立后，三夫人，九嬪，二十七世婦，八十一御妻，是爲百二十人。嬪嬙之儀，既已盛矣；竊聞後庭之數，或復過之，嬪，毗賓翻。嬙，慈良翻。復，扶又翻；下同。聖嗣不昌，殆能由此。臣愚以爲可妙簡淑媛以備內官之數，媛，美女也。淑，善也。媛，于絹翻。其餘盡遣還家，且以育精養神，專靜爲寶。如此，則螽斯之徵可庶而致矣。」詩螽斯，后妃子孫衆多也。

帝報曰：「輒克昌言，他復以聞。」輒以昌言自克也。揚子曰：勝己之私之謂克。

是時獵法嚴峻，殺禁地鹿者身死，財產沒官，有能覺告者，厚加賞賜。柔復上疏曰：「中間以來，百姓供給衆役，親田者既減；親田，謂躬親田畝者。加頃復有獵禁，羣鹿犯暴，殘食生苗，處處爲害，所傷不訾，不訾，言不可計量也。民雖障防，力不能禦。至如滎陽左右，周數百里，歲略不收。方今天下生財者甚少，而麋鹿之損者甚多，卒有兵戎之役，凶年之災，卒，讀曰猝。將無以待之。惟陛下寬放民間，使得捕鹿，遂除其禁，則衆庶永濟，莫不悅豫矣。」

帝又欲平北芒，令於其上作臺觀，望見孟津。黄圖曰：登之可以遠觀，故曰觀。觀，古玩翻。衛尉辛毗諫曰：「天地之性，高高下下。國語：周太子晉曰：天地成而聚於高，歸物於下。四岳佐禹，高高下下，封崇九山，決汨九川。今而反之，既非其理；加以損費人功，民不堪役。且若九河盈溢，洪水爲害，而丘陵皆夷，將何以禦之！」帝乃止。

少府楊阜上疏曰：「陛下奉武皇帝開拓之大業，守文皇帝克終之元緒，元，始也；緒，絲端也。言文帝克終武帝之志，受禪易制，此絲端所從始也。誠宜思齊往古聖賢之善治，治，直吏翻。總觀季世放蕩之惡政。曩使桓、靈不廢高祖之法度，文、景之恭儉，太祖雖有神武，於何所施，而陛下何由處斯尊哉！處，昌呂翻。今吳、蜀未定，軍旅在外，諸所繕治，惟陛下務從約節。」治，直之翻。帝優詔答之。

阜復上疏曰：「堯尚茅茨而萬國安其居，堯土階三尺，茅茨不翦。禹卑宮室而天下樂其業；樂，音洛。及至殷、周，或堂崇三尺，度以九筵耳。周官考工記曰：殷人重屋，堂脩七尋，堂崇三尺。周人明堂，度九尺之筵，東西九筵，南北七筵，堂崇一筵。五室，凡室二筵。桀作璇室象廊，史記龜策傳曰：桀爲瓦室，紂爲象廊，與此稍異。紂爲傾宮鹿臺，新序曰：鹿臺其大三里，高千仞。臣瓚曰：今在朝歌城中。以喪其社稷，喪，息浪翻。楚靈以築章華而身受禍，楚靈王爲章華之台，民不堪命，從亂如歸，王走而死于芈尹氏。秦始皇作阿房，二世而滅。事見七卷三十五年。夫不度萬民之力以從耳目之欲，度，徒洛翻。未有不亡者也。陛下當以堯、舜、禹、湯、文、武爲法則，夏桀、殷紂、楚靈、秦皇爲深誡，而乃自暇自逸，惟宮臺是飾，必有顛覆危亡之禍矣。君作元首，臣爲股肱，存亡一體，得失同之。臣雖駑怯，敢忘爭臣之義！駑，音奴。爭，讀曰諍。言不切至，不足以感悟陛下；陛下不察臣言，恐皇祖、烈考之祚墜于地。使臣身死有補萬一，則死之日猶生之年也，謹叩棺沐浴，伏俟重誅！」奏御，叩，近也。御，進也。帝感其忠言，手筆詔答。

帝嘗著帽，被縹綾半袖。著，陟略翻。說文曰：帽，小兒蠻夷頭衣。縹，普沼翻，青白色。綾，紋帛，或謂之綺，或謂之紋繒。半袖，半臂也。晉志曰：帽名猶冠也，義取於蒙覆其首，其本纚也。古者冠無幘，冠下有纚，以繒爲之。後世施幘於冠，因或裁纚爲帽，自乘輿宴居，下至庶人無爵者，皆服之。被，皮義翻。阜問帝曰：「此於禮何法服也？」帝默不答。自是不法服不以見阜。

阜又上疏欲省宮人諸不見幸者，乃召御府吏問後宮人數。少府屬官有御府令，典官婢，員吏七十人，吏從官三十人。吏守舊令，對曰：「禁密，不得宣露！」阜怒，杖吏一百，數之曰：數，所具翻。「國家不與九卿爲密，反與小吏爲密乎！」帝愈嚴憚之。

散騎常侍蔣濟上疏曰：「昔句踐養胎以待用，國語：越王句踐困於會稽，既反國，命壯者無取老婦，老者無取壯妻；女子十七不嫁，丈夫二十不娶，其父母有罪；將免乳者以告公，令醫守之；生丈夫，二壺酒、一犬；生女子，二壺酒、一豚；生三人，公與之母；生二人，公與之餼。散，悉亶翻。騎，奇寄翻。昭王恤病以雪仇，燕昭王於破燕之後，弔死問疾，欲以報齊，雪先王之恥。故能以弱燕服強齊，羸越滅勁吳。今二敵強盛，當身不除，百世之責也。謂當帝之身，不能滅吳、蜀，後世之責，必歸於帝。以陛下聖明神武之略，舍其緩者，舍，讀曰捨。專心討賊，臣以爲無難矣。」

中書侍郎東萊王基上疏曰：按此則魏已改通事郎爲中書侍郎矣。「臣聞古人以水喻民曰，『水所以載舟，亦所以覆舟。』家語載孔子之言。顏淵曰：『東野子之御，馬力盡矣，而求進不已，殆將敗矣。』荀子：魯定公問於顏淵曰：「東野子善御乎？」顏淵曰：「善則善矣，雖然，其馬將失。」定公曰：「何以知之？」顏淵曰：「臣以政知之。昔舜巧於使民，造父巧於使馬。舜不窮其民力，造父不窮其馬力，是舜無失民，造父無失馬也。今東野畢之御，上車執轡，御體正矣；步驟馳騁，朝禮畢矣；歷險致遠，馬力盡矣；然猶求進不已，是以知之也。」今事役勞苦，男女離曠，願陛下深察東野之敝，留意舟水之喻，息奔駟於未盡，節力役於未困。昔漢有天下，至孝文時唯有同姓諸侯，而賈誼憂之曰：『置火積薪之下而寢其上，因謂之安。』見十四卷漢文帝六年。今寇賊未殄，猛將擁兵，檢之則無以應敵，久之則難以遺後，謂五大在邊，尾大不掉，非善計以詒後人也。遺，于季翻。當盛明之世，不務以除患，若子孫不競，競，強也。社稷之憂也。使賈誼復起，必深切於曩時矣。」言不特痛哭流涕、長太息而已。復，扶又翻；下同。帝皆不聽。

殿中監督役，擅收蘭臺令史；此殿中監，以其時營造宮室，使監作殿中耳，非唐殿中監之官也；觀後所謂校事可知矣。又據晉書輿服志，大駕鹵簿，左殿中御史，右殿中監。則魏時殿中監已有定官。蘭臺令史，屬御史臺。會要曰：漢謂御史臺爲蘭臺。右僕射衞臻奏按之。詔曰：「殿舍不成，吾所留心，卿推之，何也？」推，考鞫也。臻曰：「古制侵官之法，古者，百官不相踰越。左傳：欒鍼曰：侵官，冒也。非惡其勤事也，惡，烏路翻。誠以所益者小，所墮者大也。墮，讀曰隳。臣每察校事，類皆如此，魏武建國，置校事，使察羣下。若又縱之，懼羣司將遂越職，以至陵夷矣。」

尚書涿郡孫禮固請罷役，帝詔曰：「欽納讜言。」讜，音黨。促遣民作；監作者復奏留一月，有所成訖。成訖，言欲成殿舍以訖事也。監，古銜翻。禮徑至作所，不復重奏，重，直龍翻。稱詔罷民，帝奇其意而不責。帝雖不能盡用羣臣直諫之言，然皆優容之。

秋，七月，洛陽崇華殿災。帝問侍中領太史令泰山高堂隆太史令，屬太常，隆以侍中領之。漢儒有高堂生，魯人；隆其後也。姓譜：齊公族有高堂氏。風俗通：齊卿高恭仲食采於高堂。曰：「此何咎也？於禮寧有祈禳之義乎？」對曰：「易傳曰：『上不儉，下不節，孽火燒其室。』又曰：『君高其臺，天火爲災。』京房易傳之辭。傳，直戀翻。孽，魚列翻。此人君務飾宮室，不知百姓空竭，故天應之以旱，火從高殿起也。」詔問隆：「吾聞漢武之時柏梁災，而大起宮殿以厭之，事見二十一卷漢武帝太初元年。厭，益涉翻；下同。其義云何？」對曰：「夷越之巫所爲，非聖賢之明訓也。五行志曰：『柏梁災，其後有江充巫蠱事。』如志之言，越巫建章無所厭也；今宜罷散民役。宮室之制，務從約節，清掃所災之處，不敢於此有所立作，則萐莆、嘉禾必生此地，萐，山輒翻，又色洽翻。莆，音蒲。說文：萐莆，瑞草也。堯時生於庖廚，扇暑而涼。若乃疲民之力，竭民之財，非所以致符瑞而懷遠人也。」

7八月，庚午，立皇子芳爲齊王，詢爲秦王。帝無子，養二王爲子，宮省事祕，莫有知其所由來者。或云：芳，任城王楷之子也。楷，任城王彰之子。任，音壬。

8丁巳，帝還洛陽。

9詔復立崇華殿，復，扶又翻。更名曰九龍。據高堂隆傳，時郡國有九龍見，因以名殿。更，工衡翻。通引穀水過九龍殿前，水經註：穀渠東歷故金市南，直千秋門，枝流入石逗，伏流注靈芝九龍池。爲玉井綺欄，蟾蜍含受，神龍吐出。使博士扶風馬鈞作司南車，司南車，卽指南車也。崔豹古今注曰：黃帝與蚩尤戰于涿鹿，蚩尤作大霧，士皆迷路，乃作指南車以正四方。述征記曰：指南車上有木仙人，持信旛，車轉而人常指南。水轉百戲。傅玄曰：人有上百戲而不能動，帝問鈞：「可動否？」對曰：「可動。」「其巧可益否？」對曰：「可益。」受詔作之，以大木彫構，使其形若輪，平地施之，潛以水發焉。設爲女樂舞象，至令木人擊鼓吹簫。作山嶽，使木人跳絙擲劍，緣絙倒立，出入自在，百官行署，舂磨鬭雞，變巧百端。陵霄闕始構，有鵲巢其上，帝以問高堂隆，對曰：「詩曰：『惟鵲有巢，惟鳩居之。』詩召南鵲巢之辭也。今興宮室，起陵霄闕，而鵲巢之，此宮未成身不得居之象也。天意若曰：『宮室未成，將有他姓制御之』，斯乃上天之戒也。夫天道無親，惟與善人，太戊、武丁覩災悚懼，故天降之福。太戊桑穀生朝，武丁飛雉雊鼎，皆能戒懼，轉災爲福。今若罷休百役，增崇德政，則三王可四，五帝可六，豈惟商宗轉禍爲福而已哉！」帝爲之動容。爲，于僞翻；下同。

帝性嚴急，其督脩宮室有稽限者，立爲期限，以必其成，及期而不成，爲稽限。帝親召問，言猶在口，身首已分。散騎常侍領祕書監王肅漢桓帝延熹二年，置祕書監，秩四百石。上疏曰：「今宮室未就，見作者三四萬人。見，賢遍翻。九龍可以安聖體，其內足以列六宮；惟泰極已前，功夫尚大。泰極，謂太極殿。願陛下取常食稟之士，非急要者之用，選其丁壯，擇留萬人，使一期而更之。更，工衡翻。咸知息代有日，則莫不悅以卽事，勞而不怨矣。易曰：說以使民，民忘其勞。計一歲有三百六十萬夫，亦不爲少。當一歲成者，聽且三年，分遣其餘，使皆卽農，無窮之計也。夫信之於民，國家大寶也。前車駕當幸洛陽，發民爲營，有司命以營成而罷；此營壘之營。既成，又利其功力，不以時遣；有司徒營目前之利，此營求之營。不顧經國之體。臣愚以爲自今已後，儻復使民，復，扶又翻。宜明其令，使必如期；以次有事，寧使更發，無或失信。謂始焉於甲處營造，發民就役，次焉於乙處營造，不可仍用甲處就役之民，寧使更發民以供乙處之役也。凡陛下臨時之所行刑，皆有罪之吏、宜死之人也；然衆庶不知，謂爲倉卒。故願陛下下之於吏，【章：甲十六行本「吏」下有「而暴其罪」四字；乙十一行本同；孔本同；張校同；退齋校同。】卒，讀曰猝。下之之下，音戶稼翻；下同。鈞其死也，無使汙于宮掖鈞，與均同。汙，烏故翻。而爲遠近所疑。且人命至重，難生易殺，易，以豉翻。氣絕而不續者也，是以聖賢重之。昔漢文帝欲殺犯蹕者，廷尉張釋之曰：『方其時，上使誅之則已，今下廷尉，廷尉，天下之平，不可傾也。』事見十四卷漢文帝三年。下，遐稼翻。臣以爲大失其義，非忠臣所宜陳也。廷尉者，天子之吏也，猶不可以失平，而天子之身反可以惑謬乎！斯論誠足以矯張釋之之失言。斯重於爲己而輕於爲君，爲，于僞翻。不忠之甚者也，不可不察。」

10 中山恭王袞疾病，令官屬曰：「男子不死於婦人之手，喪大記之言。亟以時營東堂。」堂成，輿疾往居之。又令世子曰：「汝幼爲人君，知樂不知苦，必將以驕奢爲失者也。兄弟有不良之行，樂，音洛。行，下孟翻。當造厀諫之，造厀，詣厀前也。造，七到翻。厀，與膝同。諫之不從，流涕喻之，喻之不改，乃白其母，猶不改，當以奏聞，幷辭國土。與其守寵罹禍，不若貧賤全身也。此亦謂大罪惡耳，其微過細故，當掩覆之。」覆，敷救翻。冬，十月，己酉，袞卒。

11 十一月，丁酉，帝行如許昌。

12 是歲，幽州刺史王雄使勇士韓龍刺殺鮮卑軻比能；自是種落離散，刺，七亦翻。種，章勇翻。互相侵伐，強者遠遁，弱者請服，邊陲遂安。

13 張掖柳谷口水溢涌，魏氏春秋曰：張掖刪丹縣金山玄川溢。漢晉春秋曰：氐池縣大柳谷口，夜，激波涌溢。刪丹、氐池二縣，漢志皆屬張掖，晉志無之，當是併省也。五代志：甘州張掖縣有大柳谷。又後周廢金山縣入刪丹縣。蓋歷代廢置無常，疆土有離合也。寶石負圖，狀象靈龜，立于川西，有石馬七及鳳凰、麒麟、白虎、犧牛、璜玦、八卦、列宿、孛彗之象，宿，音秀。孛，蒲内翻。彗，徐芮翻，又徐醉翻，又祥歲翻。又有文曰「大討曹」。石圖之文，天意蓋昭昭矣。詔書班天下，以爲嘉瑞。任令于綽連齎以問鉅鹿張臶，任縣，前漢屬廣平國，後漢屬鉅鹿郡，魏復屬廣平郡。師古曰：任，本晉邑也；鄭皇頡奔晉，爲任大夫。劉昫曰：唐邢州任縣，漢鉅鹿南䜌縣地，晉置任縣，治苑鄉城。連齎者，連詔書及班下石圖，齎以問張臶也。張臶兼内外學，故以問之。臶，徂悶翻，又在甸翻，祖悶翻。臶密謂綽曰：「夫神以知來，不追既往，祥兆先見而後廢興從之。見，賢遍翻。今漢已久亡，魏已得之，何所追興祥兆乎！此石，當今之變異而將來之符瑞也。」後人以此爲晉繼魏之徵；牛繼馬，又以爲元帝本牛氏繼司馬之徵。

14 帝使人以馬易珠璣、翡翠、玳瑁於吳，珠不圓者爲璣，又曰粗瑀爲璣。玳，徒耐翻。瑁，蒲佩翻。吳主曰：「此皆孤所不用，而可以得馬，孤何愛焉。」盡以與之。

四年（丙辰、二三六）

1 春，吳人鑄大錢，一當五百。杜佑曰：孫權嘉平五年，鑄大泉，一當五百，文曰「大泉五百」，徑一寸三分，重十二銖。

2 三月，吳張昭卒，年八十一。昭容貌矜嚴，有威風，吳主以下，舉邦憚之。

3 夏，四月，漢主至湔，登觀阪，觀汶水之流，湔，卽漢之湔氐道，屬蜀郡。汶水，卽岷江水也。岷江出氐道西徼外岷山，東流歷都安縣。沈約曰：縣，蜀所立。水經註曰：都安縣有桃關，蜀守李冰作大堰于此，謂之湔堋，亦曰湔堰；觀阪在其上。裴松之曰：湔，音翦。晉書音義：汶，讀與岷同。諸葛亮既沒，漢主游觀，莫之敢止。旬日而還。還，從宣翻，又如字。

4 武都氐【章：甲十六行本「氐」下有「王」字；乙十一行本同；張校同；退齋校同。】苻健請降於漢；以此觀之，諸氐固先有苻姓矣，不待蒲堅以背文「草付」之祥乃姓苻也。杜佑曰：氐者，西戎別種，漢武帝開武都郡，排其種人，分竄山谷，或在上祿，或在河、隴左右。魏武令夏侯淵討叛氐阿貴、千萬等，後因拔棄漢中，遂徙武都之種於秦川，是曰楊氏。苻堅之先，是曰苻氏。楊氏、苻氏同出略陽，世爲婚姻。降，戶江翻。其弟不從，將四百戶來降。

5 五月，乙卯，樂平定侯董昭卒。諡法：大慮靜民曰定；純行不爽曰定。

6 冬，十月，己卯，帝還洛陽宮。

7 甲申，有星孛于大辰，公羊傳曰：大辰者何？大火也。何休註曰：大火與伐，天之所以示民時早晚，天下之所以取正，故謂之大辰。蔡邕曰：自亢八度至尾四度，謂之大火。陳卓曰：自氐五度至尾九度曰大火之次，於辰在卯。孛，蒲內翻。又孛于東方。高堂隆上疏曰：「凡帝王徙都立邑，皆先定天地、社稷之位，所謂圜丘、方澤、南北郊及社稷神位也。敬恭以奉之。將營宮室，則宗廟爲先，廐庫爲次，居室爲後。記曲禮之言。今圜丘、方澤、南北郊、明堂、社稷，神位未定，宗廟之制又未如禮，而崇飾居室，士民失業。外人咸云『宮人之用與軍國之費略齊』，民不堪命，皆有怨怒。書曰：『天聰明自我民聰明，天明畏自我民明威。』書臯陶謨之言。孔安國註曰：言天因民而降之福，民所歸者天命之，天視聽人君之行，用民爲聰明，天明可畏，亦用民成其威。民所叛者天討之，是天明可畏之效也。言天之賞罰，隨民言，順民心也。夫采椽、卑宮，唐、虞、大禹之所以垂皇風也；采椽，即采來之木爲椽，不加斲削也。玉臺、瓊室，夏癸、商辛之所以犯昊天也。張藴古曰：彼昏不知，瑤其臺而瓊其室。文選東都賦註曰：紂爲瓊室，以瓊瑤飾之。今宮室過盛，天彗章灼，彗，祥歲翻，音又見上。斯乃慈父懇切之訓。當崇孝子祗聳之禮，不宜有忽，以重天怒。」隆數切諫，數，所角翻；下同。帝頗不悅。侍中盧毓進曰：「臣聞君明則臣直，古之聖王惟恐不聞其過，此乃臣等所以不及隆也。」帝乃解。毓，植之子也。

8 十二月，癸巳，潁陰靖侯陳羣卒。諡法：恭己鮮言曰靖；寬樂令終曰靖。羣前後數陳得失，數，所角翻。每上封事，輒削其草，時人及其子弟莫能知也。論者或譏羣居位拱默；言拱手而已，默無一言。正始中，詔撰羣臣上書以爲名臣奏議，撰，雛免翻。朝士乃見羣諫事，皆歎息焉。

袁子論曰：或云：「少府楊阜豈非忠臣哉？見人主之非則勃然觸之，與人言未嘗不道。」道者，言之也。答曰：「夫仁者愛人，施之君謂之忠，施於親謂之孝。今爲人臣，見人主失道，力詆其非而播揚其惡，可謂直士，未爲忠臣也。故司空陳羣則不然，談論終日，未嘗言人主之非；書數十上，上，時掌翻。外人不知。君子謂羣於是乎長者矣。」

9 乙未，帝行如許昌。

10 詔公卿舉才德兼備者各一人，司馬懿以兗州刺史太原王昶應選。兗州統陳留、東郡、濟陰、任城、東平、濟北、泰山。昶，丑兩翻。昶爲人謹厚，名其兄子曰默，曰沈，沈，時林翻。名其子曰渾，曰深，爲書戒之曰：「吾以四者爲名，欲使汝曹顧名思義，不敢違越也。夫物速成則疾亡，晚就而善終，朝華之草，夕而零落，松柏之茂，隆寒不衰，是以君子戒於闕黨也。論語：闕黨童子將命，或問之曰：「益者歟？」孔子曰：「吾見其居於位也，見其與先生並行也，非求益者也，欲速成者也。」夫能屈以爲伸，讓以爲得，弱以爲強，鮮不遂矣。鮮，息淺翻。夫毀譽者，愛惡之原而禍福之機也。譽，音余。惡，烏路翻。孔子曰：『吾之於人，誰毀誰譽。』見論語。以聖人之德猶尚如此，況庸庸之徒而輕毀譽哉！人或毀己，當退而求之於身。若己有可毀之行，則彼言當矣；若己無可毀之行，則彼言妄矣。當則無怨於彼，當，丁浪翻。妄則無害於身，又何反報焉！諺曰：

『救寒莫如重裘，重，直龍翻。止謗莫如自脩』，斯言信矣。」昶之所以戒子姪如此。然高貴鄉公之難，王沈陷於不忠；平吳之役，王渾與王濬爭功。馬伏波萬里還書以戒兄子，固無益於兄子也。

景初元年(丁巳、二三七)以改曆，紀元景初。

1春，正月，壬辰，山茌縣言黃龍見。山茌，前漢曰茌縣，後漢及魏晉曰山茌，屬泰山郡。師古曰：茌，士疑翻；應劭音淄；裴松之音仕貍翻。見，賢遍翻。高堂隆以爲：「魏得土德，故其瑞黃龍見，宜改正朔，易服色，以神明其政，變民耳目。」帝從其議。三月，下詔改元，以是月爲孟夏四月，服色尚黃，犧牲用白，從地正也。是月，春三月也。殷爲地正，以建丑，十二月爲歲首。服色尚黃，以土代火之次。犧牲用白，從殷也。更名太和曆曰景初曆。太和曆，註見目錄七卷太和元年。更，工衡翻。

2五月，己巳，帝還洛陽。

3己丑，大赦。

4六月，戊申，京都地震。

5己亥，以尚書令陳矯爲司徒，左僕射衞臻爲司空。晉志曰：尚書僕射，漢本置一人，獻帝建安四年，以執金吾榮部爲尚書左僕射，僕射分置左右蓋自此始。自晉迄于江左，省置無恆，置二則爲左右僕射；或不兩置但曰尚書僕射。令闕則左爲省主，若左右並闕，則置尚書僕射以主左事。

6有司奏以武皇帝爲魏太祖，文皇帝爲魏高祖，帝爲魏烈祖；三祖之廟，萬世不毀。沈約曰：時羣公有司始奏更定七廟之制曰：武皇帝肇建洪基，撥亂夷險，爲魏太祖。文皇帝繼天革命，應期受禪，爲魏高祖。上集成大命，清定華夏，興制禮樂，爲魏烈祖。明帝在阼而其下先擬定廟號，非禮也。謚法：有功安民曰烈；秉德尊業曰烈。

孫盛論曰：夫謚以表行，行，下孟翻。廟以存容。未有當年而逆制祖宗，未終而豫自尊顯。魏之羣司於是乎失正矣。羣司，百執事之臣也。

7 秋，七月，丁卯，東鄉貞公【章：甲十六行本「公」作「侯」；乙十一行本同；退齋校同。】陳矯卒。謚法：不隱無屈曰貞；清白守節曰貞。

8 公孫淵數對國中賓客出惡言，數，所角翻。帝欲討之，以荊州刺史【章：甲十六行本「史」下有「河東」二字；乙十一行本同；張校同。】毌丘儉爲幽州刺史。毌丘，複姓。毌，音無。儉上疏曰：「陛下卽位以來，未有可書。吳、蜀恃險，未可卒平，卒，讀曰猝。聊可以此方無用之士克定遼東。」鄭玄曰：聊，且略之辭。光祿大夫衞臻曰：「儉所陳皆戰國細術，非王者之事也。吳頻歲稱兵，稱，舉也。寇亂邊境，而猶按甲養士，未果致討者，誠以百姓疲勞故也。淵生長海表，相承三世，度、康、淵，凡三世。長，知兩翻。外撫戎夷，內脩戰射，而儉欲以偏軍長驅，朝至夕卷，卷，讀曰捲。知其妄矣。」帝不聽，使儉帥諸軍及鮮卑、烏桓屯遼東南界，帥，讀曰率。璽書徵淵。淵遂發兵反，逆儉於遼隧。遼隧縣，二漢屬遼東郡；晉志無其地，蓋在遼水東岸。水經註：玄菟郡高句麗縣有遼山，小遼水所出，西南至遼隧縣，入于大遼水。璽，斯氏翻。會天雨十餘日，遼水大漲，儉與戰不利，引軍還右北平。淵因自立爲燕王，改元紹漢，置百官，遣使假鮮卑單于璽，封拜邊民，誘呼鮮卑以侵擾北方。誘，音酉。

9 漢張后殂。

10 九月，冀、兗、徐、豫大水。冀州統趙、鉅鹿、安平、平原、樂陵、勃海、河間、博陵、清河、中山、常山。徐州統彭城、下邳、東海、琅邪、廣陵、臨淮。豫州統潁川、汝南、汝陰、梁、沛、譙、魯、弋陽、安豐。

11 西平郭夫人有寵於帝，夫人河右大族，黄初中，以本郡反叛，没入宮。毛后愛弛。帝游後園，曲宴極樂。曲宴，禁中之宴，猶言私宴也。樂，音洛；下同。郭夫人請延皇后，帝不許，因禁左右使不得宣。宣，布也，露其事也。后知之，明日，謂帝曰：「昨日游宴北園，樂乎？」後園在洛城北隅。帝以左右泄之，所殺十餘人。庚辰，賜后死，然猶加謚曰悼。謚法：中年早夭曰悼；肆行無禮曰悼。癸丑，葬愍陵。遷其弟曾爲散騎常侍。

12 冬，十月，帝用高堂隆之議，營洛陽南委粟山爲圜丘，魏氏春秋曰：洛陽有委粟山，在陰鄉，魏時營爲圜丘。孔穎達曰：委粟山在洛陽南二十里。詔曰：「昔漢氏之初，承秦滅學之後，採摭殘缺，以備郊祀，四百餘年，廢無禘禮。摭，之石翻。禮，五年一禘，禘其祖之所自出，以其祖配之，審諦昭穆而祭于太祖也。禘所以異於祫者，毁廟之主，陳於太祖廟，與祫同，未毁廟之主，則各就其廟以祭，此其異也。春秋：吉禘于莊公。左傳：晉人曰：寡君之未禘祀。杜預註曰：禘祀，三年之吉祭也。僖八年，禘于太廟。杜預曰：三年大祭之名。二者不同，禮有禘、有大禘。以下文觀之，則此乃禮記祭法所謂郊禘之禘。鄭氏註曰：禘郊祖宗，謂祭祀以配食也。此禘謂祭昊天於圜丘也。曹氏世系出自有虞，今祀皇皇帝天於圜丘，以始祖虞舜配；祭皇皇后地於方丘，以舜妃伊氏配；舜妃，堯女也。堯，伊祁氏。祀皇天之神於南郊，以武帝配；祭皇地之祇於北郊，以武宣皇后配。」

13 廬江主簿呂習密使人請兵於吳，欲開門爲內應；吳主使衞將軍全琮督前將軍朱桓等赴之，既至，事露，吳軍還。琮，徂宗翻。還，從宣翻，又如字。

14 諸葛恪至丹陽，移書四部屬城長吏，「四部」，當作「四郡」，謂吳郡、會稽、新都、鄱陽，皆與丹陽鄰接，山越依阻出沒，故令各保其疆界也。或曰：四部，謂東、西、南、北四部都尉也。令各保其疆界，明立部伍；其從化平民，悉令屯居。乃內諸將，羅兵幽阻，使諸將入扼幽阻之地，故謂之內。內，讀曰納。但繕藩籬，不與交鋒，俟其穀稼將熟，輒縱兵芟刈，使無遺種。芟，所銜翻。種，章勇翻。舊穀既盡，新穀不收，平民屯居，略無所入。於是山民飢窮，漸出降首。降，戶江翻。首，式救翻。恪乃復敕下曰：復，扶又翻。敕下者，出教令約敕其下也。「山民去惡從化，皆當撫慰，徙出外縣，不得嫌疑，有所拘執！」臼陽長胡伉得降民周遺；臼陽既置長，必以爲縣，其地當在丹陽郡，而今無所考。遺舊惡民，困迫暫出，伉縛送言〔諸〕府。恪以伉違教，遂斬以徇。民聞伉坐執人被戮，伉，胡朗翻，又去浪翻。知官惟欲出之而已，於是老幼相攜而出，歲期人數，皆如本規；歲期人數見上卷青龍二年。恪自領萬人，餘分給諸將。吳主嘉其功，拜恪威北將軍，威北將軍，亦孫氏所創置。封都鄉侯，徙屯廬江皖口。皖水自霍山縣東南流三百四十里入大江，謂之皖口。皖，戶版翻。

是歲，徙長安鍾簴、橐佗、銅人、承露盤於洛陽。盤折，簴，音巨。佗，徒河翻。折，而設翻。聲聞數十里。聞，音問。銅人重，不可致，留于霸城。霸城，卽漢京兆霸陵縣故城也。大發銅鑄銅人二，號曰翁仲，列坐於司馬門外。又鑄黃龍、鳳皇各一，龍高四丈，鳳高三丈餘，高，古號翻。置內殿前。起土山於芳林園西北陬，水經註：大夏門內東側際城有景陽山，卽芳林園之西北陬也。裴松之曰：芳林園卽今華林園，齊王芳卽位，改曰華林園。陬，將侯翻。使公卿羣僚皆負土，樹松、竹、雜木善草於其上，捕山禽雜獸置其中。司徒軍議掾董尋上疏諫曰：漢公府無軍議掾，此官魏置也。掾，俞絹翻。「臣聞古之直士，盡言於國，不避死亡。故周昌比高祖於桀、紂，劉輔譬趙后於人婢，周昌，註已見前。劉輔事見三十一卷漢成帝永始元年。天生忠直，雖白刃沸湯，往而不顧者，誠爲時主愛惜天下也。爲，于僞翻。建安以來，野戰死亡，或門殫戶盡，雖有存者，遺孤老弱。若今宮室狹小，當廣大之，猶宜隨時，不妨農務，況乃作無益之物，黃龍、鳳皇，九龍、承露盤，此皆聖明之所不興也，其功三倍於殿舍。陛下旣尊羣臣，顯以冠冕，被以文繡，被，皮義翻。載以華輿，所以異於小人；而使穿方舉土，方，穴土爲方也。漢書所謂方中，亦此義。面目垢黑，【章：甲十六行本「黑」下有「沾體塗足」四字；乙十一行本同；孔本同；退齋校同。】衣冠了鳥，了鳥，衣冠摧敝之貌。毀國之光以崇無益，甚非謂也。孔子曰：『君使臣以禮，臣事君以忠。』見論語孔子對魯定公之辭。無忠無禮，國何以立！臣知言出必死，而臣自比於牛之一毛，生既無益，死亦何損！司馬遷答任安書曰：假令僕伏法受誅，若九牛亡一毛，與螻蟻何異！秉筆流涕，心與世辭。臣有八子，臣死之後，累陛下矣！」累，力瑞翻。將奏，沐浴以待命。帝曰：「董尋不畏死邪！」主者奏收尋，有詔勿問。

高堂隆上疏曰：「今世之小人，好說秦、漢之奢靡以蕩聖心；好，呼到翻。求取亡國不度之器，不度之器，謂長安鍾簴、橐佗、銅人、承露盤也。勞役費損以傷德政；非所以興禮樂之和，保神明之休也。」帝不聽。

隆又上疏曰：「昔洪水滔天二十二載，隆之此言，蓋取鯀九載績用弗成，禹治兗州作十有三載，乃同合以爲二十二載之數。載，子亥翻。堯、舜君臣南面而已。今無若時之急，而使公卿大夫並與廝徒共供事役，聞之四夷，非嘉聲也，垂之竹帛，非令名也。今吳、蜀二賊，非徒白地、小虜、聚邑之寇，白地，謂大幕不生草木，多白沙也。小虜，謂烏桓、鮮卑也。聚邑之寇，謂盜賊竊發，屯據鄉邑聚落者。乃僭號稱帝，欲與中國爭衡。衡，所以稱輕重。爭衡者，言吳、蜀自謂國勢與中國鈞，無所輕重也。今若有人來告：『權、禪並脩德政，輕省租賦，動咨耆賢，事遵禮度，』陛下聞之，豈不惕然惡其如此，惡，烏路翻。以爲難卒討滅卒，讀曰猝。而爲國憂乎！若使告者曰：『彼二賊並爲無道，崇侈無度，役其士民，重其賦斂，斂，力贍翻。下不堪命，吁嗟日甚，』陛下聞之，豈不幸彼疲敝而取之不難乎！　苟如此，則可易心而度，事義之數亦不遠矣！　度，徒洛翻。義，禮也，高堂隆之論諫，可謂深切著明矣。亡國之主自謂不亡，然後至於亡；賢聖之君自謂亡，然後至於不亡。今天下彫敝，民無儋石之儲，儋，丁濫翻。國無終年之蓄，外有強敵，六軍暴邊，內興土功，州郡騷動，若有寇警，則臣懼版築之士不能投命虜庭矣。又，將吏奉祿，稍見折減，將，子亮翻。奉，扶用翻。方之於昔，五分居一，諸受休者又絕稟賜，稟，筆錦翻，給也。不應輸者今皆出半，此爲官入兼多於舊，其所出與參少於昔。參，三分也。而度支經用，更每不足，牛肉小賦，前後相繼。此蓋犒饗工徒，度支經用不足以給，故賦牛肉以供之。度，徒洛翻。反而推之，凡此諸費，必有所在。指言諸費皆在於營繕也。且夫祿賜穀帛，人主所以惠養吏民而爲之司命者也，若今有廢，是奪其命矣。既得之而又失之，此生怨之府也。」帝覽之，謂中書監、令曰：「觀隆此奏，使朕懼哉！」中書監、令，典奏事，因觀隆奏，遂以語之。

尚書衞覬上疏曰：「今議者多好悅耳；覬，音冀。好，呼到翻。其言政治，則比陛下於堯、舜；治，直吏翻。其言征伐，則比二虜於貍鼠。臣以爲不然。四海之內，分而爲三，羣士陳力，各爲其主，爲，于僞翻。是與六國分治無以爲異也。當今千里無煙，遺民困苦；陛下不善留意，將遂凋敝，難可復振。復，扶又翻。武皇帝之時，後宮食不過一肉，衣不用錦繡，茵蓐不緣飾，緣，俞絹翻。茵蓐之字從草，蓋古人用草爲之，後世鞇字有旁從革者，用皮爲之也。裀褥二字有旁從衣者，用帛爲之也。古樸散而文飾盛，又從而加緣飾焉。觀書顧命，敷席有黼純、綴純、畫純、玄紛純之別，則成周之時已然矣。純，之尹翻，緣也。器物無丹漆，古者朴素，舜造漆器而羣臣諫者不止，況加丹乎！用能平定天下，遺福子孫，此皆陛下之所覽也。當今之務，宜君臣上下，計校府庫，量入爲出，猶恐不及；量，音良。而工役不輟，侈靡日崇，帑藏日竭。帑，徒朗翻。藏，徂浪翻。昔漢武信神仙之道，謂當得雲表之露以餐玉屑，故立仙掌以承高露，陛下通明，每所非笑。漢武有求於露而猶尚見非，陛下無求於露而空設之，不益於好而糜費功夫，誠皆聖慮所宜裁制也！」

時有詔錄奪士女錄，收也。前已嫁爲吏民妻者，還以配士，聽以生口自贖，又簡選其有姿首者內之掖庭。姿，謂有色者；首，謂鬒髮者。太子舍人沛國張茂上書諫曰：「陛下，天之子也，百姓吏民，亦陛下子也，今奪彼以與此，亦無以異於奪兄之妻妻弟也，妻妻，下七細翻。於父母之恩偏矣。又，詔書得以生口年紀、顏色與妻相當者自代，故富者則傾家盡產，貧者舉假貸貰，貴買生口以贖其妻；縣官以配士爲名而實內之掖庭，其醜惡乃出與士。得婦者未必喜而失妻者必有憂，或窮或愁，皆不得志。夫君有天下而不得萬姓之懽心者，鮮不危殆。鮮，息淺翻。且軍師在外數十萬人，一日之費非徒千金，舉天下之賦以奉此役，猶將不給，況復有掖庭非員無錄之女，非員，謂出於員數之外者。無錄，謂宮中錄籍無其名者。復，扶又翻。椒房母后之家，賞賜橫與，橫，戶孟翻。內外交引，其費半軍。謂其費與給軍之費相半也。昔漢武帝掘地爲海，封土爲山，掘地爲海，謂開昆明池；封土爲山，謂作三神山漸臺也。賴是時天下爲一，莫敢與爭者耳。自衰亂以來，四五十載，載，子亥翻；下同。馬不捨鞍，士不釋甲，強寇在疆，圖危魏室。陛下不戰戰業業，念崇節約，而乃奢靡是務，中尚方作玩弄之物，晉志：少府統中、左、右三尚方。後園建承露之盤，斯誠快耳目之觀，然亦足以騁寇讎之心矣！騁，丑郢翻。惜乎，舍堯、舜之節儉而爲漢武帝之侈事，臣竊爲陛下不取也。」帝不聽。舍，讀曰捨。竊爲，于僞翻。

高堂隆疾篤，口占上疏曰：疾篤不能自書，故口占而使人書之。「曾子有言曰：『人之將死，其言也善。』見論語。臣寢疾有增無損，常恐奄忽，忠款不昭，臣之丹誠，願陛下少垂省覽！省，悉景翻。臣觀三代之有天下，聖賢相承，歷數百載，尺土莫非其有，一民莫非其臣。然癸、辛之徒，縱心極欲，皇天震怒，宗國爲墟，紂梟白旗，武王斬紂首，懸之太白之旗。梟，堅堯翻。桀放鳴條，商湯破桀於鳴條，遂放之于南巢。孔安國曰：鳴條地在安邑之西。天子之尊，湯、武有之；豈伊異人？皆明王之胄也。黃初之際，天兆其戒，異類之鳥，育長燕巢，口爪胸赤，此魏室之大異也。晉書五行志：黃初元年，未央宮中有燕生鷹，口爪俱赤。長，知兩翻。宜防鷹揚之臣於蕭牆之內；司馬氏之事，隆固逆知之矣。可選諸王，使君國典兵，往往棋跱，鎮撫皇畿，翼亮帝室。夫皇天無親，惟德是輔。書蔡仲之命之辭。民詠德政，則延期過曆；下有怨歎，則輟錄授能。錄，圖錄也。

由此觀之，天下乃天下之天下，非獨陛下之天下也！」帝手詔深慰勞之。未幾而卒。勞，力到翻。幾，居豈翻。

陳壽評曰：高堂隆學業脩明，志存匡君，因變陳戒，發於懇誠，忠矣哉！及至必改正朔，俾魏祖虞，所謂意過其通者歟！謂是年黃龍見之議也。意過其通，謂意料之說，執之甚堅，反過其學之所通習者也。

16 帝深疾浮華之士，詔吏部尚書盧毓曰：毓，余六翻。「選舉莫取有名，名如畫地作餅，不可啖也。」啖，徒覽翻；噍也，食也，又徒濫翻。毓對曰：「名不足以致異人而可以得常士；常士畏教慕善，然後有名，非所當疾也。愚臣既不足以識異人，又主者正以循名按常爲職，但當有以驗其後耳。古者敷奏以言，明試以功；言唐、虞之治也。今考績之法廢，而以毀譽相進退，故眞僞渾雜，虛實相蒙。」帝納其言。渾，胡本翻。詔散騎常侍劉卲作考課法。卲作都官考課法七十二條，又作說略一篇，說略者，說考課之大略也。詔下百官議。下，遐稼翻。

司隸校尉崔林曰：「按周官考課，其文備矣。周冢宰總百官，歲終則令百官府各正其治，受其會，聽其政事，而詔王廢置；三歲，則大計羣吏之治而誅賞之。其詳見於周禮。自康王以下，遂以陵夷，此卽考課之法存乎其人也。及漢之季，其失豈在乎佐吏之職不密哉！方今軍旅或猥或卒，猥，積也；卒，倉猝也，讀曰猝。增減無常，固難一矣。且萬目不張，舉其綱，以綱爲譬也。衆毛不整，振其領，以裘爲譬也。皋陶仕虞，伊尹臣殷，不仁者遠。用論語子夏答樊遲之言。陶，音遙。若大臣能任其職，式是百辟，詩烝民曰：王命仲山甫，式是百辟。註云：汝施行法度於是百君。則孰敢不肅，烏在考課哉！」

黃門侍郎杜恕曰：「明試以功，三載考績，誠帝王之盛制也。然歷六代而考績之法不著，關七聖而課試之文不垂，六代：唐、虞、夏、商、周、漢。七聖：堯、舜、禹、湯、文、武、周公。關，通也。臣誠以爲其法可粗依，其詳難備舉故也。粗，坐五翻。語曰：『世有亂人而無亂法』，若使法可專任，則唐、虞可不須稷、契之佐，殷、周無貴伊、呂之輔矣。契，息列翻。今奏考功者，陳周、漢之云爲，綴京房之本旨，漢京房有考功課吏法。可謂明考課之要矣。於以崇揖讓之風，興濟濟之治，臣以爲未盡善也。濟，子禮翻。治，直吏翻。其欲使州郡考士，必由四科，四科，卽漢左雄所上，黃瓊所增者也。見五十二卷順帝漢安二年。皆有事效，然後察舉，試辟公府，爲親民長吏，長，知兩翻。轉以功次補郡守者，或就增秩賜爵，此最考課之急務也。臣以爲便當顯其身，用其言，使具爲課州郡之法，法具施行，立必信之賞，施必行之罰。至於公卿及內職大臣，亦當俱以其職考課之。古之三公，坐而論道；周官考工記曰：坐而論道，謂之三公。內職大臣，納言補闕，無善不紀，無過不舉。且天下至大，萬機至衆，誠非一明所能徧照；故君爲元首，臣作股肱，明其一體相須而成也。是以古人稱廊廟之材，非一木之支，帝王之業，非一士之略。師古曰：此語出於愼子，班固引以贊婁敬、叔孫通。由是言之，焉有大臣守職辦課可以致雍熙者哉！

焉，於虔翻。誠使容身保位，無放退之辜，而盡節在公，抱見疑之勢，公義不脩而私議成俗，雖仲尼爲課，猶不能盡一才，又況於世俗之人乎！」

司空掾北地傅嘏曰：「夫建官均職，清理民物，所以立本也。循名責實，糾勵成規，所以治末也。治，直之翻。本綱未舉而造制末程，綱，維紘繩，網總也；舉綱則衆目張矣，言所繫者大也。十髮爲程，一程爲分，言其細也。又曰：程，品式也。國略不崇而考課是先，國略，國經也。先，心薦翻。懼不足以料賢愚之分，精幽明之理也。」料，音聊。議久之不決，事竟不行。

臣光曰：爲治之要，莫先於用人，治，直吏翻。而知人之道，聖賢所難也。書皋陶曰：在知人，在安民。禹曰：吁！咸若時，惟帝其難之。是故求之於毁譽，則愛憎競進而善惡渾殽；譽，音余。渾，戶本翻。考之於功狀，則巧詐横生而眞僞相冒。要之，其本在於至公至明而已矣。爲人上者至公至明，則羣下之能否焯然形於目中，無所復逃矣。焯，職略翻，明也。復，扶又翻。苟爲不公不明，則考課之法，適足爲曲私欺罔之資也。

何以言之？公明者，心也，功狀者，迹也。己之心不能治，治，直之翻；下同。而以考人之迹，不亦難乎！爲人上者，誠能不以親疏貴賤異其心，喜怒好惡亂其志，好，呼到翻。惡，烏路翻。欲知治經之士，則視其記覽博洽，博，廣也，大也，通也。洽，偏也。講論精通，斯爲善治經矣；欲知治獄之士，則視其曲盡情僞，無所寃抑，斯爲善治獄矣；欲知治財之士，則視其倉庫盈實，百姓富給，斯爲善治財矣；欲知治兵之士，則視其戰勝攻取，敵人畏服，斯爲善治兵矣。至於百官，莫不皆然。雖詢謀於人而決之在己，雖考求於迹而察之在心，研覈其實而斟酌其宜，至精至微，不可以口述，不可以書傳也，安得豫爲之法而悉委有司哉！溫公之論善矣，然必英明之君，然後能行之。自漢以下，循名責實，莫孝宣若也。宣帝之政，非由師傅之諭教，公輔之啓沃也。公所謂不可以口述，不可以書傳，其萬世之名言也歟！或者親貴雖不能而任職，疏賤雖賢才而見遺；所喜所好者敗官而不去，所怒所惡者有功而不錄；喜，許記翻。好，呼到翻。敗，補邁翻。惡，烏路翻。詢謀於人，則毁譽相半而不能決，考求其迹，則文具實亡而不能察。雖復爲之善法，復，扶又翻。繁其條目，謹其簿書，安能得其眞哉！

或曰：人君之治，治，直吏翻。大者天下，小者一國，內外之官以千萬數，考察黜陟，安得不委有司而獨任其事哉？曰：非謂其然也。凡爲人上者，不特人君而已；太守居一郡之上，刺史居一州之上，九卿居屬官之上，三公居百執事之上，皆用此道以考察黜陟在下之人，爲人君者亦用此道以考察黜陟公卿【章：甲十六行本「卿」下有「刺史」二字；乙十一行本同。】太守，奚煩勞之有哉！古人有言曰：舉一綱，衆目張。又曰：正其本，萬事理，此之謂也。而所謂本者，豈易言哉！

或曰：考績之法，唐、虞所爲，京房、劉邵述而修之耳，烏可廢哉？曰：唐、虞之官，其居位也久，其受任也專，其立法也寬，其責成也遠。是故鯀之治水，九載績用弗成，然後治其罪；事見尚書。治其罪，謂殛鯀於羽山也。治，直之翻；下同。禹之治水，九州攸同，四隩既宅，然後賞其功；隩，於六翻。事亦見尚書，賞其功，謂錫禹以玄珪也。非若京房、劉邵之法，校其米鹽之課，責其旦夕之效也。事固有名同而實異者，不可不察也。考績非可行於唐、虞而不可行於漢、魏，由京房、劉邵不得其本而奔趨其末故也。趨，七喻翻。

17 初，右僕射衛臻典選舉，中護軍蔣濟遺臻書曰：蔣濟已自中護軍遷護軍將軍，此復書中護軍，蓋先時事也。遺，于季翻。「漢主【章：甲十六行本「主」作「祖」；乙十一行本同。】遇亡虜爲上將，謂韓信。周武拔漁父爲太師；謂呂望。布衣廝養，廝，音斯。養，羊尚翻。可登王公，何必守文，試而後用！」臻曰：「不然。子欲同牧野於成、康，喻斷蛇於文、景，謂草創之規略，不可用於承平之時也。好不經之舉，好，呼到翻。經，常也。開拔奇之津，津，江河濟渡之要，故以爲喻。將使天下馳騁而起矣！」

盧毓論人及選舉，皆先性行而後言才，先，悉薦翻。行，下孟翻。黃門郎馮翊李豐嘗以問毓，毓曰：「才所以爲善也，故大才成大善，小才成小善；今稱之有才而不能爲善，是才不中器也！」豐服其言。中，竹仲翻。

王崇武標點容肇祖聶崇岐覆校

資治通鑑卷第七十四

翰林學士兼侍讀學士朝散大夫右諫議大夫知制誥判尚書都省兼提舉萬壽觀公事柱國河内郡開國侯食邑一千三百戶食實封二百戶賜紫金魚袋臣　司馬光　奉敕編集

後　學　天　台　胡三省　音　註

魏紀六 起著雍敦牂（戊午），盡旃蒙赤奮若（乙丑），凡八年。

烈祖明皇帝下

景初二年（戊午、二三八）

1春，正月，帝召司馬懿於長安，使將兵四萬討遼東。討公孫淵也。留司馬懿於長安，以備蜀也。諸葛亮死，乃敢召之遠略。將，即亮翻。議臣或以爲四萬兵多，役費難供。議臣，當時謀議之臣也。帝曰：「四千里征伐，續漢志：遼東郡在洛陽東北三千六百里。雖云用奇，亦當任力，不當稍計役費也。」帝謂懿曰：「公孫淵將何計以待君？」對曰：「淵棄城豫走，上計也；據遼東拒大軍，其次也；「遼東」當作「遼水」。坐守襄平，此成禽耳。」襄平縣，漢遼東郡治所，公孫淵所都。帝曰：「然則三者何出？」對曰：「唯明智能審量彼我，量，音良。乃豫有所割棄。此既非淵所及，又謂今往孤遠，言孤軍遠征也。不能支久，必先拒遼水，後守襄平也。」帝曰：「還往幾日？」對曰：「往百日，攻百日，還百日，以六十日爲休息，如此，一年足矣。」

公孫淵聞之，復遣使稱臣，求救於吳。吳人欲戮其使，欲報張彌、許晏之忿也。事見七十二卷青龍元年。復，扶又翻。使，疏吏翻。羊衜曰：衜，古道字。「不可，是肆匹夫之怒而捐霸王之計也，不如因而厚之，遣奇兵潛往以要其成。要，一遙翻。若魏伐不克，而我軍遠赴，是恩結遐夷，義形萬里；若兵連不解，首尾離隔，則我虜其傍郡，驅略而歸，亦足以致天之罰，報雪曩事矣。」吳主曰：「善！」乃大勒兵謂淵使曰：「請俟後問，當從簡書，左傳：狄伐邢，管敬仲言於齊侯曰：詩云：「豈不懷歸，畏此簡書。」簡書，同惡相恤之謂也；請救邢以從簡書。必與弟同休戚。」淵遣使謝吳，自稱燕王，求爲兄弟之國，故權因而稱之爲弟。又曰：「司馬懿所向無前，深爲弟憂之。」此晉史臣爲此語耳，權必無此言。爲，于僞翻。

帝問於護軍將軍蔣濟曰：「孫權其救遼東乎？」濟曰：「彼知官備已固，魏、晉之間，謂國家爲官。利不可得，深入則非力所及，淺入則勞而無獲；權雖子弟在危，猶將不動，況異域之人，兼以往者之辱乎！亦謂斬張彌、許晏也。今所以外揚此聲者，譎其行人，譎，古穴翻，詐也。疑之於我，我之不克，冀其折節事己耳。然沓渚之間，去淵尚遠，若大軍相守，事不速決，則權之淺規，或得輕兵掩襲，未可測也。」淺規，謂規圖淺攻，不敢深入；吳君臣之爲謀，已不逃蔣濟所料矣。

2帝問吏部尚書盧毓：「誰可爲司徒者？」毓薦處士管寧。處，昌呂翻。帝不能用，更問其次，對曰：「敦篤至行，則太中大夫韓暨；行，下孟翻。亮直清方，則司隸校尉崔林；貞固純粹，則太常常林。」二月，癸卯，以韓暨爲司徒。

3漢主立皇后張氏，前后之妹也。立王貴人子璿爲皇太子，璿，旬緣翻。瑤爲安定王。

大司農河南孟光問太子讀書及情性好尚於祕書郎郤正，東漢以馬融爲祕書郎，詣東觀典校書；祕書郎蓋自融始。好，呼到翻；下同。郤，綺戟翻。正曰：「奉親虔恭，夙夜匪懈，有古世子之風；懈，古隘翻。接待羣僚，舉動出於仁恕。」光曰：「如君所道，皆家戶所有耳；謂其才行不逾中人也。吾今所問，欲知其權略智謀【章：甲十六行本「謀」作「調」；乙十一行本同；孔本同；張校同；下同。】何如也。」正曰：「世子之道，在於承志竭歡，承志，謂承君父之志；竭歡，謂左右就養，承顏順色，以盡親之歡。既不得妄有施爲；智謀藏於胸懷，權略應時而發，此之有無，焉可豫知也！」焉，於虔翻。光知正慎宜，慎宜者，謹言語，擇其所宜言乃言也。不爲放談，乃曰：「吾好直言，無所回避。今天下未定，智意爲先，智意自然，不可力強致也。強，其兩翻。儲君讀書，寧當傚吾等竭力博識以待訪問，如博士探策講試以求爵位邪！按漢書音義，作簡策難問例置案上，在試者意投射，取而答之，謂之射策；卽探策也；若錄政化得失，顯而問之，謂之對策。探，吐南翻。當務其急者。」正深謂光言爲然。正，儉之孫也。儉爲益州刺史，漢靈帝中平五年，爲盜賊所殺。

4 吳人鑄當千大錢。杜佑曰：孫權赤烏元年鑄一當千大錢，徑一寸四分，重十六銖。

5 夏，四月，庚子，南鄉恭侯韓暨卒。

6 庚戌，大赦。

7 六月，司馬懿軍至遼東，公孫淵使大將軍卑衍、楊祚姓譜：卑，卑耳國之後，或云鮮卑之後。蔡邕胡太傅碑有太傅掾鴈門卑登。將步騎數萬屯遼隧，圍塹二十餘里。考異曰：晉宣紀云「南北六七十里」，今從淵傳。諸將欲擊之，懿曰：「賊所以堅壁，欲老吾兵也，今攻之，正墮其計。且賊大衆在此，其巢窟空虛；直指襄平，破之必矣。」乃多張旗幟，欲出其南，幟，昌志翻。衍等盡銳趣之。懿潛濟水，出其北，直趣襄平；趣，七喻翻。衍等恐，引兵夜走。諸軍進至首山，首山在襄平西南。淵復使衍等逆戰，復，扶又翻；下同。懿擊，大破之，遂進圍襄平。

秋，七月，大霖雨，遼水暴漲，運船自遼口徑至城下。遼口，遼水津渡之口也。雨月餘不止，平地水數尺；三軍恐，欲移營，懿令軍中：「敢有言徙者斬！」都督令史張靜犯令，斬之，晉職官志：魏制，諸公加兵者置都督令史一人。軍中乃定。賊恃水，樵牧自若，諸將欲取之，懿皆不聽。司馬陳珪曰：「昔攻上庸，八部俱進，晝夜不息，故能一旬之半，拔堅城，斬孟達。事見七十一卷太和二年。今者遠來而更安緩，愚竊惑焉。」懿曰：「孟達衆少而食支一年，將士四倍於達而糧不淹月；淹，留也；言所留之糧不支一月也。以一月圖一年，安可不速！以四擊一，正令失半而克，猶當爲之，是以不計死傷，與糧競也。競，爭也。懿之語珪，猶有廋辭，蓋其急攻孟達，豈特與糧競哉？懼吳、蜀救兵至耳。今賊衆我寡，賊飢我飽，水雨乃爾，爾，如此也。功力不設，雖當促之，亦何所爲！自發京師，不憂賊攻，但恐賊走。今賊糧垂盡而圍落未合，掠其牛馬，抄其樵采，抄，楚交翻。此故驅之走也。夫兵者詭道，善因事變。言善兵者，能因事而變化也。賊憑衆恃雨，故雖飢困，未肯束手，當示無能以安之。取小利以驚之，非計也。」懿知淵可禽，欲以全取之。朝廷聞師遇雨，咸欲罷兵。帝曰：「司馬懿臨危制變，禽淵可計日待也。」

雨霽，懿乃合圍，作土山地道，楯櫓鉤衝，楯，干也，攻城之士以扞蔽其身。櫓，樓車，登之以望城中。鉤，鉤梯也，所以鉤引上城者。衝，衝車也，以衝城。晝夜攻之，矢石如雨。淵窘急，窘，巨隕翻。糧盡，人相食，死者甚多，其將楊祚等降。八月，淵使相國王建、御史大夫柳甫請解圍卻兵，當君臣面縛。懿命斬之，檄告淵曰：「楚、鄭列國，而鄭伯猶肉袒牽羊迎之。左傳：楚莊王圍鄭，克之，入自皇門，至于逵路，鄭伯肉袒牽羊以逆。孤天子上公，漢太傅，位上公。懿時爲太尉而自謂上公，以太尉於三公爲上也。而建等欲孤解圍退舍，豈得禮邪！二人老耄，傳言失指，已相爲斬之。爲，于僞翻。若意有未已，可更遣年少有明決者來！」少，詩照翻。淵復遣侍中衞演乞克日送任，送任，謂送質子也。復，扶又翻。懿謂演曰：「軍事大要有五：能戰當戰，不能戰當守，不能守當走；餘二事，但有降與死耳。降，戶江翻。汝不肯面縛，此爲決就死也，不須送任！」壬午，襄平潰，淵與子脩將數百騎突圍東南走，大兵急擊之，斬淵父子於梁水之上。班志：遼東郡遼陽縣，註云：大梁水西南至遼陽，入遼水。水經註：小遼水出玄菟高句麗縣遼山，西南流逕襄平縣，入大梁水；水出北塞外，西南流而入于遼水。懿既入城，誅其公卿以下及兵民七千餘人，築爲京觀。杜預曰：積尸封土於其上，謂之京觀。觀，古玩翻。遼東、帶方、樂浪、玄菟四郡皆平。漢帶方縣，屬樂浪郡，公孫氏分立郡。陳壽曰：建安中，公孫康分屯有以南荒地爲帶方郡，倭、韓諸國屬焉。樂浪，音洛琅。菟，同都翻。

淵之將反也，將軍綸直、賈範等苦諫，綸，姓；直，名；其先以邑爲姓。淵皆殺之，懿乃封直等之墓，顯其遺嗣，釋淵叔父恭之囚。淵囚恭事見七十一卷太和二年。中國人欲還舊鄉者，恣聽之。遂班師。司馬懿與諸葛亮相守閉壁，若無能爲者；及討公孫淵，智計橫出。鄙語有云：「棋逢敵手難藏行，」其是之謂乎！

初，淵兄晃爲恭任子在洛陽，先淵未反時，數陳其變，先，悉薦翻。數，所角翻；下同。欲令國家討淵；及淵謀逆，帝不忍市斬，欲就獄殺之。晃數陳淵之必反，非同逆者也；帝欲殺之以絕其類，刑之於市則無名，故欲就獄殺之。廷尉高柔上疏曰：「臣竊聞晃先數自歸，陳淵禍萌，雖爲凶族，原心可恕。夫仲尼亮司馬牛之憂，司馬牛，宋司馬桓魋之弟也。魋凶惡，牛憂之，曰：「人皆有兄弟，我獨亡。」謂魋之積惡，將死亡無日。祁奚明叔向之過，左傳：晉人逐欒盈，殺羊舌虎，囚虎兄叔向。祁奚見范宣子曰：「管、蔡爲戮，周公右王；若之何以虎也棄社稷！」宣子言諸公而免之。在昔之美義也。臣以爲晃信有言，宜貸其死；苟自無言，便當市斬。今進不赦其命，退不彰其罪，閉著囹圄，使自引分，著，直略翻。引分，卽引決也。四方觀國，或疑此舉也。」帝不聽，竟遣使齎金屑飲晃及其妻子，飲，於鴆翻。賜以棺衣，殯斂於宅。宅，晃所居者。斂，力贍翻。

8 九月，吳改元赤烏。權以赤烏集於殿前改元。

9 吳步夫人卒。

初，吳主爲討虜將軍，在吳，娶吳郡徐氏；太子登所生庶賤，吳主令徐氏母養之。徐氏妬，故無寵。及吳主西徙，謂自吳而西徙都武昌也。徐氏留處吳；而臨淮步夫人寵冠後庭，步夫人，騭之族也。處，昌呂翻。冠，古玩翻。吳主欲立爲皇后，而羣臣議在徐氏，吳主依違者十餘年。依違，不決也。會步氏卒，羣臣奏追贈皇后印綬。綬，音受。徐氏竟廢，卒於吳。

10 吳主使中書郎呂壹典校諸官府及州郡文書，壹因此漸作威福，深文巧詆，排陷無辜，毀短大臣，纖介必聞。太子登數諫，數，所角翻；下同。吳主不聽，羣臣莫敢復言，復，扶又翻。皆畏之側目。

壹誣白故江夏太守刁嘉謗訕國政，訕，山諫翻。吳主怒，收嘉，繫獄驗問。時同坐人皆畏怖壹，其時與嘉同坐者。坐，徂臥翻。並言聞之。侍中北海是儀獨云無聞，是，姓；儀，名。儀本姓氏，孔融嘲儀以氏字爲民上無頭，遂改姓是。遂見窮詰累日，詔旨轉厲，羣臣爲之屏息。爲，于僞翻。屏，必郢翻；屛息，不敢舒氣也。儀曰：「今刀鋸已在臣頸，臣何敢爲嘉隱諱，自取夷滅，爲不忠之鬼！顧以聞知當有本末。」據實答問，辭不傾移，吳主遂舍之；舍，讀曰捨。嘉亦得免。

上大將軍陸遜、太常潘濬憂壹亂國，每言之，輒流涕。壹白丞相顧雍過失，吳主怒，詰責雍。詰，去吉翻。黄門侍郎謝厷語次問壹：厷，與宏同；乎萌翻。「顧公事何如？」壹曰：「不能佳。」厷又問：「若此公免退，誰當代之？」壹未答。厷曰：「得無潘太常得之乎？」壹【章：甲十六行本「壹」下有「良久」二字；乙十一行本同；孔本同；退齋校同。】曰：「君語近之也。」近，其靳翻。厷曰：「潘太常常切齒於君，但道無因耳。謂欲奏舉其罪而非太常之職，故其道無因也。今日代顧公，恐明日便擊君矣！」漢制，丞相、御史舉奏百官有罪者。壹大懼，遂解散雍事。潘濬求朝，詣建業，濬本留武昌。朝，直遥翻。欲盡辭極諫，至，聞太子登已數言之，至建業而知太子數言壹事。而不見從；濬乃大請百寮，欲因會手刃殺壹，以身當之，以身當擅殺之罪。爲國除患。爲，于僞翻；下同。壹密聞知，稱疾不行。

西陵督步騭上疏曰：「顧雍、陸遜、潘濬，志在竭誠，寢食不寧，念欲安國利民，建久長之計，可謂心膂股肱社稷之臣矣。宜各委任，不使他官監其所司，課其殿最。監，古銜翻。殿，丁甸翻。賢曰：殿，軍後也；課居後也。最，凡要之先也；課居先也。此三臣思慮不到則已，豈敢欺負所天乎！」君，天也。

左將軍朱據部曲應受三萬緡，工王遂詐而受之。壹疑據實取，考問主者，主者，據軍吏也。死於杖下；據哀其無辜，厚棺斂之，棺，古玩翻。斂，力驗翻。壹又表據吏爲據隱，故厚其殯。吳主數責問據，據無以自明，藉草待罪；數日，典軍吏劉助覺，言王遂所取。劉助覺其事而言之。吳主大感悟，曰：「朱據見枉，況吏民乎！」乃窮治壹罪，治，直之翻。賞助百萬。

丞相雍至廷尉斷獄，斷，丁亂翻。壹以囚見。雍和顏色問其辭狀，臨出，又謂壹曰：「君意得無欲有所道乎？」道，言也。壹叩頭無言。時尚書郎懷敍懷，姓；敍，名。姓譜：無懷氏之後。面詈辱壹，雍責敍曰：「官有正法，何至於此！」有司奏壹大辟，辟，毗亦翻。或以爲宜加焚裂，用彰元惡。殷紂用炮烙之刑，項羽燒殺紀信，漢武帝焚蘇文於橫橋，然未以爲刑名也。王莽作焚如之刑，後世不復遵用。裂，謂車裂，古之轘刑。吳主以訪中書令會稽闞澤，會，古外翻。闞，姓也。左傳齊有大夫闞止。澤曰：「盛明之世，不宜復有此刑。」復，扶又翻；下同。吳主從之。

壹既伏誅，吳主使中書郎袁禮告謝諸大將，因問時事所當損益。禮還，復有詔責諸葛瑾、步騭、朱然、呂岱等曰：「袁禮還云：『與子瑜、子山、義封、定公相見，諸葛瑾，字子瑜。步騭，字子山。朱然，字義封。呂岱，字定公。瑾，渠吝翻。騭，職日翻。並咨以時事當有所先後，謂時事所當行何者爲先，何者爲後也。各自以不掌民事，不肯便有所陳，悉推之伯言、承明。推，吐雷翻。陸遜，字伯言。潘濬，字承明。伯言、承明見禮，泣涕懇惻，辭旨辛苦，至乃懷執危怖，有不自安之心。』

怖，普布翻。聞之悵然，深自刻怪！刻，怪也。何者？夫惟聖人能無過行，行，下孟翻。明者能自見耳。人之舉厝，何能悉中！中，竹仲翻。獨當己有以傷拒衆意，忽不自覺，故諸君有嫌難耳。不爾，何緣乃至於此乎？與諸君從事，自少至長，髮有二色，二色，謂班白也。少，詩照翻。長，知兩翻。以謂表裏足以明露，公私分計足用相保，分，扶問翻。義雖君臣，恩猶骨肉，榮福喜戚，相與共之。忠不匿情，智無遺計，事統是非，言行事是，則君臣同其是；非，則同其非也。諸君豈得從容而已哉！從，千容翻。同船濟水，將誰與易！易，如字。齊桓有善，管子未嘗不歎，有過未嘗不諫，諫而不得，終諫不止。今孤自省無桓公之德，省，悉景翻。而諸君諫諍未出於口，仍執嫌難；以此言之，孤於齊桓良優，未知諸君於管子何如耳！」下之於上，不從其令而從其意。孫權自謂優於齊桓，而責其臣以管子。使吳誠有管子，亦不敢盡言於權，觀諸陸遜可見矣。

11 冬，十一月，壬午，以司空衞臻爲司徒，司隸校尉崔林爲司空。

12 十二月，漢蔣琬出屯漢中。

13 乙丑，帝不豫。

14 辛巳，立郭夫人爲皇后。

15 初，太祖爲魏公，以贊令劉放、鄼縣，漢屬沛郡，王莽改曰贊治，魏分屬譙郡。或曰贊，相也，凡出令使之贊相，因以爲官名。蓋魏武霸府所置也。參軍事孫資皆爲祕書郎。文帝即位，更名祕書曰中書，以放爲監，資爲令，遂掌機密。漢桓帝延熹二年，置祕書監；魏武爲魏王，置祕書令、丞，典尚書奏事，黃初初，改爲中書，置監、令，中書有監、令自此始。自魏及晉，遂爲要官，荀勗所謂鳳凰池也。更，工衡翻。帝卽位，尤見寵任，皆加侍中、光祿大夫，封本縣侯。放，涿郡方城人。資，太原中都人。是時，帝親覽萬機，數興軍旅，數，所角翻。腹心之任，皆二人管之；每有大事，朝臣會議，常令決其是非，擇而行之。中護軍蔣濟上疏曰：此疏亦是濟爲中護軍時所上，通鑑因敍放、資事而書之於此。「臣聞大臣太重者國危，左右太親者身蔽，古之至戒也。往者大臣秉事，外內扇動；蓋謂文帝時也。或曰：謂受遺大臣也。陛下卓然自覽萬機，莫不祗肅。夫大臣非不忠也，然威權在下，則衆心慢上，勢之常也。陛下既已察之於大臣，願無忘之於左右，左右忠正遠慮，未必賢於大臣，至於便辟取合，或能工之。便，毗連翻。辟，讀曰僻。今外所言，輒云『中書』，雖使恭慎，不敢外交，但有此名，猶惑世俗。況實握事要，日在目前，儻因疲倦之間，有所割制，謂因人主疲倦之時，有所剖割而制斷也。衆臣見其能推移於事，卽亦因時而向之。一有此端，私招朋援，臧否毀譽，必有所興，否，音鄙。譽，音余。功負賞罰，必有所易，負，罪也；易則賞罰不當乎功罪。直道而上者或壅，曲附左右者反達，因微而入，緣形而出，意所狎信，不復猜覺。此宜聖智所當早聞，外以經意，則形際自見；言放、資日在左右，狎而信之，不復覺其爲姦；非若早聞忠言，自覽萬機，外以示經意國事，則放、資之形際必呈露而不可掩矣。復，扶又翻。見，賢遍翻。或恐朝臣畏言不合而受左右之怨，莫適以聞。

適，丁歷翻。臣竊亮陛下潛神默思，公聽並觀，若事有未盡於理而物有未周於用，將改曲易調，調，徒釣翻。以琴瑟爲喻也。遠與黃、唐角功，角者，兩兩相當也。黃、唐，黃帝、唐堯。近昭武、文之績，豈牽近習而已哉！然人君不可悉任天下之事，必當有所付；若委之一臣，自非周公旦之忠，管夷吾之公，則有弄權【章：甲十六行本「權」作「機」；乙十一行本同；孔本同。】敗官之敝。敗，補邁翻。當今柱石之士雖少，至於行稱一州，少，詩沼翻。行，戶孟翻。智效一官，忠信竭命，各奉其職，可並驅策，不使聖明之朝有專吏之名也！」專吏，謂專任放、資。帝不聽。自此以前皆非此年事。通鑑因放、資患失之心以誤帝託孤之事，遂書之於此以先事。

及寢疾，深念後事，乃以武帝子燕王宇爲大將軍，與領軍將軍夏侯獻、武衛將軍曹爽、魏制：領軍將軍主中壘、五校、武衛等三營。武衛將軍，蓋領武衛營也。太祖以許褚典宿衛，遷武衛中郎將，武衛之號自此始。後又遷武衛將軍，於是武衛始有將軍之號。晉泰始初，罷武衛將軍官。屯騎校尉曹肇、驍騎將軍秦朗等對輔政。爽，眞之子；肇，休之子也。帝少與燕王宇善，故以後事屬之。少，詩照翻。屬，之欲翻。

劉放、孫資久典機任，獻、肇心内不平；殿中有雞棲樹，二人相謂曰：「此亦久矣，其能復幾！」殿中畜雞以司晨，棲於樹上，因謂之雞棲樹。獻、肇指以喻放、資。一言而發司馬氏篡魏之機，言之不可不謹也如是夫！以此觀獻、肇之輕脫，又何足以託孤哉！復，扶又翻。幾，居豈翻。放、資懼有後害，陰圖間之。間，古莧翻。燕王性恭良，陳誠固辭。帝引放、資入臥內，問曰：「燕王正爾爲？」言其性恭良，爲事正如此也。對曰：「燕王實自知不堪大任故耳。」帝曰：「誰可任者？」時惟曹爽獨在側，放、資因薦爽，且言：「宜召司馬懿與相參。」帝曰：「爽堪其事不？」不，讀曰否。爽流汗不能對。放躡其足，耳之曰：附耳語之也。「臣以死奉社稷。」帝從放、資言，欲用爽、懿，旣而中變，敕停前命；放、資復入見說帝，復，扶又翻。見，賢遍翻。說，輸芮翻。帝又從之。放曰：「宜爲手詔。」帝曰：「我困篤，不能。」放卽上牀，執帝手強作之，強，其兩翻。遂齎出，大言曰：「有詔免燕王宇等官，不得停省中。」皆流涕而出。考異曰：放傳曰：「宇性恭良，陳誠固辭。帝引見放、資入臥內，問曰：『燕王正爾爲？』放、資對曰：『燕王實自知不堪大任故耳。』帝曰：『曹爽可代宇否？』放、資因贊成之。又深陳宜速召太尉司馬宣王，帝納其言。放、資旣出，帝意復變，詔止宣王勿來。尋更見放、資曰：『我自召太尉，而曹肇等反使吾止之。』命更爲詔，帝獨召爽與放、資俱受詔命，遂免宇、獻、肇、朗官。」按陳壽當晉世作魏志，若言放、資本情，則於時非美，故遷就而爲之諱也。今依習鑿齒漢晉春秋、郭頒世語，似得其實。甲申，以曹爽爲大將軍。帝嫌爽才弱，復拜尚書孫禮爲大將軍長史以佐之。爲下爽出孫禮張本。復，扶又翻。

是時，司馬懿在汲，時自遼東還師，次于汲也。汲縣自漢以來屬河內郡。帝令給使辟邪辟邪，給使之名，猶漢丞相倉頭呼爲宜祿也。齎手詔召之。先是，燕王爲帝畫計，先，悉薦翻。爲，于僞翻。以爲關中事重，宜遣懿便道自軹關西還長安，關中事重，謂備蜀及撫安氐、羌也。軹縣，屬河內郡。賢曰：軹故城在洛州濟源縣東南。五代志：軹關，在河內郡王屋縣。杜佑曰：軹關在河南府濟源縣界。事已施行。懿斯須得二詔，前後相違，疑京師有變，乃疾驅入朝。朝，直遙翻。

三年（己未、二三九）

1 春，正月，懿至，入見，見，賢遍翻。帝執其手曰：「吾以後事屬君，見，賢遍翻。屬，之欲翻。君與曹爽輔少子。少，詩照翻。死乃可忍，吾忍死待君，得相見，無所復恨矣！」復，扶又翻。乃召齊、秦二王以示懿，別指齊王芳謂懿曰：「此是也，君諦視之，勿誤也！」諦，丁計翻，審也。又教齊王令前抱懿頸。懿頓首流涕。是日，立齊王爲皇太子。帝尋殂。陳壽曰：年三十六。裴松之曰：按魏武以建安九年八月定鄴，文帝始納甄后，明帝應以十年生，計至此年正月，整三十四年耳。時改正朔，以故年十二月爲今年正月，可強名三十五年，不得三十六也。

帝沈毅明敏，沈，持林翻。任心而行，料簡功能，料，音聊。屏絕浮僞。屏，必郢翻。行師動衆，論決大事，謀臣將相，咸服帝之大略。性特強識，雖左右小臣，官簿性行，名跡所履，行，戶孟翻。及其父兄子弟，一經耳目，終不遺忘。忘，巫放翻。

孫盛論曰：聞之長老，魏明帝天姿秀出，立髮垂地，口吃少言，吃，居乞翻；言蹇也。而沈毅好斷。沈，持林翻。好，呼到翻。斷，丁亂翻。初，諸公受遺輔導，帝皆以方任處之，謂使曹休鎮淮南、曹眞鎮關中、司馬懿屯宛也。處，昌呂翻。政自己出。優禮大臣，開容善直，雖犯顏極諫，無所摧戮，其君人之量如此其偉也。然不思建德垂風，不固維城之基，詩曰：宗子維城。此言帝猜忌宗室，以亡魏。至使大權偏據，社稷無衛，悲夫！

2太子卽位，年八歲；大赦。尊皇后曰皇太后，加曹爽、司馬懿侍中，假節鉞，都督中外諸軍、錄尚書事。晉職官志曰：持節都督無定員。前漢遣使始有持節。光武建武初，征伐四方，始權時置督軍御史，事竟罷。建安中，魏武爲相，始遣大將軍督之，二十一年，征孫權還，遣夏侯惇督二十六軍是也。文帝黃初三年，始置都督諸州軍事，或領刺史。又上軍大將軍曹眞都督中外諸軍事，假黃鉞，則總統內外諸軍矣。錄尚書事，漢東都諸公之重任也，今爽、懿既督中外諸軍，又錄尚書事，則文武大權，盡歸之矣。自此迄于六朝，凡權臣壹是專制國命。諸所興作宮室之役，皆以遺詔罷之。曰以者，非遺詔眞有此指也。

爽、懿各領兵三千人更宿殿內，更，工衡翻。爽以懿年位素高，常父事之，每事諮訪，不敢專行。或問使爽能守此而不變，可以免魏室之禍否？曰：貓鼠不可以同穴，使爽能率此而行之，亦終爲懿所啖食耳。

初，并州刺史東平畢軌姓譜：畢本畢公高之後。及鄧颺、李勝、何晏、丁謐颺，余章翻，又余亮翻。皆有才名，而急於富貴，趨時附勢，明帝惡其浮華，趨，七喩翻。惡，烏路翻。皆抑而不用。曹爽素與親善，及輔政，驟加引擢，以爲腹心。晏，進之孫；謐，斐之子也。何進見漢靈帝紀。丁斐事見六十六卷獻帝建安十六年。晏等咸共推戴爽，以爲重權不可委之於人。丁謐爲爽畫策，爲，于僞翻。使爽白天子發詔，轉司馬懿爲太傅，外以名號尊之，內欲令尚書奏事，先來由己，得制其輕重也。爽從之。爲下懿族爽等張本。二月，丁丑，以司馬懿爲太傅，以爽弟羲爲中領軍，訓爲武衞將軍，彥爲散騎常侍、侍講，以在少帝左右，令侍講說。侍講之官，起乎此也。其餘諸弟皆以列侯侍從，從，才用翻。出入禁闥，貴寵莫盛焉。

爽事太傅，禮貌雖存，而諸所興造，希復由之。復，扶又翻；下同。爽徙吏部尚書盧毓爲僕射，毓，余六翻。而以何晏代之，以鄧颺、丁謐爲尚書，畢軌爲司隸校尉。晏等依勢用事，附會者升進，違忤者罷退，內外望風，莫敢忤旨。忤，五故翻。黃門侍郎傅嘏謂爽弟羲曰：「何平叔外靜而內躁，銛巧好利，不念務本，何晏，字平叔。銛，思廉翻，利也。好，呼到翻。吾恐必先惑子兄弟，仁人將遠而朝政廢矣！」遠，于願翻。晏等遂與嘏不平，因微事免嘏官。又出盧毓爲廷尉，尚書內朝官，九卿外朝官，故云出。畢軌又枉奏毓免官，衆論多訟之，乃復以爲光祿勳。孫禮亮直不撓，爽心不便，出爲揚州刺史。傅嘏、盧毓、孫禮所以不合於曹爽者，其心未背曹氏也；及其合於司馬懿，則事不可言矣。三子者，豈本心所欲哉？勢有必至，事有固然也。撓，奴敎翻。

3 三月，以征東將軍滿寵爲太尉。

4 夏，四月，吳督軍使者羊衜擊遼東守將，俘人民而去。果如蔣濟所料。督軍使者，漢官也，魏黃初二年，罷督軍官，而吳猶仍漢制。

5 漢蔣琬爲大司馬，東曹掾犍爲楊戲，素性簡略，琬與言論，時不應答。或謂琬曰：「公與戲言而不應，其慢甚矣！」琬曰：「人心不同，各如其面，左傳：鄭子產謂子皮曰：人心不同，各如其面；吾豈敢謂子面如吾面乎！面從後言，古人所誡。尚書：舜、禹君臣之相告戒，其言曰：汝無面從，退有後言。戲欲贊吾是邪，則非其本心；欲反吾言，則顯吾之非，是以默然，是戲之快也。」又督農楊敏嘗毀琬曰：「作事憒憒，督農，猶魏、吳之典農也。憒，古悔翻，悶悶也。誠不及前人。」或以白琬，主者請推治敏，治，直之翻。琬曰：「吾實不如前人，無可推也。」主者乞問其憒憒之狀，琬曰：「苟其不如，則事不理，事不理，則憒憒矣。」後敏坐事繫獄，衆人猶懼其必死，琬心無適莫，論語，孔子曰：君子之於天下也，無適也，無莫也，義之與比。謝顯道曰：適，可也；莫，不可也。適，丁歷翻。敏得免重罪。此諸葛孔明所以屬琬也。

6 秋，七月，帝始親臨朝。朝，直遙翻。

7 八月，大赦。

8 冬，十月，吳太常潘濬卒。吳主以鎮南將軍呂岱代濬，與陸遜共領荆州文書。岱時年已八十，體素精勤，躬親王事，與遜同心協規，有善相讓，南土稱之。

十二月，吳將廖式殺臨賀太守嚴綱等，臨賀縣，漢屬蒼梧郡，縣臨賀水，因以爲名；吳分立爲臨賀郡；唐爲賀州。廖，力救翻。今力弔翻。自稱平南將軍，攻零陵、桂陽，搖動交州諸郡，衆數萬人。呂岱自表輒行，星夜兼路，吳主遣使追拜交州牧，及遣諸將唐咨等絡繹相繼，攻討一年，破之，斬式及其支黨，郡縣悉平。當方面者當如呂岱；委人以方面者當如孫權。岱復還武昌。

9 吳都鄉侯周胤將兵千人屯公安，有罪，徙廬陵；諸葛瑾、步騭爲之請。吳主曰：「昔胤年少，初無功勞，橫受精兵，爲，于僞翻。少，詩照翻。橫，戶孟翻。爵以侯將，謂既受侯爵，又將兵也。將，卽亮翻。蓋念公瑾以及於胤也。而胤恃此，酗淫自恣，酗，吁句翻。前後告諭，曾無悛改。悛，丑緣翻。孤於公瑾，義猶二君，二君，謂諸葛瑾、步騭也。樂胤成就，豈有已哉！樂，音洛。迫胤罪惡，未宜便還，且欲苦之，使自知耳。以公瑾之子，而二君在中間，苟使能改，亦何患乎！」

瑜兄子偏將軍峻卒，全琮請使峻子護領其兵。吳主曰：「昔走曹操，拓有荊州，皆是公瑾，事見六十五卷漢獻帝建安十三年。常不忘之。初聞峻亡，仍欲用護。聞護性行危險，用之適爲作禍，行，下孟翻。爲，于僞翻。故更止之。孤念公瑾，豈有已哉！」

10 十二月，詔復以建寅之月爲正。用地正事見上卷景初元年。是時仍用景初曆，但不以十一月爲正耳。

邵陵厲公上

諱芳，字蘭卿；明帝無子，養以爲子。諡法：殺戮無辜曰厲。帝後以失權，爲司馬氏所廢，以其不終，加以惡謚。陳壽志三少帝紀皆書本爵，此書見廢後之爵，自此以後，例如此，惟高貴鄉公書本爵，蓋見弑之後，不復有他號也。帝之廢也，歸藩于齊。魏世譜曰：晉受禪，封齊王爲邵陵縣公，泰始十年薨，謚曰厲。扈蒙曰：暴慢無親曰厲。

正始元年（庚申、二四〇）

1 春，旱。

2 越巂蠻夷數叛漢，殺太守，自諸葛亮平高定之後，越巂夷數反，殺太守龔祿、焦璜。巂，音髓。數，所角翻。是後太守不敢之郡，寄治安定縣，去郡八百餘里。安定縣不見于志，當是因越巂移治而暫立也。漢主以巴西張嶷爲越巂太守，嶷招慰新附，誅討強猾，蠻夷畏服，郡界悉平，復還舊治。漢越巂郡治邛都縣。嶷，魚力翻。

3 冬，吳饑。

二年（辛酉、二四一）

1 春，吳人將伐魏。零陵太守殷札言於吳主曰：「今天棄曹氏，喪誅累見，「殷札」，一作「殷禮」。喪誅，謂魏累有大喪，蓋天誅也。見，賢遍翻。虎爭之際而幼童涖事。陛下身自御戎，取亂侮亡，書仲虺之誥之辭。宜滌荆、揚之地，滌，洗也，言舉國興師，後無留者，其地如洗也。舉強羸之數，使強者執戟，羸者轉運。羸，倫爲翻。西命益州，軍于隴右，益州，謂蜀也。授諸葛瑾、朱然大衆，直指襄陽，陸遜、朱桓別征壽春，大駕入淮陽，歷青、徐。前漢之淮陽，後漢章帝改曰陳郡；此直謂淮水之陽耳。襄陽、壽春，困於受敵，長安以西，務禦蜀軍，許、洛之衆，勢必分離，掎角並進，民必內應。將帥對向，或失便宜，一軍敗績，則三軍離心；便當秣馬脂車，陵蹈城邑，乘勝逐北，以定華夏。若不悉軍動衆，循前輕舉，則不足大用，易於屢退，易，以豉翻。民疲威消，時往力竭，非上策也。」吳主不能用。傾國出師，決勝負於一戰，苻堅之所以亡也，吳主非不能用殷札之計，不肯用也。

夏，四月，吳全琮略淮南，決芍陂，賢曰：芍陂今在壽州安豐縣東，陂徑百里，灌田萬頃。華夷對境圖：芍陂周回三百二十四里，與陽泉、大業並孫叔敖所作，開溝引淠水爲子午渠，開六門，灌田萬頃。芍，音鵲。諸葛恪攻六安，朱然圍樊，諸葛瑾攻柤中。襄陽記曰：柤，讀如租稅之租。柤中在上黃界，去襄陽一百五十里。魏時夷正（王）權（梅）敷兄弟三人、部曲萬餘家屯此，分布在中廬、宜城西山鄢、沔二谷中，土地平敞，宜桑麻，有水陸良田。沔南之膏腴沃壤，謂之柤中。杜佑曰：柤中在襄州南漳縣界。楊正衡曰：柤，側瓜翻。征東將軍王淩、揚州刺史孫禮與全琮戰於芍陂，琮敗走。荊州刺史胡質以輕兵救樊，魏荊州統江夏、襄陽、南陽、新城、魏興、上庸。或曰：「賊盛，不可迫。」質曰：「樊城卑兵少，故當進軍爲之外援，不然，危矣。」遂勒兵臨圍，城中乃安。

2 五月，吳太子登卒。

3 吳兵猶在荆州，太傅懿曰：「柤中民夷十萬，隔在水南，流離無主，樊城被攻，歷月不解，此危事也，請自討之。」六月，太傅懿督諸軍救樊；吳軍聞之，夜遁，追至三州口，三州口，謂荆、豫、揚三州之口。魏荆州之地，東至江夏，豫州之地，南至弋陽，揚州之地，西至六安，三州口當在其間。又按王昶傳：昶督荆、豫諸軍事，自宛徙屯新野，習水軍於三州，則三州蓋地名。口，水口。大獲而還。

4 閏月，吳大將軍諸葛瑾卒。瑾太【章：甲十六行本「太」作「長」；乙十一行本同；孔本同。】子恪先已封侯，恪以適當爲世子；曰太子，誤也。恪以出山民功封侯，事見上卷景初元年。吳主以恪弟融襲爵，攝兵業，攝，領也，承也，領父之兵，承父之業也。駐公安。

5 漢大司馬蔣琬以諸葛亮數出秦川，關中之地，沃野千里，秦之故國，謂之秦川。數，所角翻。道險、運糧難，卒無成功，卒，子恤翻。乃多作舟船，欲乘漢、沔東下，襲魏興、上庸。漢、沔之水，自漢中東歷魏興、上庸以達于襄陽。欲爭天下，則當出兵秦川，魏興、上庸，非其地也。會舊疾連動，未時得行。漢人咸以爲事有不捷，還路甚難，非長策也；漢主遣尚書令費禕、費，父沸翻。中監軍姜維等喻指。中監軍，卽中護軍之任也。蜀置前監軍、後監軍、中監軍，位三軍師之下。琬乃上言：「今魏跨帶九州，根蔕滋蔓，平除未易。易，以豉翻。若東西并力，首尾犄角，犄，居蟻翻。雖未能速得如志，且當分裂蠶食，先摧其支黨。然吳期二三，連不克果。克，能也；果，決也；言不能決然進兵也。輒與費禕等議，以涼州胡塞之要，進退有資，且羌、胡乃心思漢如渴，宜以姜維爲涼州刺史。

涼州之地，蜀惟得武都、陰平二郡而已。若維征行，御制河右，臣當帥軍爲維鎮繼。帥，讀曰率。今涪水陸四通，惟急是應，若東西【章：甲十六行本「西」作「北」；乙十一行本同；張校同。】有虞，赴之不難，請徙屯涪。」涪縣，漢屬廣漢郡，蜀屬梓潼郡。涪，音浮。漢主從之。

6 朝廷欲廣田畜穀於揚、豫之間，使尚書郎汝南鄧艾行陳、項以東至壽春。陳縣，漢屬陳國。項縣，漢屬汝南郡。晉志，二縣並屬梁國。行，下孟翻。艾以爲：「昔太祖破黃巾，因爲屯田，積穀許都以制四方。事見六十二卷漢獻帝建安元年。今三隅已定，事在淮南，每大軍出征，運兵過半，功費巨億。陳、蔡之間，土下田良，可省許昌左右諸稻田，并水東下，汝水、潁水、蒗蕩渠水、渦水皆經陳、蔡之間而東入淮。令淮北二萬人，淮南三萬人，什二分休，常有四萬人且田且守；五萬人分一萬，番休迭戍，周而復始，是常有四萬人屯田。益開河渠以增溉灌，通漕運。計除衆費，歲完五百萬斛以爲軍資，六、七年間，可積二【章：甲十六行本「二」作「三」；乙十一行本同；孔本同；熊校同。】千萬斛於淮上，此則十萬之衆五年食也。以此乘吳，無不克矣。」太傅懿善之。是歲，始開廣漕渠，每東南有事，大興軍衆，汎舟而下，達于江、淮，資食有餘而無水害。史究言鄧艾興屯田之利。

7 管寧卒。寧名行高潔，人望之者，邈然若不可及，即之熙熙和易。行，下孟翻。易，以豉翻。能因事導人於善，人無不化服。及卒，天下知與不知，無【章：甲十六行本「無」上有「聞之」二字；乙十一行本同；孔本同；張校同。】不嗟歎。

三年（壬戌、二四二）

1春，正月，漢姜維率偏軍自漢中還住涪。蜀諸軍時皆屬蔣琬，姜維所領偏軍耳。

2吳主立其子和爲太子，大赦。

3三月，昌邑景侯滿寵卒。秋，七月，乙酉，以領軍將軍蔣濟爲太尉。

4吳主遣將軍聶友，校尉陸凱將兵三萬擊儋耳，珠崖。儋耳、珠崖，漢武帝開以爲郡，屬交趾州，元帝以後棄之。聶，尼輒翻。儋，都甘翻。

5八月，吳主封子霸爲魯王。霸，和母弟也，寵愛崇特，與和無殊。爲後吳廢和誅霸張本。尚書僕射是儀領魯王傅，上疏諫曰：「臣竊以爲魯王天挺懿德，兼資文武，當今之宜，宜鎮四方，爲國藩輔，宣揚德美，廣耀威靈，乃國家之良規，海內所瞻望。且二宮宜有降殺，殺，所戒翻。以正上下之序，明教化之本。」書三、四上，吳主不聽。四上，時掌翻。

四年（癸亥、二四三）

1春，正月，帝加元服。

2吳諸葛恪襲六安，漢六安國都六縣；後漢爲六安侯國，屬廬江郡；晉爲六縣，屬廬江郡。掩其人民而去。

3 夏，四月，立皇后甄氏，甄，之人翻。大赦。后，文昭皇后兄儼之孫也。

4 五月，朔，日有食之，既。

5 冬，十月，漢蔣琬自漢中還住涪，疾益甚，以漢中太守王平爲前監軍、鎮北大將軍，督漢中。監，古銜翻。

6 十一月，漢主以尚書令費禕爲大將軍、錄尚書事。

7 吳丞相顧雍卒。

8 吳諸葛恪遠遣諜人觀相徑要，諜，達協翻。相，息亮翻。欲圖壽春。太傅懿將兵入舒，舒縣，屬廬江郡，春秋之故國也，時在吳、魏境上，棄而不耕，去皖口甚近。欲以攻恪，吳主徙恪屯於柴桑。柴桑縣，漢屬豫章郡，吳屬武昌郡，有柴桑山；在今江州德化西九十里。杜佑曰：江州尋陽縣南楚城驛，即古之柴桑縣。宋白曰：江州瑞昌縣，蓋柴桑之舊城。

9 步騭、朱然各上疏於吳主曰：「自蜀還者，咸言蜀欲背盟，騭，職日翻。上，時掌翻。背，蒲妹翻。與魏交通，多作舟船，繕治城郭；治，直之翻。又，蔣琬守漢中，聞司馬懿南向不出兵，乘虛以掎角之，掎，居蟻翻。反委漢中，還近成都。事已彰灼，無所復疑，近，其靳翻。復，扶又翻。宜爲之備。」吳主答曰：「吾待蜀不薄，聘享盟誓，無所負之，何以致此！司馬懿前來入舒，旬日便退。蜀在萬里，何知緩急而便出兵乎！昔魏欲入漢川，曹眞欲入漢中，事見七十一卷明帝太和四年。此間始嚴，亦未舉動，謂嚴兵而未發也。會聞魏還而止；還，從宣翻，又如字。蜀寧可復以此有疑邪！人言苦不可信，朕爲諸君破家保之。」復，扶又翻。爲，于僞翻。

10 征東將軍、都督揚·豫諸軍事王昶據王昶傳，揚，當作「荆」。上言：「地有常險，守無常勢。今屯宛去襄陽三百餘里，有急不足相赴。」遂徙屯新野。新野縣，屬南陽郡。

11 宗室曹冏裴松之曰：冏，中常侍兄叔興之後，少帝之族祖也。上書曰：「古之王者，必建同姓以明親親，必樹異姓以明賢賢。親親之道專用，則其漸也微弱；賢賢之道偏任，則其敝也劫奪。謂威權陵偪，劫其君而奪之也。先聖知其然也，故博求親疏而並用之，故能保其社稷，歷紀長久。紀，年紀也。今魏尊尊之法雖明，親親之道未備，或任而不重，或釋而不任。臣竊惟此，惟，思也。寢不安席，謹撰合所聞，論其成敗撰，具也，述也，音雛免翻。曰：昔夏、商、周歷世數十，而秦二世而亡。何則？三代之君與天下共其民，故天下同其憂；呂延濟曰：與天下共其民，謂建立諸侯與之共理，同有其利也。故天下有難，則諸侯同憂。秦王獨制其民，故傾危而莫救也。秦觀周之敝，以爲小弱見奪，於是廢五等之爵，立郡縣之官，呂向曰：秦皇觀周所以敝者，乃以勢弱而諸侯奪其國也，遂廢五等之爵而立郡縣之吏。五等，公、侯、伯、子、男也。內無宗子以自毗輔，毗，亦輔也。外無諸侯以爲藩衞；譬猶芟刈股肱，獨任胸腹，觀者爲之寒心，芟，所銜翻。爲，于僞翻。而始皇晏然自以爲子孫帝王萬世之業也，豈不悖哉！悖，蒲內翻。故漢祖奮三尺之劍，驅烏合之衆，五年之中，遂成帝業。何則？伐深根者難爲功，摧枯朽者易爲力，理勢然也。用班固漢宗室諸侯王表文意。易，以豉翻。漢監秦之失，封殖子弟；及諸呂擅權，圖危劉氏，而天下所以不傾動者，徒以諸侯強大，盤石膠固【章：甲十六行本「固」下有「故」字；乙十一行本同；孔本同；張校同。】也。然高祖封建，地過古制，故賈誼以爲欲天下之治安，莫若衆建諸侯而少其力；賈誼治安策之言，見十四卷文帝六年。少，詩沼翻。治，直吏翻。文帝不從。至於孝景，猥用鼂錯之計，削黜諸侯，遂有七國之患。事見十六卷漢景帝三年。蓋兆發高帝，釁鍾文、景，鍾，聚也。由寬之過制，急之不漸故也。所謂『末大必折，尾大難掉』，左傳田無宇之言。折，而設翻。掉，徒弔翻。尾同於體，猶或不從，況乎非體之尾，其可掉哉！武帝從主父之策，下推恩之令，事見十八卷漢武帝元朔二年。自是之後，遂以陵夷，子孫微弱，衣食租稅，不預政事。至于哀、平，王氏秉權，假周公之事而爲田常之亂，宗室諸侯，或乃爲之符命，頌莽恩德，事見三十六卷王莽初始元年。豈不哀哉！由斯言之，非宗子獨忠孝於惠、文之間而叛逆於哀、平之際也，徒權輕勢弱，不能有定耳。賴光武皇帝挺不世之姿，擒王莽於已成，紹漢嗣於既絕，斯豈非宗子之力也！嗣，祥使翻。而曾不監秦之失策，襲周之舊制，至於桓、靈，閹宦用事，君孤立於上，臣弄權於下；由是天下鼎沸，姦宄並爭，宗廟焚爲灰燼，宮室變爲榛藪。謂董卓之亂也。

太祖皇帝龍飛鳳翔，掃除凶逆。大魏之興，于今二十有四年矣；自黃初受禪至是二十四年。

觀五代之存亡而不用其長策，五代：夏、商、周、秦、漢。覩前車之傾覆而不改於轍迹。子弟王空虛之地，君有不使之民；空虛，謂有封國之名，實不能有其地也。君不使之民，謂抗藩王之尊於國民之上，不得而臣使也。王，于況翻。宗室竄於閭閻，不聞邦國之政；權均匹夫，勢齊凡庶。內無深根不拔之固，外無盤石宗盟之助，呂延濟曰：盤石，大石也，以其堅重不可轉易也。宗盟，謂同姓諸侯盟會者也。非所以安社稷，爲萬世之業也。且今之州牧、郡守，守，式又翻。古之方伯、諸侯，皆跨有千里之土，兼軍武之任，或比國數人，比，毗必翻，又毗至翻。或兄弟並據；而宗室子弟曾無一人間廁其間，人間，古莧翻。與相維制，非所以強榦弱枝，備萬一之虞也。今之用賢，或超爲名都之主，或爲偏師之帥；帥，所類翻。而宗室有文者必限小縣之宰，有武者必置百人之上，張銑曰：言宗室位卑也。百人之上，百夫長也。非所以勸進賢能、褒異宗室之禮也。語曰：『百足之蟲，至死不僵』，馬蚿百足。僵，居良翻。以其扶之者衆也。此言雖小，可以譬大。是以聖王安不忘危，存不忘亡，故天下有變而無傾危之患矣。」冏冀以此論感悟曹爽，爽不能用。以明帝之明，且不能用陳思王之言，況曹爽之愚闇哉！

五年（甲子、二四四）

1春，正月，吳主以上大將軍陸遜爲丞相，其州牧、都護、領武昌事如故。遜先爲荊州牧、右都護，領武昌事。

2征西將軍、都督雍、涼諸軍事夏侯玄，雍，於用翻。大將軍爽之姑子也。玄辟李勝爲長史，勝及尚書鄧颺欲令爽立威名於天下，勸使伐蜀；太傅懿止之，不能得。三月，爽西至長安，發卒十餘萬人，與玄自駱口入漢中。駱口，駱谷口也。駱谷在漢中成固縣東北，北達扶風郿縣。

漢中守兵不滿三萬，諸將皆恐，欲守城不出以待涪兵。自蔣琬屯涪，蜀之重兵在焉。王平曰：「漢中去涪垂千里，賊若得關，便爲深禍，垂，幾及也。關，關城也。杜佑曰：關城，俗名張魯城，在西縣西四十里。嗚呼！王侯設險以守其國。其後關城失守，鍾會遂平行至漢中；王平謂賊若得關，遂爲深禍，斯言驗矣。今宜先遣劉護軍據興勢，水經註：小成固城北百二十二里有興勢坂。寰宇記：興勢山在洋州興道縣北四十三里，今郡城所枕，形如一盆，外險而內有大谷，爲盤道上數里，方及四門，因名興勢。東坡指掌圖以爲在興元，恐非也。杜佑曰：興勢卽洋州興道縣。寰宇記與通典合矣。宋白曰：興勢山在今興道縣西北二十里。劉護軍，劉敏也。平爲後拒；若賊分向黃金，黃金谷在興道縣，山有黃金峭。黃金谷有黃金戍，傍山依峭，險折七里。杜佑曰：黃金戍在洋州黃金縣西北八十里，張魯所築，南接漢川，北枕古道，險固之極。平帥千人下自臨之，帥，讀曰率；下同。比爾間涪軍亦至，比，必寐翻。此計之上也。」諸將皆疑，惟護軍劉敏與平意同，遂帥所領據興勢，多張旗幟，彌亙百餘里。幟，昌志翻。

閏月，漢主遣大將軍費禕督諸軍救漢中。將行，光祿大夫來敏詣禕別，求共圍棋；于時羽檄交至，人馬擐甲，嚴駕已訖，擐，胡慣翻，貫甲也。禕與敏對戲，色無厭倦。敏曰：「向聊觀試君耳；君信可人，必能辨賊者也。」

3夏，四月，丙辰朔，日有食之。

4大將軍爽兵距興勢不得進，關中及氐、羌轉輸不能供，牛馬騾驢多死，民夷號泣道路，騾，盧戈翻。號，戶高翻。涪軍及費禕兵繼至。參軍楊偉爲爽陳形勢，爲，于僞翻。宜急還，不然，將敗。鄧颺、李勝與偉爭於爽前。偉曰：「颺、勝將敗國家事，可斬也！」後將敗，補邁翻。爽不悅。

太傅懿與夏侯玄書曰：「春秋責大德重。責，責望也。德，恩德也。言責望之甚大者，其恩之爲甚重也。昔武皇帝再入漢中，幾至大敗，事見六十七卷漢獻帝建安二十年及六十八卷建安二十四年。幾，居希翻。君所知也。今興勢至險，蜀已先據，若進不獲戰，退見邀絕，覆軍必矣，將何以任其責！」任，音壬。玄懼，言於爽；五月，引軍還。費禕進據三嶺以截爽，自駱谷出扶風，隔以中南山，其間有三嶺：一曰沈嶺，近芒水；一曰衙嶺；一曰分水嶺。爽爭險苦戰，僅乃得過，失亡甚衆，關中爲之虛耗。爲，于僞翻。

5秋，八月，秦王詢卒。

6冬，十二月，安陽孝侯崔林卒。謚法：大慮行節曰孝；五宗安之曰孝；慈惠愛親曰孝。

7是歲，漢大司馬琬以病固讓州職於大將軍禕，漢主乃以禕爲益州刺史，以侍中董允守尙書令，爲禕之副。

時戰【嚴：「戰」改「軍」。】國多事，戰國者，謂國日有戰爭也。公務煩猥；猥，雜也。禕爲尙書令，識悟過人，每省讀文書，省，悉景翻。舉目暫視，已究其意旨，其速數倍於人，終亦不忘。常以朝晡聽事，其間接納賓客，飲食嬉戲，加之博弈，每盡人之歡，事亦不廢。及董允代禕，欲斆禕之所行，旬日之中，事多愆滯。愆，違也。允乃歎曰：「人才力相遠若此，非吾之所及也！」乃聽事終日而猶有不暇焉。

六年（乙丑、二四五）

1 春，正月，以票騎將軍趙儼爲司空。票，匹妙翻。

2 吳太子和與魯王同宮，禮秩如一，羣臣多以爲言，是儀之諫，見於是卷三年。蓋諫者不特是儀也。吳主乃命分宮別僚；二子由是有隙。史言和、霸之隙，亦兩宮僚屬交構以成之。別，彼列翻。

衞將軍全琮遣其子寄事魯王，以書告丞相陸遜，遜報曰：「子弟苟有才，不憂不用，不宜私出以要榮利；私出，謂出私門也。要，一遙翻。若其不佳，終爲取禍。且聞二宮勢敵，必有彼此，此古人之厚忌也。」寄果阿附魯王，輕爲交構。遜書與琮曰：「卿不師日磾而宿留阿寄，日磾事，見二十二卷漢武帝後元二年。宿，音秀。留，音溜。阿，相傳從安入聲。終爲足下家門致禍矣。」琮既不答遜言，更以致隙。

魯王曲意交結當時名士。偏將軍朱績以膽力稱，王自至其廨，廨，居隘翻，公宇也。就之坐，欲與結好；好，呼到翻。績下地住立，辭而不當。績，然之子也。於是自侍御、賓客，造爲二端，仇黨疑貳，滋延大臣，舉國中分。吳主聞之，假以精學，禁斷賓客往來。斷，讀曰短。督軍使者羊衜上疏曰：「聞明詔省奪二宮備衞，抑絕賓客，使四方禮敬不復得通，復，扶又翻。遠近悚然，大小失望。或謂二宮不遵典式；就如所嫌，猶且補察，密加斟酌，不使遠近得容異言。臣懼積疑成謗，久將宣流，而西北二隅，蜀在西，魏在北。去國不遠，將謂二宮有不順之愆，不審陛下何以解之！」

吳主長女魯班適左護軍全琮，少女小虎適驃騎將軍朱據。二女，步夫人所生也。全公主與太子母王夫人有隙，吳主欲立王夫人爲后，公主阻之；恐太子立怨己，心不自安，數譖毁太子。吳主寢疾，遣太子禱於長沙桓王廟，孫策追謚長沙桓王。杜佑曰：孫權都建業，立兄長沙桓王廟於朱雀橋南。太子妃叔父張休居近廟，邀太子過所居。全公主使人覘視，近，其靳翻。過，工禾翻。覘，丑廉翻，窺也。因言「太子不在廟中，專就妃家計議」，又言「王夫人見上寢疾，有喜色」，吳主由是發怒；夫人以憂死，太子寵益衰。

魯王之黨楊竺、全寄、吳安、孫奇等共譖毁太子，吳主惑焉。陸遜上疏諫曰：「太子正統，宜有盤石之固，魯王藩臣，當使寵秩有差，彼此得所，上下獲安。」書三四上，四上，時掌翻。

辭情危切；論語：孔子曰：邦有道，危言危行。程顥曰：危，獨也。與衆異而不安之謂。余按此所謂危者，謂嫡庶無別，則亡國之禍隨之，人不敢言，而遜獨言之，所謂危也。又欲詣都，口陳嫡庶之義。吳主不悅。考異曰：吳錄曰：「權時見楊竺，辟左右而論霸之才，竺深述霸有文武英姿，宜爲嫡嗣，於是權乃許立焉。既而遜有表極諫，權疑竺泄之，乃斬竺。」按竺死在太子廢後，吳錄所述妄也。

太常顧譚，遜之甥也，亦上疏曰：「臣聞有國有家者，必明嫡庶之端，異尊卑之禮，使高下有差，等級踰邈；如此，則骨肉之恩全，覬覦之望絕。覬，音冀。覦，音俞。昔賈誼陳治安之計，論諸侯之勢，以爲勢重雖親，必有逆節之累，治，直吏翻。累，力瑞翻。勢輕雖疏，必有保全之祚。故淮南親弟，不終饗國，失之於勢重也；吳芮疏臣，傳祚長沙，得之於勢輕也。昔漢文帝使慎夫人與皇后同席，袁盎退夫人之位，帝有怒色；及盎辨上下之義，陳人彘之戒，帝既悅懌，夫人亦悟。事見十三卷漢文帝二年。今臣所陳，非有所偏，誠欲以安太子而便魯王也。」由是魯王與譚有隙。

芍陂之役，二年，全琮與魏戰于芍陂。譚弟承及張休皆有功；全琮子端、緒與之爭功，端、緒，琮之二子。譖承、休於吳主，吳主徙譚、承、休於交州，又追賜休死。

太子太傅吾粲請使魯王出鎮夏口，姓譜：吾，本己姓，夏昆吾氏之後。夏，戶雅翻。出楊竺等不得令在京師，又數以消息語陸遜；數，所角翻；下同。語，牛倨翻。魯王與楊竺共譖之，吳主怒，收桀下獄，誅。下，遐稼翻。數遣中使責問陸遜，遜憤恚而卒。恚，於避翻。其子抗爲建武校尉，代領遜衆，送葬東還，自荆州東還葬吳。還，從宣翻，又如字。吳主以楊竺所白遜二十事問抗，抗事事條答，吳主意乃稍解。

3夏，六月，都鄉穆侯趙儼卒。謚法：中情見貌曰穆。

4秋，七月，吳將軍馬茂謀殺吳主及大臣以應魏，事泄，并黨與皆伏【章：甲十六行本「伏」作「族」；乙十一行本同；孔本同。】誅。吳曆曰：茂本魏淮南鍾離長，叛降吳。

5八月，以太常高柔爲司空。

6漢甘太后殂。甘太后，後主之母，據陳壽志，先已卒於南郡。此吳太后也，吳懿之妹，先主入蜀，始納焉。證以蜀志，其殂在是年。

7吳主遣校尉陳勳將屯田及作士三萬人鑿句容中道，自小其至雲陽西城，通會市，作邸閣。沈約曰：句容，漢舊縣，屬丹陽郡，今在建康府南九十里；有茅山，亦謂之句曲山。班固曰：會稽曲阿縣本秦雲陽縣也，後漢屬吳郡。沈約曰：曲阿，本曰雲陽，秦始皇改曰曲阿；吳嘉禾三年復曰雲陽。今相傳秦時或言其地有天子氣，始皇鑿坑以敗其勢，截直道使阿曲，故謂之曲阿。劉昫曰：潤州金壇縣，本曲阿縣地。會市者，作市以會商旅。句，如字。

8冬，十一月，漢大司馬琬卒。

9 十二月，漢費禕至漢中，行圍守。魏延鎮漢中，實兵諸圍以禦敵，所謂圍守也。行，下孟翻。

10 漢尚書令董允卒；以尚書呂乂爲尚書令。董允秉心公亮，獻可替否，備盡忠益，漢主甚嚴憚之。宦人黄皓，便僻佞慧，便，毗連翻。漢主愛之。允上則正色規主，下則數責於皓；數，所具翻。皓畏允，不敢爲非，終允之世，皓位不過黄門丞。續漢志：黄門令丞一人，以宦者爲之。

費禕以選曹郎汝南陳祗代允爲侍中，漢六曹尚書，一曹有郎六人。選曹郎，屬選部。選，須絹翻。祗矜厲有威容，多技藝，挾智數，故禕以爲賢，越次而用之。祗與皓相表裏，皓始預政，累遷至中常侍，操弄威柄，終以覆國。自陳祗有寵，而漢主追怨董允日深，謂爲自輕，謂允爲輕己也。由祗阿意迎合而皓浸潤構間故也。間，古莧翻。

王崇武標點容肇祖聶崇岐覆校